本田親徳研究

鈴木重道

産土神慰指七訣

拝主、
玖羅巨

一

うふすなにうまれいてつうふか
すなにかへるこのみとしらすや
もひと

二

ゆきかへるあしふむことにうふす
なのかみのめくみをたもへよの

ひと

三

うぶすなのかずかぎりなききみめ

くみをいちにさむしらぬ

あわれさ

四

うぶすなのかみいますさるとと

ろなしからすなかさるさとはある
とも

五
あめふらぬくにはあれともうふす
やのみたまのつゆのかがらぬは
なし

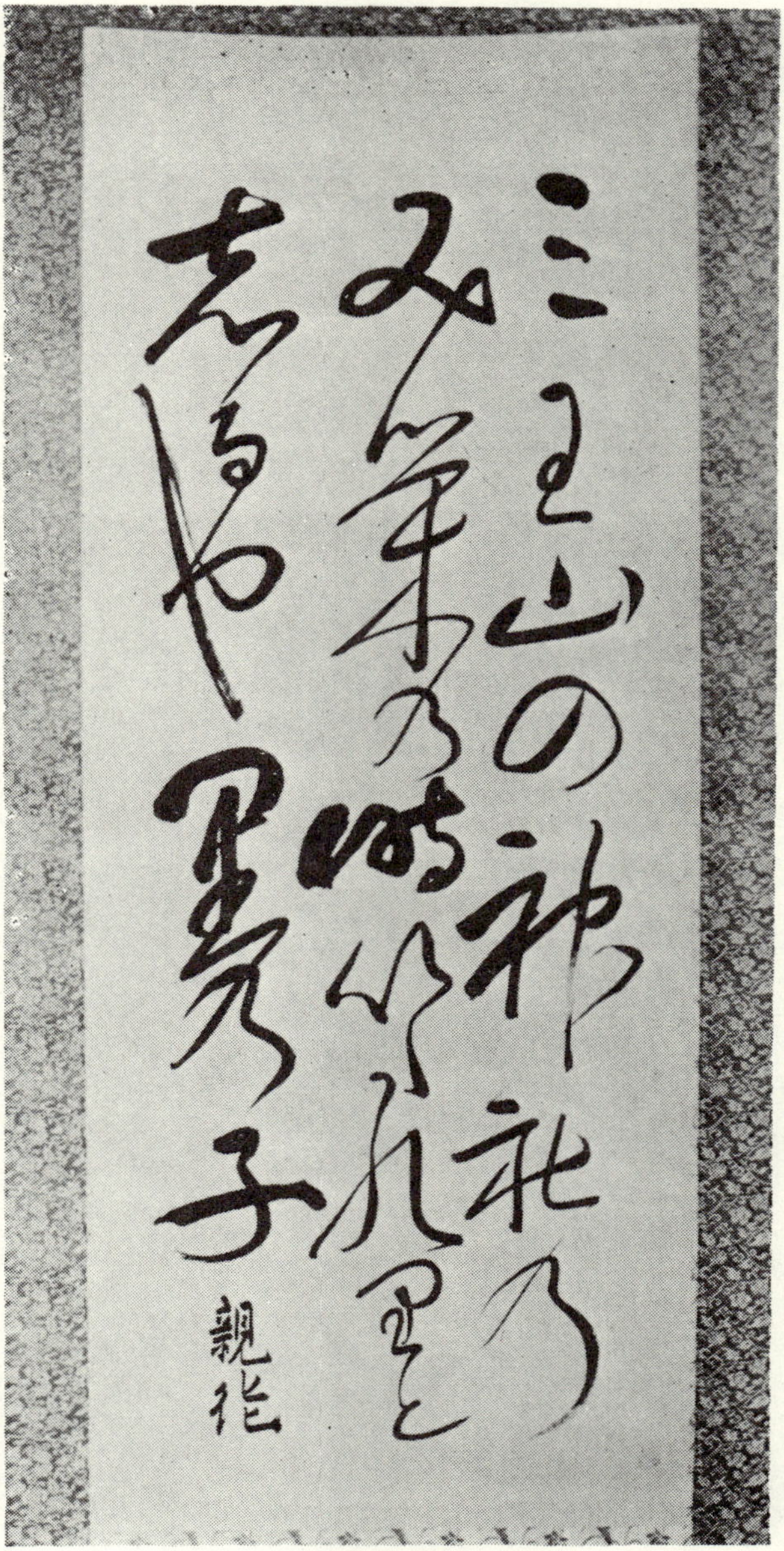

本田親徳書

三輪和夫所蔵

〔一〕

大橋乃神乃夜あの
大神の御法の恵ハ
末の世を加護

親鸞

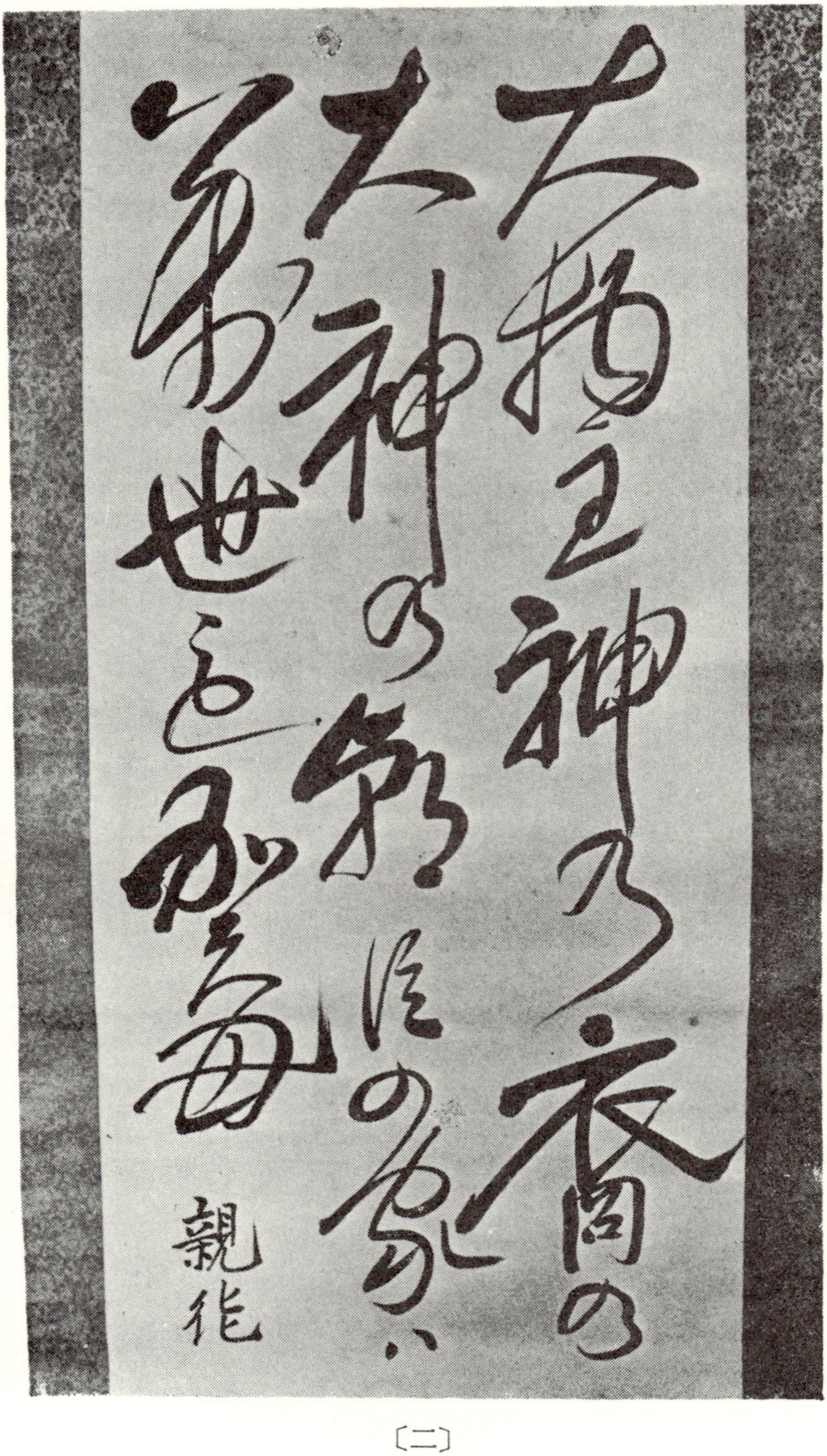

大弐のめ三ののりのむすめ
三女子うみ
けるをふた川におし
入れて
親也

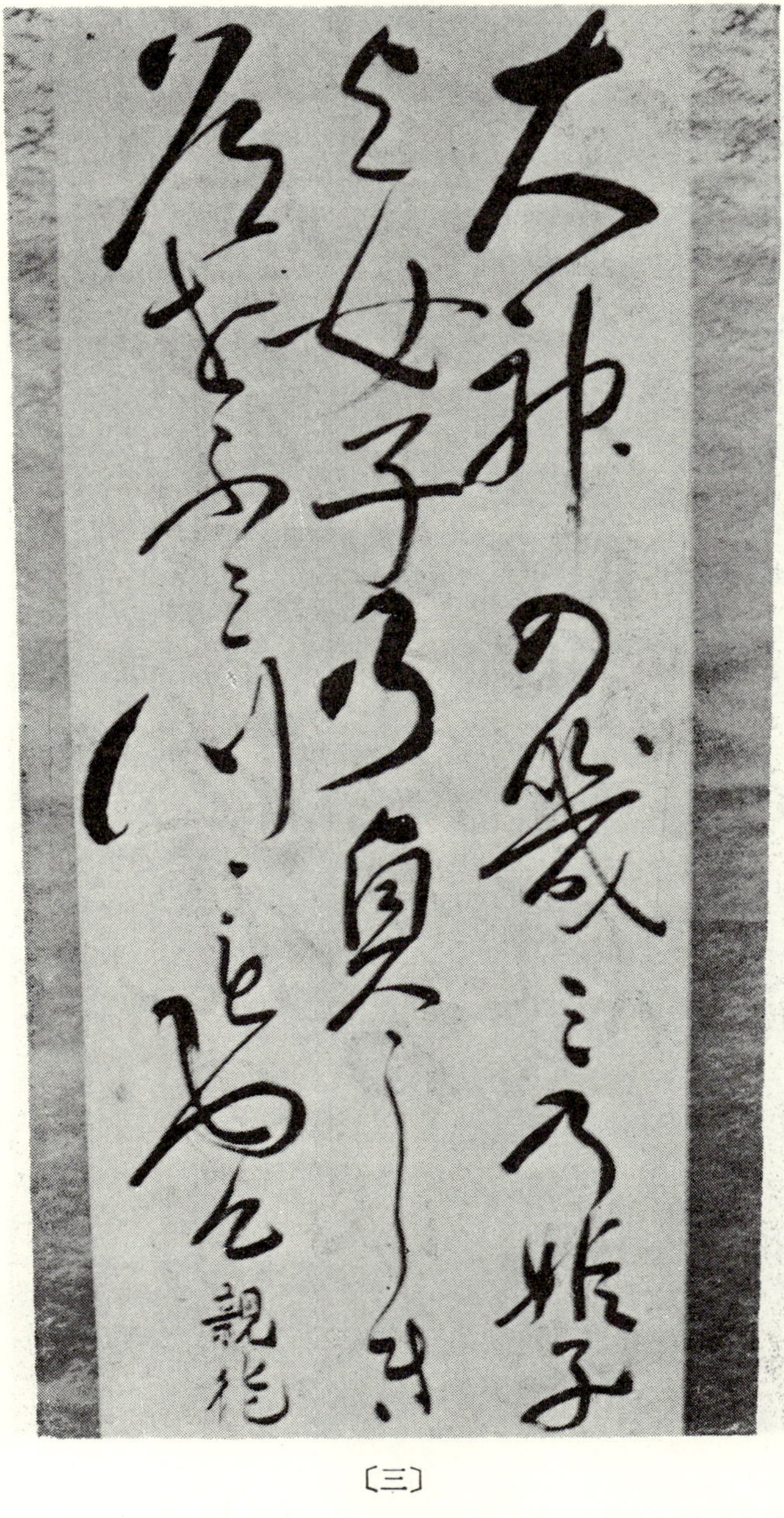

大神の授の子を
よく立てよあいへ
よくおとれを

親祀

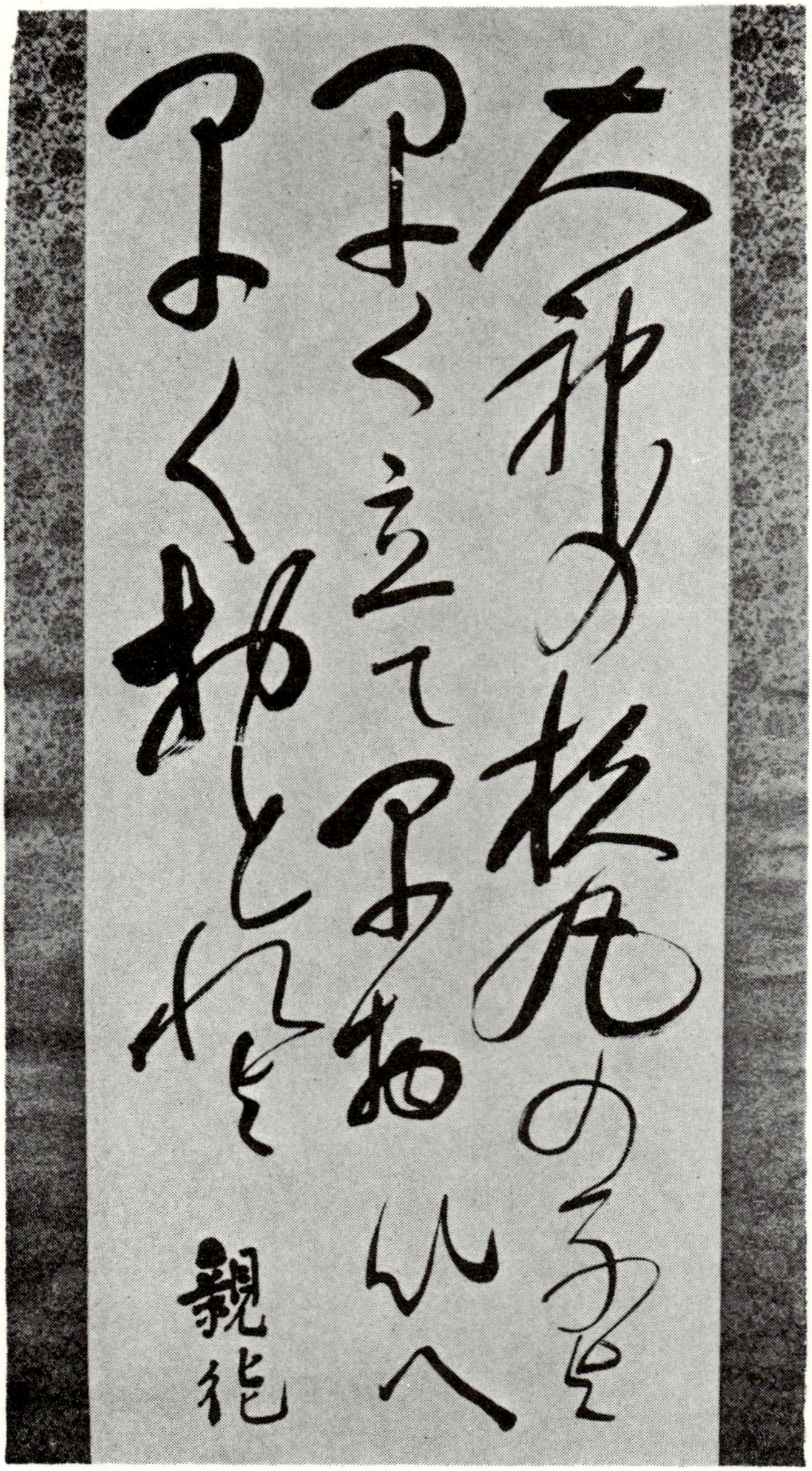

目次

産土の書

産土の書

序論

一　教理《おしえ》と法術《わざ》

本田親徳先生の遺された著書の中の「産土百首」について申し上げることになりました。併し先生の霊学について文字通り管見を述べるにすぎません。管見など述べなくともよいのでありますが、先生の全集を編みました縁故《ゆかり》によりまして初めて先生の著書に接する方のために、些か御参考になればと云う心持からでありまして、皆さんは私の管見など踏み越えて研究なさる様に希望いたします。実は私の祖父広道が先生晩年の門弟でありまして、先生の印可と共に遺著の殆どを戴きましたので、比較的久しく先生の著書に接する年月があったに過ぎません。

本田先生から祖父の戴いた伝授書といいましょうか、そういう書きものを見ますと、三つの条項が竝記されて居ります。即ち、

皇法

神憑

鎮　魂

右伝授于鈴木廣道

明治二十年五月四日　　九郎　花押

とあります。この文書は実に珍らしいもので、先生の道を伝えました高弟は随分あったことと思いますが、果して斯ういう印可書を戴いたかどうか現在残っていない様であります。その点で非常に貴重な文献であると思います。

明治二十年五月と申しますと、産土百首の奥書にあります明治十八年五月の丁度二年後に当ります。先生が満六十五歳の時でありまして、逝去された明治二十二年四月の僅か二年前に当ります。先生の遺された著書は大部分晩年の十年余りの間のものと推定されますが、それら数多からぬ著書の中で、この産土百首はどの位置に据えられる可きかという事が考察点であります。私見は後程申上げますが、その前に考慮せねばならぬ事があります。それはこの伝授書の含有する意味であります。

右の伝授書の三項目の中、神憑というのは申す迄もなく帰神術であり、鎮魂は文字通りでありますが、第一項の皇法というのは何であるか、久しく私は疑問を抱いて居ったのでありますが、先年佐藤卿彦先生にお尋ねいたしました処、本田門下の高弟の長沢雄楯《かつたて》先生がよくこの言葉を用いられ、皇法とも皇学とも申されたという事を承りまして、初めて釈然といたしたのであります。祖父が先生の遺著の殆どを允可《いんか》と共に戴いたとき、先生は之を戒めて、これ等の書をお前に授けるから常に熟読研究して、法術《わざ》のみに頼って一介の祈禱師に堕してはならぬと云われた言葉を、祖父から父に更に私に伝えられて居ります。この言葉は非常に重大な意味を持って居ると感じます。

皇法、皇学の皇という文字は元より漢字でありますが、日本の古語で申しますとすめらまなびとなりましようか。即ち皇室に伝えられるべき霊学、そして特に神を祀り神と交流して以て国の御柱たる天皇に仕える神主の心して学ばねばならない霊学。それは先生が神界のみ教えを承けて伝えた教理＝哲学理論であります。この教理《おしえ》と法術《わざ》とは車の両輪の如きもので、相俱って初めて完全なものとなる。道を知り行うことが出来る。惟神の道は之を実践するためにはこの二つを体得しなくてはならない。云うなれば法術だけでは一介の祈禱師に堕り易い。皇学だけでは裏付けのない空理空論に堕り易いという事であろうと存じます。本田先生は法術によって神示を仰ぎ得まして、之に基づいて霊学、皇学の教理を確立されたのであります。この皇法即ち霊学を長沢雄楯先生も非常に重要視されまして、霊学（広い意味で教理と法術とを含む）を学ぶものは必ず他に十一学科を修めねばならぬと申されて居ります。長沢先生の申された十一学科というのは、

神典学、国史学、律令格式学、歌学、物語日記学、軍学、故事諸礼学、音律学、日文学、系統学、古医学。

と挙げてありまして、之らは霊学に至る基礎的学問であるとされて居ります。長沢先生は国学の素養の深い方でありまして、実に博覧強記でありましたが、当時としては最小限度必要な学科として挙げられたと存じます。併しその後学術の目覚ましく進んだ現代に於ては、この二倍も三倍もの学科を学

ぶ必要があることと存じます。

皇法―皇学―霊学は教理であり指導理念と申し得ますが、今一つの法術、鎮魂法。帰神術。の方は専修によって自得いたす外ありませぬので、折角祖父は本田先生の允可を得ましたけれども、之ばかりは父子相伝という訳には参らず、全く御神慮に叶った選ばれた人に許され伝えられるものでありますから、若し之を学ぼうとすれば、正しく法術を伝えた師に就いて、自己の資質の許された限り専心学ぶ外ありませぬ。それに対して皇法の方は遺著の研究を深めてゆき、法術の裏付けによって、愈々深く進め得るのでありまして、若し真神の道を世に布くとすれば之に依る外はないと存じます。本田先生はこの教理と法術の両方を得て居られた達人でありますので、先生の遺著は私の信じます限りでは、先生自ら鎮魂して自感法によって疑義を神界に伺い記し置かれたと思われますので、非常な深玄な意味を内蔵していると存じます。唯之を祖述いたすには、長沢先生の十二課目は最小限度で、更に最近進歩した学術を汲みとらねばなるまいかと考えます。私の様な老人ではとても間に合いません。之は若い人々が腰を据えてかかる必要があります。私も間に合わないと捨ててかかっては居られませんので、残年の限り取組むつもりであります。

二　産土百首の位置

皇法のことは一先ずこれ位に置きまして本題に帰ります。一応本田先生の全遺著を概観いたしますと、教理の部門と法術の部門に分かれますが、教理の部門では産土百首と霊魂百首が先ず先生の霊学の序論を成して居り、古事記神理解と難古事記が表裏一体を成して本論を形成し、道の大原と真道問対が結論を成している様に考えられるのであります。随って産土百首と霊魂百首とは本田霊学の緒口《いとぐち》であり大切な基礎でありますから、之を出来る限り深く研究いたしませんと先生の霊学に入って行けない。長沢先生の申される十二学科もこの序を為す両書のための大切な参考書に当るのではないかと思うのであります。

私は心にひそかに考えている事があります。それは生命という事であります。この生命の不思議な尊さがわからないと神というものが解らない。出発点をそこに置くことが大切であると考えているのであります。併し現代人である私共は最早唯教えられた通りに受け留めて之を信じて行くということは出来なくなっています。之は科学の非常な進歩と、それに基づいた教育を受けて来ているからであります。科学的な裏付け―証明がないと納得せず信じて行けないという状態になって居ります。この点は太古の人は心が純真でありましたから容易に直感出来た事でも、今の人は一応も二応も疑問を持ち科学的に解明に進んでゆき、納得ゆかないと信じない。こういう傾向になって居ります。本当は現代科学もまだまだ大宇宙の不可解な分野から見ると九牛の一毛であるでしょうけれど、思い上った人間はその些少な科学的な発明発見にすっかり自惚れて科学を盲信いたして居ります。大変不幸なことでありますけれども、大部分の人類の傾向がそうでありますから、神の道を説く場合も先ず人間じかの問題として、わが生命わが霊の解明を出来るだけ科学的態度で行わないとどうも受け入れられない。大きく申して人々の思想を改めるというわけには行かない。思想が改まらないという事は、今日の不安定な拠り所のない不幸な生活の方向に益々進み、或は却って人類の滅亡に歩を早めるという事になるかも知れないと考えるのであります。

大変に大きなことを申して恐縮ですが、真に諸学の根本である霊学に精進して、神の真道《まさみち》を明らかにしようとする悲願を心の奥に持った人はそこまで覚悟しなくてはならない。自己の生命の探求と共にそれが人類全体の問題であることを充分に常に念わなければならない。そこで本田先生の霊学の書を唯そのまま之を人に話しても誰も信じない。流行の新興宗教の一つだ位にしか受取らない。それでは惟神の真道を明らかにしてゆくことにはならないと存じます。この先生の教えを今の科学に先ず照らして、之を証明してゆく努力が最も必要であると信じます。それには先ず自分からわが生命の不思議に解明のメスを入れてゆく。自分自身の問題として取り上げてゆく処に、神の真道の解明の緒口があると存じます。この科学的な研究には生物学、生理学、医学、天文学、化学、物理学などの智識が是非必要であって、特に原子物理学の智識がその契機を為すものであろうと考えられるのでありま す。

勿論今日科学は決して至り極まったものではありません。日進月歩そのままでありますけれども、その時の最高の解明を以て、生命の不思議を解いてゆく努力が必要であろうと存じます。

産土百首を解釈いたしますにしてもこの観点から出発して行こうというのが私の希望であります。希望でありますが残念乍ら私は科学者ではありません。その科学的智識なるものは誠に幼稚貧弱でありますから、これはその道々の専門家に尋ねて誤りなきところを承って参らねばなりません。ですから実に永い時間を要して、余分なことと思われる道草を食うことが多いと存じます。と同時に「道を証するには道を以てす」と本田先生が申されました様に、産土百首を解明いたしますには、先生の他の著書に述べられている言葉を引用し来って解明することが最良の方法と考えられますので、この二つの態度と方法を以て参り度いと存じます。

三　産土百首の流布本と参考文献

本田親徳先生の著書の中で之まで世に知られていたのは、産土百首、霊魂百首、真道問対、道之大原の四著でありまして、之は写本が長沢雄楯先生の処にあったものでないかと思われます。それを門下の友清九吾氏が写して持参した。友清氏は後に神道天行居を創立された歓真氏ですが、若い時長沢先生の門に学び本田先生の研究をいたしまして先生の遺された文献等は百方蒐集いたしました。又本田先生の門下はくまなく探訪して居ります。岡部の三輪家は神《みわ》神社の累代の社家で本田先生と縁の深いお社であり、三輪武氏は先生の高弟でありましたので勿論訪ねて居りますし、東京の佐曽利信（晩年の門下）などをも訪ねて居ります。友清氏はジャーナリストの出身でありましたので史料の蒐集編輯などに勝れた手腕を持って居られたので、氏によって之等の著書が世に紹介され又流布されたと大体考えてよいのであります。

因に友清氏は、長沢門に学んだ先輩の出口氏の大本教にも一時従った様でありましたが、後その関係を清算して神示のまにまに九鬼盛隆氏の本道《ほんどう》宣布会にも協力されたことが九鬼氏遺著「惟神本道」

に記されて居ります。天行居創立の前ではないかと思われます。

それはさて措き、私も産土百首のタイプ刷と霊魂百首の印刷小本を友人からもらった事があります。この友人は勿論先生の自筆本が私の家に伝わっているなどとは知らなかったのでありますが、大方之も天行居の方から流布したものであろうと存じます。併し神社界にはあまり行き渡っていなかったのでありまして、天行居は一つの宗団ですから、どうも当時の言葉で申しますと国家の宗祀として神社に仕え、身は官吏又はその待遇を受けて国家神道の保持者といった誇りを持っていた神社人は、宗教宗団の出すものは余り歓迎しないという気風があったと思われます。併しこの産土百首の内容から申しますと、勿論古神道の大変な活教典でありまして、どこにも一宗団の匂いなど微塵もない。之を取上げて研究した人が神職界に管見する処一人も居なかったという事は実に不思議で歎かわしく不幸なことであったと思うのであります。

明治以後の神職界では大体そうでありましたが、それでは以前はどうかと申しますと、幕末には京都の神主で六人部《むとべ》是香《これよし》という方が、これは平田篤胤の門人であると申しますが、産土信仰に着目いたしまして、「産須那社古伝抄」という書を著して居りますが、この書は限られて居りましたが神職界に読まれていたのであります。六人部是香が神主であることが、そして神職界の守り本尊である本居平田学派の門下である性かも知れません。本田先生は先ず殆ど神社に神職として仕えたことがなかった様であります。

この六人部翁の「産須那社古伝抄」は大変参考になる書でありますので引用いたし度いと存じま

す。之と並んで重要なのは、本田先生の「産土神徳講義」上下二巻であります。この書は静岡県のある神社で講義なさった筆記でありまして、筆録者は駿東郡の岩崎元巧という人であります。恐らく門人の一人でありましょう。どこの神社であったかは解りませんが、私は前後の事情から見て、三島大社の社務所でなかったかと考えて居るのであります。と申しますのは本田先生の主著とも云うべき「古事記神理解」は産土百首と同年の明治十八年五月に第一巻が脱稿されて居り、その奥書に「門人駿河川口信之校」と記されて居ります。川口氏は後年三島大社の宮司にもなられた方でありますから、その頃の神道講演はやはり伊豆国の一の宮であります三島大社で行われた様に思われるのでありますが、兎もあれ産土百首を解釈いたすにはこの書は重要なものであります。

産土百首が上下二巻五十首詠ずつとなって居りますことは前も申上げましたが、極めて大掴みな申し様でありますが上巻は顕観について詠まれ、下巻は幽観について詠まれていると申せます。それでは本論に入る事にいたし度いと存じます。

本論

一　産土神の本質

(1)　産《うぶ》土《すな》に生《うま》れ出《い》でつつ産《うぶ》土《すな》に帰《かへ》るこの身《み》と知《し》らずやも人《ひと》

「つつ」という助詞は元来つという完了の助動詞の重なった形の語であったと思われます。そこから色々な意味に転化した様です。その動作の反復、連続、同時等を現わしますが、ここは連続を表していると思われます。生れて来てそして生きつづけて居てという意味になります。そしてやがてその産土に帰ってゆくこの身と人は知らないのであろうか。という意味であります。ここの語法は倒置法を用いて意味を強めています。もは詠歎の助詞で語調を柔らかくし含みを持たせています。語法の上からの解釈はそうでありますが、その内容については以前に私の試み記しました「産土百首小解」の中から便宜に引用いたしまして、或は補足し或は訂正いたして参り度いと存じます。「小解」には、

人間は大地に生れ㈠、大地に生き、大地に死する。わが生命は暫らくも大地なくしては有り得ない。わが生命は大地より生れ出で来り、やがて又大地に帰るものである。この大地を霊観して㈡「うぶすな」という。産土は大地という物の外にあるのでなく、大地に内在し充満せる霊である。否大地そのものである。我々の祖先は之を物と見ず霊と認識した㈢。即ち産土の教えの伝われる所以である。

と記しています。大体之でよいのであるが補足する要がある。その㈠は人間が大地に生れるという事であります。これは地上の意味であり大地に付与されたことを指している。人間は云い古りたことであるが霊と肉体とから成っている。幽体の霊は大地に付与されたものであり、顕体たる肉身は大地の分身にすぎない。又大地を霊観してという事は幽観してと同じ意味と取ってよい。その生命を直観する事であります。そう云うと近頃の学生は直ぐそれは未開時代の多神教的な考え方だと排斥する。未

開というのは物質文明科学文明万能の立場から申すのであろうが、その誇る科学によって謂う処の物質なるものを分析してゆくと動物も植物も鉱物も結局細胞の集まり、更に分析して原素、原子の集まりにすぎない。その集まり方に千差万別あって動植鉱物と現れている。生物の生命の不思議さについてはもっと深く探究する必要がありますけれども、その大地から必要な原素を取り入れて細胞をつくり、それぞれの肉体を作っている我が身でありますから、原子の異った集団であり、我身体の母体である大地に生命を直観したことは正しいとせねばなりません。「小解」には続いて、

六人部是香の「産須那社古伝抄」に曰く、「されば産須那と称《もう》すは為産根《うぶすね》といふ事なるを、根と那とは親しき通音にて産須那と称せるにて、萬物を生産せしむる根本の神と申す義《こころ》なり。然るを産砂の義なりとて近世の学者の産土の字を当て来つるは大なる誤なり。」と述べている。那は根であるというのは流石に卓見である。凡て物の名という言葉もまた根から転じたものであって、祖先は物を見て直ちにその根本の霊性を感得し、物とは根本の霊の顕現した形象であると観たことを示している。この語義を失った為に産砂などと漢字を当て、遂には梅宮の境内の砂を採ってお産の守護とする等の信仰まで現出したが、原義を失って末梢を遺存したに過ぎない。即ち産土とはわが生命の生れ出でた郷土そのものの神霊である。

と記してあるが、出生地とその人との深いつながりに就いては追々言及しましょう。

(42) 産土《うぶすな》の神の御名《みな》をし人問はば国《くに》つ御魂《みたま》の御子《みこ》と答へむ

御名は御根で、根はその本質をさして申します。産土神の本質は国魂神の分身分霊であることを教えて居ります。国魂神の一部分の独立した神が即ち産土神であります。御子というのはその父母と子達の関係と指摘しています。之は実に簡明で納得される表現でありますが、何でも疑いを提出して科学的証明せねば諒承出来ないと若き人々は申すかも知れません。之については触れることがありますがしばらく措き、先に進みましょう。

それでは国魂の神とは如何なる神であるかと申しますと、本田先生の「産土神徳講義」には

今按《あん》ずるに皇国の島数十五なり。この国魂を大国魂の神と云ふ。而して此の大嶋、長州下関より奥州の端までの国魂の御名を大倭豊秋津根別と云ふ。四国九州其の他の小島皆国魂の別名あれどもここには省く。

と述べて、全日本諸島の総国土神として大国魂の神があり、大小一つ一つの島々にはこの総国魂の一部分をなす国魂神が厳存なされることを認めて居ります。

更に国々の国魂神は産土神の総称であり、一つの統一体として宇志波久《うしはく》ところの大神であります。産土神は我々の生命体に繋がる大いなる生命体であります故に、国魂神は更に大いなる集合した大生命体なのであります。それは単なる寄せ集めではなくて、中心あり統一あり組織あり連絡のある一大生命体、一大神霊であって、あたかも我々の身体が五十兆億万の生きている細胞の集積であって、然も中心の霊魂の下に統一あり組織あり連繫ある一つの生命体を成しているのに等しいのであります。

ここで一つ私の少年の頃の経験した事を申上げます。十か十一歳位でしたか、小学校で地理の宿題

がありまして、大きな画用紙に日本全土の地図を画いて色を塗り、夏休中に仕上げて来て提出せよと云われました。之は大方の人々の経験された事だと思います。先ず教科書の地図の経度緯度を拡大して引きまして、それに合せて国土の輪郭を描き出します。それから山脈、河川、平野を描き濃淡の色彩を施します。子供のことですから大変な作業でありました。それから都市を書き入れます。ここで一寸気がつきましたが、都市も町村も大概は河川に添うて発達していることに目を見張りました。それから国県郡邑の境界を書き入れます。国というのは昔の国名でありますから、現代では殆ど県本位で忘れられたものですが、昔は皆それを書き入れました。処がその時又気付いたのですが、国の境界というものは大概は山脈や河川がその基本をなしているという事でした。つまり昔の国や郡の境界は自然に順応したものであったということでした。県というとそれが相当乱れてしまっています。何故こうなったのか、それは少年の私にはよくわからなかった。それだけで済んだのですけれども、この経験が後々まで私の脳裏に残っていました。山脈や河川によって勿論それに倶う気候をも加味して、区別された特質というものが、住む人に非常な影響があることを時々考えさせられていたのです。

私は青年期に伊勢市に八年も住居いたしました。北海道から移り住んだのですから、何ともはじめは土地に馴染めませんでしたが、終り頃は何とか伊勢言葉も使える様になり甚だ順応いたしました。併し時々年に一度位に北海道に帰りますと、それは酷寒のさ中でありましても何とも云えず心安まる思がいたしました。これはただ生活慣習によって染みついた順応性などと片付けられないものがあるなと気付いたのですが、一歩深めて考える程には到らなかったのです。その点後に産土百首は大きな契機を与えて下さったことを感謝いたして居ります。

さて「講義」には続いて、

此の如小部分に各々名あるにつけては、当時の国郡村また一小部落の分魂《わけみたま》ありて、顕幽かけて治め給ふ御事弁ぜずしてその明なるものなり。

と述べて産土神の存在を宣明して居ります。「顕幽かけて治め給ふ」の語は実に重大でありますが追々先生の教示に触れて行きますから、以下簡潔に述べましょう。

一体に顕幽などと云うと如何にも不可解な迷信めいて聞えるのでありますが、その理《ことわり》は甚だ容易なのであって、現実に我々の五感に触れて認識せられるところの世界が顕―現であり、その五感の認識以上のものが幽である。眼に見えず耳にも聞えず、鼻に匂いなく舌に味わいなく、皮膚にも触覚せぬものであっても、人間の弱小な感覚以外に広大無限の世界が厳存していることは申す迄もありません。空気も菌類も五感以外のものである。これは幽の中に入るべきものであります。現代科学は種々の器械を工夫して、幽の世界の解明に楔を打ち込んだけれども宇宙の未知の世界は余りに広大深奥で限りがないというのが現状であります。要するに顕と幽とは不完全な人間の五感に一先ず標準を置いての話であって広大無限の幽の立場から見れば幽と顕とのけじめは無いのであります。即ち人は日常その粗笨な五感に頼って、浅墓な顕の世界にのみ執着するけれども、神霊の幽の眼には顕幽の差違はなく昭々たる一つの世界に過ぎないのであり、併も顕の世界に執着する人間そのものが既に幽顕両者から成り立っている。眼に見ゆる肉体―五感に認め得るものと、認め得ない霊魂とから成り立っている。霊魂の活らきたる人間の心は互にその心によって認識せられるけれども、之を肉眼に示すことは出来ない。人間それ自体が幽顕体の組織をなしている。而もその顕そのものも実は幽体の集結に外ならない。人間は肉眼を以てその身を組織している細胞を見ることは出来ない。細胞を組織している原子を見ることは出来ない。かく考えると霊の不滅を信じまいとしても能わないので、ましてわが霊魂わが肉体共に産土神のたまもの、国魂の神の賜物であることに於ておやであります。

ここで今一つ過去にありました話を申上げます。国々にその国魂神を祭って居ります神社が御座いますが、この神をどの様に解釈いたしますか伺ったことがあります。そういたしますと、その国の経営に功徳のあった神を申し上げると答えます。そう致しますとどうも人間神の様な心持がいたしますので、その国の経営に功徳あった神と致しますと何かそれぞれに御名があったのではありませんか。国魂神というのは普通名詞で共通した名の様ですがと尋ねますと、それは太古には固有名詞があったでしょうがそれは失われて、共通の御神徳の御名だけ残ったのでしょうとの答でした。どうも判然といたしませんので、そこで今一歩踏み込んで、北海道は明治以後の新開地ですが、その守護神の中心として札幌神社を創建遊ばされた明治天皇が、御祭神として大国魂神と大那牟遅神、少彦名神をお祀り遊ばされましたが、まだ国土経営が之からと云う時に経営の功績あった大国魂神というのは何か腑に落ちない心持がしますがと申しましたら、正直な方でしてよくわからないと申されました。御祭神のことが本当によくわからなくて奉仕して居りますことは、実に呑気千万の事でありますが、妙な理屈をこねないだけ正直な方でした。神々を凡て人格神とのみ解釈いたしてゆく、つまり人間本位の考え方で参りますと、わからなくなるのは当然であります。先生が「顕幽かけて治め給う」と申された言葉が実に大切であることが痛感せられる次第であります。札幌神社は明治天皇を合祀遊ばされて、今日は北海道神宮と申上げて居りますが、北海道のいずこの神社にも札幌神社の御分霊を奉斎した四五社以外は、国魂神をお祀りして創建されたお宮がありません。ここにも明治天皇の叡慮の畏こさが仰がれる次第であります。

扨《さて》日本の国に国土神である産土神、国魂神がお出になる以上は、諸外国の場合も同様の筈ではないかという疑問がすぐ起るのでありますが、本田先生は

(37)　敷島の大和《やまと》にはあらぬ西戎国《からくに》も産土神《うぶすながみ》のいまさざるなし

と詠んで、諸外国にも斉《ひと》しく国魂の神、産土の神の存在を明らかにして居ります。日本に存する限り又地球上いかなる国いかなる土地にも居られる筈であり、中国には中国の国魂の神あり、印度には印度の国魂の神あり他は推して知るべきであります。そしてかく思い更に推し進めますと、各国のあらゆる国魂の神の統合体である地球そのものも大いなる国魂たる大霊体でなければなりません。勿論地球は陸地ばかりでなくその三分の二は海であります。海洋は別に分け持つ神がありまして、その伝えは明確に我国には伝えて居りますけれども、ここでは暫らく省略させていただきます。

兎に角この我々の住んで居ります大地、人住まぬ処をも含めて、又それを取巻く雰囲気を包含して

一つの大霊体である。そして海洋の神をも合して地球が一つの霊体であることは最早はっきりといたして居るのであります。それを我々の祖先は自分の霊力を以て覚っていたのであります。この事は非常に重大でありまして、この霊覚この教えが伝えられたことを注意いたさねばなりません。これは日本の国魂、産土の処産であるとも申し得ましょう。つまり日本の産土の特質であります。そういう産土の神、顕観して日本の国土というものが地球上どんな位置を占めるかということも、心静かに思わねばならぬと考えます。

それはさて置き少し大きな話になりますが、この地球が一つの霊体であるとすると、太陽系中の遊星は皆ひとしく霊体であり、中心の太陽も大いなる霊体即ち神であると申さねばなりません。更に太陽系宇宙を一小部分として持つ大宇宙そのものが既に雄大な一大神霊であることを認めない訳には行かないのであります。この大宇宙を神霊そのものと霊観した教えが我等日本民族に伝えられています。古事記に記されている造化三神以下の教が実に之であります。大宇宙そのものを天之《あまの》御中主神《みなかぬしのかみ》と称え奉ったことは、われわれの祖先の霊覚を高く明示したものに外なりません。

世の学者は古典の天地開闢説を大方は中国のそれに学んだものと申して居ります。私共は中国にも類似の伝承があったことは認めますけれども、凡て之を移して述べたとは思わない。適々文字を移したに過ぎないと思います。で中国は中々名文句の発達した国ですから、我に合致した又は類似した文句はあまり手を加えずにそのまま使用したので、実に大どかな心であったと思います。どうも日本人ほど外国の文化をそのまま平気で取入れて使う民族はない。至る処に和洋混合の生活をしている。之は之までの外来文化の取入れ方を見ればよくわかります。それはさて措き大宇宙霊たる天之御中主神より分れて天《あめ》（太陽）となり、天より分れて地《つち》（地球）となった。月は地球に属している故属星《つき》という。我国の教えは専ら地上の生成化育の霊力を主としての伝えでありますから太陽と地球と月とに言及して他の諸星には詳しく言及しないのでありますが、大宇宙霊（天之御中主神）の分身分霊たる天《あめ》（太陽霊）、天《あめ》の分身分霊たる地《つち》（地球霊）でありますから、地球上の国々島々、分れて村邑里字に至る、之を産土神と観るのは当然でありましょう。

わが身は祖先の分身であり、併も祖先以来久しく産土神の中に生れ養われ継いだ生命であります。即ち我等の生命も肉体も、祖先を通して、産土を通して、悠久な時間を通して大宇宙の神霊たる天之御中主より分れ分れた実に微々たる一小分霊であり、直接には天地《あめつち》の恵みのもとに生れ出た生命であることを知るのであります。

ここに一寸注意いたし度いのは、先に霊体といい分身分霊という言葉を用いましたが、身は顕界のもの霊は幽界のものである用意を以て申したことを記憶願い度いことであります。

(43)　惜しむべし産土神は在《いま》せれども名伝えなき百《もも》の西戎国《からくに》

西戎国と書いて「からくに」と訓《よ》ませています。文字は漢字で中華思想から生れた蔑視の意味を持ちますが、「からくに」という国語にはそういう意はありません。つまり韓国《からくに》で外国の代名詞であります。諸外国の意味に外なりません。

地球上の国々は幽観すればそれぞれ国魂の神でない処はなく、大地のある限り産土神の在さぬ処もないことは已に申上げたのでありますが、不幸にして諸外国にはこの教えが伝えられなかった。この霊覚を得て産土神を祀るということがなかった。従って産土神の厚い恩頼を蒙って顕幽かけて幸《さき》はふということがなかった。この教えの伝わった唯一の国であり、即ち全国津々浦々に至るまで産土の神を祀る神社のある国、即ち神霊の恩頼ある国であると申すべきであります。

中国や朝鮮半島にも地祇の信仰はありますけれども、専ら人と対立的存在であって、そこに生命的連関が乏しく、専ら人間本位の観念に堕して行った。地祇の祭りは単に禾《か》穀《こく》の豊饒を祈って自己の生存に利そうとする為であった。過去現在未来を通じて、わが生命を生み、育て守る親神であるという霊覚を持たなかったのであります。

少し横道に外れるお話でありますが、世の学者は古代の日本の文化は凡て中国から学んだものと思って居ります。そして日本に書き残された文献を証拠にあげて、我国が国家の形態を為したのは中国の思想的影響によると断じて居ります。現存している文献というものは多く漢字漢文でありますから、まあそれを唯一の根拠として立論することになればそうなるのが当然ですが、漢字が伝来したのは応神天皇の御代ということになって居ります。それから何代か経てまあどうやらその使用に馴れて、便利なものですから之を用いて記録しようという事になったのですが、それ以前に日本という国家がなかったかと申しますと、これはどうも妙なことになります。却って中国や朝鮮の史書や金石文に応神朝以前の日本の国家的な対外活躍が記されている。その当時中国の文化など受けなかった時代に、東亜の強国として厳存していたことがわかります。この中国の文献というものも実は所謂中華思想を以て書かれている、その上随分粗笨な記事でありますが、東亜の一大強国として立っていた日本が国家の組織が不完全な根底の羸《るい》弱なものとは思われない。私は国体というものはちゃんとその時代でも今日でも変りなく貫いて居たと考えています。伝来した中国文化を便利なものとして使ったに過ぎないと思います。丁度幕末明治にかけて伝来した欧米文化を便利な道具として使った様なものであると考えます。

ここに一つ注意を喚起しておかねばならないことは、我国に漢字伝来以前に表音文字がなかったかという事であります。漢字の文献学者は我国に古代文字があったことを否定していますけれど、近時その方面の研究も進んで、古代表音文字があって伝承を記したことの証明が続々と成立して来ている様であります。そして古事記や書紀以外の史実が次第により詳しく明らかにされている様でありま す。古代文字についてはしばらく専門家の研究に頼る外ありませんが、素人の私などは朝廷の方針によって漢字を用うることになったが、元々発音のちがう組成のちがう漢字は日本語を記すに不便で仕方がない。音や訓をまぜて万葉仮名まで来たが、遂々片仮名と平がなを発明して表音文字とした。これは逆に云えば国語は表音文字が基本だということで、だから漢字以前にあった古代文字は使えなかったし、又忘れたこともあって漢字から工夫してつくり出した。日本語は漢字などあってもなくとも表音文字が基本だということになります。古代国家群中で優秀民族であった我民族が自国語を表す文字がなかったとするよりあったとする方が自然だと私などは考えているのでありますが、之は素人の感情論かも知れません。

文字に代表される外来文化にしても、便利な道具として使ったにしても、まだ馴れないこなれない中は色々な摩擦や不都合も起きたでありましょうが、消化されるまでのことで、国史上あまり芳しくない汚点も残してありますが、それは心《しん》を蝕みつくすということには立至って居りません。必ず神助によって国体の尊さを確保いたして参って居ります。これは注意して見ねばなりません。今日の歴史教育というものを見ますと、何がわが国の存在の中心かという点を確め、その一貫した中心に如何なる外部からの影響が齎らされ治乱興亡が起ったかを、顕幽（物心）両面から検討するという点が欠けている様に思われるのであります。私は歴史学者ではありません、謂わば素人であります。素人ですから学界に沈没せず要点がわかるのだと信じて居ります。顕幽両面からと申しましたが、顕は物質文明、幽は思想文明と申してもよろしいので、物はまあ便利な道具ですが思想は中々重大な影響があります。固有の精神から申しますと穢れ（気枯れを将来する）に属するもので、それが行動に現れますと罪になるのですから、非常に重大であることを注意せねばなりません。

産土の書

⑷⑸　悲しきは彼の西戎《から》の国産土の神名《みな》伝はらず道も知らなく

産土の神の御名が伝わらないということは、その祀りも教えもないという事を指して居ります。名。

は根であることは六人部是香が已に申して居りますが、その本質たる霊性を認識することが無いということを指して居ります。本田先生は神名を注意して暗誦し、その神徳を銘記すべしと訓《おし》えて居りますが、そう申しますと、我国の神々がどんな働きをなさったか別に記してないなどと申す人が居ります。之は実に不注意千万な話でありまして、神の御名そのものの中に御神徳が現されて居ります。例えば天之御中主神《あまのみなかぬしのかみ》と申しますとその御本質が百万言を費すよりも猶はっきりといたして居ります。産《うぶ》土《すな》神の御名が伝わらないのはその本質の教えが伝わらない。従って風土を物と見てその霊性を認識しない。それでは宇宙を貫く真理の道が解らない筈であります。それは先生は西戎国だけを悲しんで居られますが、近頃ではそういう人々が教えの伝わった筈のわが国にも充満いたして居ります。教えがないと折角産土から賜わった霊性さえ麻痺いたしますので、之を教えるのは神に仕えている神職の役でありますから、この様な状態になったというのは神職の怠慢であると申さねばなりません。驚いたことには産土さまなんて何のことか解らぬという神主さんが非常に多いのであります。産土も国魂もわからない。何と申しましたらよいでしょうか。

さて御名が伝わらず従って教えが伝わらないため、道も知らないと本田先生は慨《なげ》いて居られますが、道とは何を指すか、之は実に重大なことであります。道に対する本田先生のお考えは「道の大原」「真道問対」「霊魂百首」等に詳説せられて居りますからここに触れませんが、少しでも真面目に人生を考える者にとっては必ず行き当り思い悩む問題であります。この解決のために太古から世界の幾多の哲人が苦しみました。その人自身の為ばかりでなく人類の為に同胞の為に苦しんで之を見出そうとしたのであります。世界のあらゆる宗教哲学の教えは皆この為でした。併し私はその教えをのこした人々はやはり人である以上その国魂、その産土の特徴は免かれ得なかったことを認めます。人類に共通なものを持っている一面、やはりその生れた国土の特徴を具えている。大きく見て人は地球という一つの神霊の処産である共通点の上に、又他と異なる特色を固く持っているのはその産土の特徴であります。そしてその諸外国の哲人たちは産土の子でありながらその教えも伝わらず、従って之を祀る事がない。どうもその考えの根底を為しているものは人間本位であると思われます。人間生活の顕に捕われて物を考えてゆく、祭りがないから幽の神の働きに通じない。見方が一方に偏って行くと思うのであります。

祭りということは非常に重大な意味があります。近頃は祭りと云えば顕斎だけ、その上に直会や賑わいだけになりまして、まあお祭り騒ぎが主になっている。顕斎の意味さえ薄れてしまっていますが、之は人間本位の偏した考え方の影響でありまして、祭りの本来の意味は決してこんな事ではないのは申すまでもありません。顕斎は大孝をのべる式でありまして、平たく云えばお礼の奉仕であります。〔大孝を申ぶ―浅間神社の斎館に扁額あり徳川家達の書、神武紀鳥見山の霊畤《れいじ》の条に出づ〕最も古い祝詞などを見ますと、そこには祈願の言葉がありません。神々がこの様にお守り下さいます故にこの様にして感謝申上げるという形式であります。では神々がかくお守り下さり幸福を下さるからというのがどうしてわかるか。之は顕斎ではわからない。その前に幽斎というものがあって神々のお心を伺っていなければ解らぬ筈であります。その大切な幽斎の方をすっかり忘れられてしまった。少くも千七百年程の間に失われてしまった。之は外来の人間本位の教えに災いされてしまったからだと私は考えています。併し幸いなことには上古まで伝わって来ていた幽斎のことが記紀に書き残されている。それは鎮魂法帰神術でありましてその法術《わざ》は絶えはてましたけれども記録がわずかに存していましたので、之に基づいて一生を捧げて非常な苦心をしてその法術を中興されたのが本田先生であります。之によって神々に通じる道が開かれたのであります。幽斎の詳しい事はここでお話申上げることは省略して、他の機会に譲りますが、神々に通じ神意を伺い得るのは幽斉以外にはないのでありまして、顕斎では絶対に出来ない。どんなに賑々しく行なっても神々は横を向いて居られるかも知れない。それは解らないのであります。そして近頃の祭りは大いに祈願をして押付けがましい祝詞などを奏上して得意になって居ります。まあ自己満足でありまして之では御神威の発揚などある筈がない。どうも私はお祭りも自己本位、人間本位で随分我儘な堕落したものだと思って居ります。本当に神意を伺いそれに従って奉仕いたしませんと御神威の発揚などある筈はない。それには神職たる人々必ず幽斉の法術を身に修めることが必要であろうと信じて居ります。

少し枝道に外れて恐縮いたします。さてそれでは我国に伝えられた道とは何であるかと申しますと、古事記に記された処によれば大宇宙霊の示し現すそのままの相《すがた》であり、大は太陽系の運行に現れ、小は一微生物の組織生態にも観る事の出来る活《はた》らきなのであります。之を極く大摑みに申しますと「さきはえ」と「まつろひ」という古語で云い現される生成発展と根源帰一の活らきであると申し得ようかと存じます。

この二つの言葉は古語ですから一寸注釈いたさねばなりませんが、「さきはえ」は「裂き這え」で分裂増加の意味であり、「まつろひ」は「本欲ろひ」で根元に慕い寄り帰る意味と申せましょう。近頃の言葉で云えば遠心力と求心力などと云いますが、やはり古い国語の方が内容もあり味わいがある様に思われます。

地球はじめ諸遊星が太陽から分裂したのは、太陽という一大霊体から個々の新しい分霊体の生成を意味しています。これはさきはえであります。かかる霊力を古典では高皇産霊神《たかみむすびのかみ》と称えて居ります。人間も親から子供が分れ増加する。子供が多いのは家が栄えてゆく姿であります。栄《さか》え、幸《さきは》ひなどは皆同じ言葉から出来たものです。家が栄えてゆく姿というものは唯資産が多いからではありません。老人夫婦切りで(場合によっては独り居残って)狆《ちん》を相手に暮らしているという様なのは、いくら財産が増えても栄える家とは申しません。貧乏でやっとこさの暮らしをしていても子供が居てにぎわしく希望のある家が栄えてゆく姿です。

(44) 産土の神名《みな》伝はらず定まれる君なき国ぞ殊にかなしき

已に申しました様に中心より分裂生成いたしました個々が、又根源者である中心に帰一するのは宇宙の顕わし示す道であって、この根元帰一の霊力を古典では神皇産霊神《かむみむすびのかみ》と称えて居ります。この原理は、極めて微小ながらも宇宙霊の尊い分身分霊でありますス人の上にも限なく至り及んで居るのでありますから、神道すなわち人道が存在する。この意味から至しますと地上の人間の集団である国家に現れた場合、中心たる君主が確定されてあるのは当然であります。太陽が諸遊星の本源として悠久なるごとくに、君主もまた不易の位を確立することが最も希ましい事であって、それによってこそ道が息《や》むことなく行われると見るべきであります。

この教えの伝わった我国が一系の天皇を君主と仰いで来ったことは極めて自然でありまして、国家として真の栄えとまつろひ（奉仕）が行われる。この教えのない国は定まった君主を持たないのでありまして、本当に宇宙を貫く道は遂に正しく行われることが出来ないのであります。先生が「殊に悲しき」と歎かれています意《こころ》は、道の上に立脚した信念に外なりません。

併しながらこの産土の教えの伝わらない外国と雖も、又その人々は産土の神の分身分霊でありますから、自然に宇宙の大道には抗しかねてその国その民族の中心を作り上げようとします。之が大統領とか国家主席などであります。さりながらその考えは産土の教えの伝わらない国故に飽くまで個人を主とした人間本位に、生存のための方便機関としてであって、止むなく天地の道に従って仮に定めた中心でありますが故に之を久しく確立することが出来ない。悪い場合にはその地位を利用して、自己の利益のために国民を犠牲に致しかねないものですから、年期を定めて改選の必要もあり得るのであります。この点でわが国が遙かの古えから一系の君主を仰いで来たのは、教えを伝え神理を存した歴史的事実で、之は地上稀有の特色であります。

然しながら最近の人々の頭脳を支配しているものは、産土の教えの伝わらない国々から入って来ました人間本位と申しますか、個人本位の考え方でありますから、段々と国体の尊さがわからなくなって参りました。或る人は赤い思想とまで云わなくとも、国民の思想はどうも大部分桃色になっているなどと申します。何故この様になったか、それは産土の教えを伝える役目の人の責任であると申さねばなりません。産土の教えは、産土の祭りを行いその意義を鮮明にして行かねばなりません。その役を担うのが神職でありますのに、神職自身が産土神も国魂神もわからず、その教えがわからず、まつりがわからないでは何とも申訳ない次第であります。霊学が失われ、真の祭りの意味が解らなくなった為にこの結果が招来されたと私は考えて居ります。

祭りの真髄は実に幽斉にあります。之によってこそ神意を伺い得ますし、又神々の現世に対する御活動をうながし奉るの外に正しき道を保つ方法がない。否この道を人類のために保つ為にこそ神々がお命じになって幽斉を再興せしめ行わさせられている。それほどに地上に大いなる危機がせまっている。地上に唯一点の正しい道が伝えられたわが国にその道が亡びた時こそ、人類が一路破滅に急ぐ外ないのであります。道の教えなき国の人々の行動が、今どんな状勢を至る処に顕現しているかを見れば、遂に救いなき人類であろうかとの歎きを禁じ得ません。仏教もキリスト教も儒教もその他の既成宗教は最早今の人類の心を行動を救うことが出来ない。たった一点の灯が消えぎえに残されている。それがわが国の惟神の教えであると存じます。

惟神《かむながら》と云う言葉が出て参りましたから、一寸言及いたさねばなりませんが、この古い言葉は昔から難解な言葉と云われていいます。近年まで学者はこの解釈に色々苦しんだ揚句、訳のわからぬ理屈をつけたり、正直な方はどうもわからんと匙を投げたりしていました。一番古い解釈は今から一千三百余年前の孝徳天皇三年の御詔勅の中にあるこの言葉についている註ですが、それには「惟神とは神の道に随いて亦自ら神の道有るを謂うなり。」とあります。さあこの解釈が又わからなくて学者の方々がおこまりになった。併しそれは学者の方たちは根本の日本の教えを知らず文字の上ばかり詮索するからで、つまり神霊観が確立していないからです。神霊観は霊学を学ばなくては解りません。宇宙を貫く大霊の在り方に従って、自分自身もその分霊として道を顕現してゆく。少し六敷しい申し方ですがそれでよくお解りになると存じます。本居宣長翁は、惟神の道とは浅はかな人間の智恵など加えぬ天然自然にありのままの道であると申しました。少し誤解される節もありますが、よくこの理を得て居られたと存じます。最も素直に大霊のあり方に従って己が全力をつくしてゆく道、それは決して文化の進歩を否むものではありません。大道を外れぬ様に大綱はしつかりと保ちながら、宇宙の真相を一つ一つ解明してゆく処に真の智恵の活らきがあり、いよいよ道を明らかにし生活を正しく高めてゆく処にあります。素直に大霊の道を現した生活、社会、国家、それはどんな姿になるでしょうか。私どもは自分の家庭生活、社会生活、国家生活をもう一度反省し、又これを世界の古今現実に照らし合わせて正しい批判をせねばならぬと考えます。それには祖先の遺したわが国の教えを先ず正しく知らねばならないと思います。惟神の道は先ず産土神の教えから入ります。

最后に今一つ大切なことに触れねばなりません。それは本田先生の詠まれた「定まれる君」についてであります。私は先に一系不変の君主こそ定まれる君であって、その時々の便宜に従って決めたのは定まれる君ではないと申しました。之は歴史的事実に基づいて申したのでありますが今一歩踏み込んで申さねばなりません。

古い時代から日本の天皇を「天津日嗣」と申して居ります。これは非常に大切な言葉であります。天津とは「天津神の」という意味であり、「日嗣」は「霊嗣ぎ」であります。申さば宇宙霊をおつぎになるということになります。大霊を嗣がれて直接に大霊の道を顕現なさるということに御使命があります。そしてこの大霊をお嗣ぎになるということは祭りに依るのであります。私は甚だつまらぬ草《そう》莽《もう》の民にすぎませんが、天皇の尊厳は、祭りによって大霊をおつぎになって居られる処に拝するのであります。それは非常に神々の霊統のただならぬ方でありますけれども、その真相は宮中祭祀にあると恐察いたして居ります。御《ご》践祚《せんそ》になられても、大嘗祭が行わせられて初めて正式に即位なさる。そのことが実に重大な意義があります。これは神職の諸氏は充分御存じでありますけれども、この天つ日嗣が一系の方によって不変に行われているということの重大さを改めて認識していただかねばなりません。天つ日嗣は天津神の御神慮によって定まり、そして国津神の幸はひ守る処で、そこに一系の意義が存する。天神地祇を祭ることによって初めて国が治まるのであります。祭りの真義は幽斎によらねばわかりません。そのことが国史に明示されて居ります。宮中祭祀のことは友人の川出掌典の専門でありますから、どうか機会がありましたらお話を伺っていただき度いのですが、私は祭りというものの重大さをここに喚起いたし度いのであります。

(7)　産土の神の形を人皆のおなじ形と人な思ひそ

この歌はまた大変な歌であると私は考えています。産土の神の形を人皆の様な同じ形であると人は思ってはならない。というのであります。一体に産土神ばかりではありませんが、神と云えば多く人の形に想像いたしますのが普通であります。之は神の分身分霊たる人の極く自然なことでありますけれども、よく考えますと神は隠《かく》り身の意味であって肉眼を以ては之を見ることが出来ない。即ち幽体なのであります。適々諸現象として肉眼で見ることの出来るのは、幽の世界に於て本田先生の申されました様に「霊力相応じて現体を生じ」たのでありまして、その現体と雖も尽く肉眼で之を見るという訳には行かない。その範囲は余程現体の中でも狭いのであります。

例えば我々の肉体、これは肉眼でよくわかりますが、之を形成している細胞はもうわからない。それ以上の細胞を形成している原素（原子と申してもいいですが）はいよいよ見ることが出来ない。ですから逆に申しますと原子の集積した細胞、細胞の集積した諸器官、諸器官の集積した肉体、この中肉眼で見ゆる範囲というものはかなり狭い結果の部分で、それ以上溯るともうわからない。併し集積したものが生きて力を発揮していますから、それを形作っている元々の原子も生きている。それを大きく統率しているのが産土の神であると云うことになります。つまり諸現象の中にこもる生命力が神なのであります。顕と云い幽と申す区別は人間の五感の上に標準を置いたのでありますから、幽の世界から見ればその区別がない。顕界は幽界の反映とも一部分とも申し得るのであります。

然るに産土の教えが伝えられない国の人々の考え方は、どうしてもわが五感に触れる範囲の極めて狭い部分の顕界、併もわが人間の世界にばかり執着いたしまして、それ以上の幽の世界を蔑《ないがしろ》にして、天地の万象は凡て霊の集まりであって、中心あり統一あることはわが体の如きであるということを覚らず、動植物の如き類似のものには生命を認むるも、その他は生命なき物と見做したのであります。その考え方が伝来いたしまして我国の伝われる教えを蓋う様になりましてから、思想の昏乱がはじまったと見るべきでありまして、人々産土の信仰というものを失ったのであります。信仰は次第に薄れて参りましたけれども、産土神の御神徳は決してなくなったのでなく人間が盲《めし》いたにすぎません。産土神は少しも変らず幽の政を取って居られる。人々は人間本位にばかり取りまして、産土神をも氏神として祀る。つまり名称は昏乱いたしましたけれども、お祭りはまあ続けて来て居ります。之はもう正さねばならない時が来ていると私は考えて居ります。氏神のことは次に簡単に触れて申上げ度いと存じますが、氏々の祖先の神も産土神の社に参じて相共に幽政をあななひ奉っている事が多いのであります。今日ではその土地の鎮守の社を皆氏神と申しています。氏神と申しますから氏々の祖先神かと思いますとそうでなく、氏には全く関係ありません。氏子もＡＢＣＤ種々の姓がちがつていてその誰の祖先神だということでもありません。それでは氏神とは何か、少し溯って例を見ますと源家の氏神は八幡宮だと申します。そして源氏に従う人は平氏でも藤原氏橘氏でも皆八幡宮を氏神として祀って平気です。つまり主筋に当る家の氏神が従うものの氏神であるということの様です。併しもう一歩ふみ込んで見ますと、源氏は清和源氏の義家が男山八幡宮で元服式をあげたので、それ以来氏の守護神とした。別に血統的に八幡宮の祭神誉田別命《ほんだわけのみこと》とつながりはない。唯武略の神であったので源氏がその社で元服式をあげた。つまり職業的に崇敬した神であった。そうすると之は産土神と根本的にちがうのであります。職業的な崇敬から生じた氏神ですから大方は人格神が多いのであります。つまり曽って人間であった雄傑が多いのでありますが、産土神と本質に於て全く異っている。どれが人間にとって生命のつながりがあるか、顕幽かけて深く思うべきで、氏神たちも産土の社に参じてその幽政をたすけ奉っていると考うべきであります。今日氏神といっている社は本当は鎮守様即ち産土神の社で、人々の尊崇する氏神も招かれ祀られて産土神の幽政に参与していることが多いのでありま す。

⑶ 産土の神像《みかた》よく見よ金も木も土も水火も其の中にあり

産土神は国魂神の分身分霊でありまして、先生が「産土神徳講義」に申されました様に、「国郡村又其の一小部落の分魂」でありまして即ち郷土の神霊でありますが、幽観致しますと神霊、顕観すれば郷土そのものであります。郷土は徒らに物でなくて生命体であることは最早納得されたことと存じます。その郷土の根本は先ずその大地土壌でありますが、金も木も土も火も水も皆その中に含有せられて居ります。所謂五行説の諸元素は皆産土の中に包含いたして居ります。科学の知識は分析によって追々と幽の世界を探求する歩を進めて居りますが、唯今の処原子より電子にまで及び、之を開発し利用することに日も夜も足らないのでありますが、之以上は科学の分野ではなく哲学の分野であると湯川博士など申して居る由であります。之を更に霊子と見、生命力と見たのは実に我国に伝えられた教えであった。古事記序文に「本教《もとつをしへ》」とあるのは正しく之を指すものであろうと存じます。

この本教という「もとつをしへ」は何を指すかという点で古来学者の間に非常に論議されて居りますが、どうも納得いくものがありません。山田孝雄博士は古事記全体を指すのであると申されていますが、随分結論として大雑把な見方でありますけれども、まあ古事記そのものは本教によって神理を設けて書かれたのでありますから、その設けた部分を省いて、省くという訳にも行きませんが、それを通して中味の神理を酌み取れば根本の本教がわかると存じます。本田先生は「七十五の本教」という事を申されて居りまして、これは古事記の神名の所伝の中から発見された様でありますが、私はまだ之を審かに至す処まで至って居りません。然しながら之は私の本当に朧気な感じでありますが、先生の主著であります「古事記神理解」に説かれて居ります処から考えまして、先生は古事記に伝うる神々の御名の順序諸伝から言霊と数霊と文字霊を見出されて居らるる様でありまして、文字というのは漢字ではありません。音を現わす独特の理法からかくあるべしと創案されているのが、私の家に伝えた先生の遺著の中にあるのでありますが、私はこの文字のことはまだよくわかりません。仮に古代に於て用いた表音文字と考えています。この三つの働きの展開を示したのが本教であるとのお考えであったと思われます。この三つは人類の進歩発展に基本を為すものでありますけれども、それは兎も角、古事記の神代の巻からそれだけの教えを汲み取られたということは、先生が自感法や神感法によって神界から戴いたのであろうと思われます。こういう意味に於ては古事記全体が本教だと云うのでありますれば、之はまあ納得する訳であります。

ここで一寸再び文字のことを申しますと、今日に至っても所謂神代文字は後人の作為とする人々が多いのであります。古代文字は朝鮮の諺文に類する似たものが多いのですが、私は今にわかに之が偽作だとも真物だとも断定いたしかねます。又太古に於てあったとしてもそれは漢字の渡来して我国の文化の上に果した様な展開が充分あったとは伝えられていません。唯併し日本人は後に漢字から仮名を発明して（仮名は音を現わすものです。漢字の一字一義とは性質を異にします）国語の表現を為した。逆に申しますと仮名という音を表す文字記号が我国本来のものであった。そこには音の集まりの言葉が意味ある以上、音そのものにも意味がある筈で、原子の集積が体をなしている。体が生きている以上原子も生きている筈であります。その音の意義と活らきを探求してゆく処言霊研究があると私は思っています。今日では我国の古代文字の研究も非常に進みまして、古代民族の伝承を記した文書も多く発見せられています。中でもホツマツタヱの発見はその使用文字と共に重大であって、従来疑書とされたウエツフミのそれと共に記紀を考える上に示唆を与える処が多いことを申しておき度いと思います。そして記紀もホツマ・ウエツ共に人格神的な記事であることと、古事記の序文に記した「設神理」から神理の発見、神道と人道の展開にまで行かねばならぬことを申し触れて置き度いと存じます。

少し他道に外れましたが、一般に神理を汲み取り得ない人々が、設神理の設の部分、つまり神霊を擬人化して述べられたそのままに、人の姿に想像するのは、五感の顕の世界に執着する為であることを本田先生は指摘しているのであります。元より多く取るに足らないのでありますけれども、神を人の形に想像することは、人格神を祀るに至った後世の影響もありますし、又教えを説く方便として、俗耳に入り易くするため擬人化して説いた事にも由るものの様に思われます。先生は古事記序文の語句「設神理以奨俗」の一句を重視して、古事記神理解にも述べて居られます。思うにこの序文の語句は、前後の関係から見まして、天武天皇の御政治が神の道に叶うたことを称えて、民を指導するのに神理を俗耳に入り易くするために多くの古伝の中から種々選択し工夫準備されたことを指すのでありまして、

「天皇詔《みことのりしたまはく》之。朕聞ク諸家之所ノ㆑賷《もたる》帝紀及本辞ハ。既ニ違ヒ㆓正《しよう》実㆒。多ク加フト㆓虚偽ヲ㆒。当リテ㆓今之時ニ㆒不バ改メ㆓其失ヲ㆒。未ダ経ズシテ㆓幾年ヲ㆒其旨欲ス滅ント。斯レ乃チ邦家之経緯ノ王化ノ之鴻基ナリ。故惟レ撰㆓録シ帝紀ヲ㆒。討㆓覈《かく》シテ旧辞ヲ㆒。削リ㆑偽ヲ定メ㆑実ヲ欲ス㆑流《つた》ヘント㆓後葉ニ㆒。」

〔注〕㈠経糸《たていと》と緯糸《よこいと》つまり組織の意味。㈡討は道理をたずねきわめてゆく。㈢覈は道理をきわめて正実を知る。辞を邀えて実を得。裁判官が被告に物を云わせて実を知る。

という御志に連繋するものと考えられます。かくして稗田の阿礼に勅語して誦せしめられたのが古事記でありますから、その伝承に当っては「設神理以奨俗」の形に於て表現せられたと考えられますので、神霊を人の形姿に擬《なぞら》えて解し易くした形勢は実にここに発したものと考えられます。唯古人は心素直でありましたので、そのまま受け止めても神理を失うことがなかった。つまり一例として受けとめて、背後に大いなる神理のあることを見失わなかったのですが、人間本位の他国の教えが入って

来て、漸次国民の思想がそれに蓋われるに及び、神理は見失われる様になったと私は考えているのであります。人間本位の我執の著しい後世、殊に個人主義的な色彩の現代に及んでは、凡そ道の真相を見失うに到ったものと思われます。

さて産土神の本質は単に土壌そのものの生命体であるに止まらず、地上に於ける気象もまたその作用する処と見られるのであります。これは先にも言及いたしましたが、本田先生は

(30)　飛ぶ雲も鳴る雷《かみなり》も産土の神の声ぞも神の像《かた》ぞも

(28)　雨霰雪や氷も産土の人を憐む涙なるらめ

(40)　時々の暑さ寒さも産土の恩頼《みたまのふゆ》ぞ斎《いっ》け世の人

〔注〕㈠恩頼＝賚《たまふ》。みたまのふゆ、神のみいづ又は御恩御加護。ふゆ…増加。振ふ…振　㈡斎《いっ》く…汚穢を忌み清浄にして神を祀り仕える。

と詠んで居ります。今日の天象地象は凡て太陽の光熱をうけた大地海洋の影響によって起ることは何びとも知悉して居るのでありますが、そこに産土の霊力の係り及ぶことを認めた人は殆んどなかったのであります。先生は、

(34)　音に聞き眼に見る物等悉《ことごと》に産土神の神身《みみ》にこそあれ

と教えられました。かくて地上一切は地霊たる産土神の相《すがた》であります。先生は「霊力相応じて現体を生ず」と申されましたが、私は逆に申しまして現体の中にこそ本源の霊力がこもっていると考えられるのでありまして、現体たる大地（大気も又その一部）を物と見るか霊と見るかの差が考え方の分岐点であると存じます。之を物と見るのは、その民族々々によって小異はありましょうが、我国以外の地球上の人類の見方であった。その最も著しい唯物史観は殆ど現世を風靡するに至りましたが、今や自壊作用を起しつつあると私は見て居ります。人自《みずか》らが物にならねばならない結果を持ち来るに及んで、大いなる昏迷に堕ちたと思われます。而も過去の宗教はこの唯物史観の波に洗われ崩壊いたしまして、その力を以てしては人類を救済することが出来ない。人々は猶之に頼るものがあるのは、殆どその持っている道徳思想によると私は見て居ります。唯物思想という、まあ禁断の木の実を喰んだ人類にとっては、最早過去の宗教は解毒甦生させる能力は無いと見ていいのでしょう。

世界の宗教会議というものが年々に開かれている様であります。私は門外漢でありますから、その処論や結論はわかりませんけれども、一向世界がよくなりません。至る処で戦争ばかりして不幸なことと悲惨なことを繰り返しています。宗教の力によってはもうどうにもならないのであろうと思います。その処論の道徳律は中々立派でありますが、根本である信仰の神（仏）というものの裏付けがない。そこに大きな欠陥があるのではないか。神や仏の存在を現実に示すことが出来ない。それではその説く処の道徳も裏付けがありませんから権威がありません。気休め以外でなく心から信仰することは出来ないのであります。

恐らく世界の宗教家たちに取って、之まであらゆる宗教は研究しつくされている。そして人類を現実に救うことは出来ない。あと研究されないで残って居るのはわが惟神道ばかりであろうと思われます。これの研究を今や彼等は苦心して探求にかかっている。著名な神社に訪れる外人も夥しいと思われます。そして先ず宮司さんに色々お話を承る。宮司さん方はどうもよく解らないのでは大変困られると存じます。私はお宮仕えされる方々は他の何も知らなくともよい。ただ霊学をしっかりと身につけて、御神慮を正しく伺える能力を持って居られたらそれだけで立派だと存じて居ります。

二　産土の神徳

本田先生の産土百首は実に産土神の本質を説き、その神徳を明らかに致して居りますが、今ここにその悉くを申上げるという時間がありませんので、その中から極く僅かを掲げて先生の教示に触れて見たいと存じます。

(29)　産土の恵みの露に染められて花も紅葉も色に出づらし

目に見えぬ神を人の形に想像いたしますから、その広大な産霊《むすび》の神徳さえも不可解な迷信としか思えなくなります。教えを聞いても自分の態度心構えが出来て居ないと会得することが出来ません。前に申しました様に天象地象皆凡て産土神の顕われであります。従って一葉一落も又皆産土神の司る処、幽の眼から見れば大いなる生命の内に含まれている一小部分の変化に過ぎません。その一部分を主として考えますと増減であると申せます。

副島種臣伯の問に本田先生の答えられた「真道問対」という書に、

問、大地に死生ありや。

対、大地球の物たる増減なし。増減あるものは死生あり。

と記して居ります。死生と私共が申して居ることは、要するに大地たる産土の内の微かな一小部分の物の増減の姿に過ぎません。花も紅葉も人間や動物の成壮老死と何ら選ぶ処がありましよう。その生死増減はただ産土の内に産霊《むすび》の神力の作用する処であって、皆産土の神の分掌する処なのであります。

ここに産霊という言葉が出て参りましたので、之について愚案を申上げ度いと存じます。御承知の様にこの言葉の初めて見えますのは古事記巻頭に、

「天地《あめつち》の初発《はじめ》の時、高天原《たかあまのはら》に成りませる神の名《みな》は、天《あま》之御中主神次に高御産巣日神《たかみむすひのかみ》、次に神《かみ》産巣日神、此の三柱の神は、並《みな》独神成り坐して隠身《かくりみ》にます。」

とありまして、俗に造化の三神と申し上げて居るのであります。天之御中主神は已に屢々申しました

様に大宇宙の（太陽系小宇宙ではありません。それに類する凡ての小宇宙を包含した大宇宙）中心としてその凡てを持つ大神霊でありますけれども、この大神霊の霊動によって産み成す活らきの二つの霊力が現れなさった。それが高御産霊と神産霊であると記し伝えて居ります。ここまでは御承知の通りであります。唯私の申し上げたいのは、この両神のお活らきによって大宇宙の中に幾百千万の小宇宙を産みなされ、その小宇宙の中に幾千万の星を産みなされ、その星の中に例えば地球も星の一つでありますが、この地球にあらゆる動物植物山物を産みなされ、その動植山物の体内に不断に産霊の活らきが行われている、ということであります。無限の時間と無限の空間とを貫いて生々とこの両産霊の霊力が行き渡って活らいて居られるということであります。そして之を逆に、例えて云えば私共の方から申しますと、人間の活動力はこの両産霊の霊力を国津神たる産土神を通して戴いて居り、又天津神の御恵を通して戴いて居る。顕観を以て申しますと、太陽の光熱と大地の哺育によって生きていると云うことになります。この二つによって生きている。この二つのものをいただくのは産霊の神の霊力からでありますから、本源の神であると同時にあらゆる末稍末端まで現に生きて活らいて居られるのであります。そしてそれは天津神国津神の御恵みとして現れていることを思わねばならぬと存じます。私は唯今天《あま》つ神国《くに》つ神と申上げましたがこの区別はどこにあるかというと大方の人は実に漠然としています。凡てを人間界のこととして解釈して神は太古の人なりと申した学者が居りますが、現代に於ても大方之に類して居ります。そこで天孫系の神が天津神、地方豪族系は国津神だと簡単に割切っている歴史家が多い様です。全く征服者被征服者と考えています。それですと戦敗れた日本人は国つ神、アメリカはじめ諸外国人が尊い天津神ということになります。それでよろしいですか。もっと古伝と日本語に敏感にならねばいけないと存じます。天《あま》に対しては国《くに》であり、天《あめ》に対しては地《つち》である。アマツチとは云わぬし、アメクニとも申しません。本田先生はアマは幽でありクニは顕である。天之御中主神の天を特に阿麻と訓《よ》めと古事記に記していることを注意せねばなりません。産土の神は国つ神であります。猶この件については後に詳しく触れましょう。そこで産土神の中に産霊の霊力が充ちみちていられることを考えねばならないと存じます。之は実に広大無辺の御神徳であります。決して遠い世界の、我々と関係のない観念的なことではないのであります。この事を申上げたいと存じます。

さて先生は産土の御神徳について更に、

⑶⑹　産土の神随《かむながら》なる国土に出づる宝の限りあらめや

と詠まれて居ります。神随《かむながら》については已に申し上げましたが、やさしく申しますと神根顕《かみねあら》の意味とも申し得ましょう。がらという言葉は国柄、家柄、人柄の柄でその本質の現れの意味であります。肉眼に見えない神の本質の現実に顕現したこの国土、それは無数無限の霊の集積であり、且つ統一ある神霊であります。その国土に出ずる宝、それは単に鉱産物のみでなく、動物植物その他認識し得る一切のものを指し、認識以上の一切を指していると存じます。さればまた、

(38) 年に日に積る宝も産土の御骨血汐に有らざるはなし

(39) 雨ふらぬ国は有れども産土の御魂の露のかからぬは無し

とも詠まれて小さな人間生活の上にある宝物とするものは悉く産土神の広大無辺の神徳と称えて居ります。

(16) 産土の恵みの露の懸らずば四方の草木の何に育たむ

地上一切の生命は産土神の産霊の神力によって育てられることは上述いたしました。産霊は生《う》むす霊《ひ》でありましてあらゆるものを創り出す本源の力である。霊自体から申すと「ヒ」でありますが、顕現せられた個々から云えば根源たる「ネ」であります。人間の五感に訴えれば「地《な》」であります。産《うぶ》須《す》那《な》は産須根《ね》であり産須地《な》であります。生命の母体たる大地、草も木もこの母体から生れ出でた分身分霊であり、授乳哺育の慈母、衣食住を与えて下さる本源根本なのであります。

(3) 草も樹もわが産土の御体のみけつものぞと人は知らずやも

「みけつもの」は御毛つ物だと申されて居ります。それを取って自らの養いといたしています。従って御饌津物《みけつもの》即ち食物のことでもあります。身にとりて養いとなす成分であります。御体のみけつものというのは人体の保護する毛髪の如く産土神御みずから成し幸え給うものであり、草木は他を資養する食物であることを意味しています。あたかも母乳が母体の一部である如きであります。科学的に申しますと八十元素そのものであります。本田先生は真の元素は五十と申していますが我々の身体も又これらの諸元素から成ると申します。その諸元素はどこから来たものでもない。凡てこれ産土たる大地大気からその一部分を採って養うに過ぎません。草木皆大地と連なる。幽観すれば大地の延長ではありませんか。

　ここに一つ草木が何故御饌津物であるか。本田先生の教には両産霊の活らきによって、つまり霊と力と相応じて現体を生ずる。先ず生じた現体は三つの基となるべき元素が出来た。それは元素中の元素で、所謂三元と申す流体剛体柔体が生じた。この三体は古称を葦牙彦遅神《あしかびひこぢのかみ》、常立神《とこたちのかみ》、豊雲野神《とよくもぬのかみ》と申して居る。地上の動物植物山物（鉱）は皆この三元の妙合して出来たものであるけれども、俗眼は造化前の理を見る事が出来ないから、しばらく俗説に従って三元を動植山の三物に当てて見ると、流体は動物の源、柔体は植物の源、剛体は山物の源と配して考える事が出来る。然しながら是は特に其の質の夥しいものに因って配したまでで、其の実は例えば動物中にも剛柔流の三質を備えているので他も同様である。と「真道問対」に教示いたして居ます。そして柔体たる植物の使命は他を資養するにありと申されています。

　この教えから見まして、草も木も産土の御体の成し幸える御食津物であるという意味が非常にはっきり致して参ると存じます。
繰り返し申しますと人間はじめ動物の身体に毛髪の生えている如く、草木は産土のお身体の御毛つものであると形の上から形容したと同時に、毛《け》は気・饌・食即ち食べものの意味でありますから、産土の神の成し幸える食物と考えてよろしいのであります。〔真道問対〕に「足魂《たるむすび》は植物の本質なり、それ足魂は他物を資養して死生栄枯するものの総称なり」とありましてその神徳（はたらき）を明らかにしていますが、古事記に伝えています処の大気津比売神《おほげつひめのかみ》の一条をも注意いたさねばなりません。

又食物《をしもの》を大気津比売神に乞ひたまひき。爾《ここ》に大気津比売、鼻口及尻より種々《くさぐさ》の味物《ためつもの》を取り出でて、種々作り具へて進《たてまつ》る時に、速須佐之男命其の態《しわざ》を立ち伺ひて、穢汚《きたな》きもの奉進《たてまつ》ると以為《おもほ》して、乃ち其の大宜津比売神を殺したまひき。故《かれ》、殺さえたまへる神の身に生《な》れる物は、頭は蚕生り、二つの目に稲種生り、二つの耳に粟生り、鼻に小豆生り、陰《ほど》に麦生り、尻に大豆生りき。故是に神産巣日御祖《みおや》命これを取らしめて種と成したまひき。

と記している。大気《(食)》津比売神は大なる食物の主宰神の意味でありまして、この条は素盞嗚命の高天原に於ける神荒《すさ》びをのべた次に挿入してありますが、物語としては前後に連絡なきために古来難解とされて、その意味を酌むのに苦しんだのでありますが、之は実に重大な示唆を含んでいると考えます。即ち大気津比売神を擬人化しているのでありまして、元より素盞嗚命も大気津比売神のことも「設神理以奨俗」であります。出雲風土記の所伝の素盞嗚神は暴神でなく開拓の功神として伝えています。

私の思いますには、素盞嗚命が五穀の生産の状を見られて穢《きた》汚なしとされて、この神を殺されたということは、農業の状況を嫌いこの神の祀りを破壊されたことを意味して居る。この際の行動は武力を主とする争斗的精神をも表象して居りますので、之を具体的に史実に照らしますと幾らも例がある事に思います。産土神を祀りその神徳に帰依して食物の生成につとむる教えに反抗することを示唆しているのでありましょう。この神の身に蚕や五穀の種の生じたという事は、この神が人格神でない証拠でありまして、大地の自《おの》ずからに物種の生じる相《すがた》を教えたものと見なければならない。農業が産土神の信仰を本源とする姿を暗示されたものであり、五穀を以て代表するあらゆる食物が産土神の成し幸え給うものである原理を示したものと申すべきでありましょう。種《たね》は真根《さね》であり小根《さね》でありまして大いなる生命（霊）より分散した小生命でありますことは申迄もありません。即ち産土神と御食津神との関係は本元とその活らきに当るのでありまして、また幽のはたらきと顕れた現物との関係と考えてよろしいかと思います。

(17) 地を走る獣《けもの》や空を飛ぶ鳥もみ魂《たま》たまへる産土の神

植物は産土のみ体《からだ》から生れ出でた御毛津《(饌)》物でありますが、直接間接に之を取って生命を保つ動物も、また産土の一部を取って我身といたしている事は申す迄もありません。而もそれを統一して居ります本源たる人間の生命も又産土神の賜う処であります。生命を霊魂《みたま》と申します。霊魂は即ち肉体の内に宿って之を統一主宰するもので、獣類も鳥類もその始祖の魂は忽然といずこからか飛び来ったものでなく、大宇宙霊の産霊《むすび》の霊力《はたらき》によって、大地に付して醞醸したものであり、斉しく母たる大地霊の産土神の子であります。その生れ出でた始祖より幾億万年の其の子孫の今日に至るまで、常に産土の賜物を取り食らい生存し繁栄して来ましたので、皆産土の愛子《めぐしこ》であります。

人類の科学の進歩は実に著しいものがありまして先年に月の世界に到りましたが、月面は全く雰囲気つまり空気というものがなく、又生物がない。その岩石を取って参りまして研究中であります。やがて月の成生年代というものを始め色々な事が発見せられるでありましょうが、兎に角空気もなく水もない。この地上に生物発成しているのは全く太陽系中に恵まれた現象という事が出来ます。その恵まれた生物の中の霊長たる人間、私どもから申しますと実に感謝に堪えない生命でありますが、地上生物の始祖は如何にして生れたか。之は太陽の光熱による適度のものを享受して醞醸したものと考えられます。大宇宙の一小部分の太陽系その太陽系中の一遊星である地球、その地球上に生れ出でた生命、それは霊観すれば太陽霊の光熱両産霊の神力によって、地上に生れたのでありますから、地上の吾々から申しますと太陽霊を以て代表される天津神、地球霊を以て代表される国津神、この両神の産霊の活らきによって生れ出でたと申せます。即ち生物の内に自らを主宰する魂は天津神の賜えるもの、而も之を国津神に付して賜わったのでありまして、之を生成化育して発展せしめてゆくのは凡て国津神の幸《さきは》えであります。

本田先生は「真道問対」に

神は自ら萬体の始祖を造る。唯各祖に形体の同じき者を与えず。子承孫継の理を知れば則ち我体は父祖の遺体にして子孫は我が後身たるを知る。

と申されて居ります。「神は自《みづか》ら萬体の始祖を造る」という自らの一語に注意しなくてはなりません。自らの中に造るので神のお身体の一部分が萬体である事であります。我々が泥をこねて人形をつくるのと違う。泥人形はいつまでも私とは別のものです。生命のつながりもありません。神の一部分で出来た森羅万象、それはそのままに神の一部分であることに我国の教えの特質があります。親と子との関係、それが我国の教えです。親の幸いと子供のまつろひ、同胞の親しさなつかしさ、それが神道の道徳の根源であります。そして無限に押し広めて行ける道です。この道は唯功利関係から結ばれたものでなく産土の本質から来て居ります。子が親に仕える心は、自分が愛育されたから酬い、育てられなかったから仕える必要がないという様な関係ではありません。子供は親の生命の一部分なのであります。親が子供を愛育するのは、さきはえる我身の一部をいとおしむのであり、子が親に仕えるのはわが身の元《もと》を尊びなつかしむのであってまつろひであり、動かすことの出来ない神憲に基づく情であります。これは人間の一例でありますが、かく地上生物の生成発展は絶えず天津神国津神の恩恵をうけて居るのでありますが、特に国津神たるその産土神の恩頼によって居るのであります。

本田先生が副島伯との間に交わされた「真道問対」は明治二十年以前でありますから、今から約八十余年以前という事になります。この時代はまだ科学の進歩などは現代から見れば微々たるものであったかと思われますが、現代にも通じてあやまらない霊学を打ち立てて居られる。実に驚嘆の外ありませぬ。窃かに思いますには、之は科学者でなかった先生が確信を以てこの発言をされているのは、之はどうも自感法を以て神界にお伺いして居られ、そしてその霊学を樹立なさっていられた。そう致しますと本田霊学というものは、之は一個人の霊学ではない。神界の指示した要点によって成立したものと申し得ようかと存じます。この点は大変重要と存じますので申添えて置きます。

(18) 這ふ虫も水行く魚も産土の神の賜もの慈しみせよ

鳥獣が産土の愛児であるとすれば、虫魚も又産土の愛児として生れ出でたものであります。大地はかく動植物の生命の母体であるが故にそれ自らも生命体でありますことは最早明らかでありましょう。その大地に顕現する鉱物岩石土壌もまた生命体であって、之等を本田先生は山物と申して居りますが、唯人間五感の認識する限度に於きましては、動物植物山物に著しい生態の差異があるばかりであります。「真道問対」に、

問　大地球に死生無くして萬物に死生あり。如何。

対　本体死生無くして末体に存亡有るなり。末体存亡有りて子承け孫継ぐ。猶存亡なきが如し。故に身体髪膚重んぜざる可からず。

と述べて居られます。死生を先には増減と云い、ここでは存亡という文字を用いて居りますが、理《ことわり》は等しいのであって、死生と云っても大地球の内の出来事であってその一部分の変化移動に過ぎません。かく等しく産土の子なるが故に慈しんで行くべきで地上万物は相互扶助によって成立するのが原則であります。恵まれた能力を誇って無惨な振舞すべきでなく、慈しみの心を持って対せねばならない。之を捕らえ或は之を排除する事は生存上の必要事であるけれども、大きく見れば理法に従ってその範囲内に止むべきでありましょう。慈しみせよの一語には無限の教訓があると考えます。

甚だ脇道に外れて恐縮ですが、北海道の西海岸は昭和の初年まで鰊漁の非常に栄えた地方でありますが、大正末年から著しく減少しましてここ二三十年は皆無となってしまった。この原因について研究している者の話によりますと、海流の変化等にもよりますけれども、乱獲もその一因と申して居ります。定置網を限なく張り巡らして、産卵のため接岸する鰊を殆ど捕獲してしまう。抱卵魚は勿論網についた卵も引上げてしまいますから根絶される事になる。学者の申すには、孵化した稚魚は幾年か外洋を回遊し、成長して産卵するときは又生れた海岸を慕うて帰り来るとの事でありますが、抱卵魚や産まれた卵をも悉く捕ってしまっては根絶やすことになります。鰊の卵は所謂数の子でありまして、我国では昔から珍重いたしていますが、どうもこの乱獲という点に問題があります。慈しみせよという教えに背馳します。捕えて国人を養うと同時にその増産を考えねばならない。人間の方から云うと資源保持の手段ということになりますが、魚の方からいうと種族保存ということになります。つまり共同利益のためにもっと人間は智恵を働かせて慈しみの心がなくてはならない。之は小さな個人的な問題でなく大きな地上全体の有り方、人類の生き方の問題であると存じます。道の理《ことわ》りの上の事です。大きな奇霊《くしみたま》を働かせねばならぬ事で、人間は何の為の霊長であるか、人間の使命は何かという問題にもつながります。さて本題に戻りましょう。

(6) 産土の神の霊《みたま》の無かりせば人の産業《なりはひ》いかにかもせむ

地上の動物植物山物、凡てこれ産土の神のあらわれでありとすれば人の生業は悉く産土の神のお蔭であることは申す迄もありませぬ。そして凡てのものの生命は産土の霊を賜われるものでありますがその差異は千差万別、とても口に述べることは出来ないのであります。唯他の動物に比べますとわれわれ人間の生活というものは衣食住とも実に繊細で弱く、従って最も集団生活によって之を営むのでありますが、この勝れた智恵も産土の神から授かったものであり、単に他の動物たちと差があるというだけではないのであります。いずくに他の動植山物との差異があるか、先ず他の動物と人との差はどこにあるかという点は中々重大であります。一言に凡ては産土の神の愛児と云っても、又斉しくたましいを賜わり又身を賜わったといっても、その活らきには非常に差があること申す迄もありませ

ん。本田先生はこの点に関して「道の大原」に、

夫れ身体髪膚を重んずるは萬物の同じく然りとする本情なり。本情有りと雖も霊性あらず。霊性あらざるが故に道義を知らず。道義を知らざるが故に死して善く道を守ることを知らず。萬物の人に及ばざるの所以なり。

と説いて居られます。本情というのは本来備わっている魂の活らきが情であります。即ち魂は持って居る。その働きはあるが霊性が無いのが人間以外の動物であります。その差は全く霊を賜われるか否かにあると申さねばなりません。そして霊の活らきたるや実に道を知るにあるのであって、善く道を守る覚りであります。之を直霊《なほひ》と申して居ります。

人の人たる直霊《なほひ》を授かっている。他の動物には過不及はありますが魂を授かっていますけれども、直霊がない。魂には四つの活らきがあって、和魂《にぎみたま》、荒魂《あらみたま》、幸魂《さきみたま》、智魂《くしみたま》と分けて考えられます。之を四魂と申していますが、この外に直霊が授かっているのは人間のみでありますから、人間は真に神子、万物の霊長と申すのでありまして、直霊の活らきは種々ありますけれども、最高の活らきは道を覚るにあるのであります。この霊魂についての詳しい解明は本田先生の「霊魂百首」について又「真道問対」を参照して深く伺わねばならないのでありますが、已に屢々申しました様に、産土神はわれらを生み育てた母体である事に思を致される様に願います。

宇宙の大霊の活らきによって無限に不断に分派分泌せられる生命を享けて之を慈育し、それぞれに

生みなす母が大地の霊である産土の神であります。大霊の活らきを高皇産霊神、神皇《かむみ》産霊神と申すことは巳に述べました。本田先生の「道の大原」には

神光を高皇産霊神と謂ひ、神温を神皇産霊神といふ。

と教示して居ります。光温二つの活らきとせられたのは誠に意味深いのであって、特にこの光温二つは別々にあるのでなく表裏一体として活らくことを留意せねばなりません。之は大宇宙に限もなく行き亘っている活らきであります。例えば大宇宙の中の一小部分である太陽系に属する諸星には、太陽の光温二つがあらゆる生命力の源泉として現われる。この光温二つをうけて大地があらゆる生みのいとなみが行われるのであります。而もこの二つの神力、産霊の力はあらぬ限なく至らぬ限なく至り及んでいる。地上に生くるもの一つとしてこの二つの活力によって生れ又之を蓄わえ、そして成育せぬものはないのであります。人間のいとなみに於ても、父は光であり母は温であります。子を宿し育てはぐくむ。それは母体であり、母なくてわが生命わが身が生まれ出でられぬのであります。之は生物学から研究しても誤らぬ事実でありまして、ここに詳しくそれを述べている暇がありませんけれども、植物に例をとって見ても受精から実となり種となり発芽して地上に新しい生命が生まれる。その過程をしらべましても、産霊の霊力が限なく作用していることに驚嘆せられるのであります。そして生命は大地によって慈しまれはぐくまれて居りまして、新しき発芽からは殊に著しく大地の恩恵によ

る事がわかります。

ただ等しく産霊の活らきにより大地に生まれ出ずるものながらも、賜われる霊魂に差があって、人と生まれ鳥獣と生まれ虫魚と生まれ植物山物と生まれる。唯々あやに奇しく妙なる大霊の活らきと申さねばなりませぬ。偉《おおい》なるかな大霊の御徳、なつかしく慕わしく尊き産土の慈愛であります。

人を我国語ではヒトと申します。漢字の人はジン又はニンと発音していまして、その文字も象形から来て居ります。形の上から人という文字が生れた。国語のヒトという同じ意の文字を借用して用いたのであります。ヒトは即ちヒのトまれるもの、霊止の義であると先哲は申して居ります。最も聖にして純なる霊の宿り止まれるもの、本質を神と云いその活らき顕れを道という神の分霊をいただいている。故に神を知り道を覚り得るのであります。若し道をさとらずとせば、他の動物と何の択ぶ処がありましょうか。孔子は旦《あした》に道を聞けば夕《ゆうべ》に死すとも可なりと歎じました。道を求めてやまなかった先聖の心が千古を貫いて今日の我々を励まして居ります。

⑽　産土《うぶすな》の数限りなきみ恵みを一二三四《ひとふたみよ》も知らぬあはれさ

一二三四《ひとふたみよ》というのは一寸判じかねる様でありますが、申す迄もなくこれは数のはじめであります。その由って来る起源の理《ことわり》をさえ知らぬ人等の哀れさを歎いて詠まれたのであります。広大無限の産土神の恩恵を知るためには、その根本となる道理を知らねばならない。それは宇宙観と申しましようか神霊観と申しましようか、それを確立して産土神の起源を覚らねばなりません。天地の始めをさえ知らず徒らに末梢に現れた顕界の事のみに捕らわれているのは、人として道を覚るべき一霊（直霊）を賜わったにも係らず実に哀れであると云うのであります。

ひと、ふた、み、よ、というのは国語でありますが、一より十に至り百千萬億兆と展開してゆく数の世界の起源となるべきもの、それは国語では宇宙創成の原理を表した言葉であることを注意せねばなりません。人類の進歩は数と文字と言葉の三つが原動力であると私は先に申しましたが、その数の出発点を為すこの一から十までを言霊によって現したのが国語のヒト、フタ、ミ、ヨ以下であると申せようかと存じます。

この我国の数詞の解釈は古来種々に説かれていますが、本田先生は、霊止《ひと》、活力《ふた》、体《み》、因《よ》、出《いつ》、燃《むゆ》、地成《なな》、弥《や》、凝《ここ》、足《たり》、の意とされて居ります。之を幽顕かけて示されて居られます。その漢字は意味を説明するために便宜に当てたにすぎませんが、この大宇宙の幽の幽の一大霊体の中心に坐す天之《あまの》御《み》中主《なかぬし》神、即ち霊交、霊止であり、単純に申せばヒであります。その御中主神の自らの霊動によって二大神力たる高皇産霊、神皇産霊の二つの産霊の霊力、活力が生じた。この産霊の力によって大宇宙の内に体《み》たる三つの元々素というものが成った。之は勿論幽の幽の世界であって体《み》といっても元より現身の眼に見ゆる限りではありません。次にこの三つの元々素（剛柔流）が四つの相対する力の働き（八力という）によって始めて五魂という生命の源が成立発現する。五魂というのは一霊四魂のこと即ち生命霊魂の原体であります。それは古典に記せば活力《ふた》の二産霊の活らきがこの段階に於きましては、伊弉諾《いざなぎ》、伊弉冊《いざなみ》として現されて居ります。この段階までは全く幽の世界であると見て居るのであります。

岐美両神が五魂を産霊に結んで燃ゆる諸星を顕現いたします。太陽はじめ諸恒星、それから諸遊星、太陽系だけに限って考えましても、太陽及諸遊星は皆燃えつつ出現した意になります。ここからは顕の世界に入るのでありますが、元より我々の地上の世界以前のことでありますから、幽の顕ということになります。幽眼を以て識り得る処であります。次に燃ゆるものの表面が冷却してゆきまして地成《なな》となります。即ち私共の住む地球、月等諸遊星の形成が意味されます。而も弥《や》ゝやゝに凝《ここ》りまして、大体に於て今日の地球が修理固成されて充分に足るという過程を示すと断ぜられています。

地球が充分満足《みちたり》すべき状態になりましてから、次々に生物が生まれ、人間が生まれるまでは非常に永い一寸単位を億兆に置かねばならぬ時間がかゝって居るのであります。これは天文学地質学の研究分野でありますが、客観的に見て十《たり》からは顕界と見てよいのでありましょう。然しながら前にも申しました様に我々の五感によって認識し得る顕の背後に常に広大な幽の世界の活らきがある。これが顕の幽とも申すべきものであります。要するに顕の世界は氷山の水上の部分にすぎません。之を支え之を現しているのが水中の部分と例えて申せばおわかりかと存じます。故に顕はその背後の大いなる幽の反映であり、凡ての根源は幽の世界にある事を考えていただけるかと存じます。

　私の説明はどうも下手ですから整理が行き届かず、大変ごたごた致しまして恐縮ですが、本田先生が古伝の神名を深く研究なさって、神感法或は自感法又他感法の幽斎を以て確認なさっての立言でありますことを謹んで申上げたいと存じます。

かく考えて参りますと、古事記の天地創造の神話を、その当時の作為であって信ずるに足らないなど申す学者が居りますが、少なくも当時伝承された一つであって、決して作為とは考えられず、又神話を擬人化してのみ考える事は、設神理の設をそのまま鵜飲みにした後世の学者の轍を踏むものでありまして、浅はかな霊覚を欠いたものと考えるのであります。古事記などの出来る以前から古い神社が厳存して奉斎されていました事実を考えても思半ばにすぎましょう。それは顕の世界のみに捕われた人間本位の考え方であると思います。まあ文科系の学者たちは一つ正しい霊学をやっていただき度いものと希っています。我田引水などと笑う人が多いのでありますが、私自身決して覚って居りませんので、学者が江戸時代以降の、いやもっと古い時代からの机上の学の欠陥を共々に直していただけたらと考えるのみを申しました。

⑿　産土《うぶすな》の産土たるを知るときは人の人たる道に違《たが》はじ

前に申しました如く、産土の神観は即ち宇宙観神霊観であります。神霊観が確立して始めて人の霊止たるの道に違わぬのでありまして、自分自身の存在の意義があやふやでは、神に仕えても神の認識が確定いたしませず、真に心もとない事であります。これは自らの直霊を開顕する外はありませぬ。自らの霊の活らきを開くためには、之はどうも鎮魂の修業しかないのであります。鎮魂の修業はどうすればよいか。これは実に重大な事でありまして、世に伝うる鎮魂の法式を見ますと大体三様に分れている様であります。詳しく申すことは省きますが、玉の緒を結ぶ法式に依る鎮魂、この法式は宮中及び石上神宮等古き社に伝わったものが之に属する様であります。之を祭事鎮魂と申して居ります。次は振魂によるものでありまして、宮中に於ける御衣振動の御式もその様に拝されますが、要するに振動によって中心に安定せしめる法式、之は行者なども常行なう処であります。今一つは幽斎鎮魂でありまして、帰神の基礎として行なうものであります。前二者は顕斎鎮魂と申せましょう。

石清水八幡宮の宮司でありました副島知一という方が、非常に研究いたしまして「鎮魂と斎戒」という書を遺して居りますが、副島氏は之を又内容から二つに分けまして、第一は所謂鎮魂祭で之は他の人のために鎮魂してあげる法式、宮中はじめ諸社にて行なうもの、第二は自己鎮魂で、自分の魂を自分で鎮める。そしてこれが又二つに分れて(1)は自分の身の長寿息災を保ち、心身を強盛にする為の法と(2)は神懸りの状態に達する方法とに分れる。と申して居ります。

副島氏は行事作法も詳しく調べられて居りまして非常に参考になりますが、その方面からの研究でありますから、分類も自ずから形の上を主として居りますけれども、先の三分類と通じるものがあります。自己鎮魂の(1)は氏自身もなさったのではないかと考えられますが、主として振魂と称するものですが之でも熟達すれば(2)の憑霊の状態にもなるのであります。唯目的によって分類したのでしょう。之は顕斎に属するものであります。氏自身も今世に行なわれている自己鎮魂法は、多く支那の道教や仙術や老荘思想が根本となっている様に思われると申しています。

併し帰神を目的とした鎮魂は恐らくは氏自身も御存じなかったかと思われます。巷間の憑霊様式と古事記書紀に記されたものとはどうも全く別でありまして、之は顕斎に属する事ではありませんので、この伝えは従来なかったことであります。太古にはあったに違いありませんが、久しく廃絶して伝わらなかったのでありまして、それを本田先生が四十年の修業によって古典に基づいて体得され復興された。幽斎の基礎となる鎮魂で「霊を以て霊に対す」という大本を確立されたのであります。そしてその修業の過程に於て我が霊を鎮むる為に、鎮魂石を用いる方法を取られたのであります。鎮魂及び帰神に関しましては、現在本田先生の古法式を伝えた唯一の審神者《さにわ》たる佐藤先生のお話を伺うことが出来ますし、又著書「(古法式)鎮魂法・帰神術の神法」を入手出来ますから、先生にお願いする事として、私は唯その一端に触れるに止めて置きたいと存じます。

さて宇宙万有はただ大霊の示現する道によって存するのでありますが、本田先生は副島種臣伯の問に対えられた「真道問対」に、

問　天地の大原は道にあるや。

對　天地の大原は実に道に在り。鬼神道に依つて立ち、人民は道によって活き、萬物は道に依って息む。

問　天地人・道を同じくするや。

對　道を同じくす。而して天道と曰ひ地道と曰ひ人道と曰ぅ。各自形体の大小軽

重有り。故に命名同じからざるなり。

とありまして、道神不二、道は大宇宙を一貫することを明言致して居ります。この道という事につきましては已に申述べましたが、我国の伝承は古事記にあります造化三神の神名に現されて居ります。それはどこの国にもない独特の伝承でありまして、生成化育の産霊の活きであり言葉を代えて申せば「幸え《さきは》」と「奉仕《まつろひ》」の道であると存じます。之に逆らうものは遂に救われ難いのでありまして、万有は限なくこの道によって立つべき本質を具有して居ります。人生に於ても、社会、宗教、政治、経済、産業、あらゆる部門も之によらなければ成立しない。この道を明らかにするのが真の道徳であります。善と云い悪と云う、皆この道に当るか否かによって定まる。時代により場所によってその標準は異なる様に思われて来て居ますが、その原理大綱は悠久に不易であります。そして之をよく知り覚るものは人間の直霊のはたらきであります。

(5) 産土の神とも知らず祭らずて捨て置く村は獣《けもの》なるかも

わが生れ住む村がそのまま産土の神であるとも知らず、従ってこれを祭ることとさえせず捨てて置くことは人としての道を行なうことにならない。道を知らず行なわず唯生きていることは獣と等しいという事を歎いた一首である。人の霊止たる所以は直霊を賜わったことにあるとは上述の通りでありま

して、之は神授の尊い一霊であります。道の大原に本田先生は、

上帝は四魂一霊を以て心を造り而して之を活物に賦す。地主三元八力を以て体を造り而して之を万有に与ふ。故に其の霊を守るものは其の体、其の体を守るものは其の霊、他神有りて之を守るに非ざる也。是れ乃ち神府の命、永遠に易らず。

と申されています。前半は我々の霊魂の依って来る処を示されたものであって、霊魂は天津神の賜う処であります が、肉体は国津神の賜う処である。人間としてこの地上に生れ出たのでありますから、肉体が倶わなくては存在がありません。そこで霊魂は天津神の賜う処と申しましても、之は国津神に付託して賜うのであります。解り易く申しますと、天津神の結び(産霊)の霊力、光温二つの活力を以て大地霊に付託して下さる。国津神たる大地霊その分霊たる産土神は之を受け、その産霊の活力を以て肉体を作り霊と共に人間を産みなされる。ということになります。

四魂一霊を活物に賦すという、活物は人間はじめ動植物、特に著しい動物を指して居りますが、他の動物には四魂を与えられる。人間のみ一霊を与えられる故に一霊四魂と申されず四魂一霊と申されたのであろうと思われます。その数の上でも多寡に従って申されたとも、又一霊は四魂の上に特に賜わった故とも考えられます。

後半はかかる尊貴なる直霊を賜わった人故に、徒らに迷信に捕らわるゝ事なく、真の神を道によっ

て祀る以外になきことを戒められたと考えられます。

霊魂のことを国語ではタマシヒと申します。タマは所謂四魂でありまして、之は活らきの面から申しましたので元来は渾然と一体になって居る。故に丸・玉という意味になります。それが時に応じ活らきが四つに現れる。漢字を以て表しますと、勇魂・親魂・愛魂・智魂と申しますが、之を古伝の国語を以て云えば、荒魂《アラミタマ》・和魂《ニギミタマ》・幸魂《サキミタマ》・奇魂《クシミタマ》と申します。これは過不及ありますけれどもあらゆる活物が賜わり具えて居ります。併しながら一霊たる直霊《ナホヒ》を持たない。タマシヒのヒは直霊を指すのでありましてシという国語の意味は「堅く締むる」言魂であると大石凝真素美翁などは申して居ります。即ち四魂を統率制御する活らきを持っているのが直霊でありますが、私は直霊は決して四魂と別個のものでなく四魂の内に行き亘っている。故に唯見れば一個の渾然たる白玉直霊でありその活らきは四魂に分れて活動して居る。本田先生は「直霊は四魂の至精至微の名」と申されています。この間の消息を道破した言葉と存じます。

直霊は一名顧霊とも申しまして、四魂の活らきを常に制御して止まないのでありますが、それは道を識る故に之に悖らざる様に制御いたすのでありまして、実に直霊の活らきの本姿というものは道を識るにあります。之が実に人の霊長たる神子たる所以と思います。

然しながら産土神は三元八力を以て肉体を作って之に賦与して人間と生《あ》れしめられましたので、霊を取巻く肉体は生きものでありまして細胞の数だけでも五十兆を以て数える。その細胞を成している分子に至っては全く数え切れないものですが、それが霊魂を取り巻いて守って居るのでありますから、若しその欲望が霊の司令に服さず霊の命令が行き渡らぬという下剋上の状態を現出いたしますと昏迷に堕り、他の動物と何等異る処がないことになるのであります。

現代の科学は次第にこの生命の秘密の解明に進んで居りますが、実に大摑みに之を我身に省み、世人の行動に見、又世界の趨勢に照らして見て、思い当る節が無いでありましょうか。直霊を開顕して道を布くことこそ、教えの伝われる民の使命ではないかと確信いたします。

(2) 往き還る足踏むごとに産土の神の恵みを思へ世の人

この歌は我々の心の在り方の正しい理り《ことわ》、信仰というものを教えて居ると存じます。往来する道、それが産土神のみ体《からだ》であることをしばしも忘れず産土の神徳を感謝する心さえあれば、いかなる誘惑にも負ける事がなく、心身は常に清浄《きよらか》に、真勇に満ち、真智明らかにして迷わず、真愛の心深く真親和合の気が常に漂うのであります。かゝる人こそ産土の愛児たるに恥じないと申すべきでありましょう。かくあれば他の人に対しても、

(8) 産土の御体《みからだ》ふみて世を渡る人をし見れば貴きろかも

〔註〕貴し…勿体なし感謝すべきだ。ろかものろは音調を整える助詞。

(9) 産土の道行く人を見ても知れ神の恵みの限りなき世を

と先生は詠まれて居ります。産土の愛児として互に霊も身も賜われる霊止たる人の尊く、真にその存在を尊重し合い、其の職掌を認め合い、相信じていよいよ深く神徳を感謝するのであります。本当の民主思想というものはお互にその存在価値を尊重し合うことから出発しないといけないと思います。そしてその存在価値を認め合う裏付けを為すのが産土の信仰でなければならないと確信いたします。然るに今日この道を明らかにする人が居りません。

余談に亘って甚だ恐縮ですが、先日家内が、昨夜テレビで若い者の話を聞くと、世間なんてものは私個人とは何も関係がない。それから自分の生れたのは親が勝手に快楽の結果であって、育てるのは当然だから親の恩など思う必要はないと放言しているのを聞いて、今の若者の考え方には驚いたと申して居りました。世間など関係がないと云う輩は孤島にでも一人ぼっちにして置いて頭を冷やす必要がありましょう。万物にその子孫を産む為に自ずからに与えられた神の恵みの所以を知らず、全く自己ばかりに執着した盲目さは憐れむより外ありませぬが、この思想を改めない以上は、人類に幸を齎らす真の道が世に行なわれることが出来ませぬ。思想改変が急務中の急務であると考えます。そしてかゝる若者たちを生んだ原因を深く反省する要があります。蜂や蟻の様な昆虫の生態にも劣り、天地の理りに反した考え方が、若者を支配していることを考えねばなりません。ひそかに思うのでありますが私はどうも人間―つまり自己の身体の仕組みがどうなっているかという事から彼等の所謂誇りとする科学によって研究させて行くのが最も近道であると考えますが、世界の状勢は或はそこまで時を借して呉れないかも知れないことを恐れるのであります。

(27) 産土の神と神との神議《みはか》りに結び給ひし夫婦の縁《えにし》ぞ

人は自らの意志によって縁組する如く思っているが、心をひそめて思い辿れば人の力の遂に及ばぬものあるを覚る筈であります。地上の万象はことごとく産霊の神の活らきの綾に織りなす糸のあらわれに過ぎない。思えば人生の事みな唯産土の神のお許しの随々《まにま》に運ばれて行くので、思い上り恣意を専らにして行うことはやがて穢れとなり、死後は産土の神のみ下で審判を受くるのであって、唯々縁の糸は神慮とかしこむ外はないのであります。産土は生みなす根の意味でありますから、生産の神であり又産霊の神であると申上げてよい。産霊は顕界に於て見れば結びであります。夫婦のみでなく、あらゆるものは結びによって生じることを知らねばならない。人と人、物と物、元素と元素も結び（化合）によって新しい物は生れ出ずるのであります。人と人との結びによって道徳が生れる。そこには相互扶助と相互犠牲が行われる。結びなき処には如何なるものも生れて来ない。

夫婦の結びによって新しい子の生命は生まれ出ずるのであるが、之も夫婦の意志によって左右出来るものでなく、全く神意に依る外ない。近頃は医学が進んで来まして、姙娠をコントロール出来るなど申していますが、如何程欲しても子を得ること難く、いかに欲せずとも結びのある処子は生まれ出ずるのであって、子は夫婦の生む処ですけれど神のまにまにと申す外ありませぬ。科学が進んで生命の研究が深まるにつれて愈々神秘さが驚嘆せられるであろうと思います。

さてお話を転じて本田先生の産土神観から仏教其の他に対してどの様に御覧になったかという点に

触れて見たいと思います。

(4) 産土のみたまの懸かるこの身をし仏の子ぞと云ふは誰が子ぞ

産土の信仰、その教えというものは我々の遠い祖先より伝えて参ったのでありますが、中世に至って外国から文物と共に伝来した思想信仰に影響されまして、本来の教えを見失う様になり、殊に仏教の隆盛につれて産土の産子たる身を仏の子と唱えるもの多きに至ったのを、本田先生は慨歎されたのであります。

「産土神徳講義」にはこの事に就いて、

さて其の各町村、苟も人民在る処々、産土の神社あらざるなし。是れ人間過去現在未来の保護を受けて千万世に至りて、その子孫の恩頼を受くる神霊なれば、必ず之を尊崇せざる可からず。霊魂上に於ては固《もと》より凡夫の容易《たやす》く知り得がたき事柄なる故に即ち今惜いて論せず。眼前に老弱男女の日々目撃する処を以て之を云はんに、其の遠祖の代よりして、其の土を踏み其の水を呑み、其の地の五穀を食ひ其の地上に家居し、其の竹木を用ひ、其の里風、其の気候、其の風景、其の器械、其の秣、其の魚鳥、其の海菜、野菜、其の大気、其の雨露云々を、朝夕資用する物品悉く産土神の賜物にあらざるなし。

然るを人々偶然の如く思ひなし、更にその恩沢を謝するの念なく其の稲を食ひ其の錦を衣《き》て頑然として覚らず。只々其の信ずる所といへば、こゝの観音に頼んで眼があき、彼処の地蔵に頼んで疣が落ちたり等云ふ様な小利益のみに誑惑《きょうわく》せられて省みることなく、草莽の間に斃れて悔ゆる事なき、実に我輩の見るに忍びざる所。

と述べられています。これは明治初年の社会の、教育が普及しなかった時代の事でありましょうが、物質文明の著しく進んだと称する今日でも或は大同小異と見る方もあるでありましょう。人の直霊の開顕猶未だしく、却って益々複雑に混迷していると考えられないでしょうか。

「産土神徳講義」には猶続いて、

如此《かく》云へば吾輩は神官なるが故に己《おの》が田に水を引く様に思はるゝ衆もあろうが、更にそう云ふ卑劣な義ではなくて、天地の理合と云ふものは、日本ばかりでなく唐《から》も天竺《てんじく》も其の他の各外国も皆尤もと云ふべきが真の道理である。先祖代々の事は遙々上代の事にして分明に知れざる事のみなるを、現今親に孝養をし、子孫を愛育する等、瞬間も皆産土神の恩頼を受けざれば養育生活の出来ぬ所以なり。

と述べて、祖先より伝え来った信仰を堂々と宣明して居られる。而も之を単に日本の道たるのみでなく、地球上万国に通ずる道でなければならないと申された点を、深く念うべきだと思います。

先生は外国より伝来した文物を一概に排斥せずその長所を採りその功を認むるに吝《やぶさ》かではなかったのですが、これは国魂の信仰に基づくものであって、然しながら仏教の教義の著しく我が国の教えに添わず、国体を傷付けるものである事を忌みました。而も久しく伝播して深く民心を蝕《むしば》み来ったことを悪み嫌ったのであります。

世界の人類は皆その国魂、産土の御幸《みさち》に依らぬものはない。従ってその国の教学もおのずから国魂の成し幸えるものであります。儒教は中国の国魂の顕現であり、仏教は印度の国魂の生み給う処である。基督教は元々猶太の国魂の所産その他の教えは皆然りであります。然しながら世界の国々の国魂はそれぞれにその国を分治しつゝ大地球霊たる大国魂に帰一するのが宇宙の原理であり道であります。故に、その国に起った教学はその民をこそ救え、他の国魂の境を犯すことは許されぬのであります。若しその教えを他域に広め得らるゝとせば、他域の国魂のお許しあってはじめて為し得るので、之を現実の事象を以て云えば、其の国の固有の信仰習俗に添わなければ普及することが出来ない。今世界に広く行われる儒教仏教基督教の姿を見ても了解し得るのであって、同じ教えと雖もその国によって色彩も解釈も異るのであります。而もその発生した国土に於て久しく教えを伝え得ず滅びるものは、等しく国魂の処産と申してもまだ真に完全なものと云い得ないのでありましょう。

地上の教えはそれぞれ国魂の特質を受けて一長一短ありましょうが、国魂そのものが大地球霊の一部分を分担して、中心の大国魂にまつろふ以上は、その教えも自《おの》ずから大国魂の大道にまつろふのが自然であります。大国魂の顕現する道の教えは何であるか、心をひそめて考えるべき点であろうと思います。

我が国魂の教えは今や国民が殆ど顧みるものがない。唯僅かに根強く習俗として存しているのみという事を先生は浩歎されたのであります。そしてその久しく忘れられたのは仏教伝来以降であるとして、先ずは之を批判したのであります。若し仮に我国の教えが早く全く廃れて悉く仏教に代ったとせば、日本の国体の破滅は遙かに古代に於て実現したでありましょうし、近世の耶蘇教に代りたりとせば、四百年以前に日本の国は滅亡していたと思われる。之は歴史の示す処であって誤りではありますまい。

然るに我国の教えは実に雄大であって他教の長処を許し納れ之を抱含して余裕があり、久しく仏雲に蓋われたるに似て居りますが、その遺法と遺制は文字なき教えとして、言霊の活らきと行事と舗設器物に伝えられた。否それによって国民の直霊の中に確かに存続したのであります。先生が直霊の開顕によって、我が道の教えを明らかにされようとした大確心を仰ぎ念わねばならないと存じます。

(31) 産土の神心《みこころ》はよし産子等が背向《そびら》きても恵ます見れば

人は霊止として尊き直霊を賜われる故その行動は自主性を一応認められているのであって、下等な動物ほど之が認められず従って天律に随順しているのであるが、自主性を認められているが故にその行動には責任を持たされているのであります。従って人として生きている中或は体の統率力弱く、罪穢咎過あるも産土の神は大愛を以て之を恵まれることは一般であります。実に親の大愛と申すべきでありまして、背向《そむ》き行く子を猶思う親心からも思半ばにすぎましょう。併しながら一度幽冥に帰しては神律によって審判せられるでありましょう故之は又別であります。

然して

(24) 僧《ほうし》等が経よむ声も産土の人に授けし人の声ぞも

仏の教えを奨め仏を称える経文をよむ僧も、定めし仏の授けた声かと思うに、産土神の人に賜わった声であったと揶揄しつゝその自覚を求め、

(20) 魚を食ひ美酒《うまざけ》のむも産土の恵みなるぞと思へ僧《ほうし》等

と、その飲食するものは悉く仏恩にあらずして産土の神恩であることを教え、

(21) 錦着て妻子と寝るも産土の神恩《みめぐみ》重し僧輩《ほうしばら》かも

と日本に於ける僧等の生活の因りて来る処を知らしめて戒めて居ます。思えば魚を食うことも酒を飲むことも、錦を着る事も、妻子を抱き寝ることも、釈迦の教えにはなかった。仏道を修める僧は所謂出家であって、家を捨て妻子を捨て、世の交わりを絶って、悟道の為苦行するのが彼等の生活であった。苟も仏道に入る僧は釈迦の教えに従って戒律に服し覚者たるまでは、生命をつなぐだけの供養は受けても、布施を貪り俗人と何ら変らぬむしろ俗人を上まわる物慾に堕した生活を為すべきでなかったと思う。先生は当時の僧の生活が、その奉ずる教えとその実践と余りに隔たっていた状況を苦々しく思われたのであろうと思います。現代は果してどうでしょうか。

而もその苦行僧に対しても、

(22) 産土の道知らねこそ僧《ほうし》等が道の衢《ちまた》に立食すなれ

(23) 産土に見放たれたる僧等が石根木の根に人の夢見る

と哀れみ、

㉕ 物食へば父をし思ひ衣着れば母思ふべし僧ながらも

と出家の人倫に反することを指摘しています。今日も求道心にひたすらな僧もあるでありましょう。その純真なものを持っている点は認めて居られますが、我が史上に物欲名誉欲の権化となって、財宝を積み嗜欲を恣にし、或は皇位を窺い、或は衆を恃み無頼を使嗾《しそう》して政治を左右せんとした者の存在を何と解すべきでありましょうか。釈迦の教えの究極は実はこゝにあったなどと云い得るでありましようか。仏教は所詮現世否定の教えであると思われます。産土の教え伝わらざる国の悩みの凝りて成れる道である。所謂戒律廃れた末世の堕落した相は問わず、尠くとも教祖たる釈迦の真摯な足取りを踏む苦行僧も、産土のわが教えより見れば先生のお歌につきる感があります。

「天地人道を同じくする」ことは既に本田先生の明示せられた点でありますが、「産土神徳講義」には次の様に言及して居られます。

尤も生れて活《いき》て居るばかりが其の産土ではない。死んで仕舞っても産土様の御体中に葬らるゝ事、夫れを仏地に葬らるゝから寺は尊い者ぢゃと思ふのは、大間違ひの極と云ふものぞや。人民がうっかりして昔より坊主にだまされた者ぢゃ。

と墓地と産土との関係を指摘いたして居ります。講義はどうも一般の人々を対手にお話なさったらしく、言葉が平易ですが不退転の確信を以て述べられていまして、この確信は実に神霊に接し神霊の御啓示を受けていられる幽斎によるものであります。

仏教の本元の印度の地に墓地制があり丁重に之を葬ることがありますか否かは私の未だ現実に知る処ではありません。地位あるもの富める者にはあるかも知れません。併しそれが固有のものであるかどうか。ありとすればそれは仏教以前からの遺制かも知れません。現世を否定して父母を捨て妻子と別れ一族を隔て、その家を去ることを以て道に入る第一歩とする教えは、当然祖先を尊ぶこと薄く、その遺体を納めた墓を大切に守るなどという事はない筈でありまして、祖霊の存在を信じ崇祖の念の篤い日本人こそ太古から墓を大切丁重にしました。地域的には東亜の国々が多くその厚風を遺している様であります。そして殆どが土葬であることはその篤風を保存していて懐しい思いが致します。墓を大切にする事は欧米に於ても勿論のこされているのでありますが、現今我国では多く火葬されるのは仏教渡来以後の風俗であることを思う必要があると考えます。仏教の本地である印度に於ては死者を葬る致し方には土葬の外に風葬とか水葬とか甚だしいのは遺体を山上に運んで禿鷹の啄むにまかせることまで行われたと申します。民の貧しさもさる事ながら、かゝる事も現世否定の教えを産んだ酷暑の苦しい国土では驚くには当らないかも知れませんが、祖先崇拝の民族には眼を蓋わしめる感があります。

祖先崇拝の美風の抜くことの出来ない固有の精神は、実に産土の信仰の土壌に培《つちか》われ育ったものでありまして、墓と崇祖の念に目をつけ習合するに及んで、初めて仏教が民間に浸透したことは平安初期であって、史上炳《あきら》かな事実であります。それ以前の仏教は、倶い来った文化に憧れた貴族社会に大体限られて居たものでした。今日祖先を祀るに仏教を以てし、祖先を仏として取扱って居りますけれど、祖先はたゞ近古の仏教弘布以後の祖先ばかりでなく、それ以前の久しく遙かな祖先は、曽って仏などになった例《ためし》はありません。自己の思惑や好みなどを空しくして、誠心を捧げて祖先の喜ぶ祀りをするのが孝でありますならば、遠い祖先より伝え来った遺訓をきゝ、遺法を守り遺制に従うのがよろしいのであって、先生の「講義」には痛烈にこの事をのべて居ります。先生の仏教嫌いは道の上からの事でありまして、中々徹底していまして、微笑を禁じ得ないものもありますが、明治初年の時代とは云え、今日之を読んでさして驚く人もあるまいと思われます。今日は思想的に汚染された時代であって、先に申しました若者の様な考え方がまあ常識なのだそうであります。汚染は公害だけでなく、あのドロドロに汚れた魚も住めない海の様なものであり、それが国民特に昭和の民の頭脳を犯していることを思うべきでありましょう。

㉖ 八十神の遺せし道かも西戎《から》国の耶蘇《やそ》が教への曲れるみれば

八十神と耶蘇と通わせて居ります。八十神は御承知の如く古事記に大国主命の条の神話に出て来る心悪しき神々のことでありますが、この神話に託して耶蘇教を批判して居りますので、先生の「耶蘇審判」という戯書に詳しく出て居りますので、おついでの節は御一読願います。八十神と大国主命の神話も元より「設神理以奨俗」でありまして之は勿論現実の事でなく神理を説く為に現実によくある人間の社会の実情を神話に託して教えられたと見るべきで、現実社会に於ては八十神に当る者、大国主命に当る者をいくらでも見当ればいゝのです。名に捕らわれてはならないのであります。これらの神話を幽観すれば、曲悪といゝ正善と云うも、その差は天地人を貫く道に叶うか否かにありまして、叶わざる曲悪の生じるのは、さきはえる個々の自らが択んだ偏《かたよ》った魂の活らきによって起るのでありまして、先生は魂の活らきも過不及によって反対の曲悪に堕ることを教えて居られます。即ち

霊魂ハ反対アリ

荒魂ハ　争フ

直霊ハ　禍カ

幸魂ハ　逆カ

和魂ハ　悪カ

奇魂ハ　狂フ

とされています。直霊が禍津霊に変化することありと云うのは恐ろしい事であります。幸魂即ち愛魂は逆らふ魂となり、和魂即ち親魂が悪カ之は何と読みますか一寸六敷しいのですが悪《にく》しむ魂と変化することを指すと思われます。俗に世間で云う「可愛さ余って悪《にく》さが百倍」などいう言葉にも、正しい霊魂の働きも偏《かたよ》れば禍魂となる事を示唆しているのでしょう。それらはやがて死後の審判にかけられ正されるべきものであります。耶蘇の教えを奉ずる者が、表には博愛を掲げて裏には征覇の陰謀を以

て伝導した事は、それが所謂末法の時代の事とは云いながら史上に明らかな事であります。先生は之を悪み且は明治初年異教解禁の時流に乗じて入り来った耶蘇教等の布教の状況を見て、「産土神徳講義」に、

当今に至られては、現在拝見し奉る如く、武蔵国の彼の千代田宝田の山に、大宮処を御定めあらせられ、海外の国に至る迄もその御威光相輝き、四方の国々我れおとらじと参上致し、通商交易を名として、その実は此の如き御由緒ある事とは夢にも存じ奉らず、仏道の外国より来りて御国の妨害となりしそれに覆《また》輪をかけて、耶蘇マホメットなど種々雑多の邪法をかつぎ来り、内部落をなせし処々には人民を欺き愚昧をさそひ、会堂説教場と名づけてこの邪道を押弘めんと、ひそひそ談合して居る。その事柄は皆叛逆朝敵の云ひ草にあらざるもの少なく、殊に神は一神と云ひ慕り、天神地祇のあることを知らず、人民もまた先刻より云ふ通りわが産土神の産土神たる所以を知らざる故に…

と述べている。「神は一神と云ひ慕り天神地祇のあることを知らず」の一句は耶蘇教批判の片鱗を窺わしめて居ります。その裂延える個々人を主として奉仕《まつろ》ひを忘れた思想の、わが国柄に添わないことを指摘しているのでありまして、明治初年の昏乱した国情を見る思があります。然しながら現代の様

相と思い合わせて果して如何でありましょうか。

京都より東京に皇居を遷《うつ》されて、親政の古《いにし》えに返されたことを、先生は深く讃仰している心を、単なる古代天皇制の復活と浅く解している者の充満している今日でありますが、之をわが道の教えに基づき、祭祀の本義から見なければ真相は恐らく把握出来ないであろうと思います。祭祀に当って口には天津神八百萬国津神八百萬の神などと唱え奉っても、その天神地祇の差異すら今日は必ずしも明確にせられぬ状態でありますまいか。

先生は「真道問対」に副島種臣伯の問に対《こた》えて、

問　天神地祇の弁。

対　無形に在るを天神と云ひ、有形にあるを地祇と云ふ。

問　人魂の神たる者、諸《これ》を天に属するか地に属するか。

対　雰囲気内にある者は諸を地に属し、雰囲気外にある者は諸を天に属す。

と答えられています。之は非常に示唆に富んだ言葉であります。そして之を説く為には宇宙観神霊観から致さねばなりません。古事記を心読して覚るべきであって、神々を唯人格化して想像する癖を絶って致さねばなりません。その為に道を誤る過失は実に大きいのであります。古典に天津神の御子と云い国津神の御子という言葉が屢々現れるのでありますが、その差は神霊観を深めて宇宙の組織を悟らねばならないと思います。

「真道問対に」

問　大国主也《や》は大地の霊、固より人体に非ざるは既に已に命を聴く。その神子と称するは何等の誤なるを知らず。

対　古来神子と称する所は大国主の霊体力の用のみ。大地固より后妃なし。何ぞ子のあらむ。

とあるのを先ず熟読して行かねばなりません。人は凡て大地霊たる大国主の霊体力の活らきによって生れ出た一つの種類《もの》（万物中の一部）ですが、天地の道のまにまに、天津神の使命（言よざし）を賜わった者が天津神の御子という事になります。使命を賜わった事はどうして判るか、之は祭りの極秘即ち幽斎によって確認する以外はないと思われます。幽斎は至尊至厳の祭であって、軽々しく奉仕すべきものではありませぬことは心に銘じて置かねばならない。これ以上はまだ私には解らないと申し上げておきます。兎に角幽斎によって神々の厳存を認識いたしますと、物の見方が全く別になりますので、太古のわれ〳〵の祖先は心浄らかにこの理がわかり、幽斎奉仕によってよく神々の御意を伺って誤りなかった。それが外来宗教のために蓋われてその法術《わざ》を見失うに至って実に千七百余年という事になります。

先生は、神霊の実在を確認する術知らぬ学者が机上の想像から画いた神典の説々が皆過誤謬説であると道破して居りますが、現代に於ても同様でありましょう。千七百年以前の幽斎が現代に於ても実際に行われている。出来るという事を知りましたら、学者の見方も大転換をいたさねばならぬでしょう。そしてこの幽斎の法術《わざ》は実は民間布衣の仕るべきものでなく、実に皇家の奉仕すべきものと先生は申されて居ります。その霊学を皇法と呼んで尊んで居られたことを付け加えて置きます。

㈵⑹ 人今に産土神の神徳を知りつくすべき時至るべし

先生はかく道に対する確信を抱いて詠まれたのでありますが、国民の迷夢は容易に醒めそうにもありません。却って科学の進歩は分析の歩を進めて、原子より更に電子という生命体に到り、宇宙万有の物たる原子核と電子という生命体の結びに結んだ組織に過ぎぬことに、実証を握るに至ったのであります。更に原子核内の組織の有り方に万有の真義をさぐるまでに至っています。また電子を形づくる二種のこの陽電子と陰電子の組織以上はまだ科学の力及ばず、或者は最早哲学の世界であると申しています。

然るに本田先生は明治の初年に幽斎によってこのことを認識せられ、霊を以て霊に対する道を中興せられて、大道の原理を説かれたのでありました。我国の教えの悠久の太古より伝えられ現代にまで貫いて不変の真理であることを思うべく、之を中興された先生の偉業を讃仰せずには居られないのであります。そして皇道を伝えなかった外人の拓いた科学が却ってその秘奥をこゝまで解明し、それを利用する方法を開発し来ったことを深く思うべきであろうと考えます。

我が皇国の外《ほか》は、其の国魂産土神あるを知らず、其の論其の教へ悉《ことごと》く己が私に妄作し出でたる有名無実の仏菩薩或は天主等の偽神を唱へ、之を崇敬し祭祀し、眼前の産土神の神徳を夢にも知らず、騒ぎ居るは、一寸見ては小頬《つら》の悪《にく》い様なれども、つら〳〵彼等の表情に這入って見ると憐れむべきものなり。……古の正しき神の道伝はらず、然しながら彼も人類なるが故に、日々吾が心を砕き力を尽して当時《ただいま》の如く文明開化国なり杯と誇り居るもの等もあるなり。

と云ってその科学の進歩を認めていられます。科学の進歩によって人類が救われるか否かは全く別問題でありましょう。

(47) 産土の神に習ひて顕《あら》人《ひと》の道の柱に立つべきわれぞ

これは先生の大いなる信仰信念の表白であります。大いなる神霊観宇宙観を確立して、この現し世の人の道の柱に立つべし。立たねばならぬというのであります。先生教えと法術《わざ》を遺して逝かれてから八十年、徒らに歳月は流れ去ってこの道は世に埋れたまゝであった。たゞ私《ひそ》かに世に知られず道燈は守られて、長澤先生から稲葉先生を経て佐藤先生に伝えられています。本田・長澤二代は霊学の基礎の確立でありますがその基礎の上に稲葉・佐藤両先生の霊学が立てられ、御神示の随々に幽斎が行なわれるに至ったことを思えば、この昭和の御代がいかなる重大な時期に当っているかという事が、心に沁みて感じられるのであります。

(48) 産土の神は我が神今の世と後の世までと我は頼まむ

「産土の神は我が神」という処に非常に力がこもって居ります。外来の宗教教学に魂を奪われた人を憐れみ、遠い祖先以来の教えの晦冥を深く歎く心がこもっています。「今の世と後の世までと」は産土の神の過去現在未来に亘り、顕幽かけて幸え給い司り給う神徳を信仰して申して居りますので、之は凡て帰神の術によって裏付けられていることを知らねばなりませぬ。

(49) 敷島のやまとの国を産土の道の御供と出立《いでた》つわれは

産土の神の教えなき為に、人は種々の邪教妄説を生みなすのであって、それは苦悩の現れとも見る事が出来るでありましょう。人類は一日も幸福な日とてなかった。之を真に救うために、産土の道の教えを奉じて日本の国を出で立たんというのは、先生の大勇猛心を表白したものと申すことが出来ます。先生の志す処は世界人類に道の教えを布くにあった。国内の人心を先ず祓い清めて、然る後世界人類のために出で立とうと云う、志す処は実に大きいのであります。之れだけの確信は容易ではありませぬ。先生は勿論身は一歩も日本を出られなかったけれども、之は顕世に外遊しようという浅く狭い意味でなく、幽観してこの道を地球上に弘布せんという心を詠まれたものと思われます。道を奉ずる者この気概と確信を今日持つ人果して幾許ありましょうか。

(50) 産土の神の御《み》典《ふみ》を文机の上に演《の》べつつ斃れむわれは

「産土の神の御典」と云うと現人はすぐそれは何という書物であるかなどと騒ぎ立てます。近視眼もこゝまで至ると救い様なき感があります。先生の遺された「学則」に、

神ノ黙示ハ則チ吾ガ俯仰観察スル宇宙ノ霊体力ノ三大ヲ以テス。

一、天地ノ真象ヲ観察シテ真神ノ体ヲ思考ス可シ。

一、万有ノ運化ノ毫差無キヲ以テ真神ノ力ヲ思考ス可シ。

一、活物ノ心性ヲ覚悟シテ真神ノ霊魂ヲ思考ス可シ。

以上ノ活経典有リ。真神ノ真神タル故由ヲ知ル。

何ゾ人為ノ書巻ヲ学習スルヲ用キン哉。唯不変不易ノ真鑑実理アル而巳《ノミ》。
体トハ則チ物体ニシテ化学ノ所謂元素之ナリ。
力トハ則チ運動ノ力ニシテ、地球ノ太陽ヲ一周シテ春夏秋冬ヲナシ、地球ノ自
転シテ昼夜ヲ為ス等皆力ノ処為ナリ。
霊トハ則チ神ナリ。吾人ノ霊魂亦之ニ属ス。

とあります。産土の御典とは天地の活経典を指すものであることは申迄もありませぬ。産土の神の道を恢弘してこの道のために斃れむという先生の切願は、惻々と後学の胸打つものがあります。産土の教えは顕世の皇道の裏付けをなす道であります。顕観すれば皇道、幽観すれば産土の教え、あらゆる世の教えは産土の教えによって正さねばならない。先ずはこの産土の地上に於て正さねばなりませぬ。指導理念なき民は亡ぶと云います。今日この教えを明らかにすべき決意を詠まれた歌であると存じます。

以上を以て本田先生の「産土百首」上巻を大凡終りましたので、下巻五十首中主なるものを挙げて、解説いたし度いと思います。

前にも申しました様に、極めて大摑みに申しまして、上巻は顕観を主としていますが、下巻は幽観を主として居ります。そこで自然にそういった方面の解説となって行くかと思われます。猶引用の文等は或は重複することもあろうかと思いますが、之はその意味を確かめる心持で読まれ度いと存じま

す。

三　産土の神社

産土神の神恩を離れては暫くも人の生活は成り立たないことを、之まで些か申し上げたのでありますが、それではこの様に尊く慕わしい神は、現実に何処に祀られ、どの様にして奉斎されているかという事が明らかでありませぬと、信仰の向う処、帰着する処を失う恐れがあります。即ち産土神を祀る社は現にあるかどうか。若し昔あって今ないとせば急いで再興し祭らなければならないかという問題であります。当然之に就いては氏神と産土神、氏子と産子《うぶこ》などと云う言葉の意味を正確にして、今日の神社の御祭神にも触れなければならなくなります。

氏神と産土神との問題は先にも触れましたが、こゝでは先人の所説を見てゆき度いと考えます。六人部是香翁の「産須那社古伝抄」にはこの点に就いて最も明快に主張を記して居られます。

かゝれば産須那の社《やしろ》は、[1]生産の根源、[2]顕世の守護、[3]歿後の使命《おほせごと》に到るまで悉く関掌《あずかりつかさど》り給はじといふ事なし。然るを其の生産の上にのみ就いて産須那とは称《まをし》奉るは、この三大事の中にしても、生産は最初の事なれば、其の初めの一事に就いて産須那とは称し奉れるなり。

と産土神の神徳とその名称の由来を説明して居ります。この三ヶ条は幽現幽即ち過去現在未来に亘ることを申していますが(一)が生命生産の根源であると見ていることは、今日の科学的知識から見ても首肯せられることで卓見であります。次に、

さて其の産須那をまた氏神とも称し、其の支配し給ふ地に生産する人を指して氏子といふ。其の地その地に隷《つけ》る氏々は甚《いと》多かれど、何氏の人といへども悉く産須那の神の御支配に関《あつか》り居るものなればそこに住める氏々の神といふ義《こころ》をもて、氏神とは称へ奉り、其の氏神の成造《つくりな》し給ふ所の子といふ義もて氏子とはいふなりけり。

と述べている。六人部翁の幕末時代は氏神氏子の名によって神社との結びつきがあって、産土《うぶすな》と産子《うぶこ》という名称は殆ど行なわれていなかったことは現在と大差なかったと思われる。氏族制度の発達から見ても古代我国の聚落はほゞ一氏族の集団が根元であったと思われるから、その氏々の崇敬した土地の神と云う意味で、之を氏神といったとの説は少しく無理であるけれども、部落の開拓祖先を祭ることとよりも先に、否もっと偉大な、その祖先さえも祭った神として産須那のまつりは行なわれていたことと思われるから、翁の述べられた意味はその通りであり、後に世を経るに従って、氏族の移動や生活の複雑化につれて、久しい以前から已に翁の処説の様な状態になっていたのであろうと思う。唯氏

族の祖先を祀る氏神は例えば藤原氏の春日神社の如く、それが有力な大氏族であればある程、その門流或は所属人にとって氏神という観念が著しく、それが一般にも行なわれる事となって、元来の産須那神社をも氏神社と称する様になったかとも思われる。六人部翁は続いて、

然るをこれも中古の書籍《ふみ》に、氏々の祖先神を指て氏神とも云ひ、その祭りを氏神祭とも云つる事より、この産須那神と同一《ひとつ》に混じつる説も有れど、これはた誤れり。氏に就たる先祖を氏神といふと、産須那の神を氏神と称すとは、同語《ひとつ》ながらその義《こころ》別なり。思ひ混ふべからず。されば中古といへども祖先神を氏神とは称つれど、其の子孫をさして氏子と云へる事は一切あることなし。

と断じている。まあこれは現状に立脚されての事の様で、氏神と産須那神との言葉の上で同一ながら意味は異ると主張して少し苦しい理付けをしている様であるけれど、心持はわかります。言葉の上のことは兎も角として事実は氏神社を産須那社と混融して奉斎されているので、先ず見分けは容易でありませぬ。全国十二万の神社を見ましても特殊な神社―別格官幣社であったお社や、護国神社は別として、一般の神社はそれぞれ地域的に氏子を持って居ますが、氏子は元より氏神の子孫という訳ではありません。その地域に居住する凡ての氏々、即ち住民の斎き祀る神としての氏神であります。名は氏神と称しても産土神たる意味が強いのであります。

それでは現在神社の明細帳にのせられた祭神とその地の鎮守たる本来の産土神との関係はどうかと申しますと、この点に就いて六人部翁の意見は実にはっきりと致して居ります。

さて其の産須那の社に鎮座し給ふ神達には種々の神達ましますこと、譬へば火神なるもあれば水の神なるもあり、或は歴代の帝王なるも、臣下の人等なりしもありて、火神の火を掌り、水神の水を掌り給ふが如きは、素より其神の分掌給ふ所の職掌にはあれど、産須那の神として其の産須那の土地の幽政を掌り給ふ上に執ては、火にも水にも関り拘はらず唯一向に幽政をのみ重じ掌り給へれば、其の産須那の社の祭神の職掌は更にもいはず、尊卑軽重などに少しも拘はるべきにあらず。何《いずれの》神たりとも幽政の趣は同一なればなり。然るを何れの社は何の病に御幸福あり、或は彼処の社は此の筋の事を守護したまふなど云ふこと、今の世の習《とら》弊《われ》となりつれども、氏子の上より其の地の産須那の神を指ていふ時はかゝる区別は無き事なり。

と記している。翁の主張する祭神の異るによって幽政に差あることのないということは、例えばその町村の長として政治を取る者が、行政科出身でなくとも、或は技術科出、教育科出と種々であっても、町村民にとってはその人個人の才能の如きは問題ないのと斉しいと云うので、一応理は通っているのですが、それは後世の神社の祭神の現状を土台としての事であって、どうも本来の産須那神と明細帳の神との関係は別ではないかとの疑念が湧くのである。猶翁の処説を見ると、

また幽冥の御政事は、彼の大国主神の御子孫、または其の由緒《ゆかり》の神々等を始めとして、其の地其の地に就いて有功所縁ある神達を諸国の村里に分配して鎮座せしめ給ひ、尚又人皇と成ての後なる、武内宿祢命、菅公などの如き、忠肝義胆の人等は歿後に彼の大社にして、尊き上津大兄《かみつおほえ》と尊称する神位界に騰用し給へれば、則ち尊き神明にましますが故に、是等の神達をも彼の産須那神等と並べて、其の地其の地の幽冥の政を掌《とら》しめ給へり。

と記している。之で見ると前半と後半を分けて、先ず前半は産土の社の神々は、大国主神の御子孫または由縁《ゆかり》の神々、及びその地について有功所縁の神達を村里に分配して鎮座せしめた。そして之は神代のことであるという。

次に人皇の世となっては武内宿祢、菅公などの様な神位を得た人霊をも産須那の神に並べてその地の幽政を司らしめているという事になります。

後半は所謂後世の信仰によって各地に人霊を祀った例を述べたと見るべきであるが、重要なのは前

半にあると思う。そして「大国主神の御子孫及び所縁の神々云々」の語句にその中心がある。そこには非常に人格神的な匂いが漂っている。翁のこの処説は、恐らくは日本書紀に大国主神の国譲りの段に、高皇産霊神に対え奉った言葉として、

是《ここ》に大巳貴神《おほなむちのかみ》報《こた》へて曰《まを》さく、天神《あまつかみ》の勅教《のたまふこと》かく慇懃《ねもころ》なり。敢《あへ》て命《おほせ》に従ひまつらざらむや。吾が治《しら》せる顕露事《あらはにごと》は、皇孫《すめみま》当《まさ》に治《しら》しめすべし。吾は将《まさ》に退きて幽事《かくりごと》を治《をさ》めむと。

という記載に依ったと思われます。そして人皇以前は神世即ち幽世のこと〻しながらも、やはり人格神的に之を考えていたと見られる節がありまして、之は従来の国学者の態度でありますから、平田門の六人部翁も又止むを得ないことでありますが、之によりますと産土神は大国主神の御子神及び其の由緒《ゆかり》の神々、其の地其の地の有功所縁の神々を諸国の村里に分配して鎮座させた。という処に人間的な匂いが濃いのでありまして、こ〻に本田先生と見方に大差があります。

記紀の神代の処伝は要するに古事記序文の「神理を設けて以て俗を奨む」という態度であって、人事に託して俗人に解り易く伝えたのでありますから、大国主神を直ちに人格神として考えてはならぬのであります。この点は古典を読む者の大切な心構えであって、従来の見方は設けられた人事の譬えをそのま〻事実として受取って、内の神理を汲みとる事が出来なかった。顕世は凡て幽り世の映しで

あるけれど、この限りある顕世に現れて来る事柄は凡て神霊観を確立して幽観しなくてはならぬと考えます。大国主神を人間と考えるから解らなくなる。従って天照大神も高皇産霊神も人間にせねば解釈がつかなくなります。

先に掲げました「真道問対」に、

問　大国主也《や》は大地の霊、固より人体に非ざるは既に已に命を聴く。その神子と称するは何等の誤なるを知らず。

対　古来神子と称する所は大国主の霊体力の用のみ。大地固より后妃なし。何ぞ子の之あらむ。

の一節を再考する必要があります。先生の霊体力の説はこゝで詳しく申上げる暇《いとま》はありませんけれども「道の大原」に「地主三元八力を以て体を造り以て万有に与ふ」とありますから、先ず我々の身体というものは産土の賦与したものであり、産土は上巻に「産土の神の御名をし人問はば国津御魂の御子と答へむ」とありまして、之は俗身に解り易く説いているのでありますが、子が親の分身でありますけれども各自独立した人である如く、産土神は国魂の分霊分身でありながら夫々に独自の神でありますす。六人部翁の「大国主神の御子孫または由緒の神々等を始めとして其の地其の地に就て有功所縁ある神達を諸国の村里に分配して」というのと些か異っていることを確めねばならぬのであります。

どうもあまり人格神的に執して考えて行って居ります。私の思いますには、翁のこの文章も区切り方があります。「また幽冥の御政事は、彼の大国主神の御子孫。」とこゝで切る。それが産土の神である。それに添えて「其の由緒ある神々、其地の有功所縁の神達を村里に分配して」と解して行けば、本田先生の教えに近くなります。有功所縁の神達が後世に於ける氏神でありますが、その方が表面に出てしまって肝心の御本体が忘れられたのであります。忘れられても尊在されています。併し中には初めから其の地に有功所縁の神々を別に祀る神社もあります。それは産土の神でない神社も出来ました。何分何千年という時代を経ていますから、どれが本当の産土神社か、そうでない神社かわからなくなって了っています。

それをどうして見分けるか、これは大きな問題であろうと思います。まあ記録をしらべるとわかります。古えから神社があった。御祭神は不明であったが中世から御祭神が記され、又更《あらた》まったという様な神社は大体元々は産土神でありますが、その奉斎の地域などからも大凡わかるものであります。これは霊力ある人が見ればはっきりすると存じます。

今一つ留意される事があります。産土百首の上巻の歌に、

(33)　産土の御像よく見よ金も木も土も水火も其の中にあり

とありまして、この歌についての解説は已に申上げましたけれども、例えば産土神の中の著しき一つ

の御神徳を称えてその名を以て呼ぶことがあるのではないかと存じます。例えばその地方の農家にとって水が非常に大切である場合、水上に産土神を祀りその神徳の中の著しい水分《みくまり》の神として祀るという場合もあり得るでしょう。そういう見方からすれば、先の六人部翁の火神水神の説も首肯せられるであろうかと思われる。

六人部翁の説は非常に勝れていますけれども、やはり国学者の系列でありますから人格神的な観念が基本となっている。本当に霊学を学ばれなかったので神霊の実在に接し、宇宙観神霊感が確立していなかったかと思われる点があります。

さて古典に大国主神の別名《またのな》を大国魂神と記していることに注意せねばなりません。そこで今日氏神と申される神社は大凡は産土神の鎮守であり、幽政を司らるゝ処であり、数々の御祭神は皆産土神の御神業に協力せられ、産土神と一体となっていられる神々である。神霊の世界のことを肉体を持つ有限な人間社会に当てゝ考えるべきではありませんが、先に地方行政の町村の例を申しましたから、しばらく之に従って云えば、氏神の神社はその地方その土地の幽政を司る神聖な役場に当って居り、我々の生活が役場の神聖な行政によって行われる如く、氏神社は永久に人々の生命を掌握して幽政を行なう神々の神殿であります。人間社会のことは、とかく円満には行けぬので、町村役場が常に神聖で完全である訳には行きませぬけれども、否どうも場合によっては溷濁そのものゝ場合が兎角多いのでありますけれども、先ず大体役場のあり方、雰囲気を見ればその町村の政治のよく行なわれているか否かがわかると申します。神社の姿を見ればその住民の心の持ち様がわかり、その町村の興廃がすぐ点頭けると申します。其れは兎も角、大凡の鎮守様の主宰者は産土神でありますことは否めないと存じます。

猶こゝに誠につまらぬ事の様でありますが、一つの疑問を持たれる方があるかも知れません。それは産土神は大地の霊であるとすれば、私どもの往還する道にも、田畑にも充溢しているものであるのに、何故に場所を定め境域を区切って神社を祭るのであるかというのであります。

併しこれに対しては、産土神の子たる我々自身の肉体の組織を省みるとよく解ります。私共の生命というものは肉体の隅々まで行き渡っているけれどもこの生命の中心は脳髄の中にあります。最も大切な場所にある。現代の科学はこの生命の研究を非常に進めているのでありますが、人間の組織は即ち天地人を貫いて斉しいのでありますから、産土神の奉祀は郷土の中の最も清浄な神聖な場所を択んで、氏神の社を建てゝ奉斎することは正しく自然な行き方なのであります。

我国の古い神社の姿を見ますと、その国の鎮守という社の古い由緒を尋ねますと、奥宮と云って人界を隔てた名山に祀り、或は又威力を感じる大厳大滝等に祀るものが多い。神霊をかゝる汚れのない処に祀ったのは、幽の働による信仰の深さを示すものと申せます。それが次第に日常生活に近き処に拝所を設けるに及んで、里宮の名称さえ起りました。今日の大社にはこの里宮に当るのが多いかと考えます。

四　産土神の奉仕

(59)　産土の厳《いつ》の華表《とりゐ》は霊《たま》と体《み》の不浄を祓ふ門にこそあれ

誠に私共は産土の神社《やしろ》の鳥居を一歩くぐって境内に参入する丈でも、心も身も清まるのを感じます。そういう感じがするというのは、目には見えませんが本当に清まっているのでありまして、神社に参拝するというのは身心を清める為に致すのが本当である。心も身も清まれば神の稜威を戴けるのであります。心身浄まってわが霊を全身に透徹せしむればであります。それにはわが心身の不浄を祓い落さなくてはなりません。

厳《いつ》の華表《とりゐ》というのは、厳は陵夷とも書き威勢のあること、尊厳《おごそか》な威光、又は斎《い》み浄められた意味です。華表は普通鳥居と書きます。この方は国語です。神社の参道入口に立つ門のことでこゝから神域であることを示すのでありますが、幽観いたしますとこれは又神界と現界との境を示すものであって、祭神にお仕えする神々（比古神）の中でその職掌の神がこゝに位置して守って居られると申され、穢をこゝで先ず祓うのであります。

昔から社参ということは非常に大切に考えられていました。お宮に参るのは準備が必要であった。

先ず家庭に於て斎戒が行なわれます。努めて謹慎いたしまして心も身も平安に静かに保ち、現身を清めます。俗事にふれて心を苛立たせたり、不浄の行為はつゝしむ。そして自らも出来るかぎり清まって、さて翌日社に参ります。神域は御神徳によって清められた処でありますから、一度そこに足をふみ入れる時は、目に見えず心に気付かなかった汚れも、鳥居から拝殿に至る参道に於て梳《くしけず》る如く削ぎ落されてゆくのであります。そして拝殿に至ったときは本当に清浄な心身になって神霊に対するのであります。参道の途中に、又拝殿の手前に手水舎があるのは、最后の身禊《そ》ぎの為であります。手を洗い口を漱ぐのはそれを形に行なうので、全身禊《みそぎ》を行なう心でなくてはなりません。それから賽銭を撒く、これも心の清めの為です。昔は賽銭を散銭と申していました。通貨は財物の代表であります。生活の上で大切なものです。従って人間にとって大きな執着があるものです。それを散じるのは、自らの執念を之に付着して散じて、自らを愈々清め神霊に対するのであって、散銭は幣物《みてぐら》ではありませぬ。処が後世は之を幣物と混用する様になりました。

何より社参の態度がちがって来ました。観光が主になって来て、まあ見物のために行く。だから神の御稜威《みいず》などいたゞける筈なく、俗塵を境域に落してゆく位が精々です。心身の清浄などは思っても見ない。大体神霊など認める心もなく、唯々自己の楽しみを逐うレジャーですから、あまり境域を汚したりしますと一寸お灸を据えられる様なこともあります。

又賽銭にしても一寸綺麗なお社だから十円あげる処を少しはずんで三十円もあげて来た。神主さん喜ぶだろうなどと思ったりします。そしてたった三十円あげて途方もない願をかけたりする。随分恥しくて人には云えない様なことをお願いして平気です。それも多分とても出来ないだろうと思っている。まぐれでもひょっと思う幸運に当ればあゝ得をした、当らねば損をしたなどと思ったり口に出して云ったりします。神霊から見ますとあきれた埃《ごみ》みたいなものでありますが、神々から尊い分霊をいたゞいた人間も、こゝまで堕落しては救い様がないと吾々は思いますが、産土の神はそれさえもお怒りにならない。実に忝いことであります。

神を人格神としてのみ考えます人々は、産土の神というものがわからない。更に氏神と混同いたして居りまして、神々は社殿にポツンと坐ってお出でになる。あまり参拝者もなくさぞ淋しくおひもじい事だろう等と思ったりします。併し苟くも祭神として神社に祀られている神には必ずつき従う神々がおいでになる。所謂随神でありますが、私共は比古神（比売神）と申上げていますが、この神々が沢山居られる。その神階に従って序列正しく下々の神は境域をもくまなく廻られて居られる。先程の鳥居にも居られる。そこで参拝して鳥居をくゞる者はその不浄を次第に梳《す》き祓われてゆくのであります。その穢れ、罪をこの比古神が下位から次第におかぶりになる。社参するものは穢れを置いて行く事になります。お参りして清々しい心持で帰って行くのは穢れを置いて来たからであります。その穢れが積りに積っては中々その為に祭神の御稜威が顕世に照徹しなくなりますので、大祓が必要になります。穢は人間の為したものですから、人間が祓わねばならないのですけれど、霊力のない者が御幣を振ってもとれない。麻そのものには威力がありますけれども之は人の霊力を用いて神々がお祓いして下さる外ないのであります。人の霊力を用いて千年以上積った罪穢れを神々のお力を以て祓われる。之は幽斎によらねばなりません。幽斎が出来る程の強烈な霊力をもつ人のその霊力をお用いになるのであります。

併しこれは幽観のことであります。本田先生は「産土神徳講義」に、

扨拙者がか様に云ひ聞かしては、只々訳もなく宮殿に参上して頭を下げ手を拍つばかりを勧むるのではない。随分裸参りを致したり寒中に水を浴びたり、火の物を絶ったり、彼是好きの物を禁食したりしても、人前では云ひ出し難き願がけしたりする様な馬鹿げた拝礼の仕方は、真の信心でないから、今日から止めに致して、先刻より申す清浄な心と清浄な体とに成り変りて、貧なる家も安楽に成ろう。愚なる我も賢くなろう。世間の交際も睦間敷くなろう等様な、天地の神に対し奉っても耻かしからぬ様に祈《こひ》奉るのが真の祈祷と云うものぢゃ。

と教えて居られます。賢くなるということも、今日では誤解しているのであって、学問して小理屈を知り、弁も筆も立ち、智恵を働かすのを賢いと云っていますが、かゝるものは賢でも何でもなく、悪用すれば却って世に害毒を流すものであります。真に賢いというのは、直霊の開顕、即ち天地人に通じる道を知るという一点に係って居りまして、人として産土神から授けられた尊い使命を達成する為に、道を誤らず覚る以外にないのであります。安楽ということも、自分だけ綾羅錦繍をまとい、金銀

珠玉を家に集める事ではなく、産土の道に従って身心を清くゆたかに安らかに楽しく居ることを指して居るのであります。ですから本田先生は、

(57) 産土の神の心に符《かな》ひなば家に宝に富み栄えなむ

とも詠まれているのであります。

(99) 霊魂《たましひ》の汚れを祓ひ産土の神の愛子《めづこ》と在《いま》せ世の人

先生の「講義」には続いて、

其の真の祈祷をするには、心を清浄にするのが第一等ぢゃ。其の第一等の心立は如何いたして宜しかろうと問ふ人あらば、即ちこの氏神の御支配の人心の内に、省みるといふ魂が一つ這入って有る。此の省みると云ふは、我身は昨日まで万事の所業万端の心得、悉く善き方なりしや、又人は知らねども、悪しき事を行ひ悪しき心の出でたるやと、魂と身との事柄を、生れてより只今までの処を心の中によく調べて見ると、先刻も云ふ通り、残る隅《くま》なくかの明鏡の影を写すがごとく、

写真のごとく毛筋までも残す処なく見ゆる。其の見ゆる処、形と影とを以てまた我が心の底に探索して見ると、昨日迄の言葉と行ひと悉く相違して、あの事は実に後悔だ。彼の事は実に耻しき事だ。此の事は恐れ入った事だ。今迄の事は愚かな事だ、悪い事だ、阿呆な事だとか覚りの出来るものだ。是が神の実の寵愛し給ふ心で清浄心と古《いにし》へより申し伝へてゐる…

と深刻に論じていられます。省みる心というのは直霊の活らきであって直霊を又顧霊とも申していま す。真に国民たるの道はたゞ直霊の開顕にあり、直霊の開顕は産土の社頭に繋っています。世には敬神を説き、神社と氏子のことを論ずる学者の著書は非常に多いのですが、神道は一向に開けず、民心に深く喰い込む処のないのは、学者自らが深く神霊の厳在を感得せず、眼前の事象にばかり捕らわれて説を立てる為で、根本は信仰もなく神霊観の確立がない為ではないかと考えるのであります。医者の不養生という譬えもあります。神職は果してどうでありましょうか。

さてそれでは屢々出て参ります「産土の道」というのは何であるか、これはどうもはっきり解らないと申す人もありましょう。先生は、

(95) 身を修め家を斎《ととの》ふ道こそは産土神の道の本なれ

と詠んで居られます。実に平凡な言葉でありまして、何だ修身斉家は古くさい漢学（儒教）の徳目ではないかと笑う者が多いと存じます。併し本当に笑えるでしょうか。この頃の社会の風潮を見ますと、先ず家を斉うなど云う事は大分六敷しくなって来ています。皆自我が強くて利己主義になっている。自己犠牲などということは殆どありません。子供たちも兄弟仲よく長幼相親しむなどと云うことは六敷しくなった。家庭には波風が絶えない様です。離婚が何分間に一組とか申します。どうも家を斉うなどとは申せません。之はその根本に身を修めるということが欠けているからと存じます。何でも自我ばかり主張する。而もその自我というものを精しく見ますと、全く魄体の欲求に基づくものが多いのであって、先生の申される顧霊―省みる魂の働きというものが非常に尠いのではないかと思われます。

本田先生は「道の大原」に、

心を尊び体を卑しむは善を為すの本。体を尊び心を賤しむは悪を為すの始め。故に曰く善は天下の公共する処、悪は一人の私有する処。身を致し力を尽すは善なり。不正無行は悪なり。均《ひと》しく是れ神子、其の相違ざかること雲泥の如し。然るに是れ夫《そ》れ誰が過《あやま》ちぞ。

と申して居ります。人間の霊魂は斉しく天津神から国津神に付託して賜う処でありますが、国津神たる産土神は体を作ってこの霊魂を包み守る様に賜わるのであります。そこで霊魂と肉体とは相共に守り合って人間というものが出来上っている。その人の特徴というものは大づかみに云って産土神の特徴であると申せます。霊魂は斉しく賜わっていますが、之を守り仕える肉体に各々差がありますから、人としての働きに差があり、方面が分れる。同じ産土の所産と云っても、生れた年、月、日、時により気候風土にも差が出来る。その差を享けて人が形成される。千差万別なのであります。随って霊魂の働きにも特徴が現れる。併しながら霊魂そのものは天津神の賜う処で等しい。その霊の統率の下に共々にその特質を生かし協力する処に、人の社会というものゝ有り方があります。

人間の使命というものは霊魂の中に含有されてあります。従って相共に使命に向って進む為には霊魂が各自の一身を照徹していなければなりません。そして霊と霊とが相対さねば合致出来ない。

「道の大原」の身を致し力を尽すというのは、致すという文字は「送り詣る」の意味がある。差し上げる意があります。即ち肉体を霊魂に差し上げて、その命令に委せて、力を尽す。力は肉体に付帯したものである。先生の所謂「三元八力を以て体を作り」である。三原は原子の原質であります。その原子の中に八力が倶われている。この原子の集積である肉体の力を充分に発揮して霊に仕えるのが善であるというのであります。そして不正は勿論ですが無行も悪であるといいます。何も行なわない、これは使命を実行しない、それは悪であるということは実にきびしい指摘であります。

斉しく天津神の霊をいたゞいている神子としてかく善悪相遠ざかるのは何故であろうか。それは唯肉身の欲に蓋われて霊の光透徹せず使命を見失うことから方向差が生じる。体を尊び心を賤しむ処から生じることを知らねばなりません。

(68) 物皆は其の産土の賜物ぞ人の手力《たぢから》何を為し得む

六人部是香翁は、「産須那社古伝抄」に、

其は人を始め彼の五穀等の諸品に到るまで種蒔培養の所為こそ人の動作の上に成りつれ、其の物どもの生成化育するは、悉く幽政に関係《あつか》れる事なるを、其の幽政の大綱は専ら産須那神の掌り給へれば、其の徳化に係らじといふことなし。

と記して居ります。人を始め五穀等諸品に至るまでという。人については已にのべました。五穀等の例は申すまでもない事ですが、戦後しきりに穀類の増産奨励が行なわれた時の話ですが、新穀感謝の行事を大いにやらなければならないとあって、各地で色々な計画が立てられました。処が何をするかと思うと、農家の労苦を謝する事を以て新穀感謝だと心得たものが大部分であった。誠に滑稽なことでした。然るに之を甘んじて受けて心奢る農人すらあるに至っては、どうも苦笑する外ありませんでした。近頃では勤労感謝の日などと国祝日に決定して平常大いに働いたから—あまり全部はあてになりませんが—一つねぎらうことにしたい。国家として制定した。それが十一月二十三日であります。

何でこの日を撰んだか、近頃の若者―ばかりではありませんが―何も知らない。この日は戦前は新嘗祭の日であった。その日に天皇が新穀を神に捧げられ、又御自らもお召上りになる大切なお祭の日であったのです。国々村々の神社に於ても、神々に新穀を捧げて感謝報恩のお祭をし、氏子らもお直会《なおらい》をいたゞく。家々でも然り。国をあげて神恩感謝の祭りの日であった。処が近頃は、戦后はどうも考え方が狂ってしまって農人感謝となり、農人ばかりではない一般勤労者に対する感謝という人間本位になってしまった。どうも頭が狂ってしまうとこゝまで来ます。

新穀感謝の心は産土感謝であり、神の賜物否神のみたまの籠れる新穀そのものさえ感謝する心なのであります。之が我国の教えなのであります。米を物と見る故にこの誤りに堕るので、米の中にこもる生命力《いのち》、み魂を認識しなければなりません。でないと人間そのものさえ物品《もの》になってしまいます。その傾向が著しくなって来ています。本田先生が「人の手力何を為し得む」と申されています。人はたゞ智魂を働かし身力を労して産土の神徳を戴き利用しているのであります。さればこそ先生は、

(61) 穀物《たなつもの》秋の初穂は産土の神の御前に捧ぐるものぞ

と教えられました。このことを事実の上に痛感いたしますのは農人であり、農村の信仰の根深い所以でありましょう。

産土の神はかく我々の生命の母体であり、断つことの出来ないきづなに結ばれて居る故に、人の郷

土を慕ら情は自然なあらわれなのであります。それ故にこそ、

(63) 産土の霊招《を》ぎますか旅人の己が国村慕ふを見れば

(64) 旅心重ねし我も産土の霊《みたま》思へば涙ぐましも

と歎かれて居ります。先生の如く神霊観に徹せられずとも、産土神との結びの仮初ならぬものある故にこそ、この念の殊に切なのであります。涙ぐましもの結句は心を貫くものがあります。遊子故郷を悲しむと云う。悲しむは愛するの極みであると古人も申されました。また、

(71) 遠郷《とほさと》に身はし在れども産土の神の恩《めぐみ》は忘れかねつも

(65) 産土は貴きものかも山人が都見捨てゝ帰るを見れば

とも詠まれました。私は曽て若年の頃歌人島木赤彦の晩年の作をよみ、「信濃路に帰り来りて嬉しけれ黄に透りたる漬菜の色は」というに至って深い感慨を抱かせられたことを覚えています。永年都住いをしていた作者の、この素朴な詠歎の中に、命終るに近い作者の貧しい故郷に帰り来って漬菜の色に安らぐ心持は、産土との幽契深きを思わせられます。赤彦或は産土神観を持たなかったかも知れませぬ。然し識ると否とに係わらずその契合の深きを思うべきであります。

(72)　皇軍《みいくさ》の中に在りても産土の夢見る宵ぞ我はたぬしき

(73)　敵人《あだびと》の矢串《やぐし》に向ふ武夫《もののふ》も其の産土は思ひ出づらむ

幕末に志士として身を置いた先生の実感でありましょう。戦に赴いた人々の感銘はまして痛切と思われるのであります。

(75)　霊魂に玷《きづ》つけずして産土の神に帰すぞ人の道なる

人の霊魂は素より天津神が之を産土に付して賜わったものであり、その分霊でありますから純粋白玉の如きものであります。之を曇らせ之に玷をつけるのは唯々私心私慾に片寄るに由るのでありますが、人間の欲望というものは皆必ずいけないのではない。天賦の正欲というものがあります。元来人間は已に申しました如く霊魂と身体とから出来上っています。従って霊魂の使命を現実に行なうためには身体を充分に働かせねばならない。故に之を絶えず補給し増大させ力を保持させなければならない。身体の欲望というものは自然なのであります。併し之が偏すればいけない。片寄りつのれば正欲が邪欲になります。本田先生は「道之大原」に、

身に貴き所のものは名位寿富。而して之を与奪するものは大霊魂なり。是れ即ち

神賦の正欲なりとす。俗学悟らずして自暴自棄し、将に貴きを外に求めむとす。
何ぞ夫れ得べけむや。

と述べて居られます。名と位と寿と富の四つは神与の正欲であるけれども、之を与奪するものは神であるという。例え如何程欲しても心正しからざれば与えないので、神与の使命を達成せしめる為にその者に与えられる名と位と寿と富である。そして一度与うと雖も浄心を失い使命を擲つ者は忽ち之を奪うのであって、高位高官の忽ちに身を失墜し陋巷に捨てられ死するの例を静観すべきであろう。之らは自ら身体の過欲に負けて自らの霊魂に玷をつけた類であります。「真道問対」に本田先生は副島伯の問に対えて、

問　欲は何の系ぞ。

対　欲は四魂より出でて義と併立す。

問　欲と義と併立し、而して義は裁制断割なり。然らば即ち欲は対無かる可からず。如何。

対　名なり位なり寿なり富なり。名は美しからむを欲し、位は高からむを欲し、寿は長からむを欲し、富は大ならむを欲す。

問　名位寿富の四欲は諸《これ》を四魂に配す可きか。

対　名は智に配し、位は勇に配し、寿は愛に配し、富は親に配す。

と記されています。今之を詳細に述べる暇を持ちませぬけれども、神与の正欲というものはおのずから四魂より生れ来るものであるが、若し魄体の飽くなき欲求に負けて過ぐれば邪慾に堕することを知らねばならない。現世にては名位寿富は相倶うものであるが、その浄心を捨て使命を忘れて欲にのみ駆られゝば邪欲に墜るのであります。例えば名声を欲するは何人もそうであるけれど、それを欲するの余りに智魂を駆り立て詐謀を以て事をする様なのは巳に邪欲であって、その身にふさわしからぬことであります。世にこの例は枚挙にいとまありませぬ。他の三欲も推して量り得ましょう。然しながら、この四つの正欲は神界の付与したものであり、その正しき使命の上に築かれた努力に対して与えられるのでありますから、之を与奪するも又神界にありますことを銘記せねばなりませぬ。そして之らは皆魄体の欲望を制することが出来ず遂にわが霊魂を汚し玷つくるに至ったのでありますが、そこに大いに戒心の要があります。

そこで霊止《ひと》の人たる者は常にその魂の母体たる産土神の御社に詣でて、自らの心身を清め、私心を去ってその使命に進まなければならないのであります。人の一代は必ず相応の使命を戴いて来ている。之を果さぬも罪穢れです。之を果して現世を去り幽世の産土の神に帰する時、元の清らかな玷なく曇りなき魂でなければならない。私心私欲の萌すを穢といゝ、行動に表るゝを罪という。共に身の不浄であります。「産土神徳講義」には更に、扨て身の不浄と云ふものは、病が身の第一等の不浄で、この不浄を疎略に思ふて打棄てゝ置くと斃れて土になる外にないが、病の生じたらんには其の地の名ある上手の医師を頼み治療看病二つながら行届き、扨てその後に産土神に、薬の効験の相立つ様に、又神助を以て平癒します様に、人事を尽して祈れば必ず神の冥助あるべき筈。

と述べて、天津神の使命を受けて産土の母体より生れ来った人は、その天寿のある限りは、使命達成の為にわが身を大切にして、道に従うて勉励息まざるが真の生き方でありますが、現身の悲しさは兎角魄体の欲望に負けて道に従わず、私心を挾み我執に捕らわるゝが故に病に犯さるゝのでありますが、病にかゝったならば先ず応急の手当をし、養護の限りをつくしながら、一つにはその由って来れる所以を念って、産土の親神を祈って心の不浄を去り、清明な魂に立ちかえって産土の道に従い、冥助を願うのが本当の敬神であると教えているのであります。先生の教えは実に平明であって且つ深遠なので、顕幽を達観したことが尊く思われます。世には人の弱味につけ入って迷信に誘い込み、私利私慾を肥やす者往々多いのであります。猶続いては、

扨て其の次に、只今も云ふ通り日々わが体の不浄は何れ成るぞと思ふて、悪しき事有れば之を避け、悪しき事有らんには之を棄て、悪しき事あらんには之を拒ぎ、

悪しき汚れは之を洗ひ、彼様に薬、避、棄、拒、洗、等の五法を以て朝夕失念するなく、小児輩と雖も之を懇に教へて止まざれば、皆嘉言善行修身の本となるなり。之も亦産土神尊崇の一点より出でゝ如此無量無限の快楽の身となるなり。

と教えて居られます。「道之大原」には、

薬浴防棄避の五術、固《もと》より衆情の中にあり、後世動作異行、猥りに奇咒を誦へ、其の身を潔めむと欲して反って其の体を汚す。実に自主の玷《きつ》。

と記して、奇咒などを行って迷信人を誑かすことの正しからざる所以を明らかにして居ります。心すべきことでありましょう。

⑸⑻　産土の神祈りして其の後に天地の神は祈るべきなり

天地宇宙の機構、その組織は已に申し述べました通り、それぞれの神の所轄が定まって居るのでありります。それを紊すことは許されません。産土神は地上の霊止たる人の直接所属する親神でありますから、先ずこの神を祈り、この後にこそ他神を祈るべきでありまして、誠に理の当然であります。神界には私なし。産土神に私なく国魂神に私なく、大国魂神に私なく、唯々大元霊たる天之御中主大神の御旨の随々大道に従って活らかれる。私なき故にその職掌に分け持たれるけれども大神の御旨は透って居ります。

氏子たる我々は親神として産土神の所管に属するのでありますから、我儘に他神に属しようとしても許されない。どこまでも産土神を通してそのお許しを願っての上でなければなりません。之が宇宙生命組織の実相なのであります。大は宇宙組織から小は我が現身の組織に到るまで之を実証出来るのであります。それ故に本田先生は、

(60) 祈るべき吾が神置きて他村の産土拝む人は惑へり

と歎いて居られます。我産土の神に魂の帰趨を求めずに、他神に走ることは、恰度恣意《ほしいまま》に父母に叛き捨てゝ他に走る子の様なものであって、その者の心中に入れば必ずや道にそむき、私念私慾のある事は明らかであります。産土神の寛容なるは前に申しました様に、

(31) 産土の神心善し産子らが背向《そびら》きても恵ます見れば

とあります様に、実に広大な御神徳でありますけれども、産子として先ず礼を尽して御許しを願うの

が道であります。道を踏み外してはならぬのであります。六人部翁の「古伝抄」にも、

されば神宮雑事といふ書に、まづ其の地の産須那神に慇懃《ねもころ》に奉仕して、其の余暇には他所《よそ》の霊験をも仰ぐべし。権《かり》そめにも我産須那神をさし置て、他所の利益《りやく》を仰ぎ奉らむは、吾主君を等閑《なほざり》にして他処に参るが如く不当ならずや。

と述べられ、本田先生は、

(62) 衆神《もろがみ》は吾が産土の神祭りまつりて後に相祭るべし
(92) 千万《ちよろづ》に神は坐《いま》せど産土の吾皇神は身守りの神
(100) 産土の神許しありて天地の神は諾《うべな》ひ給ふべきなり

とも詠ぜられて居ります。なお「講義」には、

其の先祖の代々、この村の人々が賢かった故に、氏神の社を造営し尊崇せられて、今に至って神は厳然とお坐しながら、如何なる悪魔の付入りしや、其の先祖の前

件の通り丹精を抽て毎日参拝せられたる御殿の方に向て、些かも憚る所なき党《ともがら》の顔を見れば、さして馬鹿とも見えざるに、口は利口にすべらるれ共、祝詞の一つも唱ふること能はず、忠孝慈愛の一言を吐くこと能はず……恩も知らず義も知らず、神も知らず先祖も知らず、只生きて居るばかりの心にして、衣服居宅其の他の器械を美麗に飾らるゝとも、其の言行は禽獣と同様なるもの、この産土神の社を建立せられたる先祖等の、草葉の陰より血の涙を垂れて、嗚呼吾子孫に此《かく》の如き奴原《やつばら》が生れたるかと、睨んで歯がみをして残念がって居られるに相違ない。

と述べて居ます。先祖の余沢は子孫に及ぶと共に、子孫の善行は先祖のみ霊に影響及ぼすという幽界の御定めは兎もあれ、先生の講義は口述そのまゝであるから、当時講義を承った人々の姿も見える様で興味を倶うけれど、誠に大胆卒直なお話であります。先生のお歌を猶掲げましょう。説明の要もありますまい。

(53) 産土の吾皇神は万世に霊体《たまみ》守らす神にこそあれ

(55) 産土の神の稜威《みいづ》を知らずして異《け》しき蕃神《からかみ》仰ぐ世の人

(56) 安らけく争《いか》で渡らむ産土の神の幸《みさち》の世に無かりせば

(67) 安らかに高枕して居る事も其産土の幸《さち》にこそあれ

(84) ひさ方の雲の上人も草野なる蒼生《あをひとぐさ》も産土の子ぞ

(85) 家居なき野の末山の奥山も産土の神在《いま》さぬはなし

(86) 青雲の向伏《むかふ》す限り産土の神の霊《みたま》の到らぬはあらじ

五　霊魂の門出

(76) 霊魂の道の行末は産土の神の宮辺ぞ初なりける

人の死するや霊魂の行方は如何に？　この問題は千古の秘として幾千億の人類が解明に苦しんだ事柄であります。この為にこそ百千の宗教が生れたと云ってもよいのです。而も今日の宗教の殆どが科学の発達の前に次第に色あせて行く現状であります。古き宗教は崩れゆきつゝ之に代るべきものが発見せられず、人類は魂の帰るべき処を知らずさ迷うて居るというのが、偽りのない実状でありましょう。この事実は実に厳粛に考えねばなりません。我々は先ず自分自身を、ごまかしなどせずにこの生死の問題に向き合って見た場合に、果して信仰し得るものを持っているでありましょうか。我々が真にこの問題に自覚せむとならば、先ず純粋に、遠き祖先の死生観に立ち帰って、わが遠き祖先が如何にこの問題について教を遺したかと顧みる要があります。本田先生が産土神観を熱烈に説いて止まないのは、そこに契機がありと信ぜられた為でありましょう。我々はこの教えを古典に考え、現代の科学に照して啻さねばなりません。六人部翁は「古伝抄」に、

いでや死後の霊魂は善悪邪正に係らず、何れも皆其地々の産須那社に参勤し、産須那神は其の霊魂を進退し給ふといふの古伝は、天照大御神、高皇産霊大御神の神勅にして、天地を貫き一地球に通達して万代無窮に動くべくもあらぬ、甚《いと》深く尊き古伝なるを、中古以来、彼の古語古言に蒙《くら》く成つるより、其本末を通暁する事能はず、剰《あまつさ》へ彼地獄極楽の妄説に迷ひ、見性成仏の偏見に陥り、或は消睡夢の臆説に惑溺して貴賤の衆庶、無上の神勅を暁《さと》る事あたはず、空しく心魂を労して生涯其の死後の魂の在所《ありか》を慥《たしか》に得悟り知らずして世を過しつる人、数百年の間幾千年とも算ふべくも有らざりしは、甚《いと》も〳〵憐むべし。慟《いたま》しかりし事に有らずや。

と慨嘆している。翁の云う天照大御神、高皇産霊大御神の神勅と云うのは果して何れを指すものか不明であるが「天地を貫き一地球に通達して云々」の一語はその神霊観の深さを物語るもので、魂の帰

趣を知らず神霊観の確立なき民を歎く熱情は脈々と伝って来るを覚える。猶、

其の身歿するに及びては、素々其の精神《たましひ》は神より賜はりたる物にして清浄なるものなれば死するや否や、忽《たちまち》其の地の産須那の社に伺候して、其の下知《おほせ》を守り居り屍《なきがら》は穢に属して墓所に葬る習なり。

と記しています。後段は本田先生の説かるゝ処と合致いたしますが、前段は大いに異るものがあります。先生は我国の教えは霊止の人たる者に最も関係深き日地月に具現せられた霊体力の三大によって黙示せられたる神々の教に基づき説かれて居るのでありまして、之は今日の科学に照して悖らない哲理でありますが、其の事は別に解明する機会にゆずりましょう。本田先生の「道之大原」には、

人心也《や》は大精神の分派。故に生無く死無く之が制御する処たり。

と述べられています。大精神というのは天御中主大神即ち宇宙霊、この大霊に増減なく生死もない。その幾千億兆に裂延《さきは》え分派せる人の霊であり生命であります。故に人の霊も又生死なく直接大精神の制御する処である。この分霊は国魂産土に附して賜わり、父母の哺育を通して成長しゆくのでありま

す。屍《なきがら》とは「亡き顕《あら》」の意味であります。中心主宰する霊魂の失い去った現体を云う言葉でありま す。穢は「気枯れ」で霊去って生成発展の気を失ったことを指しています。霊ある故に集まった幾百兆の細胞は、霊去れば又元の地に帰るのが当然であって、之を丁重に取りあつかい、礼を以て墓に送るのは人の道でありましょう。

(77) 眼前《めのまえ》に産土の神立ちまして魂の善悪見給ふものぞ

人の霊魂は大精神の分派であるから、元々清浄何の穢もなき筈であるが、授けられた使命を現実の世に行なうに当っては、元々魄体を倶うが故に、その猛烈な欲求に制御し切れず多く罪穢れを犯し、自が霊魂をも穢すに至るのであります。死して御社に参向すれば、生前の心の動き身の処業は悉く識別せられ審判を受くるに何の隠そうべき処もない。六人部翁の所説は先の後段に掲げたが本田先生の「講義」を見ると、この事に触れて、

この如く霊魂と身体とを神かけて清浄潔白にし、人事を務め学びたらんには…死して霊魂は無比の神霊となり、産土神に召連れられて、国魂の沙汰を受け、国魂神より天日巣《あめのひすみ》の宮、即ち所謂出雲の杵築《きつき》の大社に召出さるゝと、此の大社の大神の和魂とお坐します。大和国の大三輪の社に鎮り坐す大物主神、大地球上の人魂

を悉く御主宰遊ばし、御上天在らせられ、天の高市といふ処に参上の上御届け仰せ上げらるゝと、天津神御出張あらせられて、其の神達を悉く其の程々に位次を御決定遊ばし、万代無窮に存在することである。……

と説いて居ります。言説は啓蒙のため人界に仮託して解り易い説き方であるが、神幽界の御審判は殆ど一瞬にして決定されることを想わねばならない。それは光速よりも遙かに速かで且至厳至重のものである。されば先生はまた、

(90) 善《よ》悪《し》しき霊の審判《しらべ》を産土の神の府《みかど》は定めたまへる

とも詠ぜられています。六人部翁の「古伝抄」には、

されば抜群の良善の人の霊魂は、抜擢せられて天地の間に造化の幽役《かみのごよう》を命付《おほせ》られ、或は万国に係れる大任をも蒙れども、其れは格外の人にして、多くは元の産須那社に率《ゐ》て遷《うつ》り給ひて、其の社の幽政に資用し給へり。但し此の大任を蒙りたる人といへども、其の本体の精神こそ其の任に赴け、別魂《わけみたま》は尚本の産須那社に留まれり。さて之に反して顕世に在る程心を悪事に用ひて、不忠不義不慈不孝など

の良からぬ節の事ども成したる人は、顕世中に厚く守護給はざるのみにあらず、其の身歿するに及びては、是も同じく産須那社に参集するといへども、凶徒界と云ひて、謂ゆる天狗の類の妖魔の群党と為さしめ給ふ事なるを、此の凶徒界に陥りては、種々艱難辛苦の所行ありて、永く困苦に窮厄せり。

とつぶさに説いている。かゝる所説はどうも信じられない、彼の地獄極楽説と大同小異と現代の人達は云うであろうけれども、祀りに預らない幽鬼の不可思議な処伝や、又そうした事実の多いことを思うと、深刻な苦悩を覚える筈である。要は正しい精神を堅持して産土神をはじめ祖霊の守護を確信するものは恐れず。幽鬼に魅入られて悪行する者も、自霊に至厳なる神界の審判の不断に照徹して苛むために、省みて常に安んじ得ないことは申す迄もありません。顕幽一如、顕世《うつしよ》は唯幽世《かくりよ》の映《うつ》しであることを思うべきでありましょう。

(78) 産土の神の耳眼は大山を隔てたりとも見透しにます

(79) 秘事《かくしごと》人は知らぬも産土の神はよく知る慎めよ人

神に顕幽の差別がありませぬ。旅の恥はかき捨てなどと云っても、昼夜遠近のために妨げられるのは人の五感の上の事であります。又単に言語動作の上の秘事ばかりでなく、実にその独りの心の些細な動きすら隠し了せるものではないのであります。儒家も天知る地知る爾自ら之を知るといって居ますが、正にその通りであります。よく子供を見守る母は、その眼その声その身ぶりによっても真偽をすぐ知るのであります。本田先生の「道の大原」に、

　小精神は動静常無く出没窮り無し。其の声音に顕《あらは》れ、其の皮膚に形《あらは》る。聖賢も其の意を秘する能はず、小人は其の想《おもひ》を隠す能はず。乃《すなは》ち神憲の掩ふ可からざるもの蓋し斯の如し。

と述べています。小精神というのは人の霊魂―心のことを申して居ます。隠すとも人の知るを妨ぐことすら難いのであって、まして神の明を蓋うことは企てゝ及ぶ筈なく、自分の心をごまかすに過ぎません。心果してごまかされましょうか。

(80)　各々《おのおの》の胸《むね》腹《はら》内《ぬち》に産土の神隠れ坐す恐れてよ人

若しそれ神明の顕幽に照徹するを疑うものがありますれば、静かに自分の身を省みて、自らの霊魂の来れる所以を深く探求すれば、必ずや覚るであろうと思われる。

已に屢々申述べた如く、人間は霊と肉体とを持っていることは申す迄もないが、その霊たるや別天《ことあま》

津《つ》神たる天之御中主神から遠く無限に遙けく分れ来れるもの、而して天津神の天照大神の神慮を以て之を産土神に附託して、人と生れしめられたものであります。即ちわが霊と身は産土の神を母神として生れたもの故に、わが胸に宿りわが腹に活らく魂は直ちに産土神の分魂、産土神の止り宿れるものであります。之を科学的に慨して云えば、別天津神は大宇宙に属し活らかるゝ神、その一部分の太陽系小宇宙に活らかるゝ天津神、この太陽系の中の一地球に活らかるゝが国津神と申し得ましょう。産土神は国津神の一分身であることは申迄もありませぬ。太陽の光熱によりて芽生える凡ての生命之を養い育てる大地の精、かく思えば人間の生命は大地に即し大地に哺育《そだ》てられてゆくことは明らかでありましょう。さすれば人はどの部分にも大地の精を以て充溢せしめられたのである故に、大地霊と連なるものであり、幽観して産土の神、人の霊の活らき肉身の動きが悉く知らぬ筈はないのであります。例えば唯一つの電灯の明滅すら直ちに大本の発電所の電源機械に克明に現るゝ如きものであります。何の隠す処もありません。誠に恐るべく慎まねばならぬのであります。

思うに地上の生物の自ずからの姿を見れば、一日と雖も太陽の光熱を慕うて止まないのは、わが霊の源を慕う相《すがた》でありまして、最も単純に之を表している。絶えず之の照徹の下にあらねば安んじ得ないのであります。その体は産土の精、故に体はそのまゝ産土に連なるのであって、他国に赴くとも望郷の念止み難く、帰り来れば心安んじるものはこの故に自然なのであります。幽観を忘れ顕観のみに物的にのみ之を見る故に思想の乱れ、罪穢の発生が起きて来ます。今や唯物的な基盤に立つ科学が次第に幽観の解明に歩を進めていまして、却って量り知れぬ神秘に戸惑うている現状でありましょう。

又思うに人の霊は頭にあり、最も堅く防備せられた頭脳の中にあって、心身一切の根源であることは申す迄もありません。脳の命令は神経系統を通じて毛髪の末端まで隈もなく到り及んでいるのでありますが、直接五体の生命を司る処は胸である。即ち心臓肺臓等があって、血液を純化し不断に身体の末端まで血管を以て送り、之に生活活動あらしめるのであって、肉体活動の中心となるものである。そして腹、丹田は大小腸のある処、現実に栄養を吸収して肉体を養う処である。栄養とは即ち肉体に必要なる大地の精に外ならない。腹は古典に云う国津神界、胸は高天原なる天津神界国津神の上りて上申し命を承る処と云うべく、頭は別天津神界と云うべきでありましょう。神秘なる霊の活らきは頭にあるけれども、現実に対処する思案は胸にて行なわれ、思余れば胸痛むのである。かくて胸にて霊の詔命を受けた国津神は、脈々たる活動力を腹に結集して現実に対処するのであって、所謂丹田に力を凝集することになる。

かく思いますと、先生が胸腹内に産土の神隠れますと詠みましたことの真義も明らかでありましょう。われらの肉体は大地の精、産土神の分魂分身を結集して、天津神の使命賜われるその分霊にまつらふ為に成った事に思い至れば、我古典の教示の深遠なことに驚く外ありません。この神霊観を打忘れて、古典を単なる人間社会の事柄として、寓話として解く故に指導理念の根拠を失い、諸々の過誤が生じて来ることを知らねばならないのであります。之は更に原子物理学からも詳細説明為し得るのでありますが、暫く擱きましょう。

更に注意せらるゝのは「神隠れます」の一語でありまして、産土神の胸腹ぬちに内在することを表《あらわ》

した点であります。神は隠身《かくりみ》の義でありまして「道之大原」に、

古へ体を称して命《みこと》と曰《い》ひ、霊を称して神と曰《い》ふ。命也は体異《みこと》、体別《みこと》なり。神也は幽体《かくりみ》、隠身《かくりみ》の義なり。後学鹵莽《ろもう》古義に達せず。命神混用し、幽顕同称す。乱と謂ふべし。

と記して居ります。宣長翁の如きでさえ「隠身」を「み身を隠し給ひき」と訓まれたことでありました。神霊に対する認識足らず、徒らに人的にのみ解釈した非を戒められた文でありますが、先生の神の語義を明確にしたものとして注意さるべきでありましょう。

⒅ 独りゆき帰らぬ旅を産土の神の命ぞ誘ひ給へる

人の生を享けて此の世に生れ出でたのは、自ずから天津神の御使命を授けられて参ったのでありまして、その使命たるやわが霊魂の中に含有して居るのであります。わが霊は畏くも天津神のかすかなれども分霊であります。併しながらこの顕界に人としてその使命を具現するためには、体を持たねばなりません。その肉体たるや皆これ大地霊たる産土神の賜わったものであります。肉体はその霊の使命にあななう為のものであります。人間の肉体は五十兆の細胞から成ると生理衛生学の研究者は申し

ていますが、その細胞を更に分析すれば原子となります。先ず原子の世界を考えて見ますと、之は勿論幽の世界でありますが、この地上も空間も充満した原子の世界です。その大地大気中の所要の原子を採取集結して肉体の細胞が出来ている。最近の科学は電子顕微鏡を以てこの原子の状態を写すことに成功して、非常に神秘な人間の構造の解明に歩を進めています。そして肉体を結成している細胞―更に原子は、大地大気中から摂取集結したものであることはちゃんと証明されています。原子の集まりである我々に生命という意識がある以上、この原子の大いなる集まりである大地大気に大いなる意識即ち生命があることも否定出来ないのでありまして、之は一つの神霊観に至るものであります。産土の神の厳存を現代の科学は証明しつゝあるのであります。

そこで人の生命というものは、霊は大霊に連なるものですが、その使命凡そ終れば―肉体の老化によって最早霊の使命を遂行することが出来なくなれば、人としての生活が終るのであって、その使命遂行の可否は専ら産土神の処管と申さねばなりません。

独り生れて来った人間は、又独り死にゆくのでありまして、老化して使命を終えた肉体は分解して元に帰るのであります。そして産土に附託して賜わった霊魂もまた先ず産土神の下に詣るのでありまして、之を審らべ処理し給うも又産土神の処管でありましょう。幽冥界のことは霊眼によって感得する外ありませぬ。本田先生は、

(87) 産土のすめ神置きてわが霊魂《たま》の帰り着くべき八十《やそ》隈《くま》はなし

(91) 産土の神在さずば愚なる此の吾が魂を誰か救はむ

とも詠じて居ります。「愚なる此の吾が魂」ということは、穢れ多き魂という事であります。何故に穢が多いのでありましょうか。霊魂は元々天津神の 分霊でありまして、元々清浄なものでありますけれど、その使命のためには肉体を倶うのであります。肉体は元より生きて居ります故に、それぞれの分野に於て強烈な欲望を持って居りますので之を統御いたしますのは、四魂の中特に荒魂の活らきでありますが、やゝもすれば肉体の欲望に負けてしまう。その為却って霊の光りを遮り行動を過《あやま》つに至ります。即ち罪が発生するのであって、遂に奇魂も和魂幸魂すら本来の道に外れて発揮される様になります。直霊は常に之を是正して止まぬのでありますけれど、道に外れた魂は却って肉体の欲望に制せられてゆきます。之は程度の差こそ千差万別ですが必然的に起る現象でありますから、常に祓を行って霊魂にかゝる不浄を払拭して行かねばなりませぬ。産土の神徳によって天地の真理を学び覚って行くべきでありますが、些かの間断もなく起る穢れに道を不断に保ち見失わぬことは容易でありませぬ。愚なるという語はおろそかなると同じ意味でありまして、道を見失いがちの状態を申すのであります。愚なりと自らを覚ったことはそれだけ進歩と申さねばなりません。之は吾々常凡のこと、本田先生の如き達人にして猶この言あることはいよいよ神霊の道の至厳さを思わねばなりません。

(81) 霊魂の帰りつくべき産土の神を神とも知る人の無き

産土の教えが失われて遠く久しく、明治維新は神武の古えに復すると指向したけれども、それは顕界の政治に止まって遂に霊魂の奥底に透らず、為に諸弊交々起って聖徳を穢し奉る観がある。先生をして、この歎きを為さしめたのであります。

魂の帰りつくべき処を知らざりし故に、忽ち渡来の教学に魂を奪われて不祥事が続出するに至るのであります。而して神社は唯過去の道徳的殿堂と化し、近頃、或は之を企業化して観光の役割に余喘を保たしめ、信仰よりすれば有名無実化されるに至りました。世の指導者を以て任ずる人にして、「祭如在神」と平気で揮毫して之を神職に与え、神職又之を社務所斎館等に掲げて恥じる処なきを見て浩歎したことがありました。教育者はこれを見て我が意を得たりと振りかざしたかに思われます。かくては教学大いに起れりなど申しても、遂に学校教育を以て人の魂を救い得なかったのも当然でありましょう。之を現在の社会上に照して思半ばに過ぐるものがある筈であります。

(82) 狡《さか》意《しら》に言挙げなせそ産土の神の正道聞き知らずして

人の世に賢ぶりて説く道は多岐に、説く人は限りもなく多い世に、先生の嘆きは実に深かったことを知ります。滔々として時世の流れはいよ〳〵深刻になって来ました。先生をして今日あらしめたならば何と詠むことでありましょう。

歌人島木赤彦の晩年の作に

たましひは何《いつ》べの方に行くならむわれに用なきこと思ひ居り

の一首があります。その死に臨んでの哀切の情が人々の胸を打つものがあって、広く推称された詠でありますが、それは同時に人々が顧みて己が魂の帰着する処を知らなかったことを意味します。さしもの歌人も一度はその不安と悲しみを口に出しつゝも、あきらめて「我に用なきこと」などと云う心情に至っては真に気の毒の外なく、生前幾多の産土に魂通う秀作を残しつゝも、遂に彼の魂の行きつく処を知らずに終ったことは残念と云う外ありません。かく云えば、世の歌人らは芸術を解せざる痴言と云うでありましょうが、真に生命に触るゝ歌は産土と道交するもの以外になきを信じてかく云うのであります。写生と云い、写実というも産土の実相に参入することではありませんか。

(51) 産土の神在《いま》さずば吾が霊を神の府《みかど》に誰か送らむ

(96) 前の世も現世《この》も後の世の事も産土神ぞ主宰《つかさど》ります

(97) 産土の神な忘れそ産土の恩《めぐみ》は後の万世までに

「神の府《みかど》」というのはこの現世の幽《かく》りの本宮、即ち杵築《きつき》の出雲の大社を指すのでありましょう。総国魂の宮である。そこで最後の審判が行われるのである。天津神の御元に上らせらるゝ霊、国津神の御社に侍りてお仕えを命ぜらるゝもの、妖魅界に放逐せらるゝもの、已に産土の審判をうけてその著しきものを送らるゝのであります。神界の映しなる現世《うつしよ》、顕世を見れば神界も大凡は胸に写る筈である。

過現未三界に流転することも、皆産土神の司る処であります。

「道之大原」に、

人皆以為《おもへ》らく、審判は死後にありて、賞罰は生前に有らずと、故に生に軽じ死に重んず。之即ち神誅を蒙るの原、天獄に繋る因なり。神眼赫々、固より幽顕なく死生理を一にす。何ぞ之を二とせむ。

即ち顕世は幽世の一部であって、連続したものに過ぎない。例えば暗闇に運転する繰り糸の、適々燈火の前に照らし現されたのが、わが現世のいのちであります。幽世より来り又幽り世に去るわが霊魂の、一時燈火の元に現れていとなみをつゞけたにすぎない。その光こそ、産土の神徳と申すべきであろう。人の生命糸を迎え、はぐくみ育て、その活らきあらしめて、やがて之を幽世に送る。その光こそは産土神。

又更に思う。天津神の顕幽二つの光と熱とを不断に受けとめて、自ら万物を育成する本源となり、天津神の依《よざ》しのまにまに自らの霊力を幸《さきは》え給うは産土の神と申すべきでありましょう。

(94) 産土の神達祈り子孫《うみのこ》の八十つぎつぎに栄え行け人

日本人は遠い上つ代よりの教えの通りに、産土の神を祭り来ったので、神社なくしては意を安んじ得ないのである。異国に渡って生活を立つる者も、定住すればわが産土神を招じ、合わせてその地の産土神をも祀って神徳を受け栄えるのであります。唯今在米の二世三世の人々盛んに神社を祭る由でありますが、彼等は自覚すると否とに係わらず、祖先からの魂の教えを暗々裡に感じてのことでありましょう。唯本国から指導に赴くもの、その祭神を誤ってはならぬと思うのであります。先ずその地の産土神をねもごろに祀るべきでありましょう。然る上に天津神諸々を祭るがよいのであります。

六人部翁は、「古伝抄」に産土神の奉仕をのべて、

尚また大小弘狭も有るべけれど、いかにも氏子中申し合せて毎日朝夕両度の日供を備へ奉り、五穀は更なり、綿にもあれ、吾が田畑に成り出でたる初穂、又は諸商売人も毎年其の品物を取扱ふ始め、何にもあれまづ其の地の産須那神に進献して、其の御蔭を賽《かへりまを》し為すべきは勿論の事なり。殊更に其の社内には、眼にこそ見えね、わが祖先等も皆伺候し居る事なれば、如是進献しつれば、即ち己れ〳〵が祖先等も、倶にその饗膳供物に預るべき事は云ふも更なり。されば祖先等の心

にも吾裔孫の斯く慇懃に心を竭すを見て、いかで悦ばざらむや。熟《よ》く按《おも》ふべし。

と記しています。これ以上説明の要はありますまい。

(74) 人はよし如何に言ふとも産土の神殿守《みとののもり》と成るべし我は

本田先生の信念の表白された一首でありましょう。と同時にわれらの霊魂の行方を教え覚されたものと思われます。現身を解き放されて幽界に入った霊は、現世に於ける使命の遂行の功罪によって審かれて、産土の推挙のまにまにその位置を与えられ、悠久に天つ神国つ神に仕えて、その神業につくし奉るのであるが、霊の奇《くし》びなる活らきは、四魂としてそれぞれにも鎮まり坐すのであります。又法を以て祀れば天がけり国がけりたちまちに来り鎮まるのであります。現身の束縛されたこの世を以て律し得られないことを知らねばなりません。

先生の御霊は郷土加世田の産土神の社にお仕えされて居りましょうけれど、高き御位にませば又その分霊は神神《みわ》社の比古神としてお仕えなさって居らるゝと承って居ります。

嗚呼顕幽一如の理を知れば、今のわが思念、わが行動を深く省みて顕世にも幽世にも恥ずるなきを希う外ありませぬ。それには時に独りとなって深くわが直霊に参じ自分自身を顧み正すべきでありましょう。独り《ひとり》は霊交の義とも申します。わが霊を以て国つ神産土神の霊に対し、又天津神の霊に対し交流することでありましょう。

六　後　記

本田先生の「産土百首」に就いては、之まで三度解明の筆を取った。最初は昭和二十一年六月、伊佐須美神社奉賛会から氏子啓蒙のために「産土の信仰」として小冊子を発行したのである。

第二回は昭和四十二年二月から十回に亘って、静岡市浅間神社に於て開かれた月例の皇学研修会に於て講義をするための執筆でった。

かく屢々之を取上げたのは、霊学中興の祖と仰がれる本田親徳《ちかあつ》先生の霊学の最も大切な序論を為すものゝ一つと考えたからでした。序論はつまり基礎とも入門書ともなります。

私は之を執筆するに当って、出来るだけ現代の科学の研究成果を取り上げて、先生の霊学の教えと対比させて行き度いと考えました。科学の研究の成果と矛盾する様な教学では、現代に最早生きることが出来ないと考え、又この霊学はそれが可能であることを知って居たからであります。併しいざ執筆して見るとこれは中々至難な業であることがわかりました。それは私自身科学者ではないので、どうしても夫々の専門家のお話しを承らねばなりません。その機会も中々得られませんし、又専門書を読みつづける時間が思う様に得られず、又どこまで理解を為し得るかも問題でした。従って時間的に急がねばならない講義には間に合わず、そうした雰囲気を匂わす程度に終って了ったことを残念に思います。併しいつの日か之を実現せねばなりません。また先生の教学はこの書ばかりではありませんので、他書の解明の機に恃たねばならぬ点も実に多いのであります。

猶巻頭にめずらしい産土神慰拾七歌を掲げました。この中終りの二首以外は産土百首の詠です。この題字は先生の筆に似ていますが、持主玖羅巨とは如何なる人かわかりません。又音符付の歌の文字も先生の筆跡に似て居りますが推定は困難です。唯この譜本が如何にして伝わったかは定かでありませんが、尤論祖父廣道から伝えられたものと思います。

この書が広大無辺なわが惟神の道に入る門口の役割りの小さな一つになれば幸甚の至りと思い、又それを念願して居ります。

昭和五十一年十一月三日

霊魂の書

霊魂の書

序

本田親徳先生の数多からぬ遺著の中に「霊魂百首」は特に重要視しなければならぬものである。先生の主著ともいうべき「古事記神理解」の中に、霊魂に関することは皇学を研究する者にとって最重要のことであるから、別に詳しく講述するという意味の言葉があるが、詳述した著述は他に残されて居ない。恐らくはこの霊魂百首がそれであると思う。

先生はこの百首詠を直門の人々に授けられ、折々質問に答えられたかとも考えられるが、あるいはまたその内容は熟読して自ら覚るべきことを申された様にも思われる。多分後者であろう。私の所蔵している直筆本に処々朱筆で訓《よみ》を施してあるのは、門生の質問に応じて示されたもので、即ち前者に属するがそれは訓み方を教えられたに止まった様に考えられる。

昭和四十二年一月から同四十四年末まで、三ヶ年に亘って私は道の友会を結成し、先生の遺著を篤志の友に頒ったのであるが、霊魂百首は道の友第五号及第六号（四十二年）に連載した。道の友私記㈤に左の様に記している。

本号から「霊魂百首」を収録する。これは十首ずつ道、理、徳、義、直霊、荒魂、和魂、幸魂、奇魂、去就、の十題に亘って詠まれたので一連と見るべきであるが、編輯の都合上二度に分けて採録した。

霊魂百首の詠まれた年月はまだ私には判然としないが、恐らくは明治十六年から十八年までの間と思われる。祖父広道が先生の仰せで一夜の中に書写してその精根をおほめいただき、師の書いたものを所持しているのはよい事だからとて、書写本を手元に留められ、先生の直筆本はそのまま賜わったというのは、その中の一つが之でなかったかと筆蹟から想像されるのであるが、そうだとすれば明治十八年の詠ということになる。

原本は「産土百首」と同様に凡て万葉仮名で書かれているが、例によって傍に訓読を付けることにした。之まで印刷された一二のものと字句に些少の差違もあるが、凡て所持本に従って訓《よ》んだ。

小解は私の研究手記であるが、昭和十九年七月に脱稿し、その後求められるままに某誌上に一部を載せたこともあった。併し之は第一次「道の友」のために用意した原稿であって、今日から見ると増補訂正すべき点があったので加除して掲げることにした。何等かの寄与する所があれば望外の幸せと思っている。

猶本号には所蔵本霊魂百首の原本の一部を写真版として掲げた。この原本は明治四十四年二月に大暴風のため家が倒壊した際に、他著と共に吹雪に吹き飛ばされて雪中に埋れたものを、春の雪解けと共に現れ出て、見付けた人々が届けてくれたものの中の一つと記憶している。従って紙が濡れ傷んだものを父が一枚ずつ丁寧に乾かして綴り直したものであった。紙面の皺はその名残りである。子供心にも父が之等の書を失った際の歎きが思い出されるが、またこれ等が善意ある近隣の人々の手に拾われて帰ったときの喜びが今も目に見ゆる様に思われる。そういう本が今私の机上にあることは実に感慨深いのである。

祖父がこれらの書を本田先生から戴いたのは三十五・六才の頃であった。それが父に伝わり次いで私の所蔵となって実にその間八十年を経ている。六十六才の私が今これを繙いて解明に苦しみつつ、行の至らなさを思うとき背に汗ばむ外ない。

霊魂百首を浄書しつつ私はふと先生がこのお歌を詠まれたとき、また門弟に教え聞かされたとき、どの様なお声でまたどの様な抑揚で詠まれたであろうかと思って見た。産土百首の場合もそうであった。併し之は直接に教えを受けた人々だけが接し得た幸せであって、後の者の望んで得られることではない。私は人の声音や特に詠歎の声調に注意しているのであるが、語義以上に得る処の多いことを思っている。併しながら不可能なことを思っても詮ないのであって、所謂無声に聞くことが出来る境地に至らねばならないのであろう。これは唯々鎮魂の行に依る外に途がない。

以上は十年前の手記であるが、本稿は右に記した「霊魂百首小解」を元として四十二年に執筆し、更に今回補訂を加えたものである。元となった小解は昭和十九年の脱稿で、当時私は福島県の国幣中社伊佐須美神社に宮司として奉仕し、斎館の一室で執筆したのであった。爾来三十余年を経ている。

感慨なきを得ない。

小解中に「道之大原」「真道問対」「古事記神理解」等先生の主要著述から多く引用して祖述の筆を進めているが、読者は宜しく機会あれば右の原著に当られ度いと冀っている。之等は皆昨年六月、山雅房より刊行の本田親徳全集に収めている。

併しながら思うに本田先生は法術《わざ》の人であり、その著述は霊学の基礎であって、法術（鎮魂法帰神術）の専修が積み重ねられ、その上に実証を倶ったものであり、単なる机上の処産ではない。学ぶ者之を心せねばならないと思う。従来の学者の処説この点に欠くるものある故に謬見過誤に堕するか独断を恣にして後学を誤るものが多かったと思われる。現代科学に育まれた青少年はほとんど古典を不合理な迂説として顧みず、之を嗤笑し捨て去った所以のものは皆学者の責といわねばならない。その結果は民族の心を失って外来思想に頼る外なき青年層を造ったとも考えられる。その学者輩の欠陥は霊学研修の業に欠くる処あった故ではあるまいか。神に接し神を知るは幽斎の法に倚らねばならぬのであって、基礎たる鎮魂の法を修め得て、幽斎によって古典に対し得た学者が古来あったであろうか。故に古典の神理を解せず、その処説が科学性に欠くるものが多かったのではなかろうか。

先生の遺著の祖述を志して三十余年、今尚日暮れて道遠しの感を抱きつづけている。しかしながら敢えて新に稿を起したのは、祖父以来の神縁に頼り、その遺志を嗣いで力を尽し度い念願に外ならない。幸いに具眼の士の心緒に訴える機縁を得たならば幸之に過ぐるものがない。

昭和五十一年十一月三日

霊魂百首

本田親徳先生の遺詠「霊魂百首」は「産土百首」と共に最も注目すべきものであります。この百首詠は、道、理、徳、義、直霊、荒魂、和魂、幸魂、奇魂、去就の十題に亘って詠まれたものであって、普通は霊魂を説くならば直霊以下五項目でよい訳でありますが、先生はその由って来った根元の霊者にまで溯り、またその行方にも触れて懇切を極めています。しかしながら各項目は僅か十首詠であるから、これのみを以てしては先生の教示を理解するには容易でありません。やはり一渉《わた》りは遺著の主なるものに眼を通して置き度いものであります。その上のことは師伝の鎮魂の実習によってさとる外はないと思います。この小解に当って「道之大原」「真道問対」「古事記神理解」等の先生の遺著の中から引用したのは、先生の教示を明らかにして読者のために資したい微意でありますが、管見に猶誤り多きを恐れるものであります。

私《ひそ》かに念うに、惟神の道を奉じて人類文化の精神面に重大な寄与を為《す》ることが、日本人の使命であると信じていますけれども、今日も猶この道に信を持てずに彷徨する者の多いのは、根底たる霊魂観が明らかでないためでありましょう。惟神なる霊魂観の確立こそ重大な根本問題でなくてはなりません。併しながら、顧みればこれはまたわれわれ自身の切実な問題であり乍ら、実に難解なことなのであります。幾多の先人の苦心も実にここにありました。この問題が平明に解決されない限り、神霊に対する信仰の確立が出来ないでありましょうし、ことに神明に奉仕する人々にとっては焦眉の問題であると思われます。しかも之は実証を倶わねばならない点に至難なしかも必須なものがあります。本田先生の教示はこの実証を伴っている点に之までにない権威があり、その科学性が何人にも認められるものであると信じます。

先生の「道之大原」には、直霊以下の一霊四魂について

上帝四魂一霊を以て心を造り而して之を活物に賦す。地主三元八力を以て体を造り而して之を万有に与ふ。故に其の霊を守るものは其の体。其の体を守るものは其の霊、他神あって之を守るに非ざる也。是れ即ち神府の命永遠に易《かは》らず。

と述べられています。上帝とは大宇宙の神霊すなわち天之御中主神《あまのみなかぬしのかみ》であり、地主とは大国主神、すなわち大地球の神霊であることは申すまでもありません。更に同書には

荒魂は神勇、和魂は神親、奇魂は神智、幸魂は神愛、乃ち霊魂にして直霊なるもの之を主宰す。俗学識らず、荒和を以て心の体と為し、奇幸を以て心の用と為し、直霊の何物たるを知らず。豈悲しまざる可けむや。

と記されています。荒、和、奇、幸の四魂のことは先生の指摘した通りであって、あるいは奇魂幸魂

を和魂の二方面の用《はたらき》であると伝えるのが普通の様で、直霊に至っては之を知らぬものが多いのでありますが、先生以前に之を明快に説くものがほとんどなかったのであります。三元八力についてはおのずから触れる機会に譲りましょう。

前掲十項目の中、道、理、徳、義の各十詠は、宇宙観神霊観に関するものであります。順次解説に入ることにしましょう。

〔道〕

この題となった道とは何であろうか。之は非常に大きな問題であります。私達は漢字を使い馴れていますが、漢字の道というのは首と辶との会意文字であって、首は人間を意味し辶は行の字、つまり行の中に首を書いたのが変化したものであると申しますが、日本語はミチでありましてミのチであると解されます。ミは霊、チは連りて定まる意味ですから、霊路であると申されています。語源からも差があって興味がありますが、それは暫く措いて、本田先生はこの道ということを重視して詠道という長歌をさえ遺されていますが、その他「道之大原」「真道問対」（問は副島種臣、対は本田親徳）に屢々論ぜられています。その中でも問対の49章に、

問　神は道に与《したが》ひ悠久に、道は神に与《したが》ひ悠久なりとは是なるか。

対　道と神とは二ならず。与の字は人の為に言ふ、経《つね》ならず。悠久は短に対して

言ふ、経ならず。

という注目すべき章があります。神と道とを別個の存在としてその関係を質したのに対して、道神不二と対《こた》えています。

ここで一番大切なのは道と神とは別《わ》けて考えるべきものでなく一つであるというのでありまして、神（大霊）の活《はた》らきがすなわち道であるという意味であります。先ずこの十詠について考察を進めましょう。

(1) 大神の真《まこと》の道は天地《あめつち》に先立ち成れるものにこそ有れ

この第一首には大神の真の道と天地という二つの重要な言葉があります。

古事記を繙《ひもと》いて開巻の劈頭に、「天地《あめつち》の初発《はじめ》の時高天原《たかあまはら》に成りませる神の名は天之《あまの》御《み》中主神《なかぬしのかみ》」とあります。この短い文句の中に大変な意味がこもって居ります。

先ず初発の時に対する解釈によって非常な差違が生じて来ます。単に天地が出来たその初めに当ってと解釈しますと、天之御中主以下の神々は天地の出来たあとに高天原という場所に生れたことになります。神を人間の如く五体を持ったものと考えるには都合よい解釈でありましょうけれど、幼稚で人為的で、何故に如何にして天地が生じたかが不明であって、そこから宇宙観神霊観は生れて来ようがありません。また天地の初発と同時に神が生れたと解する者もありますが、之とて同じことであって天地と神とは全く異質的で関係がありません。

天地の生じた時の如きは無限に近い過去でありましょうが、之は人間の生きる日々月々年々の時間から考えての事で、今人間の執着を離れて、万年億年兆年を単位として考えますと、天地の初めも著しく無限性を減じて来るので、かくては神に対する信仰も天文学には及ばなくなるでありましょう。山田孝雄博士はその著「古事記上巻講義」に、この初発の意味を宇宙の起りはじめと解して、述べ難き無限の過去をいい表わすために、仮に初めを置いて、そこから説き起したものと解していますが、この考え方はほぼ正しいと思われます。唯ここに「天地」という言葉を是非吟味して置かなければなりません。

天地《あめつち》を実は漠然と考えて来て居ります。地《つち》はこの地球を指し天《あめ》は大空を指しているというのが従来の考え方でありますが、この天空の中に神代の神々が生まれられた。そしてそれが人間と同じ様に五体具足の神であると考えるのですから誠に根拠が稀薄でお伽噺になってしまいます。本田先生はこの点について誠に明解な解釈を下しています。すなわち天地のアメと高天原のアマとは判然と区別しなければならない。天地の天《あめ》は地《つち》すなわち地球に対していう時は太陽である。高天原の天《あま》は蒼々たる大宇宙を指すものである。太陽も地球も顕の世界であり、高天原の天は幽の世界である。そこで太陽や地球やその他の諸々《もろもろ》の恒星遊星の出現した初めの時に、之をつくり成した大宇宙の神霊が天之御中主神である。太陽地球等の出来たのはこの神の道の働きによるものであると道破しているのであります。

「古事記神理解」に、

此神は幽天の高天原に坐して、晴夜仰ぎ見る処の無数の恒星及天外をも尽く造化せし神徳に坐せば、固より其の始めを知るべきに非ざれども、此処は造化の神功を説くが為姑《しば》らく無始の始めに遡りて此の如く記したれど、顕天の高天原ありてより御中主出でたまひしと云ふに非ず。

と述べて居ります。これは全く以前にない説であります。それでは「大神の真の道」とは何でありましょうか。

大神とは天之御中主神《あま》であることは已に明らかであります。天《あま》とは大宇宙のことである。その大宇宙の中極にあって大宇宙を主宰する神であります。大宇宙以外のものが之を主宰する意味ではありません。宇宙の中心に主《ぬし》たる神とは宇宙それ自身を指す言葉であります。大宇宙を既に大いなる神と感じ霊と見たのであります。大宇宙そのものが神霊であります。さすればその中に存在する日月星辰ことごとく神霊でないものはなく、地球も地上の万象もまたその分霊でないものはありません。人間の微小な五感に感じ得るものも得ないものも凡てこれは大霊の分霊であります。人間の微小な五感に認められる形に捉《と》らわれて、之を物と見るのは皮相の見方に過ぎません。霊とは何であるか。生命そのものを指して申します。人間には人間の生命があり生物山物（鉱）皆それぞれ異った生命がありま す。宇宙は無限の生命の集積した一大生命体であります。単に個々の生命の集積ではなくて、絶えず新たに栄えつつ、絶えず中心に帰一しつつある大きな一つの生命体であります。栄えは裂《さ》き延《は》えの意味で、分化結合して新しく生成してゆく意味の活らきであります。そして栄えつつしかも中心に帰一する服従《まつろひ》の活らきが同時に行なわれる。何故かと申しますと、栄え（裂延）てもそれは宇宙の内のことで宇宙以外ではありません。宇宙の内部で絶えず分化結合が行なわれるのですから、謂って見れば内容の変化であって宇宙そのものには少しも変りありません。この裂延えの活らきと帰一服従の活らきとを古事記では高皇産霊神《たかみむすびのかみ》、神皇産霊神《かむみむすびのかみ》と伝えて居ります。この両産霊神は宇宙根本霊＝全霊である御中主神の活らきの両面を称え奉ったのでありまして、三神即ち一神であります。この活らきの相《すがた》を道と名づけるのであります。大神の道とは即ち両産霊の神の活らきを指して申すのであります。真の道とは根源の道です。従って大神の道というものは大は日月星辰の運行から、小は地上の一木一草虫魚微生物に至るまで限なく行き渡っているもので、その本源の活らきが真の道であります。ここに一つ注意せねばならぬことがあります。大神の活らきを両面から見まして高皇産霊、神皇産霊と申上げましたが、この二つの活らきは個々分離して行なわれるのでなく常に倶って行なわれることであります。

(2) 大神の真《まこと》の道は諸神《もろかみ》の生《な》り始めたる根元《もと》にこそあれ

大宇宙霊たる天之御中主大神は、一大精神また一大生命体であります。「道之大原」に本田先生は

大精神の体たるや、至大無外至小無内、所在無きが若《ごと》く、所在せざる無きが若し。

聖眼も之を視る能はず。賢口も之を語る能はず。故に皇典に曰《い》ふ隠身《かくりみ》なるものは

則ち神の義なり。宜《うべ》なるかな其の霊々妙々なる。

と述べて、その真の無限性を指摘いたしました。已に一大生命体たる故に自ら霊動して両産霊の活らきを顕現いたすのであります。この活らきは生命それ自身に内在するものの顕れであって、他物あって活らかしむるものではありません。まして偶然の活らきではない。偶然という言葉は惟神の教えにはあり得ないものであります。人智を絶した大神の摂理に帰するが故であります。大神の霊動は本元の生命の顕れでありますから之を神と見るのであり、両産霊の活らきの中に天之御中主大神を拝するのであります。宇宙は唯一つの大神霊でありますから、その活らきもまた唯一つの様式を持つ。即ち道は唯一であり、先生の指摘される「単一無雑」でありまた道神不二なのであります。産霊の道は之を両面に見て栄えと奉ろひを意味すると申しました。近頃の言葉では之を遠心力と求心力と説明する者もあるでしょう。

「道之大原」には、

神光之を高皇産霊と謂ひ、神温之を神皇産霊と謂ふ。皆始祖の名づくる所に係る。

と述べて居ります。神光神温の二義も深いものを感じられます。光温といえば直ちに太陽の光温を思い浮べるのでありますが、太陽の光温もまた宇宙霊の光温の一分霊の致す処と覚らねばなりません。そして光とは人の眼に映る範囲の光と思うべきではなく、人の眼に映る如きは神光の中の誠に限られた微かな一小範囲に過ぎないことを知らねばなりません。神温もまた同様であります。無限の光温その至大無外至小無内であることを念わねばならないのであります。

さて人類をはじめあらゆる地上の生命は光温二つを得て生じるのであります。これは産霊の本元の活らきであり、即ち大神の活らきでありますから、万物は之に則《のっと》らないものはありません。之を道というのであります。道によって日月星辰も地上の万象は顕れ出でるのであって、栄えゆく宇宙の相は皆大神の大生命の顕れでありますから、その根元の生命を神と拝するのであります。皇典に教える天つ神、神代七代をはじめ、所謂八百万の神々はこの大神の道によって生れ給えるもの、大神のさきはへる分霊でありますから神という。多神にして一神に帰するのでありまして、一即多、多即一の原理は対立を出発点とする者の理解し得ない処らしい。惟神の道を低級な原始多神教などと蔑視するのは勝手でありますけれども、日本人にしてその説を信奉して説き廻る者の多いのを何というべきでありましょう。

(3)　大神の道は美《うる》はし天地を鎔造《つく》り給ひし根源《もと》にし有れば

宇宙霊たる大神の活らき産霊の道によって天地を鎔造いたします。この天地の天《あめ》というのは天空を指すのでなく、太陽であります。無限の天空をいう場合は天《あま》と申して先生は区別いたしました。地すなわち地球に対する天《あめ》は太陽であり、対象は日月星辰であって空間ではない。大宇宙の中に太陽を鎔造し、太陽より地球はじめ諸遊星を鎔造するのは皆大神の産霊の道によって行なわれるのであって、この道は永久不変しかも整然としてその運行に一絲の乱れもありません。本田先生は副島種臣伯の問に対えられた「真道問対」に、

問　何を以て道を証するや。

対　凡そ道を証するは過去現在未来に相証するを要す。道を証するは道を以て道を証す。

と答えています。過去現在未来に亘って永久不変なものがその実証であり、それほど荘厳真美なものは他にありません。天象地象の美しさは、その息《やす》むことない運行に見出されます。人間の感性はやゝもすれば倦み疲れてその大美に麻痺し打忘れて了いますが、それは自分が余りに微小なるがためであります。一旦霊性の曇りを拭い麻痺から覚めるとその大美に驚嘆するでありましょう。ある年の頃

に、何にもあれ新しいものを尚び、古いものを凡て捨て去ろうという流行が一世を風靡したことがありましたが、或人これを嗤笑して、それほど新しいものが善いならば、世に最も古いのは太陽だから、太陽を排斥したがよい。若し不可能ならば太陽の無い世界に行きなさいといったと聞きました。「大神の道は美はし」の一語を味わうべきでありましょう。

(4) 大神の道は尊とし日一日も行はれざる未だしもなし

仰ぎ見れば天体の運行は一日も息むことがなく、四季昼夜の巡運を迎えて地上の営みもまた片時も休止することがありません。これは大神の真の道の姿であります。地上の万象は悉く皆この道に依って初めて存在することが出来るのであります。自我を許された生物と雖も、些かでもこの道に逆らってはその生命を保つことが出来ない。所詮は小さな自我を張っても、それは大きな流れの中に結ぶ渦紋の様なもので、流れに逆らいながら運ばれて行くのを覚らない様なものであります。道を識って之を地上に行なうべき叡智と使命を神授された人間にして、却ってその智の偏りに災いされて、徒らに小自我に執着するために道に盲いた者が多いのは悲しむべきではありますまいか。

「道之大原」に、

大精神や は無声に聞き無形に見る。故に既往を知り未然に察す。大精神此の至霊を以て神子に賚《たま》ふ。神子尊奉して竟《つひ》に至徳を成す。是れ治心の本、修身の要。

と教えて居られます。大精神即ち宇宙霊たる大神は無声に聞き無形に見るのは道によって然るので、万古不易の道でありますから己往を知り未然に察することが出来るのであります。この道を識ることの出来る至霊（直霊）を戴いて生れ出でたのは人間であって、人間の使命は至徳を成し道を行なうためであると知らねばなりません。

「真道問対」に先生は、

問　天地人、道を同じくするか。

対　道を同じくす。而して天道と曰ひ地道と曰ひ人道と曰ふ。各自形体の大小軽重有り。故に命名同じからざるなり。

と教示して居ります。道は悠久を一貫して、極大より極小まで限もなく充満していることを知らねばなりません。尊いかな大神の道。

(5)　大神の道は恐《かし》こし天地の万の物の出で来る見れば

宇宙霊たる大神の活らき即ち道によって太陽も地球もその地上のあらゆるものも生れ出て来ます。之は全く人間の視野を絶した範囲であります。近代科学の非常な発達によって、人間はいろいろと発見しまた発明をいたしました。併しその発明も大きく見ると大神の道に従って極めて微少な真似事をしている程度でありまして、発見されない部分に比べると九牛の一毛にも当りません。しかも人間の生活は依然として狭小な五感に頼っています。その視覚に映る範囲を考えて見ても、細菌は大方肉眼に見えるものは稀であり、また少しく距離を隔てるともう識別することが出来ません。音も光色も極めて狭い範囲しか感じることが出来ず全く憐《あわ》れという外ありません。このような頼りない五感に頼って有るとか無いとかいうのは、五感の力を標準として仮に定めたに過ぎないのであります。物の細胞、細胞を作る元素、原子、電子に到っては科学者が之を分析し発見し之を利用する途を開きましたけれども、原子電子を作ったということは聞きませぬ。しかも日常の生活は馬耳東風依然として五感に捉《とら》われている現状であります。電子以上のことは之を霊というか已に科学を超えて哲学の範囲であると申す者もあります。更に極微の霊子の存在に至っては遠く科学の埒外のものであります。しかるに我国の教えはこの至微の生命たる霊子を直観しているのであります。「道之大原」に、

万物の精神亦た神の賦与する所、然りと雖も其の受くる所の体に尊あり卑あり大あり小あり。故に美あり悪あり賢あり愚あり。その千変万化究尽するところ無きが如し。大なるかな大精神の用。

と述べて居ります。生物だけについて考えても限りないのですが、それが天体から一地球上の万物に及んでいると思いますと思慮の外と申すより言葉がありません。恐《かしこ》しと先生の詠まれた心を思い見るべきであります。

「真道問対」に、

問　天帝は始め無く終り無きや。

対　天帝は始め無く終り無きなり。既に始めなく終りなき力と、始めなく終りなき体とを以て、始めなく終りなき万物を造る。その功も亦無始無終なり。

と説いて居ります。天帝というも皆宇宙霊たる大神であります。万物の生れるのは大神の産霊の活き即ち道に随って、その力と体と結びに結んで現れ来るのであって、霊は大神の一霊四魂を指し、力と体とは先に一寸申しました三元八力に当るのであります。霊力体の教えは古典に根拠をさぐり幽斎の裏付けによった先生の教説の根幹を為《な》すものであります。現代科学の到った処を以ていえば、力は電子以上の生命力でありましょうし、体は電子原子等の成す元素を指すものといい得ましょう。

「真道問対」にはつづいて、

問　霊力相応ずる之を道と云ふか。

対　霊力相応じて現体を生ず。而して霊は霊に対し力は力に対し体は体に対す。

真の真道と為すを得。

問　古人霊を論じて而して力体に論及せざるや。

対　一力一霊一体を以て論説を立つる者、悉く偏見なり。

問　何をか全力と謂ふ。

対　動—静、凝—解、引—弛、分—合なり。

問　何をか全霊と謂ふ。

対　勇、親、愛、智なり。

問　何をか全体と謂ふ。

対　剛、柔、流なり。

とあります。内容が少し六敷しくなりますが、要約すれば宇宙霊の産霊の活らきというものは霊と力と相応じて現体が生れてゆくことであって、その根源の霊というのは勇魂、親魂、愛魂、智魂の四つの活らきに分けられ、根元の力は動力、静力、凝力、解力、引力、弛力、分力、合力の八つに分けて考えられる。そして生れる根元の体は剛体、柔体、流体であるということになります。

この四魂八力三体は更に限りなく複雑に対応して限りない現体が生れて来ることになります。そしてこの四魂八力三体は、古典に神名を以て教え伝わって居ることを先生は神理解において指摘いたしました。

大観すれば宇宙は無限の一大神霊でありますが、万物を宇宙の内に生じるのは専ら大神霊の内包する霊力相応ずる活らきによるので、その活らきを産霊の道と申すのであります。宇宙の内に生じるのですから、いかに万物が生じても宇宙そのものは増減ないのであります。

(6) 大神の道有ればこそ神も人も千世《ち》万世《よろづ》に生きてこそあれ

神も人もこの大神の道あればこそ生きていると詠んで居ります。人が生きていることは解りますが、神もまた生きて居られるか。また神が千万世生きて居られるとしても人は果して千万世生きて居るのであろうか。ここにいう神とは何でありましょうか。また人の意義は如何。いろいろと考えさせられますが、本田先生は「皇典に曰ふ隠身なるものは則ち神の義なり。」と述べられました。古事記神理解には、古事記原文の「隠身也」について、

隠《かく》れ身に坐《ま》せりと訓《よ》む。神は隠《かく》り身の略語にて、肉眼にて見る能はざる故に神と云ふ。其の霊魂有りて人互に其の云ふ処其の為す処を観察して五魂の活動を知

ると雖も、其の霊は造化の神より分与せられたる各自の神にて、幽体故見る能は
ざるなり。

と説いて居られます。之は実に勝れた解釈で霊魂に対する基礎というべき考え方であります。本居宣長は「隠身也」を訓んで「ミミヲカクシタマヒキ」といわれましたが、之は「カクリミニマス」とよむべきことは今日では定説といってもよいのです。み身を隠し給ひきと訓む処から、人格神的解釈が生まれ、神を人と考えるようになり神話は童話と等しいなどと申すようになります。

私達の生きているということは霊魂が宿っているからであり、霊魂が一度去りますと肉体が残っても生きているとはいわない。霊魂の存在が生命であることを明らかにして居ります。私達の霊魂は宇宙霊の分派であって幽体であります。その本源の大霊また一大生命であることは申迄もなく、千万世を貫いて生きて居られ、唯々産霊の道によって分合して現体に顕亡するに過ぎません。人とは霊止《ひと》であり、霊交《ひと》の意味であります。それ自身についていえば霊の止まれるものであり、産霊の道からいえば霊の交わり結んだものであります。

「真道問対」に、

問　大地球死生無くして万物に死生有り。如何。

対　本体死生無くして末体に存亡有るなり。末体存亡ありて子承け孫継ぐ。猶存

亡なきが如し。

と申して居られる。神も人も千万世を貫いて生きる意味が明らかでありましょう。ここに祖孫の関係がはっきりといたします。神霊観が確立いたしませぬと道徳観も立たぬことが解ります。

(7) 大神の道の光に因りてこそ天照《あまてる》神もい照り徹らせ

天照神とは太陽霊を指して申します。天地《あめつち》と相対していう場合は太陽と地球であるという先生の説は前に述べました。肉眼に仰ぐ太陽と、この見る大地は顕界のものでありますが、大地は既に宇宙霊の一小分身であって、幽眼から見ると霊体であることは申迄もなく、同様に太陽も幽観すれば大いなる神霊であります。太陽系の諸遊星、その遊星の中に顕現する万象は悉く太陽霊の所轄に係ることは、今日天文学の証明する処でありますが、太陽霊の無限の光温二つの活らきも、更に無限大の宇宙霊の両産霊の活らきの一小部分なのであります。一小部分でありますからその活らきは本霊のそれと同じであり、地上から仰ぎ望む太陽霊の光温両つの活らきは、そのまま宇宙霊の産霊の両つの活らきであります。これは大地の上に立場を置いての観方でありますが、大宇宙霊から見ますと、両産霊の活らき即ち大神の真の道によって、大宇宙内に太陽も成り出で、太陽系小宇宙も成立したのでありまして、本源の大宇宙の雄大なること、とても筆舌の及ぶ処ではありませぬ。

ここに注意すべきことがあります。世には天之御中主神と天照大神を対立的に考えて、天照大神の右に置こうとする者のある事であります。之は神を人格神として考える誤りに基づくものであって、太陽の光温はそのまま天照大神の神威であることは申迄もなく、地上一切は直接に天照大神の御陵威の下にあり、他の恒星系は知らず太陽系にある地上人類にとって唯一絶対の神であることを心に銘じて置かねばなりません。地上より仰ぐ宇宙霊たる天之御中主神は、唯々太陽霊である天照大神の御神徳を通してのみ認め得られるのであって、われわれの祖先は太陽霊の中に宇宙霊を認識して、天照大神を絶体の親神、生命の根源と帰一信仰いたしましたのは、真に道に叶い信仰の本義に基づくものといわねばなりませぬ。事実に基づいて現実に捉われず、顕幽二つの教を垂れた処に我国の教えの勝れた特質があります。

(8) 大神の広けき道を際涯《かぎり》なき大虚《みそら》の星の数にてぞ知る

人間は兎角俯いて暮し勝ちであります。大地に即《つ》いて生れ出でました生命でありますから、足許を見つめることは当然でありますが、ややもすれば胸狭く個我に執着して物を考え勝ちであります。自己本位に、人間本位に捉われて、天地宇宙の真理を覚らず、従って自己に神授の使命のあることを覚ることが少いのであります。人間が真に悠久を念《おも》うのは所謂五感に煩わされない時に限るようであります。静夜天空の星辰を仰ぐとき最もこの感慨は抱かれるのであって、畢竟は眼に五彩の惑いなく、耳に雑音の焦立たしさ無く、鼻に浮揺する微塵の臭なく、心澄み神清まって霊魂が透徹するが故であります。仰げば天空の星かげ真に無数、その際涯も知られません。大宇宙の相は粛としてわが頭上にあります。しかも星辰の運行は一系乱れないことを念うとき、宇宙の大道の雄大壮厳さは言葉でいい表《あらわ》すことは出来ませぬ。俯して大地を思えば地球もまた一個の星屑、そしてこの身の立つ微々たる地上にも、否已にこの身にすら宇宙の大霊は限もなく行き渡り道は行なわれているのであります。人の生命の生死すら月の引力による潮の干満に則ると申します。否生きてかくある身内を馳せめぐる血液の巡環すらも之に則ると申します。偉なるかな宇宙霊の大神の道。

(9) 天地の道有ればこそ諸《もろ》々《もろ》の神も神たり人も人たり

宇宙霊の産霊の道は天地に、即ち太陽系にこの地球にも限もなく行き亘り行なわれて居ります。太陽霊の光温二つの産霊の活らきは、そのまま宇宙霊の両産霊の活らきであります。地上に生れ出でた人の霊止たる所以は前に述べました。大霊たる大神の分霊を降して人として生れ出でさせたのは、ただ地上に道を行なわしめるためであります。

「真道問対」に、

問　人祖は神の特に意して造れるか。

対　然り。其の然る所以は霊魂を賜ふ。是れその証なり。

と述べられ、更にまた、

夫れ身体髪膚を重んずるは、万物の同じく然りとするの本情なり。本情有りと雖も霊性あらず。霊性あらざるが故に道義を知らず。道義を知らざるが故に死して善く道を守ることを知らず。万物の人に及ばざるの所以なり。

と説いて居られます。霊魂と申しますのは一霊四魂のことであります。万物には四魂乃至一魂を賜わっていますが、一霊を賜わるものは人だけであって、一霊とは直霊であることは申すまでもありません。一霊四魂を賜わったのですから全く完全に大神の分霊を得て生れ来ったことになります。されば大霊の道を地上に行なうのは神授の使命であり、人を神子という所以もここにあります。古典に申しまする天津神国津神の数多くの神々、所謂八百万神々達は、この大神の道によって道のために生れ出でなされた。霊止たる人がその使命を努める時之を守護なさることは申す迄もありません。道を行なうために努めて止まぬのが人の使命であり、そのために人を守護するのは神々の使命であります。若し人が道を行なわぬ時、之を正し訶《きた》めることも神の使命でありましょう。思うに道を覚り地上に行ない得るのは一霊を特に賜わった人のみであり、故に万物の霊長と申すのであります。

神と人との関係は右に申しましたように大神の道、現実には天地の道によって明確に解き得るのでありますが、日本の古典には天津神あり国津神ありその区別が判然としないと申す者が多いのであります。この点については、「真道問対」に、

問　天神地祇《あまつかみくにつかみ》の弁は、

対　無形に在るを天神と云ひ、有形にあるを地祇といふ。

という語があります。無形の世界に在られるというのは先生の所謂天《あま》の世界であり、有形の世界というのは先ずこの地球上と見てもよろしいかと考えます。従って人間は地祇《くにつかみ》の所轄に係ること申迄もありません。この点には後に触れる機会がありましょう。

⑽　神随《かむながら》なる大道は後の世の末が末まで変らざるみち

神随《かむながら》という言葉の意味は古来六敷しいとされて来て居りますが、それは道や神の意味がはっきりと覚って居られない処から来るのであります。少しも難解な点はありません。孝徳紀に「惟神とは神の道に随ひてまた自ら神の道有るを謂ふなり。」と註釈をしている文句が、久しく学者の間に解き得なかったのは、学者自身の神霊観の明解でなかったことを表したのでしょう。孝徳紀にこのような註を

加えねばならなかった程に、時世は已に人心を盲せしめていた。何故かということを考えねばなりませぬ。人々がようやく外来の文化に馴らされて、自我に執したのがその一つでありましょう。是然しながら人間の通有性でもあります。裂き延えの栄えでもありますが唯常に払拭するまつろひの行がようやく頽れたのは、外来の宗教の猖獗によるのでしょう。之はその二であります。

惟神の道は即ち宇宙の大道であり、神人共に則って立つべき道であります。悠久不変のこの道を地上に顕現することが霊止たる人の使命であり、特にその教えを伝えられた日本人の使命であります。「真道問対」に、

問　天地の大原は道にあるか。

対　天地の大原は実に道にあり。鬼神道に依りて而して立ち、人民は道に依りて而して活き、万物は道に依りて而して息《やす》む。

と教えていられます。私達は深く道の悠久不滅を念い、自らの使命を自覚してこれの顕現に生命を捧げなくてはなりませぬ。

〔理〕

標題の「理」という意味を考えて見ます。この漢字の組成から見ますと玉と里との合字で里は音符

です。王は玉と同字ですから宝石となる石に磨きをかける意味で、転じて物事を整理《をさめる》こと、定め正すことを意味します。本田先生は国語でミチスヂとかコトワリの意となるのは磨いた玉に美しい紋理があるからと申します。更にミチスヂと訓んでいますが、スヂは音義から申しますとスチ、スは突き出すこと、チは連り定まること、この二つを結んだ言葉といわれます。

先生が「道」という標目の次にこの「理」という題を選ばれたのは、道の筋という意味で即ち道の表現せられた相《すがた》の意味でありましょう。道と理は表と裏、道は大容、理はその仕組み表現ということと考えられます。そして具現の法は経緯の仕組みであると詠んで居られます。

(1) 大神の経《たて》し緯《よこ》しの理《みちすぢ》は万世《よろづよ》経《ふ》とも違《たが》ふときなし

天地万象は宇宙の大霊の産霊《むすび》の道によって顕《あらわ》現れ活動することは既に述べて来ました。この大神の道をその組織の上から大きく見れば両産霊（高皇産霊神《たかみむすび》と神皇産霊神《かむみむすび》）の活らきであります。裂延えつつ本欲りつつ、栄えつつ服従《まつろ》ひつつ万象は現れて行きます。分生と帰一ともいうことの出来るこの二つの活らきは、之を織物に喩えますと経糸と緯糸の組織によって千変万化の模様の織り出されるに似て居ます。万象は無数の形体や性質を具え現れますけれども、皆この両産霊の経緯の糸の過不及によって織り出され、しかも厳かな法則のもとにあります。

本田先生はこの産霊の大道の組織を「霊力相応じ現体を生ず」と説きました。霊とは勇、親、愛、智の四魂であり、力とは動―静、凝―解、引―弛、分―合の八力をいうと申して居ります。そして古典の上に皆神名を以て現していることを指摘いたしました。経緯を以て申しますと、霊は経であり力は緯でありましょう。

「道之大原」には、

上帝四魂一霊を以て心を造り、而して之を活物に賦す。地主三元八力を以て体を造り而して之を万有に与ふ。

とあります。また「真道問対」には、

問　経言の義如何。
対　一々万々確固不易、此れ之を経言と云ふ。
問　緯言の義如何。
対　操縦与奪其の権我にあり此れ之を緯言と謂ふ。

と述べられ、「勇智親愛は不易の道なり」とも説かれて居ります。

人間の生存について之を客観いたしますと、霊は不易であり肉体は増減するものであります。肉体は地霊たる国魂の作用によって形作られるのですから、操縦与奪の権は全く地主たる国魂神にあります。三原たる剛柔流の元素を八力を以て交合して作られるさすれば人の生れ出で活きるのは、天津神の神恩が経であり国津神の神恩が緯であるといわねばなりません。われわれの霊魂は不易なものですが肉体は霊魂自身の意欲によって操縦与奪せられるものであります。の無限大から無限小に至るまで限なく行き亘って居るのでありますから、万世経ても違うことがないのであります。

(2) 理《みちすぢ》は正しきものを紊《みだ》さむと思ひ謀らふ人の悲しさ

既に申しましたように産霊の大道は裂延へと服従ひであります。これは天地人三界を貫くものであって、人間それ自身も国家社会あらゆる組織はこの道に従うべき神憲の下にあります。子孫は父祖の裂延へであり中心たる父祖に服従ふべきもの、そこに一家一族の道が存在いたします。一民族、一国家、一世界の人類は皆中心に服従ひその慈沢を仰いでいよいよ栄えゆくのが道であります。木の葉の繁りは裂延へであり、中心たる木の生命に服従ひつつあるが故に成り立つのであって、使命終れば紅葉となり枯葉と落ちて猶根を肥やすので、裂き延へと奉仕との姿であります。道徳の最高基準は人類が道に従って中心に服従ふにあります。人類の中心は道に従ひ道を顕現する万世不易の中心でなくてはなりませぬ。不易でないものは自身裂延へる部分たる性質のものであります。祖孫一貫の生命観を通してここに万世不易なるものの尊さがあります。我国において古来忠の道が最も重大なのはここに教えの根拠があります。併しながら世界人類はまだ真に服従ふべき中心を見出していません。この点から見ますと人類のあらゆる古今東西の思想や宗教は、中心を求めて暗中模索した処産ということが出来ます。中心を持たぬために大道を感得することが出来ず、模索する途中を正道と誤認し自我を主張いたします。しかるにこの大道を明らかに伝えられ、現実に不易の中心を持つ民族であることを省みることなく、却って外来の思想宗教に染まって正しい理を紊そうとする者の多いのは真に悲しむべき限りと申さねばなりません。

(3) 理《みちすぢ》のその正しきを得ざるより人の行ひ打乱れたり

大神の道は確固として不易であります。人間の霊はその道を内包して居り、その体も道に従い与えられたものであり、之を生育発育して行くのもまた道によって使命を達成するためであります。しかるにわが心の一隅にかたよりそれに執着して道に逆らう故に、心を乱し行ないを乱すに至るのであります。例えば四魂の一つに偏り中心たる一霊の直霊の統理に服さない時は、あるいは勇魂に偏して兇暴となり粗野となり、あるいは智に偏して冷酷無慙となり、あるいは愛に偏して軟弱卑屈となり、あるいは親に偏して明を失い勇を失う。皆身を破り行ないを破り道の正しさを失うに至るのであります。更に肉体の欲望に堕ちて霊の光を蓋うことになれば、たちまち却って肉体を損じ災を他に及ぼすに至るでありましょう。省みればその例は実に夥しいことに気付くのであります。

その道に逆らう故に身を害し家を破り親族に憂目を見する位なればまだしも、一度個我に執して害を国家社会に及ぼすときは如何でしょうか。史上に幾多記された大非行の生ずる原因を探りますと、小さいながらその身に道を失い理に叛くためであって、その災害は実に測り知れぬ程に至るのでありま す。之を正し災を救うものは唯々神意に従い、神理による外はないものであります。

(4) 経《たて》緯《よこ》の其の理を得てしあらば神に恥ぢざる人と為るべし

幾度も繰り返し申す如く、人は霊《ひ》の止《と》まれるものの意であります。ヒトという国語は漢字の形象から出来たような表面的な文字ではありません。人を万物の霊長とするのはここにあります。霊は大神の分霊でありますから、人の霊は大神の道を自ら察知することが出来、その理をも内包しているのであります。ただ之を自覚し得ると否とはその霊魂自らの意志に係っています。自らの意志はその肉体によって影響されることが多いからであります。

元来肉体は、天津神の授けた霊魂がその使命を遂行するために、国津神の恵みによって摂取形成した他物であります。他物と申しても之また産霊の活らきにより生れた三元素（分化して五十元素）でありま す。即ち生命体でありますから、集まって細胞を為し諸器官となっても、それぞれ意欲を持ち、活らき止まぬものであります。之を魄と申します。之を統率し制御し運営に宜しきを得るのは霊魂の活らきでありますが、ややもすれば霊魂の支配すべき魄体の欲望に蓋われて霊の光は全身に透徹せず、道を失って神の前に恥じねばならぬ身となることが多いのであります。本田先生は「道之大原」に、

心を尊び体を卑しむは善を為すの本、体を尊び心を賤しむは悪を成すの始、故に曰く、善は天下の公共にするところ、悪は一人の私有するところ。正心徳行は善なり。不正無行は悪なり。均しく是れ神子、其の相遠ざかること恰も雲泥の如し。然るに是れ夫れ誰が過ぞ。

と教えて居ります。即ち魄体は霊の使命を遂行するために産霊の道経緯の活らきによって集成せられたものでありますから、霊に服従ふべきもので、霊あっての体であります。霊の輝きを一身に照徹させるのは道に則る所以であります。経緯を以て申しますと霊は不易の経たるもの、肉体は不断に増減する緯たるもの。この道理を心得て天地万象の真理を覚れば真に神子として恥じない人と申すべきでありましょう。不正は尤論無行もまた悪であると先生はきびしく戒められて居ります。

(5) 理《ことわり》を攪《かく》み探り見世の中の人の真事《まこと》は尽すべきなり

夫れ人間が人として地上に存在して居るのは、既に大神の道によってであります。従ってその行動も道に外れては存在を許されない。神授のわが使命をよく遂行するためには、道ということをよく内省し識らねばなりませぬ。その道たるやわが霊の中に内包せられて居りますから、よく修めて一霊の光を全身に照徹せしめなくてはなりません。さすれば四魂もよく働き自然に自覚し己れの使命を識るに至るでありましょう。修める途は鎮魂の法に依らなければ徹し得ないのでありますが一先ずは一言を謹しみ、一行を省みて、道に合するか否か、その理を明らかにして、之を行なうに当っては四魂を奮い起して各々その本領を発揮さすれば之に近いでありましょう。「真道問対」に、

問　道は四魂を以て之を制し得べきか。

対　道やは勇もよく動かす能はず、智もよく測る能はず、愛もよく奪ふ能はず、親もよく掠むる能はず。

問　何をか大道と謂ふ。

対　四魂道に合して之を統ぶるを大道と曰ふ。

と答えられた。大道とは大神の直霊の道である。小にしては人の霊止たる霊の道である。その一挙一動や、独り居ると他人と交り居るとに係らず、よく大道に則り得れば神子たるに恥じないと申すべきでありましょう。

問　人間の交際は一魂を以て之に対するか、四魂を以て之に対するか。

対　君に対しては臣の道を以てし、父に対しては子の道を以てす。其の他は準じて知るべし。四魂の如きは時と地と位とに因りて臨機応変にして発す。一談話の間一音一句の際も亦互に出で互に没す。窮極すべからず。故に曰ふ。道也は退いて反省し、宜しくこの一語は愛、彼の一語は親、此の一語は智、彼の一語は勇と察すべし。然る後に其の道に中《あた》るとその道に中らざるとを弁明し得べし。之をこれ反省の道と謂ふなり。

と懇篤に教示して居られます。直霊は又顧霊《これい》とも申します。道を行なうにはよくその経緯の理を探究せねばなりませぬ。

(6)　火に焼けず水に溺れぬ大神の理《みちすぢ》こそは尊かりけれ

火に焼け水に溺れるは現体のみであります。現体は産霊の道によって三元八力を以て結合集積したものでありますから、他の強大な力に逢えば散消するのはその性質であります。「末体増減あり」と先生のいわれた通りであり、別に怪しむことではありません。その之を恐れ悲しむのは現体だけに執着した情であって、若し真に之を悲しむとせば、神授の使命がまだ悉く遂行するに至らない中に、禍に逢った点にあります。現体の執念を去って大神の道の理に思い到りますと真に永久不滅であって、その大測ることも出来ず、その厳かさ仰ぐことも出来得ないのであります。しかしながら人の現身は、大神の道の随々《まにま》に霊と体と結んで一体となったもの、霊と体と互に守り合って密接不可分でありますから、体の感触する処に常に霊魂が執りつくのであって、この遊離分散した霊魂を集中して大道を自覚することは仲々容易の業ではありません。古来鎮魂の法の伝えられた所以であります。「道之大原」に、

霊学は心を浄《きょ》くするを以て本と為す。故に皇神鎮魂を以て之を主と為す。百姓《せい》尊奉して日に真心を練る。令義解《りょうのぎげ》に曰く、鎮は安也、云ふ、遊離の運魂を招きて身体の中府に留むと。見る可し其の国家の重典たるを。今人蒙昧頑乎にして顧みず。法を外に求め術を異に尋ぬ。慣習常と為り汚穢日に加はる。ああ悲しい哉。

と歎いています。人の霊止たるを知らず徒らに肉身に執して直霊の開顕を願わないために、道を模索しても得る処がなく、自存の法を他に求め、術を異に尋ねるのは、鎮魂して道を覚らないからでありまず。世俗に信仰する処を見るに殆ど架空の盲説でありますから、之によって真に道を行なう勇気の湧き出ることなく、その生活する処と信仰とは常に遊離して合致しないのであります。誠にこれは人

類の不幸といわねばなりませぬ。更に妄説を以て群盲を導き私《ひそ》かに腹を肥やす輩に至っては、正に神府の罪奴、神誅を蒙る徒でありましょう。

(7) 独り立ち独り行くべき経緯《たてよこ》の此の理《みちすぢ》し神ながらなる

道は宇宙の大霊の行なうところで、何物に依存するものでもありません。その行なうや二産霊の活力となり、普く万象を産みつつ万象の中に充溢して不断に活動しているのであります。万象が活動するのは自らの中に内包する道に従って宇宙の大道に合一します。自転しつつ軌道を外れず太陽を巡る地球の姿は、これを示すものといわねばなりませぬ。道に大小の差はありますが道たるにおいて異なるものでなく、人の道狭小多岐ではありますが天道に合致するところに霊覚霊感を得て、その活らく時天地に通じ神々を動かし得るのであります。天祐神助というのはこの謂《いひ》であって、道を行なわず徒らに神助を頼むとも得ることは出来ないものであります。本田先生は「その霊を守るものはその体、その体を守るものはその霊、他神ありて之を守るに非ざる也。是れすなわち神府の命、永遠に易らず。」と教えられた所以であります。故に自ら享けた神授の一霊に参じて道を究めることが肝要で、自らの鏡を磨いて大霊の大いなる鏡に対するのであります。そしてその神光をわが霊に招き写すのでありります。併しながら世俗に信仰というものを見ると、対象は雑霊雑魂を頼みその念願するところは現身の利益以外に出でないものが多い。道の頽れて行なわれないこと実に久しいと申さねばなりませぬ。

(8) 事物に顕《あら》はれ出づる理の象《かたち》はあやに奇《く》しくありけり

近年は石ブームと申しますか名石美玉を愛好する人が多いのですが、磨かれた名石の紋様の美しさは実に多種多様であります。併し思いを深めて眺め入りますとそこに造化の奥深さ壮厳さが感ぜられます。天地万象に顕われ出ずる大神の造化の相は、誠に奇《くす》しとも奇しいと申す外ありませぬ。地上の石一つにも大神の産霊の活らきが無限に多種多様に現れます。大神の分身分霊が八百万の神々として霊界を成して、それぞれの分掌霊力を発揮いたして、より分身たる微小な界に影響を投影していることを覚らせます。万象を物と見ず、その中に籠った霊を感じ得たのは、教えの伝わった我が民族の幸であることを思わねばなりません。原始低級な多神教であるなどと自卑する者は、自らの軽薄さを露出したと申す外ありません。

「真道問対」に、

問　天帝は全智全能にして主宰たり。而して多神を造るは何ぞ。

対　天帝多神を造るは全智全能の所以なり。天帝已に太陽を造れば則ち之に付するに霊魂霊力霊体を以てす。已にして大地を造れば則ち之に霊魂霊力霊体を付す。已にして太陰を造れば則ち之に付するに霊魂霊力霊体を以てす。而して太陽と大地と太陰と列星とは永遠にして死せず。而して人類必ず死す。其の霊亦神と為《な》る。天帝若し多神を造らざれば其れ何ぞ主宰たらむ。

と述べられました。「太陽を造れば之に霊魂霊力霊体を付す。」という表現は文の綾でありまして、現に仰ぎ見る太陽の成立の後に魂力体を付与したのではありません。霊体を与ふという一語は注意を要します。即ち産霊の妙合によって魂力体を顕現して太陽が出来たことを申すのであります。天帝は自らの中に、その一部として太陽を造ったのですから、太陽の魂力体はそのまま天帝の魂力体でありま す。その霊は即ち四魂、その力は即ち八力、その体は即ち三体であります。

地球は太陽の魂力体から更に道の経緯の妙用によって分現したものの一つであります。太陰はまた地球から分現したことは申す迄もありません。分現したものは常に本源の制下にあるのが道でありま す。地上の万象はそれ故に地霊の所轄に係り、大小遠近に従って程度の差はありますけれども、太陽太陰の影響の下に置かれるのも又道の理であります。人間も太陽霊を通して天帝の霊魂を賜わり地主の三元八力を得てその体を形成されたのでありますから、その霊覚によって道を明らかになし得たのであって、而もこの教えを伝え得たのは我国の祖神でありました。その教えは之を器に托して伝え、行に托して伝え言葉に托して伝えたのであって、就中言語に托したものは文字に記されて、後世神典と称するものを得ました。本田先生は古事記を敬重すること特に深く、之に基づいて神理を解き得たことは、多からぬ著述の中に「古事記神理解」三巻があるに依っても知ることが出来ます。この書の説く処は従来の学者の説と異っていて、一見異様に思われ勝ちですが、之は幽斎の法によって裏付けられたものであって、訓詁《こ》机上の学説に失望した者にとっては正にその魂を揺り動かされるものがありましょう。その霊力体の独創説の如きも、一々古典の文中に究明したものであって、神理解の書名の苟《かりそめ》でないことが解ります。先に掲げました「霊力相応じて現体を生ず。而して霊は霊に対し、力は力に対し、体は体に対す。真の真道たるを得。」の一章は、事物に顕現する道理の奇しく神《あや》しき神理を解明する鍵とも申せましょう。猶先生の指摘する処を見ましょう。

(9) 踏み分けよ吾が経緯の理は吾が大神の敷き坐せる道

古事記巻頭の天地開闢の一節は、他国のそれにない伝えで我国独特のものでありますが、わが民族の宇宙観神霊観の出発点として重視いたしますことは、先生に於ても古来の学者と等しいのでありまして、宇宙を大生命体と見て、大神霊としてその主宰を認めていることは当然でありますが、その説く処は大きな差異があります。即ち、「天地の初発の時、高天原に成りませる神の名は天之御中主神。」の処に致しましても、従来の訓み方と少し差違があります。宇宙霊たる天之御中主神を、先生はその著書の諸所に或は天帝と呼び、大精神とも天主とも上帝とも申していますが、之は慣用に従ったまでで、歌に於ては大神と称えています。正しくは天之御中主神であります。天は古事記にわざわ

ざ注してある通りアマであってアメではない。アマとアメとの混用の不可なことを指摘していますが、この御神名についても、

天は高天原の天と同じくアマなり。アは万物の原質たる五十霊を云ふ。マは真にて凡て物に増減無きを云ふ。則ちアマは霊真にて至大無涯の大虚空に充満して増減なし。真中真心といふもこの増減無き意なり…主は根知にて大虚空の真中に坐して幽顕の大根元を主宰し玉ふ大神にて、天地万物の元素たる五十霊を統括し玉ふなり。

と述べています。先生の五十霊については今こゝに詳述することは出来ないが、確立した神霊観に基づいたことを伺い得ます。高皇産巣日《たかみむすひ》神、神産巣日《かみむすひ》神に就いては、

この二神、御中主神の用を云ひて、高皇産巣日は顕の二十五気を指し、神産巣日は幽の二十五気を指せり。即ち高は顕にして光なり。神は幽にして温なり。この光温二気は万物を造化育成する根元にて大空中あまねからざる処なし。この二気並行して離れざるは造化自然の妙用なり。「産巣日」は産霊、身為霊《ムスヒ》なり。即

ちツクリカタメナセの天詔と同義にて、ナセは地為なり。五十元気の功用にして天地万物を鎔造し玉へるなり。

霊《ヒ》は幽音廿五の中央に位して廿四元を維持する元気故に是亦顕界中の霊なり。火も原来光温相結合密着して成れる故、現物なれども樹竹油硫等の燃ゆべき物体に依らざれば、瞬間もその光体を顕界に存する能はず。是れ火、日、霊と称する所以なり。

先生の説を極めて概約すると、宇宙霊は万物の原質として三原（五十霊）から成っている。五十霊は又五十原素とも云い、五十元気とも云い、五十音にも表現せられる。音も幽と顕と両面あって、それが表裏一体を為しているのであると申します。これらは先生が幽斎の法によって啓示を得、確信を持って説かれたのでありまして、古来こゝまで至った方はないのであります。

御中主神は本体にして両産霊神は末用なり。故に両産霊の神功を以て御中主神に帰するは可なれども、造化の神を唯一体となすは非なり。一体にては功用なく、分れて二となり始めて造化の功用をなすこと自然の数理なれば也。

と記して居られます。先生の申さるゝ三元八力についても古事記神理解に詳述されて居りますが、こゝでは割愛させていたゞきましょう。踏み分けて道の理を覚らねばならないことを申して置くに止めましょう。

⑽　経緯の理の糸紊《みだ》れずば織り成せる絹い照らむものぞ

宇宙の大道は経緯の理によって行なわれます。人道地道天道、皆大小軽重ありますけれども道は斉《ひとし》いのであります。適々《たまたま》人の之を行なわない者があるのは、自ら享受した霊魂の自由をあらぬ方に駆使する故であります。それすら小さな生存の範囲内にすぎませんが、猶必ず大神の罰を受けずには居りません。四魂をそれぞれに賜わった動植物は却って寧ろ素直に道に従って生きるのでありますが、彼等に霊性なき為に自ら道を覚り之を拡充することが出来ない。四魂と之を主宰する一霊を賜わった人間は、自ら大神の道を覚り之を行なうことが出来ます故に自主独往を許されているのでありますが、自由なるが為に却って肉体の欲に駆られては一魂に偏し、一霊の命をきかず、之を蓋うて道を外れ大神の罰《きた》めを受くる様になります。戒心の修業がこゝに必要と申さねばなりませぬ。

〔徳〕

第三の標題は徳について詠まれています。徳と云う漢字は本来の意味は高い処に登ることで、故に歩く意味で行人扁が付いています。「悳《とく》」は声符でありますが、これは直と心との合字でありますから心の正しく直き意味に仮借されて用いられる様になりました。説文には「外は人に得られ内は己に得」とありますが、内にあるものが自然に人に認められ尊敬せられる意味でありましょう。併し徳という言葉は元来日本語ではありませぬ。本田先生は神徳をみめぐみと訓んで居ります。人に云えば道に従い之を得た者の自然に現れ出ずるものを云うのです。道の理に従って之が具現する相を徳と申します。

(1) 世の中の有のことごと幽冥《かくりよ》の神の神徳《めぐみ》ぞ仰げ人の子

心を静かに念《おも》い見まするると、顕と云い幽と云うのも一つのものでありまして、現身の私共の眼に映る事物象は大いなる幽の世界の僅かに一部分に過ぎません。例えば我々の耳に聞くことの出来る音は、無限の振動数の音波の一部分に過ぎませんし、その一部分以外のものは無限大無限小ともに之を感得することが出来ません。感得することの出来る部分に執着して他を悉く無しと思うことは浅墓なことであります。視覚も同様他の諸々の感覚に於ても然りであります。科学の発達は顕微鏡や望遠鏡によって、従来無しとされた世界が正しくある事を証明しつづけて、人間の五感の範囲というものの狭少さを今や知って居ります。然るに我々の生活は猶五感の現実にのみ捉われて、近代科学によって既に試験済みの宗教に頼り縋っているのは、代って人類を導き救うべき教えの与えられない為であります。近代科学はある意味では神の世界への解明であります。正しい宗教は科学の発達によって一層裏付けられてゆく教えでなければならない。之によって不合理性が暴露され棄て去られる様ではなりません。惟神の教の究明に孜々として私共の努むるのも、永遠の大平の真義を神慮に基づいて明らかにし、人類の文化に寄与する為に外なりませぬ。神以外に倚るべき平和の権威というものはありませぬ。

既に「道」「理」各十詠を解説して本田先生の教を些か紹介いたしましたが、元より迂愚迂文却って誤ることなきやと恐れる次第です。

宇宙霊たる大神の道は無限の悠久を貫き経緯の活らきは息む時なく、極大から極微に至るまで限もなく行き亘って居ります。その神たるや所謂隠り身であって、人の眼は之を認めることは出来ませんが、その存在その活らきは神授の霊魂を以てよく覚り得る処であります。朝目覚めて耳に入る小鳥の啼く声、帳を繰れば眼に沁む木々の若緑、清しい風にさ揺るゝ水田の早苗、せせらぐ水の音、これはこの頃の周囲の姿でありますが、かゝる楽しいもの皆幽冥の神の恵みに成ったものならぬはありませぬ。汁の実に朝摘むさや豆の瑞々しさも、思えば大神の産霊の活らきに成し幸えるものである。かく思えば一汁一椀の飯食むすら忝けなさに充ちて来るではありますまいか。

(2)　神徳《みめぐみ》に化育《そだ》てられゆく諸々の万《よろづ》の物は見れど飽かぬかも

私共の祖先は、米一粒物の一つも之を生命なきものとは見ませんでした。米一粒の中にも籠った生命、御霊を覚ったのです。凡てはこれ大神の活らきを以て成し幸えるもの、大神の裂延えと見ました。物という言葉すら真根《まね》の転化したのであって、真根—小根—種は皆同一語類であります。根は生命の根源たる大神であり、それが経緯の理によって産霊の活らきによって結びに結んで出来た小根《さね》である。さは分散する音であります。故に物を見て直ちに根源の生命力—神を観たのであります。人もまた産霊の道の所産であって、霊止、霊交の意味であることは前に屡々申しました。大神の霊の止まる神子、大地の神霊の依《よさ》せる身であります。そして不断に身に受け入れて養うものは之凡て大地大気の精であり力に外なりませぬ。かくして人われも、草木も鳥獣虫魚も斉しく大神の神徳に育てられてゆく愛子である。大神の恵みの慈光に身を任して思い見れば、化育《そだ》てられゆく諸々の万のものは、まことに見れども飽かぬ思がするではありませんか。

(3) 春は花秋は紅葉と世の中の遷《うつ》ろひゆくも神の神徳《めぐみ》ぞ

既に天地は大神の産霊の活らきのまにまに巡運する。この大道の流れの中に万象は流転いたします。裂き延へ結びつつ服従ひつつ、分生しつつ帰一しつつゆくのであります。鴨長明は万物流転の相を流れに浮かぶ水泡に譬え、世を無常と観じたけれども、現実眼前の事象に捉われ自己に執して歎いた感がある。万物流転は大神の道の相《すがた》であります。現身の執着を離れて之を観れば一栄一落もまた凡ては栄へと服従ひに外なりませぬ。至誠の人はその使命に殉ずるを以て無上の喜びと致します。至孝の子は親のために命を苦難の中に捨てることを意としませぬ。至愛の親も子のためまた然りであります。至誠とは個我の執着を離れてわが至純な霊魂の輝やきに従った姿であります。物云わぬ草木が花咲き葉茂り紅葉と移ろひゆくのは、これ大神の道の随《まにま》に従った姿であって、そこに無限の神の恵みが啓示せられて居ります。

(4) 夢にだに神の神徳《めぐみ》を知らざれば人と生れし甲斐や無からむ

草木虫魚は神の御恵みに生れ出でて、道のまにまに生き死ぬのであります。その与えられた使命の通りに流転する。然しながら彼等はみずからその使命を自覚することはありません。たゞ人だけが授かった霊の活らきにより道を識り又自らの使命を知り、自らの力を以て達成しようとします。霊を与えられたが為の自由であります。然るにその霊を開顕して道を知り、使命を自覚しようとせず徒らに之を恣欲に閉じこめて顧みない人が多いのであります。道はその霊の中に包含していますが、霊を包むものは肉体であり現身であります。現身の欲に執して果して何時の日か道を識り使命を実現出来ましょうか。

霊の開顕は現身を霊にまつろはしめるにあります。現身を統べて霊の光を全身に照徹せしめるにあります。その法として古来禊の行が伝えられたのであります。先ずわが霊を現身に照徹せしめて全身全霊となって万象の霊に対するのであります。禊の業は鎮魂の為であって、鎮魂は幽斎の基礎であります。行法は多く伝えられた中から、自らにふさわしいものに倚るのがよいでしょう。

かくわが霊を開顕して一身に照徹致しますと、宇宙霊たる大神の道明らかになり、産霊の活らきを以て結びに結び成した天地万象、悉くこれ大神の霊力によって成った体であり、わが身も又その極少のさ根であることが会得せられるでありましょう。万象は凡て生命体であります。之を生命なき物と見做してそこに根拠をおく思想は、現身の欲望に捉われた低劣な考えであって、道の教え伝わった民が之を謳歌するのは悲劇と申す外ありませぬ。

(5) 天に坐す神の神徳《めぐみ》は限りなし何れの人か算へ尽さむ

吾々の日常生活から申しますと無限と云っても存外にその言葉の内容は実感が伴わないものでありります。之も人の心の自我に捉われて極めて狭小な経験の内に彷徨する為でありますが、先ず止むなく之を認めるとして、吾々の頭脳は確実に万の数を思い浮かべることが出来るか。多くの場合困難なのであります。例えば人の集まりにしても、校庭に集まった学生の数は千二千三千位までは兎も角として七千と八千との差は区別し難く、万以上になりますと経験者からそれと知らされて然か思うに過ぎません。十万数十万数百万千万に至っては机上に考え得ようが実数について之を眼前に思い浮かべることは殆ど不可能であります。まして億兆に至っては数理上の世界であって眼に思い浮かべる限りではありません。五感の狭小さは之で以てわかります。数理の世界はすでに魂の世界であります。之を為し得るのは我々の奇魂《くしみたま》の働きであります。而も現在人間の考え得る数は理の上に於てさえ限りある如くであります。然るに天空の濶《ひろ》さ、宇宙の大いさに至っては真に無限であって、先生が「至大無外至小無内、所在無きが如く所在せざる無きが如し。」と歎じました宇宙霊の処在に就いては、「聖眼も之を視る能はず、賢口も之を語る能はず。」と記した通り言語に絶したものであります。天地の巡運は実にかゝる無限の宇宙の道に則るものであり大神の産霊の神徳によることを思わねばなりませぬ。

「道之大原」に

至聖大賢は斯の民の称する所、神眼より之を視れば未だ全美を尽さず。況んや其の他に於てをや。故に先霊後魂を守る能はざるや必せり。

と述べて居られます。末句は恐る可き言葉でありますが事実であることは否定出来ませぬ。

(6) 天地《あめつち》を動かす神の神徳をし仰ぎて見れば尊ときろかも

宇宙霊の大神の産霊の活らきの雄大さ、之を仰げば至厳至剛、凡そ宇宙間の存在にして寸毫も叛いて存在することは許されませぬ。併も之に順って生くるやその恩恵はまた無限であって、讃仰して言ふべき言葉もありませぬ。こゝにこの歌の天地という言葉に対する先生の使い分けを注意しなければなりません。宇宙霊たる天之御中主神の天は「アマ」と訓むべきことは前に掲げましたが、天を「アメ」と訓む場合は如何でしょうか。「古事記神理解」には之について、

天はアメの漢字、アはヒと同じく霊妙なる義、メは巡運の義にて、アメとは即ち現に仰ぎ見る所の大陽なり。ツチに対して云ふ事なれば大陽を指したるなり。蒼々の天を云へる阿摩に非ず。混ず可からず。

と述べています。また「地」に就いては、

地はツチの漢字なり。此の大地を云ふ。蓋しツチとは元来太陽系中にある諸星を統括したる名にて、我が地球のみに非ざれども、吾古典は専ら太陽地球及月界に関する伝故に諸星に及ばず。唯天地と対するときは太陽と我地球なる事知るべし。ツは運にて運動なり。チは父乳血にて凡て万物を長養育成する義なり。

と説いています。音義については異議も多いことゝ思われますが、先生の解釈はアメとアマとの区別に就いては非常にはっきりと意味が通っています。そしてこの歌を解する場合には、この独特の見方

によらなければなりません。天地《あめつち》の天《あめ》をアマの意味にとっては解らなくなるでありましょう。

(7) 生るるも死ぬるも共に皇神の物を恵ます数にこそあれ

生死は人間にとって重大事であります。この重大事を解決する為に古来の宗教は出来たと申してもよい。然し果してよく解決し得たでありましょうか。或る時代にはその地の信仰を得て之を解決し得た様に見えましたが、人智は限りなく進み、近代に興隆した科学は過去の宗教の根拠を崩壊させつつ来ったのです。古き神を失った人類は代るべき神を得ないまゝに、信を失って相克《そうこく》闘争に走り、猜疑我執不満は飽くなき動乱に続く姿であります。

それはさて措き、過去の宗教を殆ど無力化した科学を以て愈々明徴される唯一の道、わが国の教えから見て生死の問題は如何でしょうか。前に掲げた本田先生の教説から振り返って見ましょう。

「真道問対」に

問　大地に死生ありや。

対　大地球の物たる増減なし。増減あるものは死生あり。

と述べて、わが肉体の死生は増減の現象に過ぎないことを暗示し、日々増減月々増減年々増減して止

まず、生死は増減の現象であることを教えています。また、

問　大地球に死生無くして万物に死生あり。如何。

対　本体死生無くして末体に存亡有るなり。末体存亡ありて子承け孫継ぐ。猶存亡なきが如し。故に身体髪膚重んぜざる可からず。

と教えられています。肉体は大地から見ればその中の一部分の末体であります。末体は存亡あると云っても要するに本体の内部の出来事で、本体たる大地に帰するのであるから存亡なきに等しい。唯々その肉体の主たる霊は光温二つの産霊の妙用によって大神から賜わったものであるから元より死生あることはないのであります。

先生は猶次に、

神は自ら万体の始祖を造る。唯各祖に形体の同じきものを与へず。子承孫継の理を知れば則ち我体の父祖の遺体にして、子孫我の後身たるを知る。四海同胞神人一系、身体髪膚の重んぜざる可からざる所以なり。唯体也は霊ありて用となる。而して霊也は自己の力徳の取る所にして、父祖の譲る処に非ざるなり。

と教えて居ります。之は実に重大な教示であります。霊は大神の賜う処、自らの力徳の取る所であって父祖の譲りでないということを深く思わねばなりません。前に掲げました「道之大原」の一節に、

上帝四魂一霊を以て心を造り、而して之を活物に賦す。地主三元八力を以て体を造り、而して之を万有に与ふ。故に其の霊を守るものは其の体、其の体を守るものは其の霊、他神あって之を守るに非ざる也。是れ即ち神府の命、永遠に易らず。

の一章を併せて考えられたい。霊体一如、生ある間は分けて考えるべきではないが、生というのは現界に於ける使命遂行の期間であって、与えられた使命が終ればその用うる処の体を地主に帰して、霊自らも大神に帰するのは産霊の大道に外ならないのであります。現身に遍執すればこそ生死に過大な迷悶をするのでありますが、惟神の大道から申しますと疑う処がありませぬ。然しながら道の理を知っても、現身を持つ人たる私共は容易に参じ得ないのであって、この故にいにしえから禊祓鎮魂の業が伝えられたことを銘記せねばならないのです。大道は已にわが神授の霊の内にあります。この霊の光を開顕して肉体を統べ知らし、霊身一体となって霊自らが道に拠って自己の使命を知り遂行するばかりであります。道を知って、その道に従って、自己に与えられたそれぞれの使命の分野を覚って之を遂行する。使命を覚り之を択ぶのは霊の活らきであります。然しながらわが肉体も地主の三元八力

を以て造り固め生きているのであります。その細胞一つ一つにも意欲あるのでありますから、霊の使命終れる場合も分散に当っては苦悩を倶うことは止むを得ませぬし、まして使命のためその活力猶盛んな時に霊肉分散を敢えてする場合は容易ならぬ苦悩に至ることは当然であります。唯々霊の照徹の程度如何に係っていると見るべきでしょう。然しながら、大観すれば生死は唯大神の道に従ってあるべきであって、生も死も大神の神徳の数の一つに帰するのであります。

(8) 雨降れば風日が照れば雨大神の物を恵ます験《しるし》なりけり

心を静かにして天象地象の運行を見ますと、悉くこれ大神の産霊の妙用、人力の如何ともする事が出来得ませぬ。至厳の中に至慈の含まれているのを知るばかりであります。世間往々人為による科学作用のよく自然をも変ぜしめることを指摘して、科学の勝利を謳う者がありますけれども、その作用は一小部分に産霊の妙用を知り之を利用した程度であって、元より比較などの及ばぬ処であります。「至聖大賢は斯の民の称する所、神眼より見れば未だ全美を尽さず。況んや其の他に於てをや。」と歎ぜられています。然しながら科学の進歩は人類がその智魂を活らかして大神の産霊の活らきを解明してゆくものでありますから、今後も益々進歩するでありましょう。唯之の智魂に偏して道を誤ることなきを冀うのみであります。道を誤ればそれだけ大きな不幸が齎らされる結果になります。

(9) 大神の神徳《めぐみ》尊とし人皆の心の玉は昼夜照らせり

人心は神授の珠玉であって、父母の遺されたものではないことは先生の教えでありました。故に道はその霊の内に存在するのであって、之を行なうと否とは全く霊を包む体の如何に依存し勝ちなのであります。体は父母の遺されたものでありますから、その性が受けつがれまして何と申しても遺伝するのであります。霊の統理よく全身を活らかしてその光を透徹させ得るか否かも、享け継がれた体の性質によって難易がありましょう。併しそれを実現しなければ霊止たる価値がありませぬ。「道之大原」に先生は次の様に記しました。

　万物の精神亦た神の賦与する所。然りと雖も其の受くる所の体に尊あり卑あり大あり小あり。故に各々美あり悪あり、賢あり愚あり。その千変万化究尽する所無きが如し。大なるかな大精神の用《はたらき》。

移して地上の人類にも当てはまるのであります。その受くる体は地主即ち大地霊の三元八力を以て成し幸えたものであり、父母を通して千差万別に性質を与えられるものであります。従って地上顕界の万物は皆地霊たる大国主神の所轄に係るのでありまして、人も各自に与えられる独自の具体的な使命は専ら大地霊たる大国主神によって確定せられるのであります。神典に伝えられる処の天孫降臨に際して、大国主神が「吾が治《しら》せる顕露事《あらはにごと》は、皇孫《すめみまさ》当に治《しろ》しめすべし。吾は将に退きて幽事を治《をさ》めむ。」と奏せられた意味がよく通るのであります。古典の伝えは序文にもありました様に「神理を設けて以て俗を奨《すす》む」の為に、一般の人々にもその意味がよく解る様に、之を人間社会の出来事に托して記したものであります。

かく考えますと天津神の授けらるゝ一霊の使命は一般であり経たるもの、国津神の授けられるその体の使命は各種各般万様であり一つ一つ特殊である。之は緯たるものであります。この経緯の糸の織り成す所、道は大は天体の運行から小は地上の万物、人間世界に限なく至り及んでいることを知らねばなりませぬ。宇宙霊たる大神がこの地上の万物に精神を賜うに当っては、之を地球の所属し随う処の太陽霊を通じて賜うのであります。科学者の言を借る迄もなく、太陽の光温二つは即ち産霊の妙用生命の根元であることは申すまでもありませぬ。神に昼夜なく間断なし、神子たる人の霊も又その輝きは昼夜なきこと明らかでしょう。

(10) 神徳を今も委曲《つばら》に云ひ継ぎし吾が遠つ祖は真神《まこと》の子

地上の人類が過去に於て伝えました幾多の宗教教説の中には、部分的に非常に我国の道の教えに近いものがあります。殊に東洋民族の教えに之を見ることが出来ます。漢民族の儒教や、アリヤン族の吠陀《ヴェーダ》にも見出されます。儒教の本元は漢民族の元々保有したものでなく、彼等が黄河を下って中原に入る以前に先住した民族の文化であるとの説もありますが、漢民族が之を継承し教学として著しく発達せしめた事は確かでありましょう。併しながら之等の教説は理に於て非常に発達をしましたが、その中枢とする処を現実の世に確保具現することが出来なかった。また然るべき因子を与えられなかった。換言すれば教えと共に神聖を擁さなかった不幸が彼等の理の探究に益々発達させ、現実と遊離させて行ったとも申せましょう。我国の古典に伝えられた天孫降臨の深い意義を今更の様に驚嘆して仰がれます。佐藤信淵は「天柱記」に宇宙の巡運を察して産霊の元運と名づけ、次の様に説いて居ります。

所謂産霊の元運に四定例ありて磐古不易の天紀たり。其の四定例とは、一に曰く旋回。凡そ分生する者必ず其の本物《ほんぶつ》の外囲を旋る。二に曰く運動。凡そ分生する者は必ず其の本物を中心として恒に西より東に運歩す。三に曰く遅速。凡そ本物を距ること遠き者は其の行くこと遅く、近き者は行くこと速なり。四に曰く形体。凡そ分生する者は必ず其の本物の正体に从《なら》ふ。斯の四者は天地鎔造の妙機にして、即ち天文暦数の本源、万物化育の基源なり。

信淵のこの説は非常な自信を以て説いたのであって、「是れ予が近来発明するものにして、古人の未だ知らざる処なり。皆其の実徴明証にあり。」と言って居ります。正しく彼の自負する如く、当時の卓見であります。信淵は特に天体の運行に示唆を得て、之を我が古典に求め得たのでありました。旋回、運動、遅速、形体の原則は、今日では少年も学問上では常識として居る処でありますが、之を更に要約すれば分生と帰一なのであります。かゝる元運を単なる教えや思想の上ばかりでなく、現実に保有することが自然の道であります。悠遠の太古に溯って神典を考察すべきであって、我民族に云い嗣ぎ語りつがれた教えは、同時に事実の上に之を存したことは人類にとっても実に幸せでありました。その教えがようやく紛乱するに及んで、天武天皇の叡慮によって正され、やがて記録せられるに至ったというのが古事記であるとその序文にあります。説としては舎人《とねり》の稗田阿礼が誦《しょう》したものを太安麻呂が記したとありますが、天武天皇が御自ら諸家に伝った古伝を取捨され正説を選ばれたということは甚だ疑問でありまして、天皇はそういう史官の為すべき業を自らなされる筈はないので必ず御下命があった筈、そして阿礼がよく誦し習ったというあたりにどうも正しき神憑が行なわれたのではないかと思われる節があります。兎もあれ日本の古典は人類の有する最も古い天道に則った教えの一つであり、恐らく唯一の教えでありましょう。本田先生が大神の神徳即ち天地の真理を伝えました日本民族の遠い遙かなる祖先を真の神子と称えて詠じた所以であります。

〔義〕

第四の標題は「義」でありますが、この漢字は羊と我との合字で、羊に善美の意が含められていますから自分を善美にする意味です。転じて制裁宜しきを得る。理に叶う。人の履むべき道。法則などの意になりますが、国語ではヨシと訓ませています。先生もこの訓みに依っていますが、国語のヨシはヨロシの約と申します。音義から云いますと、ヨは重なる、寄り集まる等の意味を持って居り、シは細密なものの充つる意味も含んでいると申します。ヨロシのロは包容の意味があります。結局充実した姿の現れるのを指した言葉でしょう。そこには積極的な意味があります。ヨロシに対してワロシ、善に対して悪を表すワロシは、ワが開けたものを引きもどす、分れ出ずるなどの意、ロは窄《つぼ》まり内の空しきを結ぶ意味で、消極的な心持と申せましょう。善悪を積極消極と見たのは興味あります。先生がこの標題をかゝげた意味を考えますと、人が天地に充足した道を行なうのがヨシであり、道に反するもの乃至勉めて行なわないものもアシ（ワシ）である。人が道を積極的に行なう相を讃美したものと考えられます。

(1) 義言《よきことば》義行は大神の賦《さづ》けたまひし道の大本《おほもと》

先生は義をヨシと訓んでいます。即ち善と同じ意味に解しているのであって、道の理に従うのを善といゝ、然らざるものを悪としています。善悪は時代によって推移転変すると説く学者もありますが、その根拠を何処に置くかによって定まるので、宇宙霊たる大神の悠久不易の道に基づく以上、善も定まって動かない筈であります。「真道問対」に、

問　何を以て善を証するや。
対　日地月を以て之を証す。

問　敢てその意を問ふ。

対　造化の始より永遠にして彊《かぎり》なし。敢てその道を失はず。

と答えて居ります。又、

問　善たるの方《みち》は。

対　神に昼夜なし。言行善きは善を成す所以なり。

とも教示しました。先にも述べました様に、人の霊止たる所以のものは、専ら道を地上に行なう為であります。若し之を欠くならば禽獣と何等択ぶ処がありませぬ。

(2)　青雲の向伏す極み築《つき》立てし神の柱は善きこころなり

青雲は白雲とも青空とも先人は両様に解していますがいずれにしても見る眼届かぬ果てを示したのでしょう。幽眼を以てすれば無限の天空をも含めての意味にもなります。そのいかならむ果てまでも、あらゆるものゝ中心を貫く神の柱は道に則る心であるとの意であって、これを実現するのが義心であると申すのであります。大地球は道によって巡運し、地上一切の分生たる万物も又道によって活きる。まして人たる神子は神授の義心を中心の柱としなければならない。この教えを古典に伝えたのは伊弉諾、伊弉冉両神の国産みの段でありますが、古事記は両神が天津神の詔命を受け、天沼矛を賜わってこの国に降られ、天之御柱を見立て八尋殿を見立てられて国生みの神業を遊ばされたと記しています。この文を表面的に見ますと全く人格神の行動と見えますが、本田先生は、「設神理以奨俗」の書き方であるから、裏にこめられた神理を覚らねばならぬと申されて、「古事記神理解」には次の様に述べて居ります。

於是天神諸命以（ここにあまつかみもろもろのみこともちて）とは、御中主神以下の諸神の命令なり。然して命とは天神御口づから詔り玉ひしにはあらず。天津神の御心もて造化の順序に随ひ、其の御心を天地万物其の一体毎に配賦し玉ひしなり。之即ち惟神の神勅にして、自然の大道なる故、大地球より始めて人草木この惟神の道義を含有せざるなし。

天瓊矛《あまのぬほこ》は地霊凝《ナヒコ》なり。乃ち太陽のみならず漂へる衆星までも修理固成《つくりかため》て一大地界とし給ふ御力なり。此の力は即ち八神力各自協力して今見る処の大世界とは為し玉ひしものにして、修理固成とは此の八力各々適宜に形体を為さしめ玉ふ処のものなり。

其の嶋に天降り坐して云々。この章も天津神の一大地球の人類の霊魂中に黙示せしめ玉ふ処の天勅にして、我皇国は云ふに及ばず、野蛮国と雖も皆家居を定め、子孫之を宝として生活する大本なり。夫れ人間衣食住の三つは誰教ふると無く心に備はれり。又天の沼矛は此の島の真中に天の御柱として突立て玉ふとあるも設神理にして現に非ず。既に沼矛は地霊凝なるを悟るべし。彼の八尋殿も唯々弥広殿にて手を以てする尋にあらず。心を平にして考ふべし。是身命を保護する一大事なれば、生活処として住居すべき理を人心に黙示せられしものにて云々。見立は化造と紀にあり。是即ち黙示なる証なり。若しこの二神が人身にして、八尋殿の真中に御柱を立て玉はむには化作と云ふべからず。現作なるものなり。

と説いて居ります。天柱と云い地柱と云い皆中心の大道を指すのであって、人心の中心を貫く道の柱を神授の義心なりと先生は詠まれたのであります。

(3) 義《よき》は賞《ほ》め不義《あしき》は罰《きた》む大神の厳の御規則《みのり》は天地の共《むた》

動物植物は皆自我を抱いて居りますが甚だ低劣でありますから、その生活は殆ど大神の道の随々に順応しているのであるが、人は一霊を享受したが為に著しく自我の発揮を許されています。即ち自らの霊の光を開いて万象の道に則る処を併せ考えて之を悟り、その使命に邁進すべきでありますが、適々自我の活らきを許された故に却って霊を蓋い道に叛く行ないの多きに至るのであります。何によって霊を蓋うか、之は肉身の慾望によるのであって、為に四魂もその一隅に偏するに至る為でありましょう。然しながら許された自我の範囲も限りがあって、宇宙を貫く大神の道から見れば、その流れに随いつゝ内に許された些少のものに過ぎません。些少なものと云え昼夜を問わず神憲の照らす処であり、その罰めをまぬかるゝことは出来ないのであります。「道之大原」に、

神子善心を治むれば大精神之に霊魂を与へ、神子良行を乱せば大精神之が霊魄を奪ふ。其の与奪の速かなること影の形に従ふが如し。豈畏れざる可けむや大精神。

と教示され、道に従えば霊光愈々輝やき増すに反して、道に逆うものは暫くも許さず、その霊も魄も忽ち之を奪うことを明示して居ります。こゝに霊魂と云い霊魄という言葉が出て来ましたが、魂と魄とどう違うか、極めて簡素に申しますと霊魂は一霊四魂神授のもの、魄は地主の寄《よさ》した三元八力を以て肉体を成している生命体を申します。魄体と申す言葉からも判りましょう。詳しくは次の機に申します。世に無道を行なうもの神光にふれて魂気潰え魄体萎えて誅を受ける例は枚挙にいとまありませ

ぬ。自らも省みて果して如何でしょう。まして死後に於て霊の審判を受くるに思及べば如何。先生は更に、

大精神悪無く而して始祖亦悪無し。裔孫千百中偶々悪ある者は皆自業自得、始祖の遺に非ず。神典に曰ふ改言乃改過無悪の意なり。何ぞ碌々として死後の為《しわざ》を待たむ。

と記して居ります。

(4) 義《よ》き務つとめずしては自《おのづか》ら神罰《きた》めます人となるべし

義き務とは道に従った務めである。つとめるとは積極的に行なうことであります。先に無行も又悪であると先生は指摘して居りますが、何も悪いことはせぬという丈では不可ないので、進んで善を行なわなくてはならないのであって、使命邁進が必要であります。

(5) 義心《よき》有らずて世にし在る人の神の罰めを受けざるはなし

神の罰めは先ず自己の霊の活らきから発《おこ》ります。所謂良心と申すものですが、若し一霊にして之を正し之を直す事が出来ない人は神之を罰めること誤りありませぬ。世には神は見えない故に無しなど放言して憚らぬ者往々にして有りますが、神は隠身故に肉眼に触るゝことないのでありまして、之を感じ之を認識するのはわが霊の活らきに由るのであります。人の心は見ることが出来ずたゞその活らきの肉体に表現せられたものから覚るのでありますが、見えないから心はないと云うものはありませぬ。余程霊光の蓋われた者なのでありましょう。道を過ち道に叛く輩は皆この肉体の過欲によって霊光をくらました者たちであります。併しながら神の実証はその法と術とによって可能でありますが、之は全く幽斎に依らねばなりません。この事に関しては別に申すべきでありましょう。

(6) 不義《よからず》て富を貪る心をし鳥虫のごと神は見まさむ

大神の道の経緯は幸《さきは》ひと奉仕《まつろひ》にあることは屢々申述べた処であります。人にして道を行なわないのは霊止たる価値を失ったものであり鳥や虫に等しい。神の罰めは影の形に添う如く速かに至るのであります。「真道問対」に、

問　霊魂に増減ありや。

対　増さず減ぜざる是れ真の霊魂。

問　人魂も亦然るか。
対　善を為せば則ち増し、悪を為せば則ち減ず。
と答えて居ります。人魂の増減とは物の如く眼に見える謂ではなく、所謂精神力の発揮、人格の光り輝やきを指し、又その萎縮堕落を申すのであります。我々日常の経験は歴々としてその真相を証する処であります。「道之大原」に先生は、

小精神は動静常なく出没窮り無し。其の声音に顕《あら》はれ其の皮膚に形《あらは》る。聖賢も其の意を秘する能はず。小人はその想を隠す能はず。乃ち神憲の掩ふ可らざるもの蓋し斯の如し。

と指摘されて居ります。

(7)　夜光る珠より光《て》れり大神の義《よ》きみ心は朝な夕なも
(8)　世の中の公民《おほみたから》の宝はし神の授けし義きこころぞも

義とは道の積極的に行なわれて現れる処を云うことは表題の場合に已に述べました。義について

「真道問対」に、

問　義は何の魂ぞ。

対　義は四魂各々之あり。而して裁制断割を主として、之を四魂に配すれば、則ち裁は智なり。制は親なり。断は勇なり。割は愛なり。裁は弥縫補綴の意を兼ね、制は政令法度の意を兼ね、断は果毅敢為の意を兼ね、割は忘身殉難の意を兼ぬ。

「義は四魂各々之あり」その活らきは裁制断割であるが、之を四魂に当てはめて見れば右の如くであると記しています。例えば親魂の活らきは政令法度の意を兼ねるとありますが、政令法度は謂わば政治であります。それが親魂即ち和魂から出でる活らきであるというのは実に深い意義があります。之を一身に省み社会に省みる要があります。

問　過を改むるは義か直霊か。

対　過を改むるは義なり。直霊は過の未だ萌《きざ》さざるに消す。各魂各用にして直にその中に在り。是直霊なり。

と述べられました。直霊に就いては次の十詠の際に申述べましょう。

(9) 名を惜しみ身を惜しまざる心こそ神の教へし義心《よきこころ》なれ

名を惜しむの「惜しむ」は欲である。欲については、

問　欲は何の系ぞ。

対　欲は四魂より出でて義を併立す。

問　欲は義と併立し、而して義は裁制断割なり。然れば則ち対なかるべからず。如何。

対　名なり、位なり、寿なり、富なり。名は美ならむことを欲し、位は高からむことを欲し、寿は長からむことを欲し、富は大ならむことを欲す。

即ち名、位、寿、富の四欲は義と共に四魂各々に含有するのであって、神授の正欲とするのでありま す。正欲であっても道に従って発すべきであって、若しその一つに偏執すれば過ちの生ずること申迄もありませぬ。

問　人の大欲は名に似たり。未だ知らず神も亦欲ありや。

対　神の大欲は唯善なり。人の名を欲するも亦善なり。

神の欲する善は道に則るにあります。故に永遠に変らないのであって、時代によって標準が異る如き人為下等の似而非善ではありませぬ。名を欲するのは人にとって善であるというのは、最も過ちを倶わない点でありましょう。偏しても他の正欲たる位、寿、富の如く他を傷うことが比較的尠いのであって、副島伯が人の大欲は名に似たりとし、先生が名を惜しみ身を惜しまざるが道に近しとされる所以でありましょう。「道之大原」には、

身に貴きところのものは名位寿富、而して之を与奪するものは大霊魂なり。是れ即ち神賦の正欲なりとす。俗学悟らずして自暴自棄し、将に貴きを外に求めむとす。何ぞ夫れ得可けむや。

と記しています。

⑽　神習へまた神習へ大神のよき義務《みつとめ》の神のみおしへ

「小精神は動静常なく出没窮り無し」と先生の申された如く、吾々の心というものは常に外界に刺戟をうけて変転しています。この心を鎮めて道を外れる事なく大神のみ教えのまにまに従うことは、常に繰り返し繰り返し習う外ありませぬ。信念となって道を誤らぬには常にこの事を思うべきであり

ますが、何よりも朝々の神拝から実行すべきでありましょう。そして神前で神典を奉誦する。古事記の神代の巻のはじめの方神代七代の章だけでもよいでしょう。意味を味わいながらゆっくり読む。次第々々に進めて行く。これをお奨めしたいと思います。欧米人がバイブルを机上に置く様に、日本人は古事記を机上に置く様にあり度いものです。

古事記の読み方が之まで誤っていなかったかと思います。設神理以奨俗と太安麻呂の序文にある通り、人間的出来事に託して神理を知らしめる方法をとった。処が之の神理を汲みとることを忘れて、主目的を忘れて、託された人間的出来事を鵜飲みにして色々論議いたします。古来その態度の学者が非常に多かった。そこで神理の探求が不足して解決出来なくなります。近頃の学者の中に之はお伽噺の様なもので、近代の児童に教えるには余りに非科学で価値なしなど断じて、自分の研究の浅薄さを暴露して覚らぬ者さえあります。

日本人は古事記を愛し古事記を心に銘じ古事記を誇らねばなりませぬ。そこから如何なるものにも崩れることのない無比の神霊観を確立しなくてはなりませぬ。堂々と之を解明して人類の明日に寄与すべきでしょう。

以上の道、理、徳、義の四項四十詠は人の霊魂の依って来る所以を明らかにしようとしたのであって、霊魂を主として見れば序曲を為す部分であるが、之なくしては霊魂の根源を知る由もなく、その活らきの拠り処も判明しないのであるから、最も先生の力を入れて説かれたものと考えられます。その点を特に銘記せねばならぬと考えます。

〔直霊《なほひ》〕

これから本論の霊魂の小解に入るのでありますが、この問題を取りあげて専ら研究した学者は余り多くなかった様で、和魂、荒魂、幸魂、奇魂の語は古典にも出て来ているので少しずつ触れて解釈されていますが、直霊に至っては殆ど顧みられなかった様です。古典にも大直日神、神直日神と申して穢れを直す神として記されていますが、人間の霊魂の活らきの中に認めて明言された方は先ず本田先生に初まると思います。直霊と合わせて五魂とも申す時もあります。

国語は勿論ナホヒですが漢字の直霊と当てゝ書いたのは、漢字の意義を正しく研究理解して充分の用意があったのでしょう。元来「直」という文字は十と目とㄴの合字であって、ㄴはかくれることを表します。十は多数すべての意味ですから、十目の見る処かくしても表れるという会意で、転じて正し、スナホ、スグという意味になります。

国語のナホは勿論ナとホとの合音でしょうが、ナはなだらかに開く、物に添いなびく等の柔軟な意とされ、ホは窄まり含む、起り出て広がるの両意がある様です。前者は執着、後者は讃美の意味がある様ですが、この両音が合っての意味は今日我々の使っている直す正しくすることで誤りないでしょう。音義は中々難儀です。

(1) 天地の直らひ巡る蹤《あと》を見て神の直霊《なほひ》の直きをぞ知る

天地は日と地であります。太陽と地球の運行は寸時も休むことなく、寸毫の狂ひもなく永久に続いて行くのは宇宙霊の大神の賜わった直霊の活らきのある証であると申して居ります。本田先生は「天帝既に太陽を造れば則ち之に付するに霊魂霊力霊体を以てす。既にして大地を造れば則ち之に霊魂霊力霊体を付す。」と述べられました。之は太陽を作ってから魂力体を付けたという意味でなく出来た初めから内に魂力体を含み持っている。太陽そのものが宇宙霊の魂力体の一部が産霊の活らきによって顕出したという意味の則ちであることは已に申した通りであります。幽観すれば大宇宙が神霊たる以上は太陽も地球も共に神霊、太陽霊より発する光温（顕幽）二つの産霊の活らきを受け、大地の気と体二つの活らきによって分生した人間をはじめ動物植物山物は皆悉く霊体でないものはないのであります。そして太陽霊地球霊共に自らの力徳を発揮して自転公転し運行いたしますが、その定まった道に順って常に正しくあるのは、宇宙霊の賜わった霊魂中に直霊があって之を統一主宰している故であると教えて居ります。大神の道は常に吾々の神より授かった霊魂の中に含有しているとは繰り返し申して参りましたが、道とは直霊の顕現するところを申すのであって、直霊を開顕する業が真の道の学問でありましょう。人は神授の霊体力によって生れ且生きつつあります。その最も善く幸な生き方は、自分の本性に従い享けた分に応じて使命に邁進するにあります。本性は所謂本能などというものではなく末梢皮相の慾念を本性とするために道に逆らい自滅を来すのであります。本性とは賜わった直霊を申すので、分霊の保持する本性は元霊の本性と等しいのは当然でありましょう。日地月の運行に示さるゝものは人の元霊の顕した姿であり、更に溯って宇宙霊の大神の直霊のお姿とも拝されましょう。

(2) 天地を直す皇《み》神《かみ》の御心を受けて生れし人の直霊ぞ

天地と雖も一つの霊力体を持って独自のものであるから、そこに過不及あることも有り得るであろう。それを絶えず直して正しき運行正しき活らきにするのは直霊であり、その直霊を賜わったのが人であると詠まれています。先生は「直霊は過ちの未だ萌《きざ》さざるに消す。各魂各用にして直ちにその中にあり」と述べています。即ち各魂各用に偏しようとするその萌さない先に之を正すのが直霊であります。その活らきは愈々はげしく之を正して止みません。神授の四魂もその活らくに当っては常に道に順って為すべきであって、過不及偏在は悪の萌しであります。或は勇魂に偏して粗暴自他を傷い、或は愛魂に偏して自他に惑溺いたします。古典に奨俗の記事として伝うる素盞嗚尊の乱暴は前者であり、伊弉諾尊の黄《よ》泉国《もつくに》行きは後者の戒めであって、共に直霊の不断の是正を蓋うての過ちであります。直霊の是正は即ち大神の是正であります。その度を過ぎて偏執救う可からざるに至れば大神の罰めを受くることは些かも免れることが出来ませぬ。四魂に偏してすら此の如し、まして魄体の欲望に執して直霊の光を蓋い道を乱すものに至っては論外であります。先に掲げました「神子良行を乱せば大精神之が霊魄を奪ふ。其の与奪の速やかなること影の形に従うが如し。」とある一章をよく味わって見ねばなりませぬ。その罰めは魄体にまで及ぶのであります。

それでは直霊は四魂の外にあって之を主宰するかと申しますとそうではありません。「各魂各用にして直ちにその中に在る」ものであり、「直霊は各魂の至精至微の名」とも申されています。即ち四魂の中心を貫いて保つものであり、一即多の原理そのまゝの実在であります。故に四魂はその活らき独立していますけれども、総じて見れば直霊と見ることが出来ます。中心即ち全体、各個の活らきを容認しつゝ之の総体を保つことは、各個を自己の一部としていることであります。

神授の霊魂は、譬えば一個の白珠（真珠）の如きものでありましょうか。その中にあらゆる色彩を含有して或時は赤く或時は青く或時は黄に或時は紫に緑に複雑極まりなく、そしてたゞ見る一個の白珠である。大別して四魂と申しますが、時に従い処に応じて千変万化の働きを顕しますが、総じて云えば一個の直霊であります。之を拡充して社会の相にも想うことが出来ましょう。人心の動き色々ありましょうが、道に随っていかにあるべきかを念わねばなりませぬ。八《や》尺瓊《さかにの》五百《いほ》津《つ》御統玉《みすまるのたま》は又この原理を表したとも拝されます。世に三種の神器を解して智仁勇としたり或は真善美となす者が居りますが、皆後世舶来の説を以て解釈しようとするので、外国の教えが伝来しない遙か以前に神器は存在して居りましたので、もっと純粋に考えねばならぬと思います。まして古典には「おぎし八《や》尺勾璁《さかのまがたま》、鏡、及草那芸劔」とあります。このおぎしの文字も注目せねばなりませぬ。招ぎしの意味、招きよせしづめる。鎮魂したことであります。

(3)　皇神の直霊の心賜りし人と思へばおむかしきかも

「おむかしき」は喜ばしき、うれしきという意味の古語であります。人の霊止たるは直霊を賜わった故の名であります。四魂に至っては之を享受《うけ》た動物も他にあるのであります。元よりそれぞれに過不及があります。たゞ彼等は直霊をいたゞかなかった為に、自ら道を悟って之を行なうことが出来ませぬ。道に順うて神力を顕現する術も知らない。人に劣っている所以であります。道を悟り之を行なうのは直霊の活らきであり神子たる点であります。この自覚に立ってはじめて他の人をも互に尊重し敬愛し合う心が真底から湧いて来るのでありまして、之なしには自由平等なども口先の方便の題目となるでしょう。

(4)　大地《おほつち》の底ひのうらに突立つる魂の柱は直霊なるぞも

大地はこの地球のことで、底ひのうらの「うら」は内の中心のことであります。中心に突立つる魂の柱と云うのは大地球を霊体と見ているのでありまして、天地人霊を以て貫いていることを須臾《しばらく》も忘れてはならない。地球は自転しつつ太陽の廻りを公転する姿を思い浮べますと、常に片面に太陽の光を受けつゝ回転する白珠の如き霊体であります。漸くに表皮僅かに成った柔軟な白珠の生命体であり、その自ら回転している様子は独楽の如く中心の柱に依っています。表皮も内充する分子も悉く回転する中に不動にあるのは中心の柱です。この柱は動揺する分子を常に是正する活らきを為しています。魂の柱とは不動の中心線、この霊体生命体の中心の一線を指して大地霊の直霊であると申したのであります。太陽霊から分れた地球霊、地球霊から分れた人の霊体、その在り方は凡て同一であって、形体の大小の如きは霊力の過不及によって出来たもの、人体について見ますと頭蓋背柱の一線は骨肉の中心柱をなし、神経の中心柱を為しています。霊魂（生命）はこの柱に充溢し之を司るものは四魂の至精至微たる直霊でなければなりませぬ。人の組織即ち然り大地もまた中心の魂の柱は直霊であり、太陽もそうあるべき筈、大宇宙も又然りである筈、之を大神（天之御中主神）の直霊と観たのは実に勝れた霊覚でありました。先生の「霊を以て霊に対し」たのであります。

(5) 人皆の直霊の魂は人皆の万世までの珍《うづ》の真たから

夫れ既に地球は一つの霊体であります。太陽霊体から分れ出でた為に、その本性を享けて自転しつつ中心の太陽の周囲を巡る。そしてこの地上に生物の生れ出ずるものは皆悉く太陽霊の光温両産霊の活らきを受けて結ばれ生れたのであります。産霊の活らきは唯太陽の光温二つのみを指すのでなく、大宇宙の霊体から太陽の霊体を分生したのも、太陽霊体から地球及諸遊星霊体を分生したのも、極大から極小に至るまで普く凡て産霊の力の活らきであります。今地上生物の上にだけ局限して、太陽の光温二つの産霊の霊力としたのであります。この両産霊は大地を温めて気を薀醸せしめ、その気と体とが両産霊の活らきの元となって地上に新しい霊体を産み成すのであります。併しながら地上に新しく生れ出た霊体の万物特に生き物は、体は大地霊の気と体の結び成すのでありますけれども、その霊魂は直ちに光温を宿して生じるのでありまして、霊魂そのものの力徳によって体を成長させて行きます。光とは無数の霊子の結合であることは、ヒカリは「霊駆り」であると申します。太陽霊の無数の霊子が大地に到りついて初めて生命が出現することは、絶対の闇黒に生物の発生が考えられないことによっても明らかでありましょう。この意味ではあらゆる生物は光の子と申せます。先生の「霊也は自己の力徳の取る処にして、父祖の譲る処に非ざるなり」と云われた言葉を参照されたい。正に万世に輝き生くる珍《うづ》の御たからであります。

(6) 其の身にし直毘の神の坐す事を知り得て後に人とこそ言はめ

この歌に至って直毘と書いています。毘はヒ（漢音）ビ（呉音）両方のよみ方がありますが、毘と書いた場合はビと濁音に用いた様に思われます。濁音の場合はその本体の活動する状態を申したと考えてよろしい。人間が真に自覚するとは神の分霊たる直毘（活らく直霊）を身内に保持することを悟ることであります。そしてわが直毘を開顕して神授の使命に邁進する処に本当の価値が生じて来るのであります。既に身内に直毘の神の坐すことを知れば全魂全肉体を以て先ずこの神に奉仕しなければなりませぬ。そしてわが身わが心をこの直毘の神殿と為なければなりませぬ。われ自ら一つの直毘の神殿となって初めて人の霊止たり得るでありましょう。

この身を神殿たらしめるには、些かも直毘の神の御光りを妨げるものがあってはなりませぬ。全心全体を以て唯々ひたすらに直毘の神に奉仕させ、唯々この神の神業にまつろわねばならない。斎戒も禊も鎮魂も先ずわが小神殿を純一にして霊光を透らせることから始まるのであって、この直毘の神光の透徹した小神殿を以て初めて神々の御霊に照応合一し得るのであります。所謂十種の神宝中の奥津鏡、辺津鏡の原理にも拝されます。わが国の教えは言魂により又器物舗設等により伝えられたことを前に申しましたが、心を深めて思わねばなりませぬ。

(7) 皇神《すめかみ》の神子《みこ》にしあればおのづから神の直霊は腹ごもりたり

わが身は夫れ直毘の神の小神殿であります。神殿の柱一本床板一枚も神の御坐の一部であります。この一部に若し汚れあればそれだけ神の御光が妨げられ透徹しないのであります。即ち神鏡を身内に抱いているのであってその体を以てこの神鏡を曇らせますと、例えば身を社頭に運んで大神に祈るとも神霊への照応は遂に不可能でありましょう。先ず神授の直霊の光を一身に照徹させねばなりません。試みに社頭の舗設を見ればおのずから明らかであります。その御手洗は即ち禊場であって苟《かりそ》めに設けたものではありませぬ。単にこれを口を嗽ぎ手先を洗う形ばかりに取るのは真義を得ていませぬ。祓所は鎮魂して神助を以てわが魄体を清むる処、そして神殿に参入するのですが、社参に当っては先ず斎戒して心構えをしなければならないので、われらの祖先は殊に社参を重大に考えて斎戒を行ったのでありました。この志を当今に存している者果して幾許あるでしょうか。

朝覚めて使う手水はこれ禊の形であります。覚めて禊しわが直毘を全身に透徹せしめ、わが霊と体の本元たる天津神国津神、われを生れしめた本元たる祖霊に仕えて祭りをするのであります。祭りは奉仕であり服従であります。神授の使命を確信して、直毘の指向する道に従い、栄え（裂き延え）を実現してゆくとき、大道に合して悉く神業でないものはないのであります。

然しながら私共の日常を省みますと什うでありましょうか。直毘の透徹を実現することの如何に六敷しく遠いことでありましょう。之に近づく道は唯々浄心にあり鎮魂の行を積むにあります。「道之大原」に、

霊学は心を浄くするを以て本と為す。故に皇神鎮魂を以て之を主と為す。百姓尊奉して日に真心を練る…今人蒙昧頑乎にして顧みず。法を外に求め術を異に尋ぬ。慣習常となり汚穢日に加はる。ああ悲しい哉。

と歎かれています。心静かに三読したい一章です。

(8)　直霊はし貴ときろかも直霊はし貴ときろかも神の賜物

わが身の小神殿に斎き祭る直毘の神は、宇宙の雄渾な大神殿の大神の極めて微小な分神分霊でありますから、尊貴なること申迄もなく、その至純な霊光は大神の霊光であり、その至純な霊動は大神の道であることは明らかであります。既に大神の道を以てわが道とすることが備わっていて、須臾も離れて居ることが出来ない道であります。故に先生は「人心也は大精神の分派、故に生無く、死無く、之(大精神)が制御する処なり」と述べられました。

先生の道の説については之まで繰り返して申述べました。万古不易、宇内に充満した大神の道とは即ち直霊の活らきであって、之を簡明に云えば裂《さ》き延《は》へと服従《まつろひ》であり、生成発展と中心帰一でありまず。生と死も又さきはひとまつろひの相であります。これは理論でなく現実に大宇宙に行なわれていることであります。秩序整然としてその享くる分に応じ体に即してこの道を行なうこそ神授の使命でありまして、大神の道を現世に行ない給う中心たる宗家の天皇命《すめらみこと》にまつらふこそ、先ず日本人の享け得ました使命に外なりませぬ。私どもの直霊は、顕世に於て道の随々にひたすらに大直霊に坐す皇孫《すめみま》の尊《みこと》に服従ひ奉りつゝ益々栄えゆくのがその本性であります。直霊は大直霊に対し、わが身又大御身に対して帰一し奉らねばなりませぬ。それが宇宙の大神の道の本姿であります。然しながら天皇命の御本質について国民はよく解って居りませぬ憾みがあります。

私共は悠久な太古から現実の今に至るまで、皇室に祭祀が伝承せられ第一義とせられていることを、心に銘記せねばなりませぬ。御一代一度の大嘗祭がいかなる意義を持つものであるかを沈思せねばなりませぬ。そして大嘗祭に当って行なわれる鎮魂祭は至重の祭儀で、之によって神として大神と合一される大嘗の御儀に入らせられる。その鎮魂祭に祭らるゝ八神並に大直霊神一座について、今こゝに詳説することは出来ませぬけれども、世界広しと雖も神と合一の御境地におなりになって、平和と生成発展を専念願われる方の尊在は外に求め得ないのでありまして、古来天皇に私なしと申し伝えられた言葉を念わねばなりませぬ。直霊の開顕の業をさえ知らない民間無責任の放言に惑わされてはならぬのであります。

前にも掲げました「真道問対」の一節

天地人道を同じくす。而して天道と曰ひ地道と曰ひ人道と曰ふ。各自形体の大小軽重有り。故に命名同じからざるなり。君に対しては臣の道を以てし、父に対しては子の道を以てす。其の他は準じて知るべし。

と副島伯の問に答えられたことを想起いたしましょう。臣子たるの道は斉しく直霊の命ずる処であって、その立場の大小、事の公私によって命名同じからぬに過ぎませぬ。この一貫する道を惟神の道と申すのであります。

「動《やや》もすれば異行を作《な》し猥《みだ》りに奇《き》咒《じゆ》を誦《とな》へ、其の身を潔めむと欲して反って其の体を汚す」如きものを目して惟神の道と思い誤る者が巷に満ちていることは歎かわしいことです。道は服従《まつろひ》つつ生成《さきはふ》のでありまして、中心帰一する処なき生成発展がどんな害毒を為すかは、大は世界に小は身辺の社会状態に於て日々痛感する処ではないでしょうか。

(9) 直霊はも魂のあるじそ庫内に斎き祀りて拝め神の子

人間が若し自分の霊性を覚り、神授の分霊を確認いたしますれば、豁然として眼覚める思がして、その見る世界が昨日までと凡ゆる点で異って行く筈であります。われ自らわが直霊を祭れば、その言語その行動が悉く皆直霊の栄えの現れでないものはなく、わが直霊へのまつろひでないものはなく、道を外れることがない筈であります。直霊は又顧霊とも申します。絶えず反省して誤りを正して行きます。自分がそうであると同様に他人もそうであり、それ故にこそお互に尊敬し親しみ愛して行くことが出来ます。か様にわが霊と身と一如の姿というものは、わが直霊の祭りの下に実現いたします。自霊を祭ることは神道の深義とされています。その法と術とに伝えがありますが、そのことを指摘するに止めましょう。

たゞこゝで注意して置くことは祭りといっても、世間で考えている様な祭りではありませぬ。世間の祭りはどうも末の末のお祭りさわぎ、にぎわいを云う様ですが、それは問題外として、普通は神前に神饌をお供えして、神主が祝詞を奏上して、列席の人々も玉串を奉奠してという様なことを思って、わが直霊を祭るという事を妙な気持で聞くかも知れませぬ。併しそういう祭りは顕祭と云うものです。こゝで云う祭りは然う云う形に表れた祭りでなくて、幽祭と申す祭りです。眼に見えない心の中の祭りであるとでも申しましょう。

わが肉身の億兆万の細胞を率いて直霊を祭らしめるには、例えば禊の行に見ることが出来ます。祭りという言葉はまつろひと同意義なのであります。禊は己が向々の魄身を統一して直霊にまつろひ切る身とする為の行為であります。禊から鎮魂に進みます。一霊の光わが身に透徹して、はじめて辺《へつ》津鏡となり大神の奥《おき》津鏡に対し得るのであります。この幽祭がなくては顕祭が成り立ちませぬ。そして神祭があり、直会があって終ります。

禊と云えば直ぐ厳冬浴水の荒行を思うものが多いのですが、その時によりその心によりその身体によって適不適があります。必ずしも水浴のみではなく、座敷の畳の上に於ても同じ効果あらしめる業法があります。根本は身を清め心を浄めて一霊を透徹させることであります。

庫の内に斎き祀れと詠まれたのは、古事記に天照大神はじめ三貴子の御誕生を伝えた条に、

此の時、伊弉那岐命大く歓喜ばして詔りたまはく吾は子《みこ》生み生みて、生みの終《はて》に、三貴子を得たり。とのりたまひて、即ち其の御頸珠の玉の緒もゆらに取りゆらかして、天照大御神に賜ひて詔りたまはく、汝が命は高天原を知らせ、と事依さして賜ひき。故《か》れ其の御頸珠の名を御倉板《みくらたな》挙之神と謂《まを》す。

に因ったのであって、本居宣長翁は古事記伝に御倉板挙之神を解釈して、父神の賜える大切なる御宝故に、庫に蔵し棚の上に斎き祀った意味であろうと述べています。この解釈はどこまでも顕界に即し

ているのであって、深く幽理を説いて居ない憾みがあります。浅くとりますと単に父神の記念物だから大切にした位にしか考えないので、事実その様に思う者が多いのでありますが、物に鎮魂する業法を伝えた点を注意しなければなりませぬ。つまり祭り特に幽斎を知らなくては本当の意義が解りませぬので、古事記の記事を人間、人格神としてばかり考えては神理が解けませぬ。特に御魂を物に付けて祀らしめることは天孫降臨の段にも明らかであります。先ず神理を酌みとることが第一で、然る後に之を顕実に鑑みることが必要であります。

御頸珠は五百津御統《みすまる》の玉であって、種々の勾玉管玉円玉等を一つの緒に通して御頸に懸ける玉であって、之を賜うたということは単なる装身の具ではなく、そこに万姓統合主宰の中心たらしめ給う意義が拝される。鎮魂の深義が酌まれるのであります。それはともあれ、庫内に斎き祀ったということは、この例に神習い奉って、尊い神授のわが直霊を、胸庫の内に鎮めて祀るべきことを教えたのでありまして、わが直霊のよく億兆の細胞を統率して、直にわが御倉棚の神とならねばならぬことを詠まれたのであります。「道之大原」に、

大精神也は無声に聞き無形に見る。故に既往を知り未然に察す。大精神此の至霊を以て神子に賚《たま》ふ。神子尊奉して竟に至徳を成す。是れ治心の本、修身の要。

とありますのを再三熟読せられ度い。鎮魂の妙機を包含していることを汲み取らねばなりませぬ。

⑽ 言直し見直す神の心をし人はこころに習ふべきなり

人の心は動揺して常ないものであり、事に触れ物に応じて変転するものであります。それを正して止まないのは直毘の活らきであります。併しながら大神の直霊は至厳の中にも寛やかであります。常に見直し聞き直して善に帰らしめるのであります。この広やかな心を習ふべしというのは意味深いことであって、人間の世に道を行なう場合は大らかに見直し聞き直して行かねば身を損じ事を破り人を害《そこな》うことを思わねばなりませぬ。人は大神の愛子、故に直霊を賜わって居ります。適々一魂偏して過つことがありましても大神の大愛は常に之を直して生かしめてゆきます。それを習い奉って行くべきことを教えているのであります。

直霊十詠を誦し終えて静かに思いますと、この地上の人類実に数十億万人は、凡てこれ神子、一霊四魂を賜わり来った者であります。その肉体には限度がありますけれども、霊魂の活らきは限りなく発達して止みません。文化の発展は皆その輝きの集積であり而も無限に続きます。この広大な業績は凡てこれ人間の神に近づく努力とも見ることが出来ます。然しながらこの四魂の輝かしい活らきも直霊あってはじめて正しきを得るので、直霊の制御なき四魂の活らきは決して大神の道に従い近づくとばかり申し得ないのであります。人智によって開発発見せられたものも、直霊によって正しく用いられぬ時は却って人類の不幸を招くに至ることは巳に気付かれたでしょう。発見発明の大きければ大きい程用い方によってその災悪は甚だしいでしょう。直霊の開顕は実に人類にとって焦眉の急であり、一日も欠くことの成らぬ根本の業であります。あらゆる宗教はこゝに基本を置くべきであって、それ故にこそ尊いのでありますが、現存の宗教その教学は進展する四魂の活らきを制御し且益々之を進展せしめ得るものであろうか。教えを伝えられた我々日本民族は、具体的に之を現実に見て反省し深思せねばなりませぬ。以上伺いました様に、人の直霊は神の賜わる処そして本質は神と等しいのであります。そしてその用き《はたら》を為す四魂も又神のそれと本質に於て等しいのでありますが、神の幽の活らきと人の顕の活らきとは自ずから異なる筈であります。神の賜わった直霊は汚れなきものでありますが、四魂の中に偏するものあれば穢を生じ直霊の光もかすかになることもあります。人は四魂をいかに正しく現世に保ち活かすべきでありましょうか。

次に人の直霊の活らきである四魂について各十詠を拝誦し考察いたしましょう。

〔荒魂《あらみたま》〕

(1) 国のため家の為にと身を砕き力尽すぞ荒魂なる

荒魂の活らきのことを本田先生は「道之大原」や「真道問対」に於て「荒魂は神勇」とも「荒は勇なり進なり」と説明して居られます。凡て積極的に進もうとする活らきの根源でありまして、之なくしては神の業も人の業もありませぬ。然しながら真の勇気とは如何なるものでありましょう。先生は先ず具体的に目標を示して教えて居ます。

荒魂の活動によって人のあらゆる栄えは実現いたします。然しながら真の栄《さきは》えは必ず本欲《もとほろ》ひがなくては道に外れます。天地人を貫く道に従ってこそ人の真の勇気が振作されるので、人万人と雖も我行かむという勇気は、その場合に限るものであります。わが直霊は不断に是正して止みませぬ。道は直霊に内在していることは已に屢々申しました。即ち天津神の示される処、わが直霊の指向する処に従って行なうときこそ真勇が満ちみちて来ます。根本帰一と使命顕現とを具体的に国の為家の為にと示したのであります。獣類の如きは直霊を賜わりませんから道を識りませぬ。故に非常に程度が低く、多く暴勇と申すべきものであります。道なき人類のそれも又獣類に等しい。例はいくらでも枚挙に暇ないでありましょう。

(2) 荒魂をい振ひ起し道の為に神の子人は相斃るべし

道の為に斃るべしと云うのは如何にも激しい様に聞えますが、本当はこの覚悟がなくては真勇と申すことが出来ませぬ。我々が何か一つの仕事に、それは学問研究でも芸術上の技術でも、一心集中するときは命がけでありまして、それは一つの生き甲斐でも歓喜でもあります。道を行なうて斃れることは悲しむべき死でなくて、使命を行って大霊に帰する尊い事であり喜びであります。死をみまかると申します。霊去《みまか》る意であります。霊去って肉身は亡き骸となりやがて散亡して大地に帰する。現実の世に活らきを停止いたしますから、残れる者の歎きはありますけれども、顕幽一如、霊の永生を知れば大いなる讃仰となり活らきとなります。その徒らに歎きの久しいのは現身に捉われて霊観を持たないからであって、真霊は人々の霊の中に復活することを知らない故であります。

「真道問対」に、

問　人の能く天禀《りん》を全うするもの蓋《けだ》し鮮《すくな》し。神たり得るか。

対　善魂は神為るを得。真勇にして死すれば勇魂之を率ゐ、真智にして死すれば智魂之を率ゐ、真愛にして死すれば愛魂之を率ゐ、真親にして死すれば親魂之を率ゆ。故に徳全からずと雖も必ず一神たり得。

と述べられて居ります。四魂皆全備していなくとも一魂でも真に徹すれば神たり得ると申しています。そして真勇、真智、真愛、真親の真とは道に従い真毘に従い徹した姿であることを知らねばなりませぬ。先生は更に、

問　人魂神と為りて自ら高下優劣あるか。

対　全徳を上と為し、三徳を中と為し、二徳を下と為し、一徳を最下と為す。一善記すべきもの無きは草莽の間にあり。

と明示せられています。一徳に徹することすら容易でありませぬ。草莽に埋れる霊を思うときじっとして居られぬ心持がいたします。その使命に等閑《なおざり》であってはならぬのであります。されば

(3) 大君の御上おもひて荒魂を突立つ人は貴ときろかも

と讃仰していられます。突立つとは不動の信念を申しますので、大君にまつろふ信念のもとに、その使命に邁進する。文武百般の使命に斃れて後止むの真勇を持つべきでありましょう。貴いと詠歎されているのはその神性の故であります。勇魂率いて神たる例は、史上に祀られて幾多あります。その人平常現身にあらわれた些末の行為などに捕われて之を否定するのは、自分の霊観に盲いていることを自白しているに過ぎませぬ。

(4) 荒魂のい照り輝やく敷島の大和の国は安らけくこそ

顕幽は一如であるけれども、顕の世界に於ては我々は唯々大君に帰一し、大君の御心を本として世の栄えの顕現に努力する、天地に道ある国日本にせねばならぬのであります。現実に日本の現にあるのは道に真勇を振るってみまかった幾億万の祖先の荒魂の守護によることを深く思わねばなりませぬ。太古以来あらゆる部門に亘って、大君のみため、御国の為に荒魂を突立つ人によって守られ来っ

たことは、今も将来もそうあらねばならないことであります。

かく申しますと近頃の人々は何故大君の為に生命をかけて尽さねばならぬか納得がゆかないなどと申します。陛下も国民と等しく現身をお持ちになって居り、どうも差違がない筈なので、唯過去天皇として主権者であった家柄をついだ為であるまいか。戦后陛下は自ら神話に依る神聖を否定されているではありませんかと申します。民主時代にあっては国の象徴であること以上に復古的に考える可きでないというのが大方であります。併し之は戦后主としてアメリカによって変えさせられたことをよく考うべきで、天皇の御本質は何かという点を過去と現在に亘って深く考察研究して、わが民族の宇宙観神霊観に基づく指導理念を確立せねばならぬ時であると信じます。近年特に政治家の腐敗堕落の実情を見るにつけ、又道義の廃れを見るにつけて直霊の光稀薄な人間共のあり方に失望させられますが、古来天皇に姓なし、私なし、大神主として皇大神に日夜お仕えなさって、大神と御一体になって国民のため人類のためにお心を砕いていられる御日常を、驚異を以て仰がれるものがないでしょうか。

(5) 荒魂の活らかざれば世の中の有りの事毎成し果てまじも

荒魂の指向する処は前述の如くでありますが、その一般性は「荒は勇なり進なり」と申された様に積極進取の気であります。この世の生成は凡てこの荒魂の活らきにより力徳と相応じて実現して行く

のであります。「真道問対」に、

問　進は前進の謂なるか。

対　曲折斜直、当にその進む可くして進むなり。

問　勇の用は進むのみか。

対　果なり。

とあります。進と云えば前進のみの意味に取り易いのですが、先生は積極進取の意味であることを述べて方向に捉われることを戒められています。特に勇の用を果なりと指摘したことは意味深いので、果は終結を意味しています。果すこと、最後まで貫き通すことであります。こゝに勇の大用がありま す。成し果すことは荒魂の真の相でありましょう。副島伯は更に、

問　敢て勇の用を問ふ。

対　奮なり、勉なり、克なり、進なり。

と答えられたのは丁寧であります。克は外に勝つばかりでなく内に己れに勝つことを意味していま

す。

顕の世界、地上の人間の荒魂の活らきがその社会生活の基本であることを先生は強く申されて居りますが、転じて幽の世界、神の荒魂を奉斎した社がいずれにお出でかと申しますと、伊勢神宮に荒祭《あらまつり》宮《みや》が別宮として内宮の宮域内に鎮座され、皇大神の荒魂を奉斎されて居ります。之が中心と拝されるのでありますが、この外広田神社は大神の荒魂を鎮祭した社として古来名高い。又住吉神社の筒男三柱の神は大神の荒魂と伝えられて居ります。広田と住吉は荒祭宮の御神徳を陸海に別《わ》け祀る宮でありましょうか。

(6) 勉むべき道の為には荒魂をいや進むべし人たる人は

(7) 善事《よき》に弥進むべし荒魂のいや進むべしわが党《とも》の子等

霊止たる人として勉むべき道に従って進むのが善であります。先生は「道之大原」に、正心徳行を善とするのみでなく、不正無行を悪として戒めています。不正は元よりでありますが、無行、何等勉めて為すことなく居ることを悪であると指摘したことは鋭い。世には何も悪いことはしていないなどと云って徒食無為を恥じない輩が多いのでありますが、之を筆誅したのは深い使命観から来ています。荒魂を弥進むべしと鼓舞されるのは、この消極的な無行に堕するのを悪むからでありましょう。

(8) 荒魂の魂の柱は天地と共に立つべき厳《いつ》のはしらぞ

中心を保ち貫いて確固不動なことを柱と申しています。「真道問対」に、

問　魂に経緯あるや。

対　勇、親は経たり。智、愛は緯たり。

問　経言の義如何。

対　一々万々、確乎として易らず。此をこれ経言と謂ふ。

と述べています。一々万々というのはあらゆるもの凡てに通じ、確かに易らない。万人いかなる人であっても凡て人たる以上は之を斉しく有して易らないという意味でありまして、考え方によっては人として変らぬものは五体を有して保っている点でありますから、この五体を支配している魂であることが考えられます。荒魂と和魂は即ち人間として現実に生きている肉身を支配しているものである。さて四魂の活動によって世のあらゆる文化が織り出されるのでありますが、勇魂即ち荒魂と、次に述べる親魂即ち和魂は、例えば織り成す経糸の様なものであるとの意味であります。

人の世に道の行なわれるには荒魂和魂の活らきが原動力でありまして、前述しました裂き延への栄えは荒魂の最も源であります。

(9) 道のため剣の中に荒魂の立つべき事を夢な忘れそ

剣に象徴される荒魂は、やゝもすれば武力ばかりと誤解され勝ちであります。元より勇魂は顕の世界に於て象徴するとせば剣が最もふさわしいものですが、それは破邪顕正の為のものでなくてはなりません。剣の中に鎮魂した勇魂を柱として道を行なうべきことをさとしているのであります。剣の徳は人を傷け損う為のものでなく、あらゆる邪悪の来り犯すのを守り払うことであります。おのずから邪悪の入り来る隙を持たせず、充実進取の気を振作してゆく処に荒魂の活らきがあります。時世に照して感なきを得ませぬ。

⑽ 荒魂の光は後の世の末の常闇の世も照らすべきなり

後の世の末の常闇の世と先生が指されたのは、果して何時の世代を云うのでしょうか。常闇は天日の光なく、道の行なわれない時世を申すのです。人の直霊の光蓋われてかすかに、大直霊の輝きも世に透らず、道衰え現実に人類は苦難に堕ちた世であります。我々は心を空しくし念をひそめて世界の動きを見つめ、又足もとのわが民族社会の動向を察せねばなりませぬ。真に荒魂を振い起して先ず何を為すべきでありましょうか。神人と称えられた本田先生は已に常闇の世という日を予見していられた感がするのであります。

〔和魂《にぎみたま》〕

(1) 天地のい行き巡らひ離れざる心ぞ神の和魂なる

「和魂は神親」と先生は教えて居ります。故に親魂とも書きます。「真道問対」には、和は親なり平なりとも説かれ、更に「親の用は平にして止むか」との問に対して「交なり、修なり、斎なり、治なり、平なり」と申して居ります。和魂の活らきを教えて居るのであります。

天地即ち太陽と地球が相離れず軌道を運行するのは、宇宙の大霊の和魂を享けた相《すがた》であります。太陽も地球も生命なき物体と見倣しますから遂に理解が出来ないことは前に屢々申しました。幽観すれば物にこもる生命にすぐ気付く筈であります。併し顕に捉われた心は、軽々しく見過され易いが唯物思想の根底を為しているのであります。物を物たらしめる霊の内在を直観しなくてはなりませぬ。そこに先ず根拠を置くべきであります。佐藤信淵の所謂産霊の元運の中、旋回遅速は形の上に之を見、形体運動はその本質を述べたものと見ることが出来ます。いずれもそれぞれに備わった和魂の照応し作用する所であって、大観すれば宇宙の大神の和魂と見ることが出来ましょう。和魂は実に本欲り、即ち服従ひの活らきであります。

(2) 空翔る鳥のたぐひも親《むつ》魂の神の幸かも相竝び行く

宇宙の産霊の活らきを大どかに栄えと奉仕ひと分けて申しましたが、和魂は服従《まつろ》ひと申してよいでしょう。地球は太陽の子であります。親星の周りをめぐって離れぬ子星の姿です。大いなる天体の運行はそのまゝ移して地上にも見られます。月の夜空ゆく帰雁の列にもその睦まじさがあります。これはそのまゝ大神の和魂を賜わった事であります。まして霊止たる人の世界では申す迄もありませぬ。

(3) 君親も夫婦《めを》兄弟《はらから》も子も友も親《むつ》魂合ひて立つべき道ぞ

人が社会を作り生活するのはこの親魂の幸に依らぬものはありませぬ。君と臣との間柄、親と子、兄弟朋友、自然に和み親しむ心こそ基を為して居ります。人間という漢字自身も人と人との間柄によって生活の成り立つことを表して居ります。この魂の活らきは宇宙を貫いて、どんな微細なものまで限なく行き渡っている。荒魂と和魂は織物に譬えて申しますと、経糸をなして不易のものであると先生は教えて居ります。その体質の弱い生きもの程親魂の活らきが強くて、集団の生活を営むのは、自己の種族保存のために神授の親魂を大いに活用して居るのであって、特に神の恵みが厚いのではありませぬ。自己の霊力の取る処であります。先生の申される「万物の精神亦神の賦与する処、然りと雖も其の受くる所の体に尊あり卑あり大あり小あり。故に各々美あり悪あり賢あり愚あり。」でありまして、唯々人の万物に勝れているのは霊を賜わり道を識るにあることは既述した通りであります。

(4) 彼と言ひ是と言ふとも和魂の神の見坐さば同じけむかも

彼と云い是と云うのは区別する心であります。親疎愛憎は人間の云う処であって、神眼から見れば皆斉しく神子であり、大神の和魂からすれば天地万物皆その道によって生れ、道によって立ち、生かされているのでありますから隔てはないのであります。大道の洋々として限りない姿でありましょう。我々は自ら深く省み戒めねばならぬ点は親疎はおのずからな道でありますけれども、それすら神の和魂の大いなるに習い奉って、私意を差し挟んではならぬことであります。まして斉しく親しむべき中に区別を設けることは最も戒めなければなりませぬ。或は子の中に一二を偏愛する、一家の中に嫉妬ある等は悉く皆私情に出でる為でありまして、神授の和魂に悖るのであります。之を正すのは唯々道に則り神の和魂に照らし見て思う外ありませぬ。

(5) 恵良《えら》恵良に歌ひ賑はふ家にこそ親魂幸《むつち》はふ神は寄り坐せ

家というものは唯単なる個人の便宜上の集まりではありませぬ。生命の繋がりを以て和魂の道の自ずからな団居《まどい》であります。人倫の根拠となるべきこの家は、現在の家族の上にあるばかりでなく、溯って遠い祖先にまで連らなり、又子孫にも続くものでありますから、家は已に私の物でないのでありま す。近頃の個我の考え方からすれば古い思想の様に見えるでしょうが、これは決して誤りでありませぬ。深く生命観というか、霊観を進めて行かぬから誤りが起ります。私という考え方は公に対する言葉であって、家は私ではなく小ながらも公であります。大小の関係でありますから家は大いなる家（公）に対した場合一つの私なのであります。

人倫生活の根底となるこの家には常に和楽の心を満たしめねばなりませぬ。世を毒する様な非行の者の大凡そはその家庭に和楽が欠けている処から生じます。それは現在ばかりでなく世代の違う祖先の在り方まで溯って影響が遺されています。之は実に恐ろしい事であります。我々の在り方は子孫に影響します。どうも容易でありませぬ。真の和楽は偏執を捨てることにあります。笑らぎ歌う声のみちみちた家は、自然に家の政も道によって行なわれているのであって、家に満つる親魂は大神の親魂に感応し招魂されるのであり、益々和み賑わう家となり幸うでありましょう。

(6) 親《むつ》魂の相和《にぎ》はひて天の下の政事は突き立つものぞ

(7) 和魂の神の御霊ゆ国を治め家をととのふ法《のり》は立つぞも

和魂の幸い栄えるのは家のみでなく国もまたその通りで、之が根本でなくてはなりませぬ。この心を忘れた政事がいかに多いことでしょう。大は国の政治から小は都市町村の末に至るまで、倦くなき権勢と利欲を追うての醜争はいつ果つるともない。その為に民も苦しみ怨嗟して互に信ぜず、醜悪な行い日々新聞を満たし安き心もありませぬ。かゝる権勢者に代表さるゝ各国がどんな世界状勢を現出しつゝあるかを思いますと、実に瞭らかでありましょう。根本の道を見失い神を見失った現代の人類の無限の苦悶の現れという外ありませぬ。

罪あらばわれをとがめよ天つ神
　民はわが身の生みし子なれば

明治天皇のこの御製は実に大いなる和魂の御心境であります。この大和魂によって政事が行なわれ国民が栄えて行きましたので、わが身の生みし民と仰せられました意味が拝せられます。この御和魂こそ我国の政事の中心不動の柱であります。神霊感を見失った現代人にはこの御製に感動する魂が果してあるでありましょうか。これは過去の道徳の題目ではなく、半世紀前の現実に生きていた精神であり、現実にこの神聖の下に生きてあったことは実に世界に驚くべきことでした。その精神は昭和の天皇の御胸に承け嗣がれたことは、終戦に当って焦土の作戦をあがき進める軍部と、身の危険に立言も渋々しからぬ官僚に、

四方の海皆はらからと思ふ世に

など波風の立ちさわぐらむ

と歎かれた明治天皇の御製を示されて、祖父天皇のこの一首こそ自分の心であると宣べられ、身を以て国民を亡国の惨から救われた大いなる和魂を思わねばならない。之は実に世界史上の驚異でありま す。

思いますと国史上にも久しく貴族政治、武家政治が続き、天皇と国民との間を隔て、尊く大なる和《にぎ》魂を仰ぐ由もなかった時代は薄暮時代とも申すべきで、明治の代に一度は大き和魂の光を仰ぎましたけれども、再び官僚その御光を蓋い、聖諭に叛き奉って軍人政治を現出するに及んで、国を破局に陥らしめたのでありました。而も最後に之を救われましたのは実に蓋われていた大き和魂の光であったのです。権勢や武力を以て立つものは、畢竟個我の偏執であります。斗争絶ゆる隙なく平和は永遠に彼岸のものでありましょう。惟神の道のまにまに和魂の活らきを顕現してゆくのが真の政治でありま す。この根本が確立せずには平和はあり得ないでしょう。大は世界から小は一郷一家一身に至るまで。

(8) 和魂の神の神慮《みはかり》なかりせば己が向《むき》むき人はありなむ

各自おのが向々にあるのは利己主義であり孤高主義であり排他主義であります。皆天理に叛き大神の道を外れたもの、行方には唯滅亡あるのみであります。この点些かも仮借あるべき筈はない。人やゝもすれば現世を終うるまでこの利己排他心を以て栄えた例を見て道の峻厳を疑う者もありますが、霊感を蓋われたが為であって、その者の心緒に入って知る由もないからであります。直霊の常に内に正して止まない故に表面強がっても決して心安んじませぬ。まして幽界に入るや忽ち神の罰めに逢い草葬に埋れて原子に帰するまで許されぬのであります。幽界のことは兎もあれ現実に於ても、利己を以て集まるものは利己を以て去るもの、人と人との間も、民族と民族、国家と国家との間も本質には異る処ありませぬ。利己の争いは遂に一人となるまで続くのであり、そして一人となった時は滅亡を意味します。大道を離れて生きることの出来得ない姿であります。されば、

(9) 親《むつ》まじき心ぞ人のこころなる踏みな惑ひそ和《にぎ》の和道

と先生は詠まれました。かく和魂こそは荒魂と共に魂の経《たていと》たる活らきで、共に神子たる人の頼りて生くべき道でありますけれども、霊魂に自覚なき現世相は必ずしも之に添わないのは歎かわしい限りであります。小さな例として見ましても、会議などの席上で些細な意見の違いにも自説を固く主張して止まず、紛争の種となって自分では大いにいさぎよしとする者を往々見受けますが、之は已に道に反した、和魂を蓋った生き方であり、若し反対の考え方であっても、自説は丁寧親切に説明して衆に計り、若し衆人の賛する処とならなければ、暫らく保留して衆に従うのが和魂の道であります。結果に誤りが出来たとき再び衆の考慮を求めるのが本当でありましょう。但し道に反し大義に悖る説に対

しては生命を堵して戦うべきでありますが、之以外の場合は、小智に偏執して和を破ることは却って道に反することを知らねばなりませぬ。

⑽　苅菰の乱れし世にも和魂のみだれぬ人ぞ功勲《いさをし》は立つ

こゝに申す「いさをし」は元より神眼より照らして云うのであって、個々の利害得失を主とする俗眼から申すのではありませぬ。道を正しく立てる上の功勲であります。兎角に乱れた世は人の心も荒び、事々に刺々しく狐疑心強く、唯々己れの利ばかり追求いたします為に、無益の争乱を生み出すもの、この様な世にも和魂を乱さず人にも事にも接し得る人こそ道を保ち平和を将来する人物であることを指摘いたしたのであります。乱世の人心は切に和魂を求めて止まないものであって、自己の生命を守る為に止むなく戦うことがあっても、霊魂の活らきは常に道ある世を渇望しています。故に和魂の乱れぬ人こそ誠の人望を得て、道を正し世を救うのであります。俊敏鬼才の徒は輩出するともこの和魂の大才を得なければ用をなしませぬ。却って争いを尖鋭化する事が寧ろ多いことを深く念わねばなりませぬ。

古来人の霊魂について語る者は皆和魂を重視しないものはありませぬ。衆論一致と申す処でありますが、本田先生は荒魂和魂を以て経《たていと》としました。一々万々確固不易として天地悠久を貫くことを述べて、奇魂幸魂の緯《よこいと》とするに対せしめて居ます。そしてこの四魂を主宰する直霊のあることを教えて甚だ鮮明であります。国学諸家の説はこの点晦渋を極めて居りますのは、その霊魂観が確立しなかったのに依るのであって、人心をして、去って外教に奔らしめた所以でありましょう。一霊四魂の説は本田先生を以て初めて確立したのであって、爾後の説々殆どその流れを酌み影響を受けたと見られます。そして先生の霊学は実に術《わざ》の専修によって神教を得たことを深く忝なく思う次第であります。

私かに念いますのに、人の霊止たる所以は大神の霊を賜わり、おのずから道を悟り得るにありますけれども、その道を行うに当っての活らきはそのまゝ両産霊の活らきであり、その経たるは荒魂和魂であるという先生の教えは、この両魂を配すれば荒魂は高皇産霊、和魂は神皇産霊に拝される心持がいたします。神光神温とも先生は申されて居ります。そして人としてその体を統御し行動せしめる活らきはこの荒和二魂であると感じます。肉体の隅々まで行きわたり行動せしめるさきはへとまつろひはこの二魂でありましょう。又緯たる奇魂幸魂と両産霊に配しますれば、高皇産霊は奇魂を神皇産霊は幸魂に拝される心地がいたします。経緯の過不及によって織り成された人故に、性別、才別、体別其他あらゆる差異が生じると考えますと、大神の造化の神業の永久無限の活らきが驚嘆せられます。

〔幸魂《さきみたま》〕

(1) 子をおもふ親のこころは天地《あめつち》の自然《おのづから》なる幸魂なり

(2) 人ならぬ活物《いきもの》すらも子を思ふ幸《さき》魂のみは等しかりけり

幸魂と奇魂とは共に和魂の用であるとの説が従来広く行われて来たのでありますが、本田先生はこの説を根拠なきことゝして、荒魂や和魂と竝べて掲げました。そして之を経緯を以て説明せられたことは上述の通りであります。この四魂を統一主宰する直霊の存在を指摘したことも既述いたしました。

幸魂について「道之大原」には、幸魂は神愛なりとあり、「真道問対」には、幸は愛なり、益なりとも云い、また愛の用を、造なり、生なり、化なり、育なり、と述べてその意味を明らかに致しています。この言葉の一々については申上ぐる要はないと存じます。

この二首は吾々自らの生活の中に幸魂の存在を認識させるばかりでなく、人間以外の活物もまたひとしくこの魂を享受していることもこの歌の通りであります。「天地《あめつち》の自然《おのづから》なる」の一句は、宇宙のありとあらゆる物は凡て大神の幸魂より生れ来り、之を享けていることを申しています。唯々奇魂幸魂は、荒魂和魂の経たるに対して緯の立場にあって、「操縦与奪其権我にあり」と説いています。こゝに各自独自の持ち味が齎《もた》らされるのであります。

(3)　己が身を幸《さき》はふ心本にして人を幸《ちは》ふは末にしあるらし

大神の一霊四魂を賜わって心とし国魂の三元八力による体を賜わって初めて人としてこの世に生れ出でた我々は、小さい乍らも一つの宇宙をなしていると見ることが出来ます。大宇宙が生成化育を寸時も休まず行なわれている様に、この極めて小さな人間微小宇宙も寸時も生成を休みませぬ。その先ず根本となるものは自己の完成でありまして、四魂の活らきもそこに先ず重点を置くのであります。幸魂も先ず己れの完成を元として次第に他に及ぼして行くのが本来の姿でありましょう。先ず幼年期少年期は専ら自己の完成に幸魂の活らきが集注されると見てよいのであります。そして一応形作られますと次第に他に及ぶのであります。子を思う親の心は神愛の姿でありますが、子はわが身の延長であり、その関連では己の分身でありますから、本末から申しますと自己の内に入るべきものでしょう。これを本として他に及ぶのであります。本当に自己を愛する心のないものは他をも真実に愛することは出来ないと申します。慈愛が身に満ちあふれてはじめて他をも益し育てることが出来ることを、静かに心に留めるべきであります。自愛はかく自然のもとゝなる姿でありますけれども、偏ることは罪となります。先生は古典の伝えの中から伊弉諾尊の黄泉行の危難に逢われた条を、元より設神理の教えでありますが、愛の一点に偏られた事からの過ちと述べて戒とされています。

(4) 彼我の差別有らざる幸魂《さきたま》の神の真幸《まさち》は厚く広けし

個々に賜わった幸魂は先ず己れを幸はひ人に及ぶのでありますが、他に及ぶに当っては差別を持たないのが真の愛の姿であります。之は神の幸魂の姿でありましょう。神の人を見るや一般であってそこに差別がありませぬ。宇宙の大神が万物を作り固めなすのは、宇宙霊そのものゝ内に於て幸魂《さきみたま》幸はひなされるのであり、大宇宙の一部分を為している太陽系小宇宙の内に於ても幸魂幸はふのであり、その太陽系内の一部分である地球霊―大国霊神と申し上げますが―は地球の内に幸魂幸はふのであります。

かくて地上に生れた人もその通りであります。若し人から高次の神の幸魂の活らきを仰ぎますと、彼我の差別なく広く厚いことを知らねばなりませぬ。わが幸魂を輝かして更に高次なる神の幸魂に合致して之を我身に行い得るのは人にのみ許された道であります。先生が「幸魂にして死すれば幸魂之を率ゐて神たり得」と教えているのは、この至純な神の幸魂に合致した境地を申したのであります。

(5) 幸々《さちさち》は己が幸々蒙《かが》ふるぞ神幸魂《さちたま》の御幸《みさち》にはある

神の幸魂を賜わって人は己が幸々を得、個々の特徴として表れます。神話に伝えられた山幸海幸はその一班を教えたものでしょう。或は生れて学にすぐれ、或は体力に勝れ或は技に勝れ、更にその枝葉千万に分れては数えることもならぬ夥しさ、而も一人としてその特徴の等しいものがなく、いずれも独特なのであります。大いなる神の御幸であります。先生が「天の民を降すや各種各般なり。而して天の民を視ること一般なり」と述べられたのは、大神の幸魂の至公至平なることを教えられていますす。この賜わった幸魂の活らくとき、益する心を以て益する行為が現れ、造る心を以て造る行為が現れ、産む心より産む行為が現れ、化する心より化する行為が現れ、育む心より育む行為が現れます。

そして自己を益するも他を益するも公を益するも共に道に従って為すべきであって、偏れば道を損じ光を失うのであります。道は直霊と共にありますことは已に屢々申しました。

(6) 物幸《ちは》ふ魂し無ければ人にして人に有らざる人と見るべし

幸魂は神授のもの、而して独自の活らきです。併し決して人間のみ賜わったのでなく他の活物も斉しく賜わっている。たゞ他の活物は霊をいたゞいて居ませぬから、その活らきが道に則り神の幸魂の如く輝かすことは出来ませぬ。若し人にして幸魂を活らかして、益、造、生、化、育の行いなきものは鳥獣にも劣ると申さねばなりませぬ。鳥獣は専ら自己のためにのみ幸魂を活らかす、而も猶親子一族同類のためにはその幸魂を発揮して身を挺して難に赴くのであります。神子たる人が神の幸魂に近づき服従ひ奉る処がなくてはなりませぬ。神に近づく道は己れを至純にする外ありませぬ。神の愛魂をわが愛魂に照受するためには、心を浄め身を清めてわが幸魂の偏り曇ることを拭うのであります。自己は家族の一部であって本源は家にあります。家は国の一部であって本源は国にある。家々は中心がありそれは決して現実だけのことでなく、祖先から子孫へのつながるもの、国にも中心の神聖があって大きく祖宗を貫いています。之に幸魂を捧げ奉ることは道に従う高き行為であります。鳥獣すら本能のまにまに之を行うのであります。この心を自覚して発揮するのが霊止たる人であり、大神の肯う処であります。人類の幸魂をあげて大神の幸魂に照合することを心懸けるべきであると確信いたし

ます。されば先生は、

(7) 家も身も顧みなくて国のため尽すこころぞ幸魂なる

(8) 幸魂の全けむ人は国のため家のためなる底宝主

とも詠まれました。愛国心というものは実に高次な純愛に出でなければなりませぬ。幸魂の全き人とは道に則って幸魂を活らかす人、神愛のまにまに行い得る人であって、底宝主とは真に家の基礎、国の基礎となる宝とも云うべき人物という意味であります。

(9) 白金も黄金も珠も幸魂の開き出でたりし華にこそあらめ

金銀珠玉は人の珍重する所であります。その価値の見方は時世によって異るでありましょうが、動乱の代にあってもそのものゝ文化的価値は別に失われては居りませぬ。人の心を楽しませ豊かにする活らきがあります。之は大神の幸魂の活らきによって創造され開き出でた華と申してよいでしょう。ですから人の幸魂と照応すると考えられます。他の動物にはこの高度の幸魂の活らきはありませぬ。彼等は専らに多く食と住の上に係る活らきのみであります。

(10)　百千々に形異れど幸魂の神の神幸《みさち》のすがたとぞ視る

思うに天地をはじめ地上の森羅万象のかくあることは大神の幸魂の活らきにより賜わった幸ならぬものはありませぬ。大神の大いなる愛魂によって産み出され育てられてゆくものであります。我々は個我に偏執する念慮を去って宇宙霊の大神の真相を仰がねばなりませぬ。人の賜わった霊魂は実に大神の霊魂の微々たるとも、一部分であります以上その質を等しくし、特に神子としてその精なるものを賜わったことを覚るべきであります。その大小より謂えば無限の差があり、従って大神の幸魂の活らきは微々たる人の幸魂のそれとは異りますけれども、その純粋な境地に至れば大神の無限小の分霊でありますけれども、その光を以て大いなる光に照応合一出来るのであります。先生が「真愛にして死すれば愛魂之を率ゐて必ず一神たり得。」と明らかに教えて居ることを思わねばなりませぬ。

〔奇魂《くしみたま》〕

(1)　前の世も即今《ただいま》の世も後の世も覚るは厳《いつ》の奇魂ぞも

奇魂は先生の申された神智であります。真道問対に、「智、愛は緯たり」と申して、勇、親の経たるに対して居ります。

問　緯と言ふ義は如何。

対　操縦与奪その権我に有り。此れ之を謂ひて緯と言ふ。

とあります。即ち人間として活動する場合、その智魂愛魂の活らきを操縦し与奪するのはその権はわが霊の命ずるまにまにであるということになりましょう。そして「奇は智なり巧なり」と答え、また、

問　智の用は巧にして止むか。

対　察なり。

と述べ、更に「感なり、悟なり、覚なり、察なり。」とその用即ち活らきを詳しく申しています。過去、現在、未来の時を通してその実相を察し覚るのは奇魂の活らきであります。

(2)　奇《くし》魂《たま》の神の恵みを得しわれや現世のこと何か惑はむ

奇魂の活らきは過去現在未来の真相を把握するばかりでなく、顕幽の神秘をも感得し明察して、天地を貫く道を悟るものでありますから、この魂を得ての上は現世に惑いはないと、霊覚者たる先生はかく其の悟りを得た歓びを詠まれています。顧みて我々は果して現世に惑い無きかどうかを思うとき、その学びの至らなさに背に汗の流るゝを感じます。それは何故にかく至らないのでしょうか。

「道之大原」に、

霊学は心を浄くするを以て本と為す。故に皇神鎮魂を以て之を主と為す。百姓尊奉して日に真心を練る。今人蒙昧頑固にして顧みず。法を外に求め術を異に尋ぬ。慣習常となりて汚穢日に加はる。あゝ悲しい哉。

と歎いている一節を回想したいと思います。そして心を浄くして鎮魂に入って初めてこの奇魂を発揮し得ることの可能なことを教えて居ります。奇魂のみでなく他の三魂も合わせてその活らきを正しく円滑ならしめることは鎮魂の要諦でありますけれど、特に奇魂の活らきはそうであります。そして浄心鎮魂に入るには、

心を尊び体を賤しむは善を為すの本、体を貴び心を賤しむは悪を為すの始め。

と教えて居ります。肉体をのみ重んじて之に奉じようとすればその欲情から諸々の汚穢が生じて魂の光を蓋い、魂の活らきは偏向させられ正しきを失うもので、惑いなく過現未を明察する奇魂の輝きは到底望み得ないでありましょう。

(3) 天地の依合《よりあひ》の極み奇魂のい照り到らぬところしもなし

天地の依合の極みということは、普通の解釈に従えば現にわが眼に見、わが心に思い浮べ得る世界の涯ということであります。それでもよろしいのですけれども、本田先生の解釈に従えば現に我々の眼に映じる太陽系宇宙のことを指すことになり、非常に大きくなります。天《あめ》は太陽、地《つち》は地球という解釈ですが、そのことも心にとめて置いて先ずこの世界の際涯までも、奇魂の活らきは審かに之を知り得ると云うのであります。奇魂はその最も精微な活らきは道を識るにあることは申すまでもありませんが、その末用多岐万般に至っては限りありませぬ。例えば今人智の進歩はあらゆる方面に於て驚嘆すべき奇魂の発揮なのでありますが、猶今日の程度では大神の無限の奇魂の境に幾許近づいたものでもありますまい。それほど宇宙には解明せられぬ部分が無限に存在いたします。例えば科学に於ても些か進む処があれば忽ち霊学に盲い道学に貧困する様な現状であります。まだまだ全一の姿さえ窺い得ない状態で、その部門部門に於ても未知の世界が余りに大なることを、真摯な学者ほど深く嘆じている処であります。神授の奇魂を磨いて進まねばならぬ行先は限りなく遠いのであります。それは神子たる人間の神に近づく努力に外なりません。唯末用の世界はこの様でありますが、その本元たる活らきは之を覚り得るのであります。即ち道を知ることであります。それ故に先生は、

(4) 奇魂は常闇の世を照らすべき神の玉ぞも琢《みが》け世の人

と励まされました。常闇の世というのは何を指すのでしょうか。人々の心に道を見失った世を指しているのであります。どんなに末用の活らきが進んでもそれでは人間は救われませぬ。例えば科学が進んで人間の日常生活が利便になってもそれで救われ得るか。それで救われぬばかりでなく却って逆な世代を現出することが往々あります。末用に偏した姿でありましょう。奇魂の本元の活らきは実に道を知るにあることを思わねばなりませぬ。尊い神の珠玉を賜わって之を琢けば琢く程常闇の世を照らすのであります。常闇の世は末用未知の世界ばかりではありませぬ。易しく申しますと所謂自然科学の世界のみでなく、実に精神科学の世界を包含し、寧ろそこに本用があると申すべきで、神霊の神秘も人の奇霊《くしひ》の光、活らきによって照らされねばなりませぬ。故に先生は又、

(5) 奇魂の神の光は大神の八十の隈道《くまぢ》も照らさざるなけむ

と詠じています。大神の八十の隈道とは宇宙万象の織りなす神秘であります。之を察し之を明らかに

して、以て大道を識るのは奇魂の真義でありましょう。

(6) 万《よろ》づ事奇魂の神に事議り議りて後に事は成すべし

奇魂の活らきはかく万事万象を感得し、その真相を覚り、過去現在未来に亘ってその動きを明察し、道を悟って不動の信念を確立するにあるのでありますが、日常我々の奇魂は去来する凡百の事件に対し些かも息むことなく活らいているのでありますが、之を磨くこと足らざるが為に光達せず困惑し迷いに彷徨《さまよ》うのであります。故に若し迷惑して事相を把握出来ない際は如何したらよいかと申しますと、ひたすら神の奇魂に祈り我が奇魂を啓らきます以外にありませぬ。人間四魂あります如く天地八百万の神々又四魂を全備いたして居るのでありますが、その活らきの上から一魂或は二魂を特に鎮祭いたして居る場合があります。神々の奇魂に参じ鎮魂してわが奇魂に照鑑を願うのが法でありましょう。先に先生が浄心鎮魂を本とすべき旨を教えられたことを思わねばなりませぬ。

神典に天岩戸開きに当って、八意思兼神《やこころおもひかねの》の活動を伝えていますが、神理からこの条を解釈しますと即ち奇魂の神のお活らきを申し述べて居られる。又同様の意味に於て国譲りの神話の中に、事代主神の御判別は、又大国主神の奇魂の御活動とも拝されるのであります。日本神典の伝承を単に歴史的な先人の事蹟とのみ解して行こうと致しますと、不可解な点が百出するのであって、悠久な時を貫いて現に厳存する神霊界の秘義を説いたことに心付かねばなりません。撰録した太安麻呂の序文に「設神理以奨俗」とある語句を深く思うべきであります。人類の世界はこの神霊の悠久な流れから見ると真に一分時の短い間に過ぎない。その一分時の幾十万分の一を一生として生きる人間が、この無限の神霊の実相を感得し伝承することの出来得たのも、神授の奇魂を磨き活らかして、神々の奇魂に照合して知らしめられたものでありましょう。

(7) 奇魂は奇しきものか世の中のこころの闇を照らすを見れば

現実の闇を照らす諸々の施設も人の奇魂の活らきによって造り出されたものではありますが、人の最も難しとする処は、心の闇即ち偏執して道を失うことにあります。先生は「小精神は動静常なく出没窮りなし。其の声音に顕はれ其の皮膚に形《あらわ》る。聖賢も其の意を秘する能はず、小人は其の想を隠す能はず」と歎じて居られるが、人魂の動静常なきが実際の姿であって、聖人賢人と雖も免れ難いのでありますし、常人は事毎に肉身の欲望に影響左右され、四魂のそれぞれに偏執して道を見失い懊悩するのでありますが、これらは我々の日常去来する事柄に対して経験する処であって、顧みれば大小深浅の差こそあれ実に危ういことのみ多いのであります。之を正しく判断して恒に昭らかな炬火を心に掲げて道を失わしめないのは、唯奇魂の活らきなのであります。正に神授の珠玉です。

(8) 天に事国に事知る奇魂の神の活用《はたらき》つねに奇しき

天に事知り国に事知る事代主神という称え言を採ったので、奇魂の活らきはよく神霊界の深奥を極め、現実世界の事理を明らかに識ることを述べたのであります。方今人智の進歩は実に日を時を争い、発明発見は夥しい数に上りますが、之皆人の奇魂の末用の活らきに依るものであります。唯々之等の事物に即した発明発見は部分に深く詳しく至るとは云え、奇魂の根元の大用を失うときは必ずしも人類に幸福を齎らすとは限らない。大用というのは霊学を究め道を識ることであります。例えば自然科学の進歩によって、よく数千百粁の彼方に台風を把《とら》え、刻々その動きを伝える如きは人類に幸せする一例であるけれども、之を誘導し、或は解消させる迄にはまだ至っていない。原子力の発見の如きも又之を平和利用にのみ為すべきであるのに、むしろ武器として自国の制覇に之を用うる如きは、道に逆行した行為という外ないのであります。之一魂に偏して悪をなす事例と云うべきで、天に事知る奇魂の発揮がなかった故であります。真の奇魂の活らきは神霊界を知って道を悟り、地上物象界を知って道のため活用すべきであって、この二つを照らす活らきであります。「天に事知り国に事知る」は単なる冠辞ではありませぬ。

(9) 奇魂の奇しきを綾に知る時は奇しならぬなし国の物事

国の物事は地上現世の事物象であります。現世の事物象の現れ出でる元は幽冥の世界にあります。大神の産霊の妙用による事は已に申上げた処であります。現世は幽冥の世界の一部分にすぎませぬ。

わが奇魂の光りに照らして之を見れば産霊の妙合の限りない奇しさに驚かない訳には行かないでありましょう。

⑽ 奇魂の大きく広く成りなむと世の中人は相勤むべし

奇魂は神授の霊光、磨けば天に国に事知る神の大奇魂の光に近づき得るのであります。神授の魂であっても磨かなければ小さく狭く道をも見失うに至るでありましょう。磨くと否とは自分にあります。之は魂の緯たるもの故であります。先生が緯言を「操縦与奪其権我にあり。」と申されて居ります。人は勤めて之を磨かねば真の功績をこの世に立て得ませぬ。奇魂を磨くことを学問というのであります。学問のわざは畢竟天の事即ち道を識ることを第一にすべきであって、霊学が百般の学の根本で最も尊いことは申すまでもありませぬ。広く大きくなることは実に希ましい事でありますが、能わぬとすればせめて狭くとも一道に深く高く進むべきでしょう。一道にも深く達すればおのずから理法をさとり得ますから、大道を悟り又自他の道をも理解する境地が拓けるもの、昔から一芸に秀でる者はよく他道をも兼ねさとると申されているのはこの間の消息でありましょう。我々愚拙の身もよく自分の素質を先ず弁えて、一道に精進ゆるびなくすれば些か大道に近づき得るでありましょう。唯々志は常に高く遠く保って努め度いものであります。

以上を以て本田先生の一霊四魂に対する各十詠を了しました。解説の筆遅々として進まず一詠毎に至らなさを恥じつつ幾度も挫折に瀕しながら、僅かに続け得ましたことを感謝いたしています。唯蛇足ではありますが附記いたし度いと考えますことは、一霊四魂の相互関係に就いてでありま す。一霊四魂と申しますと、各個独立したものが適々密着して人魂をなす如く考えられ易いのであって、例えば白黄青赤という様に異った魂を集め成した如く思い勝ちでありますが、先生が直霊の条に、

各魂各用にして直ちにその中にあり、是直霊なり。

と云い、また、

直霊は各魂至精至微の名。

とも述べられていますから然らざるを知ることが出来ます。即ち直霊は各魂の中核を貫いて自らを成しているのであって、換言いたしますと直霊の活らきの方面によって各色合いの異った魂となることをも意味します。故に一魂に徹すれば神たり得るという言葉の意味が判ります。例えば白黄青赤の色も最も至精至微単純なるものは無色透明であって、この無色透明の直霊からその活らきの方向に分れて或は白、或は黄、或は青赤となる如きでありましょう。されば神授の人の霊魂は渾一融合体であって、中に四魂に輝きを発揮すべき素質を内包し、透明清澄の直霊によって統べられたものと思わねば

ならない。あたかも太陽の光は無色に輝いているけれども、之を分析すれば肉眼を以て識別し得る範囲だけでも七色を呈しているに似ると申し得ましょうか。活らきから見れば即ち四魂であって、合して見れば霊たる直霊と申すべきでありましょう。

〔去就〕

人の死してその魂の行方は如何になるであろうか。所謂死後の世界は千古の秘であり謎でありま す。之がために人類の懊悩は絶える時なく、大聖哲人はこの悩みを解決して民を解放しようと努力したのでありました。世界の宗教哲学は要するにこの一点の解決に繫がっています。而も甲の論は乙は謂われなしとして葬り、乙の説は丙之を笑殺して止まる処を知りません。まして近代科学の進歩は過去の宗教を殆どこの点に於て木乃伊たらしめた観があります。仮初にもすがって来た教説を失った人類は行方も知らずさ迷い、科学万能に奔って或者は自らの生命を軽侮して唯物思想に投じ、或者は猶木乃伊の形骸にすがって気休めの安きをぬすみ、日々信なく混乱其の極に達した姿であります。為に世に少しでも新奇な教説が現れると忽ちその傘下に大衆の集まるのは、いかに人類が倚るべき道を見失い悩んでいるかを如実に示しています。世界の動乱も又その真因をこゝに発したと見得るでありましょう。この事は識者の斉しく指摘している処でありますが、指摘だけでは世は救われませぬ。

然らば従来の教説に代って真に人類を導くに足るものがあるであろうか。近代科学を以てしても微動もせぬが上に却って之によって益々その教えを鮮明にしてゆく真の教えがあるか否かに至っては、忽ち声細く消ゆる様な状態であります。而も最も古くして且つ最も新しき我国の惟神の道の唯一なるべきを説く者さえも、或は僅かに三千年の国史の蹟を祖述する程度であって、その根拠とする神典の解釈についても疑義百出して、殆どは顧みて他を云う者のみ多いのであります。これは実に学者自らが神霊観を確立して居らぬ為であり、神霊観が確立しないのはその実証を得ないからに他なりませぬ。紙魚の様に古文書の中に遁れて安きを窃む者の多い為ではなかったでしょうか。若しそうとすればこの人々は古文書の中にその数十年の生涯を埋めても、今日のこの難局に処する信念を国民に植えつけ得たでありましょうか。長歎息の外ありませぬ。

過去の宗教の倚るに足らないことを説く学者は、むしろ唯物思想の走狗の役割を為したと同一の結果になって自らには何の権威も価値も見出し得ないことになるでありましょう。世人は最早神霊観の確立のない学者神職の徒食に倦み果てゝいるのではないでしょうか。三千年来かくありきとばかりでは今日の国民を安んぜしめず、まして人類に光を与えることなど思いも及びませぬ。何故にこの様になったかその源由を明らかにすることは重大事であり急務中の急務と思われるのであります。

あらぬ余談は措いて先生の十詠に帰りましょう。

(1) 神去りて後の行方は八雲立つ出雲の宮ぞ其の初めなる

先生は人の霊魂は宇宙の大神の賜物と申します。宇宙霊の大神は太陽系小宇宙に関する場合は、太陽霊に於て顕現しているのでありまして、地上の人の肉体は地主の三元八力を以て寄《よさ》した処と教えて居ります。地主とは地球霊たることは申迄もありませぬ。「道之大原」に、

神光之を高皇産霊と云ひ、神温之を神皇産霊と謂ふ。

と述べたのはこの間の消息であります。地上の生物は太陽霊（宇宙霊）の光温二つの産霊の活らきによって地上に生命を結ぶのであって、而もこの生命は大地に托して生れ出たものであります。その体を為して生れ出ずるや大地霊の主宰の下にあるのは不変の神憲でなければなりませぬ。地上に実現した生命体は独り人間だけではありませんが、先ずその霊と体との解体に当っても、来し方そのまゝの道にとって還るのは理でありますから、大地の精は大地に大気の精は大気中に帰り、神授の霊は神の御許に帰るのは至当であります。唯々人の霊の神の御許に帰るにも順序があって、先ずその付せられた地霊に倚り率いられて審判を経なくてはなりませぬ。神授の霊は元より極微の分霊ではありますが、霊を賜わった故に自主性を許されているのでありますから、その現世に於ける功罪は自ら責を負うべきものであります。出生地の産土神のみもとに引きとられ、率いられて地球霊たる大国主神の鎮ります出雲の宮に参って最后の審判を受けることを先生は申されて居ります。人或は大国主神を全く人格神とのみ解して、地方に雄威の豪族とするのは神理に暗い為であることは已に述べました。

「真道問対」に先生は副島伯の問に対して、

問　大国主也は大地の霊、固より人体に非ざるは既に已に命を聴く。その神子と称するは何等の誤なるを知らず。

対　古来神子と称する所は大国主の霊体力の用のみ。大地固より后妃なし。何ぞ子の之れあらむ。

と答えて居ります。正に神典解明の上に一大革新をもたらす契機を為す言葉であると思います。

(2)　霊《たま》魂《しひ》の往くも来るも出雲なる大国主の神のみさだめ

重ねて申しますと、天津神の霊魂を人に賜うや之を大地に附して、大地霊の神意に任せられるのであります。大地霊之に三元八力を以て体を作り、顕世に人と生れしめ給うのでありますから、苟も人が生命をこの地上にある間は、大国主神の資養に恃《ま》つのであって、顕幽かけてこの神の主宰のもとにあります。

大国主神と申しますと出雲の大社に祀られて居り、人或はこの様な特定の社殿境域を有して居ります故に、祀られている神霊をも人格神と見るのでありますが、神域社殿は人為的のものであり、神が之を嘉して鎮まり給うとは云え、元々神霊はこの様な規範に捕わるゝ事なく、大地に普遍充満しているのでありますから、神域社殿を去っても神霊の恩頼は薄らぐことはありませぬ。祈念すれば忽ち傍にあるのであります。私共の住まうこの大地の一握りの土も、大地霊たる大国主神の一分身であります。即ちその国の国魂の神の一分身、産土神の一小分身たるものであります。唯々神霊を祀り至誠を捧ぐる為に、人も徹底的に清まる聖域を選び神霊を鎮祭したのであって社殿神域は神人合一の神聖なる斎場であり、神と人との至霊の輝き合うべき場所であります。何故にかゝる場所を必要としたのかと申しますと、それは専ら人の必要に基づくのであります。人の精神は「動静常なく出没窮りなき」ものであって、清徹不動の信念に常に住むこと難く、四魂の一隅に偏して道を見失い勝ちであり、肉体の欲望に左右されて罪穢を重ねるものでありますから、之を鎮魂し、神授の霊光を明らかにして大道を行わなければなりませぬ。その為にこそ神を祀る斎場社殿が必要なのであって、祭りの意義がこゝにあります。その奠幣《てんぺい》祭は心の表れて形に存したもので、肉体を持つ人として当然の行為でありますす。これを顕斎と申しますが、顕斎を以て充分とするのは形に捕われた行為で、顕斎あれば必ず幽斎がなければ本当の祭りにはなりませぬ。幽斎は霊を以て霊に対するものであり、その祭りがないと形ばかりのものとなり、祭りが虚偽となります。

「真道問対」に先生は、

問　斎《まつり》に幽顕ありや。

対　有り。神武紀に曰ふ顕斎是れなり。顕斎あれば則ち幽斎あり。故に顕斎して幽斎せざるは非なり。幽斎して顕斎せざるも亦非なりと知るべし。

問　幽斎式は聞くことを得べきか。

対　幽斎は神殿あることなく、奠幣あることなく、祭文あることなし。霊を以て霊に対するのみ。

と述べられています。鎮魂帰神の必要欠くべからざる点を教えているのでありますが、顕斎を行なうに当って神職はじめ奉仕の人々が、古来参籠潔斎して俗事を断ったのはこの幽斎の一部を実行する為であります。祭事に当って斎戒し鎮魂することを国家の重儀として定められたことは大宝令に明らかであって、当時唐制模倣の時代にも猶古来の惟神の道が頽れなかった証拠であります。今日御一代一度の大嘗祭の御儀に拝しても瞭《あき》らかな筈でありますが、諸国に至っては大方早く頽れて、祀職すら多く之を忘失し俗人と選ぶ処がない様になりました。その祭るに当っては形を以て足れりとし、徒らに華麗を競って俗眼をくらまして悦楽のみを追求するに至っています。幽斎を忘れたのであって、かくては祭るとも何等の神感が得られよう筈がありませぬ。

(3)　霊《たま》魂《しひ》の往来の道の八衢《やちまた》に分《わ》剖《か》れし道ぞ神ながらなる

(4) 眼の前に在るかとすれば後辺《しりへ》に在りしが如し霊魂《たま》の行道

人の生命は光温二つの産霊の活らきにより結びに結んで成れるものであり、その霊その体は天津神国津神に賜わり、結びに結んで成ったものでありますが、その霊魂の来り結び又去りゆく道の神秘は到底人の窺い得べくもない処であります。唯々神ながらの一語に尽きる思がいたします。わが子と雖も人の意志によって産み得るものでなく、まして男女の別すら如何とも為し得ないのであります。まして地上の生命無限の数をつくし、形態また千差万別に、結びに結び解きに解いて消え去るを思い及びますと、唯神ながらの一語、筆舌に之を述べることは到底出来ませぬ。

(5) 天地の外にも非じ天地の内にも非じ霊魂の在処は

霊魂の在処は本霊の在す範囲内である。本霊の在す範囲とは「道之大原」に、

大精神の体たるや至大無外至小無内、所在無きが如く所在せざる無きが若し。聖眼も之を視る能はず、賢口も之を語る能はず。故に皇典に曰ふ隠身なるものは則ち神の義なり。宣なるかな其の霊々妙々なる。

と嘆じ、その本霊の鎮まる中心については、

万物の中也は有形の中なり。其の中測るべし。神界の中也は無形の中なり。其の中測るべからず。混じて語る勿れ。

と述べて天之御中主大神の御神名に拝する真義を教えていられる。かゝる本霊の無限大の体内に無限小の分霊たる人の霊魂の所在、その去執の道の霊妙なことを静かに念うべきでありましょう。若しそれ之を想像するとせば白日の光燦々として無限に降り注ぐを霊の通い路とも見思うに如何でありましょう。唯々神界の霊を人身の処在の如くに考えてはならない。道を以て祀れば忽ち来り鎮まることを知らねばならない。その去ることも又速やかなのであります。

(6)　霊魂の往辺如何にと言はむより先づ来し方を神慮るべし

考えるとは神還るの意味で、神授の霊魂に返って直日の光に照らし見ること、自己の神性に立ちかえり思いはかる意義であります。自らの過去を反省するのは霊魂の帰趨を知る妙機であることを指摘いたしたので、その為には鎮魂して直霊の光に照らさねばなりませぬ。「道之大原」に、

大精神也は無声に聴き無形に視る。故に既往を知り未然に察す。大精神此の至霊

を以て神子に賜ふ。神子尊奉して竟に至徳を成す。

と述べられました。自己の霊魂は神授の分霊であり、真に尊く祀るべきものであり、この自霊に透徹して初めて悠久の大道を悟り霊魂の帰趨をも察し得るのでありましょう。我々は自己の霊にかしずき、過去を深く反省して罪穢を自ら誅除し、深く鎮魂してその神授の分霊の光輝を岩戸開きして窺わねばなりませぬ。霊魂の往辺《ゆくえ》は自ずからさとり得るでありましょう。

念うに顕幽は一如、神に昼夜なし。神眼から見れば顕も幽も区別ないのであります。適々顕界に生れ出でるのも悠久流転の中の一瞬の相であります。故に、

天の生民を降すや一生ありて再生なし。是れ乃ち天命。然り而して世間往々体甦を言ふ者あり。悉く皆詐欺なり。日々神鏡に照されて神怒に触れ、体斃され魂誅さる。亦何ぞ帝側を望まむや、噫。

と先生は歎いています。自らを浄めて神授の分霊を祀りその霊の光を以て大神の霊光に対すれば、道はおのずから悟り得るでありましょう。鎮魂して先ず神授の分霊に参ずるのは幽斎の初めであります。「真道問対」に、

問　霊を以て霊に対する、既に已に聞くことを得たり。未だ知らず対者の自他を

別つの弁を。

対　或は己が霊を以て己が霊に対し、或は己が霊を以て一人の霊に対し、或は己が霊を以て一国の霊に対す。其の体を以て体に対し、力を以て力に対するもまた然り。

と対えられている。「幽斎は霊を以て霊に対す」との先生の言を味わい悟るべきでありましょう。

(7)　善き事を世に施らす霊魂は神の上たる神にこそあれ

わが霊魂は大神霊の尊き分神分霊であることを知り、その立場々々に賜わった神授の使命を、道によって行えば衆神中最も優れて上神となり得るでありましょう。上下の言は地上千億万の霊魂を対象として申したのであります。「真道問対」に、

問　現人神と成るの説あり。如何。

対　幽体は現体に変ず可し。現体は幽体に変ずべからず。

とあります。生きながら神となることは神憲の許さない処であり、その体を去って初めて神審に判ぜ

られ、処遇を受けるのであります。人の死するや霊魂は現身を脱して結合し先ずその地の産土の神の御元にて祓われ、次で生れし地の産土神に伴われて更に大国主神の御元に参じて審判せられて夫々処遇を賜わると承って居ります。かゝれば善を世に施すこといかに厚くとも、顕世に於ては顕世の掟の中にあって、生きながら神たることは不可能であります。神の語義を正しく理解すればこの様な過誤はあるべきでありませぬ。

(8) 善き魂を持ち帰りなば幽世の吾が大神は愛しく見坐さむ

人の死するとみまかると申します。之は古き国語であります。みまかるは身罷るであり同時に霊罷るの意味であって、霊体共に顕界を去って幽界に去ることであります。体は三元八力を以て産土の神の依ざしたもの故、元々の産土の大地に帰してゆくのでありますが、年月を要して解体いたします。霊魂は大地に付して天津神の賜わったもの故に、先ず国津神たる大国主神の御もとに参じて、神府の裁判によってその帰趨を定められることは理《すじみち》でありましょう。「真道問対」に、

善魂は神為るを得。真勇にして死すれば勇魂之を率ゐ、真智にして死すれば智魂之を率ゐ、真愛にして死すれば愛魂之を率ゐ、真親にして死すれば親魂之を率ゆ。故に徳全からずと雖も必ず一神たり得。

と申された一節を再び味読して戴きたい。更に、

問　人魂神と為りて自ら高下勝劣ありや。

対　全徳を上と為し、三徳を中と為し、二徳を下と為し、一徳を最下と為す。一善記すべきもの無きは草莽の間にあり。

とあるのを対照すれば愈々明らかでありましょう。「一善記すべきもの無きは草莽の間にあり」の一語は実に峻厳でありまして、一度死して幽界に入るや顕世の地位名誉等は何ら係わる処なく、これたゞ一個の霊魂、その功罪はこのごとく神鏡に写され神罰を受くる外ありませぬ。更に注意せられるのは、

問　霊魂に増減あるか。

対　増さず減ぜざる、是れ真の霊魂。

問　人魂も亦然るか。

対　善を為せば則ち増し、悪を為せば則ち減ず。

の一語であって、我々の魂の増減の帰結は果して什うであろうか省みて慄然たるを得ませぬ。一善記

すべきものなしとは、その一世を貫く一善すらないことを申すので、区々たる些々たる善行を指すものではありませぬ。それらは増減の中に埋れ去るものに過ぎない。噫。

(9) 悪魂《まが》は既に我知り然後に幽世の神討ちきためます

霊魂は元より神授の分霊、玲瓏白玉の如しとは云え、体を得体と結びに結んで行き渡れるもの故に、動静常なく偏執すれば忽ち道を失う。まして体を守って体を制すること能わぬに於ては、諸悪限りなく群がり起るのであります。然しながら神授の直霊は忽ち未然に察知して之を正そうとします。偏執甚しくて遂に及ばない場合に至っても、猶直霊は之を責め正して止みませぬ。古人は、天識る地識るわれ識る人識るといいます。人識らずともわが直霊の罰めは免れることは出来ませぬ。幽世の神の罰めを受くるに及んでは何をか申しましょう。「道之大原」に、

人皆以為《おもへら》く、審判は死後にありて、賞罰は生前に有らずと。故に生を軽んじ死を重んず。是即ち神誅を蒙るの原、天獄に繋がるゝの因なり。神眼赫々固より幽顕なく、死生理を一にす。何ぞ之を二とせむ。

と諭していられます。

⑽　幽世の神の賜ひし霊魂に疵をな附けそ天の下ひと

一霊四魂はこれ神授の白玉、常に幽斎鎮魂してその光を輝やかしめなければなりませぬ。先生は、

神子善心を治むれば、大精神之れに霊魂を与へ、神子良行を乱せば、大精神之が霊魄を奪ふ。

と教えて居ります。「人魂は善を為せば則ち増し、悪を為せば則ち減ず」と前に申された言と対照し、内に深く省れば点頭《うなず》かれるでありましょう。霊魂は一霊四魂、霊魄は霊と魄、魄というのは生きている肉体の欲望執念であってその体を寄り結んで之を統率し霊魂を承け納るゝのが魄でありますから、魄を奪うとは即ち肉体の死を意味いたします。悪行を為すもの発覚すれば心縮み体わななき歩行すら能わぬに至るを見ても知ることが出来ましょう。世に自己の霊魂の尊貴なことに思至らず幽斎して祀るべきをも知らず、徒らに他神を頼って幸を得ようと迷い、或は妄りに戒律を作って自他を虐げ損する者の多いのは慨歎に堪えないことであります。先生は、

省、恥、悔、畏、覚の五情は霊魂中に含有す。乃ち神明の戒律なり。末世無識、妄りに戒律を作って後学を眩惑す。神府の罪奴と謂ふべし。

と「道之大原」に明示していられます。正しき鎮魂を以て神授の霊光を昭らかにし、大道を四海に布く神聖の大業にまつろわねばなりませぬ。

猥薬、浴、防、棄、避の五術、固衆情の中にあり。後世動もすれば異行を作し、猥りに奇咒を誦へ、其の身を潔めむと欲して反って其の体を汚す。実に白圭《けい》の玷《きず》。

とも戒められています。併せて思えば従来の宗教の上に思い当る節がないでしょうか。古来祭りは屢々せずと申しています。神祭りは国家の最も重しとする処、その行なうや宜しく身命を籠むべきであることを、深く省みねばならないと思うのであります。

古事記神理解小註

古事記神理解小註

古事記神理解の小註を試みようとするに当って、山田孝雄博士の古事記上巻講義を対比して行こうと思う。この講義は昭和十五年二月の印行であるから、博士自身もその後に改められた考えもあろうし、（事実塩釜神社押木宮司の許には博士の自筆増補校定の書もある。）又その後秀《すぐ》れた研究も幾つかあったことと思う。併し私はこの講義をされた博士の態度に非常な魅力を感じる。それはこの講義は塩釜神社の神前に於てなされ、博士が特別な心態度でなされたという点である。こういう心態度を私は寡聞にして他に知らない。私が講義を対照に撰んだ所以である。因《ちな》みに博士の講義は昭和十四年上梓であるから、本田先生の神理解講述の明治十八年を隔つこと五十余年である。そして碩学山田博士も神理解に一度も接して居らない。神理解は久しく世に現れず秘められた書であった。

(1) 天地《あめつち》の初発《はじめ》の時、高天原《たかあまはら》に成りませる神の名は、天之御中主神《あまのみなかぬしのかみ》、次に高御産巣日神《たかみむすひのかみ》、次に神産巣日神《かみむすひのかみ》。この三柱の神は、並独神《みなひとりかみ》成り坐して、隠身《かくりみ》にます。

○天について

神理解の巻頭第一に非常な壁に衝き当るのはこの天の解釈である。先生はアメとは「現に仰ぎ見る所の太陽なり」とされている。これは前古未曽有の発言である。

講義にはアメツチと訓ませているが、アメに就いては古事記伝の「さて天は虚空の上に在りて天つ神たちの坐す国なり。」とあるのを、この考え方は日本の古い考え方を現していると思う。といって賛成していられる。併しこれは虚空の上段にありと云うだけで漠然としている。先生の之を太陽とされた具体的なるに及ばない様である。それのみならず、「而シテ其ノ表面ニハ山河アリ草木アリ宮室アリ民人アリ君主アリ。其他万般ノ事物一切具備スルコト猶我地球ノ如シ。故ニ之ヲ日ノ国ト称ス」とあるのは、猶想像の考え方として大方同じ難いものを持つであろうと思う。併し之は現体としての太陽そのものでなく、地球上の神霊界の如き太陽の神霊界のことであり、今日に於て地上の人間と等しいそれであるとは云って居ない。一切の事物を具備しても現実の地球上の通りであるのでなく、その諸条件は地上の幽界と等しく太陽独自に如くに具備していると解すべきである。そして之は先生の未曽有の発言であるから、一応心に記しておいて軽々に批評せずにおいて後の説を読むがよいと思う。

次に先生は天に対して特に特有の仮名を用いられている。「和銅年間神字ヲ漢字ニ塡テ[神字]を霊《ヒ》トモ火トモ日トモ種々ニ訳セラレシヨリ、終ニ古義ヲ害スルニ至レリ。」と述べている。即ち先生は神字論者であって、従来発音を記す神字があった。それが何かの事情で漢字を使用することになったというのである。先生の用いられている神字なるものは本田親徳全集の巻末記に記した様に、今日まで数多く発見された古代文字の中では「日文字《ひふみ》」と同じ系列に属するものと思われる。そしてこれは鹿卜の兆体から発すること、そして対馬国卜部阿比留家に伝えられたものという点は注意してよい。日文字は我国に非常に古い時代から存した表音文字の一つであったことは信じてよいと思う。先生の用いたのは中古「肥《ひ》人書《ひとのしょ》」と呼ばれた楷書のものであって、之を天地の理法からかくあるべしと探究されたものであるけれども、之は暫らくそのまま否定も肯定もせず置くのが順当と思われる。先生の神字は五十音図に拠っているけれども、国語学方面では五十音図は王朝時代後の新しいもので、万葉集に於ても母音は五つでなく八つに書き分けられ、その使用も夫々に使い分けられていた研究が、橋本進吉博士以来非常に進んでいるのであるから、先生の五十音図に依る解釈は古代神字として否定さるべきものの中に入ると云われるであろうと思う。併し私は八つの母音も発音上の細かい区別で、母音そのものは約すればやはり五つになるとも思うし、先生の五十音図は同時に他の分野—五十元素—五十霊の展開に及んで居るから、軽々に結論せずに置くのがよいと思う。その表音神字も又天地の理法より先生独自の神感によって推定されたものとすべきであろうと思う。

次に造化の始より凡てのものが円形を為しているというのは実に新しい見方である。そして之は天地宇宙の理法に基づいて然ると断じている。「上ハ日月列星ヨリ下ハ鳥獣草木ニ至ル迄、長短広狭正斜一ナラズト雖モ概シテ皆円形ヲナセルヲ以テモ…知ルベシ。」と云っている。そしてこの教えは造化の始めに当って宇宙そのものが混沌たる一円形であったことは、「天地混成之時《アメツチマロカレナルトキ》」とあるを以ても知ることが出来るとなしている。我々は今日漢字の使用に馴れているけれども、本当の古伝を解く場合は暫らく文字を離れて、国語の音にかえり考察する必要があるので、当てられた文字から中国風に解してはならない。古事記は周到な用意を以て漢字を当てているが、特有の国語には特に訓みを付している点を思わねばならないと思う。

先生の万物凡て円形を為していると云う説は、円形である以上中心があり、中心から回転して発展しつつ同時に中心に帰一しつつ存在するという宇宙の原理を示している点を留意したい。

ここに特に注意して置かねばならぬ点は、先生のこの著は実に明治十八年五月であって、昭和五十一年十二月を去る実に九十一年半以前の著であることである。そしてその宇宙観、神霊観より古事記を解くに当って、当時の西洋科学の粋を取入れて、且批判しつつ立言していることである。この点は実に当時の国学者輩の夢想さえも為し得なかった点であって、今日に於ても驚嘆すべきことであり、而も皆先生独自の根拠を持っていたことである。

○地について

地に就いて講義には、

ツチは今の語で云へば地球といふ事であろう。細かに云へば一撮みの土も土《ツチ》である。

と云って古事記伝の説をあげ、「対比する相手によってかわって来るけれども、本質的には同じことである。ここに云ふアメツチはアメに対してのツチであるから一番大きな意味で云ったと思ふ」と述べているのは妥当であると思う。唯ツチを地球としながら対するアメが漠然と天空とした点が不徹底であって、先生と異る点である。
先生は、「地ハツチノ漢字ニテ此ノ大地ヲ云フ。蓋シツチトハ本ト太陽系中ニ在ル諸星ヲ統括シタル名ニシテ、独リ我ガ地球ノミヲ云フニ非ザレドモ、吾ガ古典ハ専ラ太陽地球及ビ月界ニ関スルコトノミ伝ヘテ、自余ノ諸星ニ及バズ。故ニ天地ト対スルトキハ則チ我地球ナルコトヲ知ル也」と明解に指摘されている。

地（ツチ）の音義に就てはツは漢字の運の義であり、チは漢字に訳せば父・乳・血で凡て万物を長養成育する義である。神代紀に伊弉諾尊神功既畢《スデニヲハリ》。霊運当遷《アツシレ》とあることを指摘されている。この霊運当遷の四字の訓が難解で古来「カミアガリマシナン」とか「ミイノチカミアガリマシマサントス」とか、「アツシレマシテカムアガリシタマハムトス」とか色々と傍訓を付しているが、肝心のアツシレの意味が不明確であり、而も人間神に解している匂いが濃厚である。試みに国語辞典を見ると、

あつしれ（自動活用なし）熱癡れの義か。古語。病危し、衰弱甚し。神代紀上「霊運当遷」アツシレタマウ。雄略紀二三四「遘疾《やまひ》弥留《あつしれて》」ヤマヒアツシレテ。顕宗紀「老嫗《おみな》伶俜《さすらへ》羸弱《あつしれて》不便行歩」アツシレテ。

とあって種々文字を当てているが、音義に遡っての解釈ではない。もっと素直にア（霊）のツ（運）がシレ（遷）たと見ればよいのであろう。

猶先にも触れたが、宇宙万有凡て円形を為す説明の中に、書紀の天地混成之時の句に特にマロカレナルと訓じたのは当時の古言であって古伝の一証としたこと。又、「猶神音図ヲ按ズルニ、顕音廿五

音ノ首尾相対シテ自ラ円体ノ義ヲ表セル」と述べていることを注意したい。この神音図というのは先生の神感に依り或は帰神によって啓示をうけ形象されたものであろうから、学者或は独自不通の私見とするであろうが、それは暫く措き、五十音に顕幽の働きを分ち、顕幽共に左旋右旋の働きを指摘していることを記して置こう。猶参考として副島種臣の「蒼海窓問答」より左に抄出して置く。

問　剛・柔・流の三体は其の元素幾何ぞ。

曰　元素の数は五十。其の現体の用を為す者は廿五なり。而して天帝実に造化不造化を合して之を為す。アワハサヤマナカタラは是れ韻の例なり。マメミモム或はタテチトツ是れ同声の例なり。声は以て語となり、語は声有りて世に通ず。以て韻通ずと為すは非なり。

○初発之時

講義にはこの読み方に就いて詳しく論義している。

初発の熟字の意を考えるに初に重さを置く場合と発に重きをおく場合とがあり

うると思ふ。さうしてここはどうも下の発に重心がある様である。

「天地のおこり」といふ所に思想の重心があると思はれる。言葉はハジメと読んでも意味はオコルの方に重点がある。…私はオコリといふ言葉を使って読んだ方が適切であると思ふが、古語に証拠がないから本居先生の云はれた様にまあハジメとよむのである。…意味はおこりはじめの意味である。

と精緻に論じているが、神理解に於て本田先生は極めて簡明に「天地未ダ形セザルノ時ヲ云フ」と片付けている。天地の意味が太陽と地球（月は属星）と解釈すればこうなるのであるが、地は地球としながら天の意味がはっきりしていないので、山田博士も古来の学者も共に文字の詮索に力を費さねばならなかったと思う。講義には、

はじめの時とは我々が天地のはじめを考へた時である。…ここは「天地のハジメ」と云ふより外に仕方がないからさう云ったのである。ハジメルのは人為である。彼の無生物さへ初めがないではないか。人間の考へで説明し初める時宇宙の大本であらせられる天御中主神より産巣日神に至る三神からはじめる。これは決して最初にあらはれて、又早くなくなられた神ではなくして永久にある神であ

る。かやうな永久的存在の神に客観的の始はない筈である。唯人間が主観的に考へた時さう云ふ語を用ゐたのである。

とのべている。この意見はそれでいいと思う。随分廻り道の末に至りついた感じもするが。

○高天原

講義には古事記伝の訓み方に従ってタカマノハラと訓んでいる。併し「訓高下天云阿麻下倣此」という註によって天はアマとよむことが示されているので、タカアマハラと読むべき様で、現に延佳本にそう読んでいることを指摘し、然し寛永本にタカマノハラとよんでいることを述べて、結局は本居説に賛成している。この処は本田先生がアマとアメとを峻別した点と大いに異っている。先生は、

高トハ太陽系中ノ高処即チ太陽軌道中ノ虚空ニシテ天ノ中真高極ノ処ヲ云フ。天ハ本至《モト》大無涯ノ大虚空ヲ云フ。則高天原トハ我太陽系中ノ中極タル処空ヲ云フナリ。

とも、「アメハ現ニ見ル処ノ大陽ナリ。彼ノ蒼々タルアマト異リ。混ジテ語ル勿レ。」(神理解略記)

とも云われている。

原は「広大平遠ノ所ヲ云フコト古人ノ説ノ如シ」と先生の云われる通りである。ただ講義には、「天原を下より見るとき上の意の高をつける。本居先生の考へは当ってゐるが、然しそのわけを一往考へよう。高天原とアメと同義に用ゐられたと思はれる証は、持統天皇の所と古事記を討覈《たうかく》せられた天武天皇の所とにある。…持統天皇の諡《おくりな》をば高天原広野姫天皇と掲げてあり、この諡をあげられた記事が続《しょく》日本紀に、

奉レ誄《ルイ》ニ太上天皇レ諡曰大倭根子天之広野日女尊

とある。すると高天原とアメと大差ないと当時思ってゐたことがわかる。…丁寧に云へば高天原、簡略に云へば天と考へたのである。」これで本田先生と全く考えが異っていることが解る。

○成神名

講義には古事記伝の三別した意味の取り方（生ル、変化、成）を物足らぬとして、「よく考えると本体の「なる」は一つしかない。本居先生の如く原因結果を分けて考えることが必要でなく、もっと深い意味がある。それは内在せる力によって展開したのである。…天之御中主神、高御産巣日神、神産巣日神の内在の力の発動である。この神様はあらゆる実力の根元の神である。無始無終の根元の神は初と見れば初であるが実は無始無終である。人間が認めようが認めまいが神ははじめより殖えもへりもせぬのである。根本の神の本体にはそれ自体に内在する力がある。その力の展開で斯様に現れな

さった神であると考えたにちがいない。そこに高天原に神自身の力であらわれておいでになる。それをナリマセルとわれわれが考えるのみである。斯様に考えて見なければ天御中主神はわからない。」と述べているのは立派な意見である。

本田先生が、

御中主神ハ無始ヨリ幽天ノ高天原ニ坐マシテ、我大陽系ノミナラズ晴夜天外ニ仰ギ見ル所ノ無数ノ恒星天ヲモ悉ク造化セラレシ神徳ニ坐セバ、固ヨリ其ノ始ヲ知ルベキニ非レドモ、此処ハ造化ノ神功ヲ説クガ為ニ、姑ク無始ノ始ニ遡リテカク記サレシ者ニテ、顕天ノ高天原アリテ而シテ後御中主ノ生出玉ヒシト云フニ非ズ。誤ルベカラズ。

と記されたのと合致する。然しながら講義の説く処は正しい思考であるが観念的であって具体性を欠いた憾みが感じられる。本田先生が具体的に説かれている点と著しい差があると思う。ことに注意されるのは、顕天、幽天と分った点で、

天《アマ》トハ本ト至大無涯ノ大虚空ヲ云ヒテ、高天原トハ其ノ大虚空ノ中極ヲ付シテ云フ語ナルヲ、後ニ大陽系中ノ中極ヲモ高天原ト云フヨリ、学者ノ混ジテ惑ヲ生

ゼンコトヲ懼ル、ガ故ニ、大陽系ノ高天原ヲ名ヅケテ顕天ト云ヒ、御中主神ノ所在ヲ称シテ幽天ト云フ。下ニ顕天幽天ト云フ者皆之ニ准《ナラ》ヘ。

と指示したことは記憶せねばならない。

又講義には全く触れていないが、先生は「名」についても明確に説いて、

ナトハ此ノ顕界中ニ形《アラ》ハルル凡テノ物体ヲ云フ称ナリ。故ニ大地ヲナト云フ。是ヨリ転ジテ凡テ物ヲ代表スルノ語トナレリ。

と記している。

○天之御中主神

講義を見ると寛永本はアマノミナカヌシノカミ。延佳本はアメノミナカヌシノカミとあって、古事記伝は延佳本に従っている。延佳本と寛永版とは高天原の天の訓み方が逆になっているが、ここではアメノミナカヌシと訓んでいるのは延佳も根拠が薄弱であったのであろう。大八島を生まれた所で、「亦名謂天比登都柱」とあって、註に「自レ比至レ都以レ音訓レ天如レ天」とあることを指摘して「天とよむこと天の如しとあるから、天の普通のよみ方はアメだったらしい。と述べている。併し天比登都

柱は国産みの段であるからアメでよろしいが御中主の場合はアマでなければならないのは先生の説の方が明快である。

御中のミはマの意味だとするのはよい。又主については古事記伝の説を承認している。即ち主は大《ウ》人《シ》と同音で宇斯の場合は上にノが添はり主の場合は直接につづくと云っている。大国主と飽咋之宇斯とを例としている。一応理が通っているのであるが、先生は「主ハ根知ノ義ニシテ大虚空ノ真中ニ坐々シテ、幽顕ノ大根元ヲ主宰シ玉フヲ云フ」とあるのは音義から説いている点が注目される。但しこの章に於て注目せねばならぬことは、

「アハ万物ノ原質タル五十霊（五十元素）ヲ云ヒ、マハ真ニテ凡テ物ノ増減ナキヲ云フ。即チアマハ霊真ノ意ニテ、五十元ノ至大無涯ノ大虚空ニ充満シテ増減ナキヲ云フナリ。又アマは霊円《アマ》ナリ。円体ニシテ大虚空ニ充実シタル物ナルガ、其ノ虚空ノ至大ニシテ際涯ナキガ故ニ、アマリ、アマルト活用シテ其ノ算測ノ及バザルヲ云フナリ。然ルヲ本居平田ノ諸氏皆アマヲアメト同義ナリトスル者ハ、幽顕ノ別ヲ知ラザルノ説ナリ。

と明断している。この点講義も同列と云われても致方ないであろう。

○次。これは古事記伝の通りと講義にも先生も承認していられる。

○高皇産巣日神・神御産巣日神

講義に先ず高皇産巣日の読み方を書紀の「皇産霊此云美武須毘」古語拾遺の「多賀美武須比是皇親神留伎命」新撰姓氏録の「高弥牟須比命」をあげて、タカミムスビノカミとよむことを決定し、神産巣日については寛永本延佳本がカムミムスビノカミと訓ませてあるが、書紀及古語拾遺の神皇産霊神と書いてあるのはこのよみ方でよいが、神産巣日神と記してあるのではそうは読めない。神の一字をカムミとよめないからであるが、本居説に従って神（カミ）のミに御の字が具わっているものとしてカミムスビと訓むことにしている。それはよいとして「ムスビ」については古事記伝の、

「産巣は生なり。其は男子《ムスコ》女子《ムスメ》、又苔《ムス》の牟須など云ふ牟須にて物の成出る云ふ…さてこの牟に此字を書くは宇牟てふ言なり。」を大体承認している様で、更に篤胤の説として、ウムスのウを省いたとするのを正しいと述べている。

之に対して本田先生は、ムスを生という意味は認めていられるけれども、

ムとスの二音を合せて物を生ずるの義となれる原由を説かず。亦疎なりと云ふべし。

と云って、宣長篤胤等の音義に遡ることなく、当代の日本語にのみ類語を求めている点を批判し、

又、

而してヒは凡て物の霊異なるを霊《ヒ》と云ふ。比古比売などの比も霊異なる由の美称なりと云へり。ヒを霊異の義とするは即ち当れり。比古比売を霊異なる由の美称とするは非なり。人間男女

を謂て之を霊異とするときは、地上の動物悉皆霊異物たらむ。且之を霊異とするときは、霊の霊《ヒ》たる所以の理なかるべからず。若し徒に美称して霊異とせば、是れ人間自己の誇称にして不通の私論と云ふべし。

と鋭く反論している。結局は宣長の神霊観の不徹底をついたものと云える。

講義には次の解釈がある。

天御中主神は広大無辺である。高御産巣日、神産巣日は限られている。けれども和久産巣日、火産巣日と云う神に比べるとやはり、限られた所のないのが大きい。

と云っている。更にこの二柱の関係について、伝の、

さて此大御神は如此二柱坐を、記中に其御事を記せるには、二柱並出給へる処はなくして、或時は高御産巣日神、或時は神産巣日御祖命とかたかた一柱のみ出給へる。其御名は異れども、唯同神の如聞えたり。抑かく二柱にして一柱の如く、一柱かと思へば二柱にして、その差のおぼほしきは、いと深き所以あることにぞあるべき。

を引用しているし、続いて講義は、

これについて平田先生は古史伝に高御産巣日を男神、神産巣日を女神と云ってゐられる。はっきり男女と決めてしまふことは無理だけれども、先づさういふ関係にあらせられる神であると云ふのならば従ふべきである。

と述べている。宣長は「その差のおぼほしきは、いと深き所以あることにぞあるべき。」と云って、

自分もはっきり判らなかったことを自白している。処が篤胤は中々勇敢で両神を男女の神としてしまった。流石篤胤を尊敬している山田博士も、これには一寸驚いて、「先づさういふ関係にあらせられる神であると云ふのなら従ふべきである。」などと曖昧に肯定している。併し宣長も篤胤もやはり神を人間神的に考えているのであって、縷々として述べる理由となる故事から見てもその点ははっきりしているが、山田博士はその点に就いて疑いを存している態度が見える。この三神の神徳は造化の神徳であって容易に人間神的に解釈することには躊躇されている処が見える。この点は山田博士が塩釜神社の神前で斉戒してこの古事記を講じられただけあって、疑わしきは良心的に明言を差控えられたのであろう。若しこの碩学が音義の研究に入って遺されたならば後学をいかに稗益したであろうかと思われる。

先生はこの二神について本文の如く、

二神ハ御中主神ノ用ヲ云ヘルニテ、高皇産霊ハ顕ノ廿五気ヲサシ、神皇産霊ハ幽ノ廿五気ヲサセリ。約シテ之ヲ云フトキハ則チ高ハ顕ニシテ光ナリ。神ハ幽ニシテ温ナリ。此ノ光温二気ハ万物ヲ造化生育スルノ根元ニシテ、大虚空中此ノ二気普ネカラザルノ地ナシ。

と簡明に述べて居られる。而してこの光温二気は常に並行して相離れざるは造化自然の妙用であって決して二気その一を欠く理なきを指摘し、更に、

然ラバ則チ産霊の義如何。曰く産霊トハ身為霊《ムスヒ》ナリ。則チツクリカタメナセノ天詔ト同義ニシテ、五十元ノ功用ニシテ、天地万物ヲ鎔造シ玉ヘルヤ、引弛凝解動静分合ノ八力ヲ以テ五十元ヲ

集メテ造リ給ヘリ。

霊《ヒ》ハ幽音廿五ノ中央ニ位シテ廿四元ヲ維持スルノ元気ナルガ故ニ、其ノ霊妙神奇ナル固ヨリ言ヲ俟タズ。日ハ顕体ナレドモ顕界ノ中極ニ在リテ之ガ主宰タル故ニ、是亦顕界中ノ霊ナリ。火モ原来温ト光ト相結合密着シテ成レル者ニシテ、現物ナレドモ樹竹油硫等ノ燃ユベキ物体ニ依ラザレバ瞬時モソノ体ヲ顕界ニ存スル能ハズ。是レ其ノ火ト称スル所以ナリ。

ここまで来れば宣長篤胤等の国学者の解釈と先生との差がはっきりとしていることがわかる。所詮は国学者は見神の業なく人間本位の考え方にすぎない。人間本位の考え方では日本の国体の尊厳など説けない筈で、外国の学者を首肯させることさえ出来得まいと思う。そして科学的に且海外的な立場でいる今日の青少年に対して同様と云える。

○三柱　○独神

先生は三柱について「古ハ神人トモニ数ヘテ幾柱ト云ヒシコト伝ニ云ハレタル如シ。語ニ因テ付会セル説ハ取ラズ」と云って居られるが、講義には「古事記では、神、天皇、皇子に限る。これはもとより尊称の意であろう。そのわけは色々説がある様だけれど私にはよく解らぬ。」と云っている。

○独神成坐而については、講義に「ヒトリガミナリマシテ」と古事記伝の読み方は語法的に片言であるから、どうしてもヒトリガミトナリマシテとトを入れるべきで、このトは状態の意の「トシテ」の意のトであると述べている。これは同感されるが本田先生は何とも申していない。むしろそういう

語法のことよりも「独神」の解の中が中心である。宣長は、

独神とは次々の女神耦《タグヒ》て成坐る神たちと別ちて、唯一柱づつ成坐て配坐神《ナラビマスカミ》無きを申すなり。並《ミナ》兄弟のなき子を独子と云が如し。

と人間神的な見方で一般的な述べ方である。そこには独神と特に記した意味が稀薄である。本田先生は、

独ハ霊交《ヒトリ》ノ義ニシテ、無始無終ノ神徳ニ坐シテ、誰造化スルトモ無ク自然ニ生レ玉ヘルヲ云フ。

と述べているのは、ヒトリデニ生レ玉ウ意味である。音義の面からの説は一つの根拠であろう。そして

蓋シ五十霊気ノ相交接活用シテ此ノ三神トハ成リ玉ヘル者ニテ、御中主神ハ本体ニシテ両皇産霊神は末用ナリ。故ニ皇産霊神ノ神功ヲ以テ御中主神ニ帰スルハ可ナレドモ、造化ノ神ヲ唯一体トナスハ非ナリ。何トナレバ一体ニテハ造化ノ功用ヲナスコト能ハズ。必ズ一体ヨリ分レテ二トナリ始メテ其ノ功用ヲナスコト自然ノ数理ナレバナリ。

と述べている。この三神について講義には、

この三神は序文に乾坤初分、参神作造化之首とあるにあたる。併し序文は漢文であってその文字のままに解釈しては日本思想にならぬ。私はここの造化三神の所が日本神道の根源となるので、あとはこれから出たのだと思ふ。造化三神については此頃は後世の添加であると云ひ、而もそれが定説であるといふ。それでは、若し後世の附加としたならば、どこから取って来たか。支

那か印度かまさか西洋ではないだろう。しかし支那にも印度にも日本の造化三神を産み出す思想は全然ないのである。又仮りに後世のつくりものとすれば、それも全然日本人の頭に出来たのである。決して外来の思想ではない。古事記と日本書紀とを比較するに書紀には本文に造化三神のことがない。而して一書曰の中の又一書にある。日本書紀では国常立尊を始とする。これが支那の模倣であるといふことを河村秀根の日本書紀集解に既に説いてある。若しさうだとすれば、書紀が載せて居らぬ所のこの造化三神は全く日本思想であるといはねばならぬ。と注目すべき意見を述べている。又支那では太極陰陽説があるが併しこれは支那では決して神と認めていない。三神を紀に省いたのは支那の創世説に一致しないと認めたから本文に取らなかったものと思うと記している。

猶続いて、

私に云はせれば日本書紀に出ぬ事がまことに有り難い事で決して支那にも無いと思ふ。古事記にも初めに一度出たのみであとは出ない。この天御中主神のことが根源であとは末のことである。すべては天御中主神の開展のすがたである。

と記しているのは正しいと思う。唯どう開展したかについて両産霊の活らきの差異まで適確に及んでいないのは残念である。この辺に学者の範囲というものがあるのであろうと思う。

○隠身也について

山田博士はこれを田中本のよみ方を採ってカクリミニマスと訓んでいる。寛永本、延佳本、及古事記伝は皆ミヲカクシタマヒキとよみ、及びそれと等しいよみ方である。これは博士の説が正しいと思う。博士は岡吉胤の徴古新論の中にカクリミニマシキと訓むべしといった説を称えていて、鈴木雅之(明治四没)の橦賢木《つきさかき》の説を排している。

　肉体を有せるウツシ身と比すればカクリ身の意味がわかる。神様からいへば現シ世も隠リ世もその本体にかはりはない筈である。神様より見れば現し身も隠り身もない。これは人間の意から見たのである。

と述べている。これも正しいと思う。先生は、

　隠身也ハ「カクレミニマセリ」ト訓ム。肉眼ノ見ルコト能ハザル是即神ナリ。(神ハカクレミノ略語ナルコト上ニ註セル如ク)故ニ造化ノ神々ヲ始メトシテ、天神地祇八百万ノ神ヲカミト称スルハ皆此ノ義ナリ。人互ニ其ノ霊魂ヲ見ルコト能ハズ。只其ノ言動ヲ観察シテ五魂ノ活動ヲ知ルモ、霊魂ハ造化ノ神ヨリ分与セラレタル各自ノ神ニシテ幽体ナレバナリ。旧訓ニ此ノ隠身也ヲ「ミミヲカクシタマヒキ」トヨミ、随テ之ガ説ヲナセルハ甚シキ謬妄ト謂フベシ。

と明快に説かれている。そしてその本文の註に、

　霊魂ノ原委作用ヲ講究スルハ吾本教ニ於テ最モ切要ノ学科ナレバ別ニ詳論スベシ。

とあることを注目する。

　別に詳論すべしと云われたものが残っているか、それは何を指すかは分明でないが、或は鎮魂帰神

に関する文献を指すかとも思われるが、詳論というには当らない様である。神理解の中にもそれに当る様な説明は所々見当るが詳論とまでは行かぬ様である。そこで私はこれは「霊魂百首」のことを指すのではないかと思っている。「霊魂百首」は既に全集に掲載し本書にも解説して掲げているのであるが、それは和歌の形式を以てなされているけれども、道、理、徳、義、直霊、荒魂、和魂、幸魂、奇魂、去執の十題に亘って各十首詠まれているので、詳論という意に当はまると見てゐる。私の調べた先生の年譜によれば、古事記神理解の上巻を書かれたのが明治十八年五月であり、霊魂百首は恐らくはその年でないかと思われる。和歌形式で「産土百首」が詠まれたのも同じ明治十八年の五月であるから、引続き「霊魂百首」をも詠まれたことゝ思っている。少し拡げて云えばこの両書二百首詠と「産土神徳講義」までを含めて考えていゝのではあるまいかと思う。

先生の指摘した通り、この霊魂の原委作用を講究することは吾本教に於て最も切要の学科であることを私かに痛感しているので、或意味では今日の依り処ない思想人心を啓蒙するには、人そのものゝ霊魂を自ら考えさせる以外にないと思っている。然るに世の指導的立場に居る者は、殆どその根本的問題に無関心であって、やゝもすれば力を以て思想を以て又物を以て対しようとしている。これは必ず対立を生じて収まりがつくまいと思う。霊魂を自らの手で開発する様に導く以外にないので、先生の指摘が実に根本を衝いたものであると思う。些か横道に外れた感があるので私議を止めよう。

本田先生と山田博士の考え方はかなり開きがあることが造化三神の解釈に於ても出て来ているが、次の章に於ては著しい。博士は講義の初めに当って本居宣長の（古事記伝）考え方を中心として取上げ、その不当な点は取捨して行こうという態度であるが、本田先生は辞句の解義には之を参考にしてよく見ているが、根本的な点に於ては全然異った立場にある。根本的というのは神霊観宇宙観をいうのであって、流石に造化三神に於てはそれは余り目立っていないが、別天神の章になると非常に鮮明になって来る。

(2) 次に国稚く、浮脂《うかべるあぶら》の如くして、久羅下《くらげ》なすたゞよへる時に、葦牙《あしかび》の如、萌《も》え騰《あが》る物に因《よ》りて、成りませる神の名は、宇麻志阿斯訶備比古遅神《うましあしかびひこちのかみ》、次に天之常立神《あまのとこたちのかみ》此の二柱の神も独神《ひとり》成り坐して、隠身《かくりみ》にます。上の件五柱の神は、別天神《ことあまつかみ》。

○国稚

国について講義には、

国と土とは変りない様なものであるが然し違いがある。土というのは自然界の現象として云う言葉であって、国はその地面の上に人間の精神、人間の生活が入り込んでいる。人間の生活がその土地の上に行われている事で、天つ神の居られる高天原に対して、現身の者が生活する所が国である。これが天と国との関係である。神様と人間とを比べた時には、天つ神、国つ神と天と国とを云う。天つ、地つ等とは決して云わぬ。必ず天と国とを対比せしめる。この考がないとわが国の古典はわからない。

と述べている。これは卓見である。古事記は我が国の成立を説いているのであるから、それでよいが以後の神々を人間神的に見てゆく伏線の様な感じがある。

伊邪那岐大神、伊邪那美大神が大八州という国をお生みになったので、たゞその地面をお生みになったというのではない。だから最初に国と土とのきまりをつけておかなければ工合が悪い。之が序文に云う所の本教の最初で、これから後も必要な事は書いてあるが、不必要なことはちっとも書いてないと思う。

造化三神は高天原になりました神であって、これより下は国のことになるので、はっきりと切れ目がついている。高天原の事はこれ以上はわからない。古事記は我が国の事を説くのが目的であるからであろうが、それ以上は説明していない。これは哲学でも宗教でもない、我が国の組織の説明をしている。それが古事記の本質である。これから国の話に入るについて国の初を云おうという段取りである。

と云っている。非常に平明な立派な意見である。が、わが国のことを述べるにしてもまだまだ現実の国にはならぬので、別天神、神世七代もあり、天孫降臨以前は所謂神の代であって地上のことには中々ならない。それを性急に地上のことゝ混同するために、神と人とが交錯して解釈がつかなくなるのであろう。

先生の神理解には、

〇国稚。国ハ気根《クネ》ナリ。稚ハ伝ニ「ワカク」ト訓マレタルニ従フベシ。即チ未ダ成熟セザルヲ云フ語ナリ。此ニ云フ所ノ国ハ独リ我大地ノミナラズ大陽及ビ其ノ系中ノ諸星ヲ都《スベ》テ云ヘル称ナルコト下ニ説クヲ見テ知ルベシ。

とあって、宇宙観神霊観の立場に立っている。そして段々と吾が国の伝えとして大陽地球月球と最も地球に関係深い三者の関係に狭めてゆくのであるが、まだまだ先の遠い神代のことを述べていると為している。そこに本の僅かであるが踏み出しの方向に違いがある様に感ぜられる。

〇如浮脂而久羅下那洲多陀用幣流之時。

講義には古事記伝の、

此は未だ天地成らざる時にて、海も無ければ、ただ虚空に漂へるなり。かくて海になるべき物も、此の漂へる物の中に具れるぞかし、中略この記の首《はじめ》に天地初発之時とあると同じくて、先づたゞ大らかに此の世の初めと云ひ出でたるものなり。天地未生之時と云るはいささかくはしく云るなり。

を引用して、「然しながら本居先生のこの考は少し変である。思うに、こゝに国稚而とあるので、これからは専ら国の事である。私は天はもうすんでしまっていると思う。そのぶよぶよしているのは国のことである。」

と述べているのは前掲の博士の考をはっきり打出ている。伝の考え方はまだやはり天に属する見方を捨てゝいない。少し態度としては曖昧な点もあるが多分に神の世界に対して簡単に割り切れぬものを感じていたのであろうと思う。この点は博士の方は割切った考え方で世に受けるであろう。又古事記は哲学でも宗教学でもなく、我が国の組織を記した書であると云う言は、概してその通りであるが、その組織の根本を説くに当って哲学も宗教も科学も含んでいることを否定するのは危険であろうと思う。

本田先生は、

浮脂ハ字ノ如ク浮ベル時ヲ云フ。又久羅下那洲ハ如海月ノ意ニテ、物ノ漂蕩シタルヲ状セル語ニテ多陀用幣流ノ枕詞ナリ。此ノ二句ハ大陽地球及諸星トナルベキ一ツノ物ノ混沌トシテ未ダ分剖セザル時ノ状ヲ形容シタル者ニシテ云々

と述べている。この点山田博士とはっきり両端に立った見方である。

○如葦牙因萌騰之物

葦牙は問題ではない。萌騰之物について、記伝には、

さて此物は何れの処より萌騰りしぞと云に彼の虚空中に漂蕩へる浮脂の如くなる物の中より出でたるなり。…さて此は天の始にて如此萌騰りて終に天とは成れるなり。…抑彼の浮脂の如くなる物は天と地と未だ分れず。…其の中に天となるべきものは今萌騰りて天となり地となるべき物

は遺り留りて後に地となれるなれば、是れ正しく天地の分れたるなり。

と記している。宣長の天と地の観念は曖昧であるけれども、天地の分剖を述べたものであると云うに対して講義は之を批判して、

古事記伝にはそう云っているが、然し天地の出来初めは、私は説明出来ないと思う。それはもともと有限な知識の人間ではわからないと思う。これは、はじめの序にもあるようにわが国の先聖の本教にかように伝えたのであるが、大体この古事記の話より以上に出る時は古伝をみだり、恐らくは本教を乱すことになろう。然るに古事記伝は服部中庸の三大考を附録として是認し、平田篤胤の霊の真柱は更にそれを敷衍して一歩を進めた。それらの説はそれぞれ取るべき点もあろう。然し兎に角服部の説も平田先生の説も、説としては云えない事はないが、それが古伝であるとは云えない。それは古の伝えの文句を自分がそう思えばそれでよいが、古事記の伝えをそのまゝに考えると、そんな風には解かれない。若し許されるなら、私でも現在の星雲説に当嵌めてこの条を説明する事も出来ると思う。然しそれ程までの事を云うことは古事記の講義では穏かでないと思う。

と述べて、学者として慎重な態度を明らかにしている。博士としては尤な学問的態度と思われる。併し唯書かれたまゝ信ぜよという事になれば研究にはならないし、一篇の文学的な童話に終って了う恐れがある。若し博士の云う星雲説がこの中に充分含有されているとしたら、そこから独自の説を立てゝも差支えないのではあるまいか。但し単なる星雲説を以て説いてもそれは人とのつながりがない学

説である。本教ではない。そこに繋りのある神霊観がなければならないので、博士はそこに一つの限界を知って居られたのではないかと考えられる。

本田先生はこの点に博士と立場を異にしていて、等しく古事記を繙くに当っても、之を神霊観から解こうとしている。

萌騰之物ハ即チ我大陽系ノ世界トナルベキ物ニシテ、物トハ真根ノ義ナリ。此ノ萌騰リシ物実ニ天地ノ真根タリ。

と述べているが、先生の天地をアメツチとよみアマツチでないことを想起しておく必要がある。猶重大な問題の一つに「本教」という言葉が講義にも神理解にも屢々出て来るのであるが、これについては後に触れることにしたい。

○宇麻志阿斯訶備比古遅神

この神に就いて伝に、

宇麻志は美称なり。比古は男を称美《ほめ》て云称、遅は男を尊みて云称なり。さて此神は葦牙の如くなる物に因て成り坐る故に、如此御名つけ奉れるなり。

と記している。講義にも、

すべて此の原始の時の神様の名前は、後世の人の名前の如きものでなくて、即ち其の神様の本質をあらわしていると思う。

とのべている。これは博士の云う通りである。そうすると「宇麻志」と「比古遅」は美称であるからその本質は「阿斯訶備」だけになる。本文には「如葦牙」とあって之は形容した言葉であるからその形容した、たとえた言葉を直ちに本質というのは可笑しい様に思われる。

便宜上次に移ると、

○天之常立神。

この神に関して講義には本居説の「天底都知」という説を排して、

私は思うに、その意味は矢張り常の意味があり、立の意味があるのであろう。それはどうかというに時間の永久性が常という語であらわされているだろうと思われる。これは永久に変りなく成り立つという意である。そうすると天というものが永遠にかけず、崩れずという、そういう天の恒久性を神格として仰いだ姿ではないかと思う。未だ国が出来ていない時は高天原だけに神がましますす。かの三柱神は高天原にましますのである。「国稚」から国の話である。そこに二神があらわれたもう筈であるが、その天常立神までは別天神になって切れている。之はどういう訳であるかわかりかねるが、とにかく天の恒常性を神格として仰いだ姿ではないかと思う。

と述べている。国のことを述べる筈の処に天の神が出て来たのは解らぬと博士は云われるが、天と国が全く隔絶した無関係に置こうとするからであって、天と国が連続していることを古事記は述べている。無限の幽の世界の延長が現の世界であり、而も現というのも実は幽の世界の一部にすぎないことを思えば、そう捕われて考える必要がないだろうと思う。その他の天常立神の解は正しいと思う。猶本田先生の説く処は次章にも関係しているから、後にまとめて対比することにしたい。

(3) 次に成りませる神の名は、国之常立神、次に豊雲野神、此の二柱の神も独神成り坐して、隠身にます。

講義に山田博士は、

初に云った様に自然現象的に云えば、天地は相対的のものである。天が出来れば同時に地も出来る。国が出来れば天も同時にはっきり認識出来る。それでどうも国常立神を申上げる為に天常立神を云ったのではないかと思う。

と述べているが、一応は筋の通った考え方である。併しこれでは国が主で天は従である。古事記は趣意が国にあるからだと云えばそれで説明がつくが、「次」という語の持つ意味が非常に大切になると思う。宣長の云う様に「ツグはツヅク」と、もと同言とすれば、本質的には変らない意味で唯活らく面から名称が異ったと見るべきであるから、両常立は結局同一の本質ということになって主と従の関係ではないと思う。この点は本田先生が明確に指摘して居られるが後に述べる。講義は、

国の意味、常立の意味は前に述べた。この神の御名の意義は国即ち人間が生活を営んで行くべき場所が長《とこし》えに存在するものであるという意味であると思われる。即ち天壌無窮なる所以を神格

として表わされたものであろう。国というものが成立てば天の成立も同時に成り立つ筈である。天地が分れた時が国の発生の時である。而して国というものは時間的に永遠に続いて行かねばならぬ本性がある。国としては恒常性を以ている。天の恒常性が天常立神であらわし、国の恒常性は国常立神であらわしていると思われる。だから古事記を国常立神から始めるとしても面白いと思う。私の様に国というものを人間の精神生活と密接不離に考えるなら、此の事はやはり非常に面白いと思う。これによって以前の別天神という意味もはっきりして来る様に思う。唯国之常立神という名前だと考えてはいかぬ。此の一語で天壌無窮万世一系という事が考えられると思う。右の博士の考え方は非常にすぐれていると思う。唯どこまでも人間本位である点を除けば申分ない。更に今一つは「天」の解釈で具体的に国に対して天は蒼々たる無限の空間と考えている様で、それが国の観念から対象的に生れた天であって、その間に何等のつながりがないことは、その立場として止むを得ないであろうと思う。

○豊雲野神。

この神名に就いて講義には、

豊は宇麻志と同じ様に讃え言葉。この名の実体は「クモヌ」にあるだろう。雲は文字通り雲の様な姿という意味だろうと思う。国常立命は総論である。そこで原始的の国はどうであったかと云えば国が未だ未熟でクラゲナスタダヨヘルような時には丁度雲の様であったろう。こんな事を云っていると西洋の星雲説みたいになる。雲の野と云っても良ければ雲の沼と云っても良いだろうと思う。むずかしく考える必要はないと思う。上代人の考としてはこれでよかったものであろう。今日の天文学上の仮説を見てもやはりその通りである。これは簡単平凡の様であるがかえって偉大な考え方である。即ち国常立神は国の恒常性をあらわし、豊雲野神は国土の出来初めを神格とした神であると思う。

と述べている。博士の説は簡単なことの好きな日本人の性情に投じて大いに同感されるであろうし、一般の上代人もそれでよかったであろう。何しろ日本人は単純を好むので六敷しい目にも見えない神理などは避けてしまう。そこで序文に云う「設神理以奨俗」ということになる。併し後代の吾々は、単純に奨俗説のそれだけで満足出来ないので内に篭っている神理の探究に入らねばならない。そうでないと国民としての信念が確立しない時代になっていると思う。

さてこの章に対する本田先生の説を見ると、その冒頭に於いて重大な発言をされている。

国稚云々ト云ヘル其ノ国ハ大陽衆星ヲ総ベタル名ナルコト下ニ説ケルガ如クナルガ、其ノ国ノ始メ浮脂ノ如ク漂ヘル状ヲ現セシハ、造化天ツ神ノ無形ノ元気ヲ相引キ相弛ベ相動カシ相静ナラシメ相凝ラシ相解キ相合セ相分チ玉フ八ノ神力ニ因テ、西洋理学ニ所謂浮気体融液体ニ化セシ者ニテ、阿斯訶備比古遅神、常立神、豊雲野神ハ其ノ中ニ含ム所ノ浮気体融液体凝固体ノ原質ナレバ、実ハ此ノ三ノ質八力ノ神々ニ因テ一ツノ物空中に生出シニテ、一ツノ物ニ依テ此ノ神等ノ生出玉ヒシニ非ズ。故ニ国稚云々ノ句ハ移シテ下ノ「神代七代」トアル下ニ置クベキ理ナルニ、却テ此処ニアルハ如何ト云フニ…顕理ヲ以テ幽冥ヲ説カザレバ凡人ノ心耳ニ入リ難キヲ以テ、故サラニ此ノ如ク記サレタル者ニテ、本書ノ自序ニ設神理以奨俗トアル所以ナリ。

と述べている。先生のこの説は非常に天文的智識が取入れられていて、明治の初年に已に之を会得していたことは一つの驚きであるが、西洋の天文学者が之を物体として見た処を神として観じた点に大きな差異がある。そして阿斯訶備比古遅神、常立神、豊雲野神は浮気体融液体凝固体となるべき原質であると断じ、この原質と引弛動静凝解分合の八力を以てこの原質を化成して現体まで鎔造の功をつづけられたというのであり、現実に於ても猶三原八力が活動しつゞけていることを暗示していると思われる。従って国（地）が鎔造されるまではまだまだ神世であるから、国稚くという言葉は神世七代の後に置くべきであるとしている。この点は非常に明快であると思う。国稚云々とあってから更に別天神が述べられているのは不可解だと講義にも指摘しているが、本文に従えば当然の事であるが、古事記上巻を通観すれば先生の説も単なる大胆な臆説と斥けることは出来ないであろう。この点について、

蓋シ此ノ章ノミナラズ神代ノ事実ハ多ク神理ヲ設ケテ説カレタレバ、毎章其ノ心ヲ以テ見ザレバ決シテ其ノ義ヲ得ル能ハズ。然ルニ後世学者曽テ此ノ意ヲ覚ラズ、一章一句移易スベカラズト謂ヘリ。是レ其ノ牽強附会ノ説ヲナス所以ニシテ、……予ノ本書ヲ講ズル敢テ章句ノ間ニ局促セズ、神理ニ随テ之ヲ解ス。

と述べている。古事記の章句をそのまゝに動かさずに解釈してゆくということは、この書を大切に尊

重し先人に対する礼でもあるからその態度は同感出来る。併しその述べられた意義を酌む上に於ては形にのみ拘泥する要はないので、凡人の心耳に入り易く述べられたのであるから、もっと大どかな態度でその神理を酌み取っていゝと考える。この点は先生の卓見に従う外ない。

こう云う立場から神理だけを酌みとって行くと、奨俗のために書かれた形式が多少変更されて行くのであって次の様になる。

按ズルニ本章「此二柱神亦独神成坐而隠身也」ノ十三字前後二所ニアルハ、共ニ上ノ「此三柱神」云々ノ誤ヲ復タ此ニ竄入セシ者ナルベシ。又「上件五柱神者別天神」ノ九字モ極メテ衍文ナレバ共ニ削ルベシ。何トナレバ此ノ神等モ下ノ宇比地邇、須比智邇以下男女相耦スルニ対シテハ独神ト云フベキナレドモ、下ニ論ズル如ク、常立神ヲ天ト国トニ分チテ二神トナセルハ本誤ナルヲ、此処ニカク二神ヅツニ分チテ独神云々ト断ハレルハ従ヒ難シ。又阿志訶備比古遅神、常立神、豊雲野神ノ三柱ハ動植鉱ノ三物ノ原質ニ坐シテ、本ヨリ相並ベル神徳ナルヲ、豊雲野神ヲ除キテ余ノ二神ヲ御中主両産霊ノ三神ニ合セテ別天神トナセルハ本教ノ旨ニ非ルヲ以テ断ジテ衍文ナルコトヲ知ルナリ。

と述べている。常立神を天と国に分って別神の如くに記した本文は常識から云っても変なことで、これは講義に云う通り国に主体を置いて説く為の便宜と見てよいので、国の面からその活らきを国常立とする。それは同時に天につながる活らきであるから対称的に天つ神の部にも入るべきとして、そこまでを別天神とことわった叙述の様に思われる。そしてこの常立神によって天と国とが連続したことを暗示したのではあるまいかと考えられる。

先生の三原八力の説は独自の神観によって開かれたものと思われるが、之は自然科学の進んだ現代に於て受け納れられるかどうかは、どうも専門違いなのでよく解らない。併し現界に於て大摑みにして動植鉱物が存在している以上はその、やがてなるべき原質が混沌の時代に於ても含有されていた事が当然想考され得ることであって、それが八力によって次第に鎔造されるという説も首肯せられると思う。唯それを古事記の本文の神名の中に見出して行くことは容易でないことであると思う。三元八力の説は「道之大原」「真道問対」にも明示されていて、先生が確信を以て説かれた処と思われるし、副島種臣も又「蒼海窓問答」に明記して居るのであるから、達人の見として銘記して置き度い。

○宇麻志阿斯訶備比古遅神。宇麻斯ハ伝ニ物ヲ美称スル語トアルニ従フベシ。阿斯訶備ハ足通ノ義。比古遅ハ即チ霊凝道ニテ動物ノ本質ヲ云フ。西洋ノ所謂浮気体ナリ。此ノ神ノ又ノ御名ヲ生魂《イクムスビ》ト云フ。神祇官八神殿ニ斎キ奉ル所是也。

と非常に驚くべき説を述べている。阿斯訶備を足通《アシカヒ》の義とすることは一見附会の様に見える。比古遅の霊凝道はやゝ納得される様であるが、要するに之等は音義から解釈されなければ何とも云うことが出来ない。日本語の特に古代語の組織について、私はまだ研究が至って居ないので、先生の解釈としてそのまゝ一応置く外ない。そしてそれが後に地上に動物を生みなす本質である浮気体であるという説も同様である。むしろ後者の方が帰納的に考えても筋が通っていると思う。併しそれが生魂であり八神殿に奉斎する処と云うのは非常に重大であって、猶続いて先生の所説を読み、併せて諸家の説をも対比せねばならない。

○天之常立神。下ニ国之常立神アリ、是レ唯幽ト顕トニ因リテ分称シタルノミニテ、本一神ナレバ本書ニ二神ノ如ク並ベ挙ゲシハ誤ナリ。御名ノ義、天ハ天之御中主ノ天ト同ジ。常ハ利凝《トコ》ナリ。立ハ確乎トシテ変易死生ナキノ謂ニシテ、鉱物ノ本質ヲ云フ。西洋ノ所謂凝固体ナリ。此ノ神ヲ神祇官ニ於テハ玉留魂ト申セリ。

と述べて居る。猶つゞいて、

○豊雲野神。豊ハ利依《トヨ》ニテ樹草ノ類ノ大地ニ依レルヲ以テ形容シタル語ナリ。是ヨリ転ジテ樹草ノ繁茂シタルヲ云フ。其ノ繁茂シタルヲ云フハ即チ称美ノ意ナレバ再転シテ美称トモナレルナリ。雲野ハ伝ニ曰ク、雲ニ久牟ト同ジク物ノ初メテ芽《キザ》ス意、野ハ主ナリト、此ノ説是ナリ。此ノ神ハ植物ノ原質ニシテ西洋ニ所謂融気体ナリ。神祇官ニ祭ル所ノ足魂《タルムスビ》ハ即チ此ノ神ナリ。阿斯訶備比古遅神ヨリ豊雲野神迄三柱ノ神ノ時ヲ指シテ本教ニ之ヲ体ト云フ。

と述べている。神名の音義解はやゝやゝに納得する処があるけれどもその程度しか私には解らない。併しながら生魂玉留魂足魂がこの三神であると断定している点は非常に重大だと思う。八神殿に祭られている神は、神産日神、高御産日神、玉留産日神、生産日神、足産日神、大宮能売神、御食津神、事代主神の八神である。この中の特に生魂足魂玉留魂に関しては種々に解釈があるけれども、元掌典の星野輝興氏は司命の神であると云っている。八神殿は勿論宮中に祀られている（唯今は神殿）のであるから、司命の神と申しても之は天皇の御命を守り司られる神と解釈しなければならない。これは八神殿の場合であって、延長して考えると国民全体否人類全体或は生物全体の司命の神として考える事が出来る。星野氏の考が正しいとすればそう云うことになると思う。

これと本田先生の動植鉱（山）の原質原素であるという説とを対比して考えて見ると、元来人間の生命は有限であるのは肉体に倶うからである。宇宙自身は増減がないが、その宇宙内で増減あるものは死生ありと（真道問対）云われている。それでは何が増減するかと云うと肉体である。人間の生命というものからすれば大切な肉体であるが、それを組成しているものは何かという事を考えると、動植山の三質であると云えると思う。或は浮気体融液体凝固体の三体であるとも云える。動物、植物、鉱物そのものは単純にそれのみの組織でなく、動の中に植鉱を含んでいるし、植も動鉱を含んでいるのであろうが、その動物植物山物たる中心の原質はある筈である。それが、それぞれの肉体（植鉱に肉体は妙な言葉であるが）を形成している。従って生命を司り握っているものはこの三質ということになると思う。この神を祀り生命の隆えを奉謝することは理の通ったことゝ考えられる。こゝに念の為申添えたいのは、原質とか元素とか云うと非常に唯物的な感じが持たれ勝ちであるが、それを物と見るか霊と見るかが分れ目であると思う。今日では原子力時代であるから、その活力が神に考えることは出来ないと云われるであろうが、その原子を組成しているものは何か、更にそれを成しているものは何かと追いつめてゆくと恐らく科学の分野を超脱して了うであろうと思う。更に原子の保有している力は人間の作ったものでない。人間は唯之を発見し助成し利用するに過ぎない。それは人智の進歩によるけれども、人間は極めて単純な小さな一つの生命すら作ることが出来ない。それを作ったものは神という外ないと思う。物を物と見ずその中に神を発見することは我が国の教えであった。それは極めて単純に古典の中に奨俗の物語として伝えられた。神々の名は夜空に鏤ばめられた星の様に我等に語って止まないのではなかろうか。

(4)次に成りませる神の名は、宇比地邇神、次に妹須比地邇神、次に角杙神、次に妹活杙神、次に意富斗能地神、次に妹大斗乃弁神、次に淤母陀琉神、次に妹阿夜訶志古泥神、次伊邪那岐神、次に妹伊邪那美神。

上の件、国之常立神より以下、伊邪那美神以前、幷《あは》せて神世七代と称す。（上の二柱は、独神各一代と云《まを》す。次に双びます十神は、各二神を合せて一代と云す。

○宇比地邇上神。次妹須比地邇去神。

山田博士は講義に、

「宇比地邇」の下に上とあるのは、そこで声を上げるしるし、「須比地邇」の下に去とあるのは、そこで声を下げるしるしである。

と云っているのは一寸したことだが注意してよい。今日では人々は文字に頼って声を出して読むことが少なくなっている。これは言語の本義から少し遠ざかるかとも思う。見て意味がわかれば用足りるというのであるが、符号としての文字の使命はそれで果せているが、音そのもの、言葉そのものの働らきは符号以上のもので、ことに言霊の方から云うと、声を出して読む方が直接であると思う。昔の人は音読が普通で必要ある場合だけ黙読したらしい。発音によって口腔の形が変る。そこに音義の契機があると思う。之は少し外れたから止めよう。

さて講義には、

この二柱の神は似た名前であるが一寸ちがう。この御名には共通の分子と違った分子とがある。共通の分子で同じ性格をあらわし、違った所で受持分担のちがいを知ることが出来る。

といって、古事記伝の説を引用して、

ヒヂは泥であることは疑いがない。ウヒヂは本居先生の説の様にウキヒヂかウヒヒヂかの略であろう。…初土の意でよいことになる。次にスヒヂのスは本居先生も云っていられる様に川の洲、砂のスであろう。…初はやはり初成の土はウヒヂ、それから次にスヒヂとなったものであろう。この二柱神はそれを司っていられる神様であるが、やはり多少順序がついていると思われる。

と述べている。傍点は私が付けたのであるが、この説は国土形成の過程をのべたものとし、それを神名で表わしたとするが従来の定説であると思う。唯博士はこの過程を自然現象とのみ見ずに、「それを司っていられる神」として内観しようとしている点が注意に価すると思う。

本田先生はこの二神名を次の様に述べている。

是ヨリ以下ノ八神ハ造化天神ノ八ノ神力ニシテ、其ノ力ノ相対スルヲ以テ之ヲ男女ノ神トシタルナリ。宇比地ハ泥土ノ義ニテ凝固セザルヲ形容シタル者ナレバ則チ解力ナリ。須比智ハ砂土ノ義ニシテ泥土ト反対シテ凝固ノ状アレバ是凝力ナリ。邇ハ根ト通ジテ美称ナリ。

と非常に重大な発言をされている。講義の国土形成、生物出生とつゞく意味に取って行くのに対して、先生は全く天地鎔造の根本を説こうとされる。この八力については副島伯も受け嗣いで居る。神理としては透った論であるが、神名に之を見出してゆくとなると私はまだ自信がない。これは音義の研究が至っていないからである。

○角杙神。活杙神。

講義には先ず古事記伝の説を引いて、「凡て物のわづかに生初て、たとへば尾頭手足などの分ちは未だ生ぜざる形を云。杙は借字にて、久比は…物の初て芽し生う意の言なり…されば都奴具比とは、神の御形の生い初たまへる由なり。」とある。先ずこの様なことであろうが、多少如何かと思う点がある。若しこの説の通りであるとすると、この角杙神以前には、神の御形は無かったという事になろう。どうもこの神の御名クヒは考えなおさねばなるまい。…私明らかに今日の棒杙のクヒの意味があると思う。然し勿論棒杙の様な神様という訳では決してない。今日はクヒは上から下に打ち込むのをさすに決っている様であるが、上代は下から上へ生じ出たものをもさした。立樹の切株を切クヒとも云った。…さてそうするとそのクヒの生じた初が角杙で後にその杙が発展すると活動をする。それが活杙の神である。かように考えると意味がなかなか深い。ウヒヂニ・スヒヂニの両神ですっかり国が固まった。その中から角杙神があらわれ益々発展して活動体となって活杙神となった。之は初が星雲説、後が地質学みたいに説明が出来る。

と述べている。博士の考から云えば地球が出来上って先ず植物が生成し次で動物が発成するということになるであろうが、動物も原始に於ては植物から転化発展したものかも知れないということでは面白い示唆もあり得るかと思う。それは兎も角今日では生物と無生物とを分けて考えるのが常識で、生命というものを植物と動物だけに見出しているのであるが、古事記ではこの点非常にスムーズな転移であって分け隔てがない。ヒヂニも神クヒも神である。こういう処に現今と大きな違いがあって顕幽を分つのは人間であって幽から見るとその区別がないことを、上代日本人は本教によって理解していたと見るべきである。本田先生は、

角ハ常ナリ運地《ツチ》ナリ。（第三義ノ語ニテハ綱ニテ祝詞ニ八十綱打掛トアル是ナリ）杙ハ来霊《クヒ》ノ仮字ニテ之ヲ顚倒スレバヒクトナル即チ引力ナリ。活ハ活動ノ意ニテ引力ト対スレバ弛力ヲ云フナリ。

と説いて居られるが、運地来霊が引力であることは解る。来霊が霊来と同義であることも意味が通っている。活が弛力とするのは霊の活動は外に発展することであるからであろう。謂わばまつろひとさきはへの原理とも見ることが出来ようか。次に移って全体として見よう。

○意富斗能地神。大斗乃弁神。

講義を見ると、

この二神の御名はオホトノが共通しヂとべとが差違を示している。意富は大でほめ言葉であることは申すまでもない。斗は本居先生は処の意とし国土の意とせられた。併し国土の事は既にすんでいるからこの説は賛成しがたい。平田先生もこの説によられたが、一方に又その門人六人部是香の説では男女のかくし所と云ってもっと徹底した説を立てゝいる。この六人部の説によると、その活杙神がいよいよ発展して男女の相《すがた》の著しくなったことを神格としたことになる。又日本書紀通釈の説では、人が一定の居住を構る時期になったことを神格化したとも云う。私はどちらと決める力をもたぬ。

と述べて居る。やはり人間生活の進化の過程を神格化したものとして、人間神としての立場をとっている。この点は本田先生と根本から異っている。神理解には、

意富斗、大斗共ニ大処ノ意ニテ猶大地ト云フガ如シ。大地之道トハ地球ノ軌道ノ謂ニシテ動力ナリ。大地之弁ノ弁ハ辺ニシテ大地ノ小運動即チ私転ヲ云ヒテ、軌道ノ大運動即チ公転ニ対シテ静力ヲ形容シタルナリ。

と説いている。この説は意味がよく通っていると思う。地球が太陽を巡る軌道と地球自らの私転をさして動力と静力というのは仲々物理学的な見方である。私転を静力というのは独楽の運動を想えばよ

くわかると思う。

○淤母陀琉神。阿夜訶志古泥神。

この二神について講義には、

こゝに於て始めて神様の名前が全々ちがって来た。阿夜は阿那と同じと私は思う。訶志古は記伝にはおそれる意という。然しアヤニカシコシと云えばおそれるだけでなく、尊厳をたゝえ奉るという様に恐れるよりもゆるやかな意味を含む。書紀通釈は、泥を男根女根の根に取っていて、これは身体の中で一番神聖な所であるからかしこむと云っている。然しこれは当らないと思う。それならば女の方にだけ根がつくわけはない。この二神の御名には共通の部分がなく、又男女の差別を示す部分もない。そうであるからこれは其の御方の面わの足りまし〱て、之を仰げばあやにかしこしと、かしこみ奉るべき御姿にましますということを二神の御名に分ちて申し上げ奉ったものであろう。

と云っている。書紀通釈の説を否定しながら之といって確信の持てない態度である。どうも我々から見ると甚だ曖昧で不安定な話である。併し人類の生成過程に於けるある時期を想像しようとするのは解る心持もする。本田先生はこの二神に対しての解は、

淤母陀琉ハ重垂ノ義ニテ合力ヲ指シ、阿夜訶志古泥ノ阿夜ハ歎辞、訶志古泥ハ凤子根ノ義（カシハカサム、カサナルノ称、コは子又粉トモ書テ所謂分子ナリ）ニテ男神ノ合力ニ対シテ分力ヲ

指セリ。

と述べている。凡子根という文字はよく解らないが、一応筋が通っている。そこで考えるのであるが、講義の説はどこまでも地上に生命の発生完成を述べたものとするのに対して、先生のはまだ万物発生以前の天つ神の活らきの時代としている点に大きな相違を見出す。併し私の音義に対する智識ではまだ先生の説に全面的に肯定致しかねるので、これは暫らくそのまゝとしておく外はない。猶先生は、

本教ニ以上八神ノ時ヲ謂ヒテ依トナス。

という重大な発言がなされている。この点に就いては後に言及したい。

○伊邪那岐神。伊邪那美神。

講義には御神名の邪について、真福寺本には総て耶とあって例外はなく、延佳本は殆ど邪、記伝以下は延佳本に従っているが古くは耶であったろうと断じ、玉篇には耶は邪の俗字であるとしているが音もジャ・ヤとよむのでいずれでもよい。寛永本以後は邪となったが、古い姿の耶とかくがよいといっている。それは使用文字の考証であるがこの二神については、

これらの神々の御名ではその共通した部分が神の本質をさすと思われる。こゝでは伊邪那が共通し、岐と美とが男神女神の差別となる。

と明快に述べ、次に、

本居先生のイザは誘、ナは汝の意とせられるのも良かろうが、私はどう考えるかと云うに、イ

ザナはイザナフの語幹で之を共通の部分として誘う意を有し、キとミとで男女を分ち奉ったものと見るのである。今日我々の常識的説明は先ず斯ういう辺であろうと思う。私は神道は常識を基礎にしているものであって哲学哲理を基礎にしてはいないと思う。但し発展すればこれは別問題である。

と述べている。前半の宣長説にしても山田説にしても大同小異で語学者である博士に従うべきであろうが、末尾「私は神道は……」以下の言葉は重視する必要がある。之によれば神道は常識を基礎におく極めて低俗な道であって哲学が基礎にない。哲学があるというのは後世の発展した説であるということになる。之は非常に神道を軽視した考であって、やはり上古の祖先を文化未開なものとして蔑視したことになるし、そういう見方とすれば「神」も未開時代の観念にすぎなくなる。果してそういう見方でよいのであろうか。そして凡て神を人間として見てゆこうという従来の学者の態度と等しいことになる。それは之までも屡々指摘し来ったのであるが、それでは序文に「設神理以奨俗」の神理とは常識のことであろうか。私は奨められた俗説以上に出ないことが不可解である。従来の学者と共に博士も又俗に過ぎないのであろうか。本田先生は、

伊邪那ハ去来地《イザナ》ノ義ニテ大地ノ運動スルヲ以テ称セリ。岐ハ気ニテ美ハ即チ体ナリ。但シ此処ハ五魂ヲ指シテ気ト云ヒ、五十霊ヲ付シテ体ト云ヘルニテ霊魂ノ気体《キミ》ナリ。

と明確に述べている。講義に従えば之は後世発展した哲学の一つとなるであろうが、元がなくては発展しようもない筈で、若しそうだとすれば、凡ては附会説になってしまうであろう。講義には続いて

「神世」について、

古事記伝の説明で略よいであろう。即ち、「神世とは、人ノ代と別れて云称なり。其はいと上ツ世の人は凡て皆神なりし故に然か言へり。」とあるのを認めている。これではっきりしている。そして、「何時までの人は神にて、何時より以来の人は神ならずと云ふ、きはやかなるけじめはなき故に、万葉の歌どもなどにも、たゞ古へを広く神代と云へり。」と云い、「然れども事を分けて云ふときは、鵜葺草葺不合命までを神世とし、白檮原《かしはら》ノ朝より以来を人ノ代とす。然るを此に伊邪那美神までを神世と云へるは、後の五代の神世に言へりし称の遺れるなり。」と述べているのを承認している。之は非常に興味ある珍説で、後の五代というのは天照大神、忍穂耳尊以下天孫瓊々杵命以後日向三代の時代を指しているかと思うが、この時代に、伊邪那美神までを神世と云ったというのである。この説を押しすゝめて行けば現今の様に崇神天皇以前はどうも不明な個所が多く、史書にも定かでないから抹殺してもよい。それがひどければ伝説として神世の中に入れてしまってもよいと云う説も成立する訳で、その説の大本家は宣長であり、山田博士もその賛成者ということになる。併しこの考え方は今日の学者神職を通じて信奉者が数の上では圧倒的に多いのであろうと思う。人間尊重もこゝまで履きちがえると昏乱が将来せずには置かない。私は上代の人間が神だと云う神職が例えば地鎮祭を奉仕して、その古代の人間と大地とをどう結びつけて考えるのかと不審に思うのである。それも商売としては未開の上古以来の形式に従ったというのであれば別である。神職という職業人であって神主ではない。

本田先生は次の様に述べている。

本教ニ是時ヲ称シテ出《イツ》トイフ。以上ノ神々ハ御中主ノ魂体力ノ神々ニシテ、総テ之ヲ云フトキハ則チ一個ノ御中主神トナルナリ。蓋シ天地万物ヲ造化シ玉ハンガ為ニ、此ノ如ク本体ヨリ分剖シ玉ヘルニテ諸神ハ即チ分子ナリ。先哲此ノ理ヲ察セズ、以上ノ諸神ヲ皆人体ノ神トセシヨリ、其ノ神名ヲ説ク一モ当ルモノナシ。今煩ヲ避ケテ一々之を挙ゲズ。読者宜シク本書ニ就テ其ノ誤ヲ察スベシ。

と云って居るのは、根本的に諸学者の説と峻別される点である。神名一々の解義についてはまだ納得出来得ない点があるが、この結論は非常に明快であると思う。諸学者の立場にある以上「難古事記」の質問にさわやかな回答がなし得るであろうか。先生の観方からすれば、

上件自天之御中主神以下伊邪那岐伊邪那美神以前称神世。

としなければ本教の旨に合わないというのは当然であろうと思う。古事記を改編すべしというのではなく、その意味を以て読むべき点を指摘したと見るべきで、神理解の表題を冠した意味が汲取られると思う。

上古の人は即ち神であるという宣長系の考え方には賛同し難いが、この「神世七代」について講義は「記伝」の考え方をあげて、

私の考を云うに、豊雲野の時代は空気、水土の混沌としていた時代、その次の宇比地邇、須比智邇の時代は空気と水土との分立が既に出来た時代、その次に角杙、活杙神が現われ給うのであ

る。こゝに略大地が空気とわかれ、そのあとで生物が出現した時代が来たのである。意富斗能地、大斗乃弁神時代はその出現した生物が多少男女の区別を生じた時代、その次の意母陀琉、阿夜訶志古泥神の時代に至り人間が充分に完成した。最後に伊邪那岐伊邪那美神の時代に男女の交りが生じて万物繁殖の途が開かれたとすべきである。斯様に段々に時代の進歩発展が明かとなって来ると思う。

といっているのは、この地球の形成されてゆく状態の過程をのべた説として面白いと思う。これは記伝の説をも引用して議論を展開しているので少し詳しく記すと、先ず記伝の、

但し国土も神も、其神の生坐《アレマシ》し時の形状《アリサマ》の、各其御名の如くなりしには非ず、必ずしも其時の形状にかゝはらず、たゞ大凡を以て次第に御名に配当てたるのみなり。されば此御名御名を以て、各其時の形状と当ては見べからず、此をよく弁へずば疑ありなむものぞ。実は神は初め天之御中主よりして、何れの神もみな既に御形は満足坐り。面足神に至りて初めて足ひ坐りとには非ず。又国土は伊邪那岐伊邪那美神の時すら未だ浮脂の如く漂蕩《タダヨ》へるのみなりしを以て暁《サト》るべし。

をあげて、「発展状態を後人が考えてつけたというらしい。そんな意味ならば我々も、もっとも賛成し得るのである。」と云っている。

宣長の右の文章をよむと、国土と神をはっきり分けて考えている。神は上古の人という考え方で云っているのであるから、天之御中主という人の時代からどの神も充分に五体満足で、面足という人になって初めて五体満足の人となったのではない。又国土は岐美両神の時代でもまだ不安定であったと

いうことになる。猶講義には、

よく読んでみると、前の国之常立神、豊雲野神と宇比地邇、須比智邇神等と説明の仕方がちがう。即ち前の二神は隠神にまし、後の神々はそうでない。此の点は注意すべきである。

と指摘しているのは、さすがに鋭い眼である。更に、

今一つ宇比地邇、須比智邇神以下を考えるのに、これらの神々の中で記紀を見るに大活動せられた神は最後の伊邪那岐神、伊邪那美神のみである。その他の八柱の神は古典に何等の活動をもなしたまわず、又神社に宇比地邇、須比智邇、阿夜訶志古泥神等を祀った事実もない。そこに大変なちがいがある。

と述べている。つまり博士は隠身の神は勿論岐美両神の以外の神は我国の成立には直接に関りのない地球成立の過程を示した名であるとしている様で、従ってそれは眼に見得る状態であるから宇比地邇以下は隠身でないとして居つつも、神社に祀られてないのは我国の成立に直接でないからと考えている様に思う。更に記伝の、

さて姓氏録に角凝魂命、角凝命〔許理と久比と通ふ〕。出雲国神門郡神魂子角魂神社などあるは此神なるべし。活杙は、生活動き初る由の御名なり。神祇官坐御坐祭八神ノ中の生産日神〔姓氏録に伊久魂神とあり〕は此神なるべし。

又、意母陀流神については、

神祇官坐御巫祭八神中の足産日神と申すは此神なるべし。

と云うのに対しては名前の一部分似ているにすぎないので、祀られていると云うのは誤りだとしている。そして平田篤胤が古史伝に、

篤胤按に上、宇比地邇、須比智邇神と云より、伊邪那岐伊邪那美神まで、男女二神づゝ倶ひ坐る十神は、実は伊邪那岐伊邪那美二柱神のみにて、宇比地邇、須比智邇より面足惶根と云までは、決めて伊邪那岐伊邪那美神の御身の、漸々に成坐る状を以て、次々に御名を負せ奉れるを、終に五代とは語り継たる事と所思《オボヘ》たり。

其は宇比地邇須比智邇と申す神の、実に坐々たらむには、天つ神の国土を修め堅めむことをば此二柱にとぞ命せ給ふべけれ。然るに最末なる二神に命じ給へること道理に叶はず。然れば此の神世七代は、圀之底立神、豊斟渟神は根圀の神なれば、土地の神の代数に入るべき謂なく、宇比地神より惶根神と云までは、伊邪那岐伊邪那美神なる故に、実には只一代にぞ有ける。

を引いて、「断定する事は避けねばならぬが、恐らくそういう事であろう。」と賛成している。隠身の神を「根圀の神なれば」と云って居るのはそこに注目していたことを示して流石にと思われるが、五代十柱を岐美両神の成長過程と断定したのは面白い見方ではあるが仲々の豪傑だと思う。篤胤を尊敬している博士も流石に驚いて緩和していることも面白い。そうしながらも、

しかし又幾代と申上げた所で私は差支えないだろうと思う。例えば大日本史は水戸光圀公より始められ、三百五十年間もかゝって明治三十五年頃に出来た。その間を何代というも又一代というも良い様なもので、又親子の間を一代というも親子二代と云うも良いであろう。大活動を始め

られるまでに神が現われ、次第に斯ういう姿を呈したと云うのである。親子というもよく考えればその一の生命の延長にすぎない。それに照して見ても別神でないという考え方の方がもっともらしい。

と大いに弁護している。私はこれも尤らしい常識的な申分で俗受けするであろうと思うが、生命というものに対してこの程度の常識では致し方がないと思うし、そこには人間即神の基調が露呈していることに気付かれる。博士の地球成生過程説は本田先生の宇宙観にもかすかに響き合う処があって興味を持たれるが、その根本に於て、神と人間と同一とする処に非常な違いが確認される。

本田先生は之等神代七代の神は大宇宙霊たる天之御中主神の霊体力であるとし、それは宇宙の存在する限り悠久の過現未の世界に活動して止まない。即ち現在に於てもわれわれの内にも外にもこの神力が活らいていることを教えているのであるが、之を人間とすれば過去のそれは現実に遠くなればなる程無関係なものになって行く。神に対する信仰など薄れてゆくのは致し方がないであろうと思う。現代人が神を見失ったのはそこに大きな因由があるのであろう。博士は、

これで所謂神世七代のことは済んだ。これより後の姿がいよ〳〵日本の国のはじまりである。と先を急いでいる。私も仕方ないから先を急がねばならない。

(5) 是に天神諸の命以て、伊邪那岐命、伊邪那美命二柱の神に、是のただよへる国を

修理固成《つくりかためな》せと詔《のりご》ちて、天沼矛を賜ひて、言依さし賜ひき。

山田博士の講義には「諸」について、寛永本に「誥」となっているが田中頼庸本には「詔」となっている。ていている。併し真福寺本以下に「諸」とあるし先ずそれを取って、記伝によれば諸とは初段に見えた五柱の天ツ神なりとあるのを、古史伝には初段に見えた三柱の天神と云っている。岡吉胤は二柱の産霊の神を指しているが、御中主神も関っているので天ツ神諸といったのであろうと云っているから、どの説を見ても確定的でない。と云って、

私の考では「諸」という字がなくて田中本の如く詔命とあれば、天ツ神の中の一柱をさすという前の本居先生の説の如くに解し、高御産巣日神をさすとも考えられる。即ち天神の代表としての神をさすことゝもなると思う。又「諸」を主として考えるのにこれは矢張り一番初めの造化三神という平田先生の説の様に見るべきかと思う。その故は天ツ神の代表者としてこの後も現れるのは高御産巣日神である。高御産巣日神を中心として考うれば造化三神の三柱の神である。斯様に考えた方が後の例から云えば穏かである。と述べている。本田先生はこの点では、

天ツ神諸トハ御中主神以下ノ諸神ヲサセルコト先哲ノ説ノ如シ。

と云っている。先生の先哲とは恐らく宣長を主として云って居られると思われるが、敷衍して岐美両神以前の神々全部を指したとも思われる。それは先生の前説通りの意味でよいと思う。五神三神と限定する要はない。

○命以（ミコトモチテ）

これは講義と先生と非常なちがいがある。講義には宣長の記伝の「命は御言なり」という説を引いて、命の字は本来の意味は命令で言葉を以て仰せつけられるのが漢字の命の意味であるからミコトの意味にぴったりはまる。仰せつけられる言葉である。と云って後の条文を挙例している。そして次田潤氏の「古事記新講」に、天神諸以命と云う全体の意として

此の句の意は宇宙創生の神々の意志を承け継いでという意に外ならぬ

とあるが、この文句をば斯様に解釈する仕方には賛成しがたい。若し「命以」を意志を承継ぐという意にとるならば（時には意志を承けつぐこともあろう）「天照大御神、高木神之命以詔天宇受売神」の場合には当はまらない。実際に於てはそうなるかも知れないが、斯かる言葉の解釈はすべてどの例にも当はまるものではない。

岡吉胤は「命以」は御言持てにて、天神の神勅をいへり。という例を引用している。

私は博士の考え方はやはり「上古の人は神なり」という宣長の考え方を受けついでいると思う。岐美両神以前の神々をもやはり宣長篤胤流に人間と解釈しているので、言葉を承けてとるので、次田氏の新講の考え方の方が、この場合は妥当でないかと思う。但し次田氏の神世七代及それ以前の神々の解釈がどうであったかは今「新講」が座右にないので判らないが、この条だけでは適当でないかと思う。

本田先生は、

然シテ命トハ天神御ロヅカラ詔玉ヒシニ非ズ。天ツ神ノ御心モテ造化ノ順序ニ随ヒ其ノ御心ヲ天地万物其ノ一体毎ニ配賦シ玉ヒシ也。則チ惟神ノ神勅ニシテ、自然ノ大道ナルモノ也。故ニ大地球ヨリ始メテ人獣草木ノ類コノ惟神ノ道義ヲ含有セザルナキ也。

と述べている。私は先生のこの解釈の方が大きく透っていると考える。神を人と考えることでは今後非常に解釈に難儀することであろうと思う。併し「命以」の解釈にかく根本に触れる差違がありつつも、博士が古事記を日本国家の発生を説くものとして次の説を為しているのは注意してよい。

さてこの一句は甚だ深い意義があるであろう。それは何故といえば既にのべた通り我国土、我国の神、我国の人すべてが今神勅を受けられた伊邪那岐伊邪那美神の生みなされたものであることを信ずるからである。

と前置しているのであるが、「上古の人は神なり」とする考からすると神、人はともかく我国土が両神の生まれたとすることは不合理になる。強いて人間的に解釈するとこの国土を経営した。露骨に云えば占拠した意味以外にないのであることを留意せねばならない。博士が信じることには差支ないが、之を押付けるには道理に欠ける処があると思う。併しそれを心得ていて、次の文章は博士の所信の眼目として立派だと思う。

我日本国家の初をどこから説くかというに、伊邪那岐伊邪那美二神の神業を説くことから始まるのである。この国土神人いずれもこの両神に依って始まって来ている。そこで、この一句が非常に重大問題であるという事になる。この二神の神功を説こうとする以前に如何にして両神があらわれなされたかということを説かなければこの二神の源はわからない。そこで二神の出現を説こうとしてその順序として神世七代を説いたのである。我々今日の日本人の見方より云えば実際としては二柱神のみで良いわけである。平田先生の言の如く、神世七代は二神の出現せらるべき準備時代である。我々の目で神世の事や神の出現のわかるという様な大それた事は考えられぬ。人間の肉体の目に見る所は要するに限られた肉体のことのみであろう。そこで結局二神の現れたことのみを見せて貰った。そうして二神の出現とその天神の命をうけて活動をはじめたもうという、その事、この処が一切の精神の源であり事実を明かにする鍵である。そこで私は丁度こゝの処が瓢箪ならば括り目の処の様になっていると考える。即ち神代七代で神代全部がわかったというのではない。この二神を遠眼鏡にしてこの二神を通して神代は天之御中主神とか色々見えると思う所だけ見ていうのである。そこで実地の我国の一切はこの二神が神勅を受けらるゝ所のこゝから始まり古典はこゝから出る。二神の説明を引張り出す誘導篇（序篇）である。これから古典の本論に入る。

高天原の事は、我々の眼界が拡まるにつれて、何処までも拡がるであろうけれども、我国の事はこゝより始まる。尚こゝに非常に面白いのは、天神諸命以とあることである。この一句は実に有りがたい一句である。これから二神が大活動を始められ、この国が大転回をなすのであるが、これから下に起って来るあらゆることは、一切伊邪那岐伊邪那美神の御行動に基くのであって、これは二神の任意の行動ではない。これらは一切天神諸の神々の命を以ての御行動である。即ち後世の語にいう「神ならひの道」である。どこまでも祖神の神意を奉じての事であって、それがすなわち「まつり」である。「まつり」は従うという事である。わが天皇のまつりの本意は此処にある。御行動の一切はまつりの本意を離れない。この「天神諸命以」の五字が、活動原理となって起ったのである。日本のあらゆる事がこの原理に基くのである。これから万年億年何時までもこの通りである。あらゆることは一言にして言えばそれだけであって、それでおしまいである。上述の次田氏の宇宙創生の神の意志ということは、賛成は出来るがそれはこゝのみの意味である。私は然うでなく日本人全部のことと考える。又未来永遠にわたることであると考える。我々はこの二神の子孫である。何も彼も一切がこの「命以」である。神道の根源はこゝにある。これは実際上の大問題である。この五字は万世にわたり、われ〱日本人、日本国の永遠の運命を支配している。これは古事記のみならず、どこまでも斯様になって行くのである。

それを小さく考うれば「天沼矛ヲ賜ヒテ」までがそれであり、大きく考うれば「オノコロ島」の生れるまでがそれであり、なお大きく考うれば大八洲の生れるまでがそれであり、しまいには天照大神の出現までがそれであり、遂に二神の御一代という処で一先ず一段落つく。然し天神の命以をそこで限ってしまうことは、古典を本当によむよみ方ではあるまいと思う。代々の天皇様方のこの国をお治めなされる「まつり」の本意は、皆こゝにある。而してわれわれ日本人の一切の活動の根本原理がここにある。

と述べて、この五文字に力を入れたのは岡吉胤であるがそれもこの神勅が一切の根源であるとまで云わず説明の仕方が足りないとまで云っている。博士の信念は実によく私にも解るし、この五字を重視した慧眼には感服するのであるが、命を下さった天神とは如何ということがはっきりしないと、命それ自体が根拠がぐらつくのではあるまいかと思う。そこで神道の根源はこの天神の徹底的解明にあると云わねばならない。そうしてから、神道の精神の在り方、その行動として初めてこの一句が生きて来るのではあるまいか。天神が日本人のみでなく世界中の人々の容認し得る尊貴な所以が探究明解せられなければならない。人間の遠い祖先、即ち古代の人間というのでは世界人類の容認を得ることが出来ない。それでは神道は日本人だけの通用する狭いものになってしまう。今日では日本人そのものが世界的視野に立っているのであるから、博士の主張はよく解るのであるが、その為には天神の解明こそ最重大事と思うのである。その上でこそ博士の主張が充分首肯せられるであろう。本田先生の「神理解」が「講義」よりも五十五年以前の著作であり、神道の未曽有の炬火を掲げたものと云うべきであろうと思う。之が久しく埋れて世に出でなかったものは果して何に依るのであろうか。

山田博士は先ず「詔」の文字を取上げて、宣長の古事記伝に「ノリゴチテ」と読むべしと云っているのは平安以後の訛語であろうから「ノリタマヒテ」と訓むべきものとしているのは首肯される。又詔という漢字は大体に於て至尊の御詞に書いている。元来古事記の撰録は大宝令以後の事であるから、詔の字にそれだけ重い意のあることを自覚して用いたのは確かである。といって例証していることは参考になると思う。

さて「命」については伝の

上段には神とあるを此よりして命と申せり。下に至りては大神と申せる処もあり。さて凡て某命と、御名の下に命てふことを添て申すは尊む称なり、御名のみならず天皇命、神ノ命、御祖ノ命、皇子ノ命、父ノ命、母ノ命、那勢ノ命、那邇妹ノ命……なども云へる、記中又万葉などに多かり。さてこの美許登てふ言の意は未だ思ひ得ず。云々

をあげて略この説明でいゝが、伝では「ミコト」の語意が解らぬといっている点を取上げて、古史伝に

さて美許登てふ言の意は、私記に、美許登ハ猶如言御事也とあり、是意なるべし。…さて今ノ世に人の上を云とて某殿某様といふも直に其人の名をさゝず辺つらひて其方を云にて、古の命てふ言を添て云ると全テ同じ意ばへなり。

といっているのを当っていると云っている。即ち之は敬語であるというのである。

命は今云った様なわけで唯尊称として用いた言葉である。それは神にも人にも通ずる。命を神のみの尊称と云うのはそれも後世の用法である。

さて前に伊邪那岐神、伊邪那美神といゝ、これから命と使いわけてあるのは如何にと云うに、古事記伝では「殊なる意はあるべからず」といふが併し出放題に書いたのではあるまい。神と云う名で出て、どこにも徹底的に神とある神もある。大国主神はどこまでも神である。又神として古典一ヶ処だけ出てそうして神とあるのもある。大国主神は一方葦原色許男神といゝ葦原色許男

命という事もあってまちまちであるが、大国主の場合は必ず神である。又高御産巣日神、天照大御神、手力男神、事代主神は神とのみあって決して命とは云わない。天宇受売命は神と両方ある。命とのみ云って神といわぬものがある。

と述べている。神と命との差別について重大な考慮を払ったことがわかる。そして大国主命と云い始めたのは平安朝の新撰姓氏録であることを指摘し、純粋な古伝のまゝでないと思ったと記している。博士の態度は実に立派だと思う。更に進んで

さてこの伊邪那美命の所に至ると、不思議に考えらるゝ事がある。伊邪那美命は神とも云い又命ともなる。そこでこの称号について調べてみると前後十六回ある中で大部分は命となっている。神とあるのは最初の神世七代の処と、伊邪那美神が火神を生んで「遂神避坐也」とある次に「凡伊邪那岐伊邪那美二神共所生島壱拾肆島神参拾五柱」とある処とで、中は命になっている。思うにこれは命というのは、暫く神と云うことを簡易にして言う時の略式の言い方であろう。裃つけて開き直っていうときは、もとより神である。即ち最初とおなくなりになったときが神となっている。

伊邪那岐神はどうかというに、最初は神とあり、それから比婆山の処までは命となっているが、黄泉国から還られた時から記事が変って伊邪那岐大神となる。それから又「命」と云い、天照大御神のあらわれ給うてから伊邪那岐大御神となり、淡海の多賀にましますで所では伊邪那岐大神となっている。その後須佐之男命の言葉の中では、単に大御神とあるのみである。伊邪那美神

は大御神となることなくたゞ神である。それには何か理由があるだろうと思われる。臆説ではあるが、黄泉国より帰られて御禊をなされ、天照大神を生まれた大神の祖神として、特別の尊称をこの時より致し申し上げたのかと考える。二段に変化したのである。神を略して命とするのはどこまでも略したので、これは神という語の代りに命と云ったのではない。命は誰にでも云うからである。

博士の説は以上の通りである。詳しく調べあげていてその点は間然する処がないが、之のみを読んでも釈然としないものが残る。命は神の略称だという。これは結論にならない結びである。誰にでも使う命を神の略称とすることは敬神の念慮深い上古の人の用い方ではあるまい。

裃をつけて開き直ったときは神で普段は命だという珍説はどこまでも「上古の人は神なり」という考え方から脱却していない。宣長篤胤皆然りである。博士が物語の筋を逐うてその使い分けを明らかにしている点は有難いが、労を多としつつ結論が曖昧で、神とは人の功業に対する最大級の尊称だということになる。果してそれで納得出来るかどうか。

本田先生はこの神と命について実に簡明に説かれている。即ち、

前章既ニ伊邪那岐伊邪那美神ト有リテ、此ニ至リテハ命トアリ。命ハ体異《ミコト》、体別《ミコト》ノ義也。天地万物各自其ノ体ノ異ナルヲ謂フ。神ヲサシテ命ト云フトキハ現体アル也。此ノ神幽界ヨリ現界ニ出給フ処ノ証ナルモノ、而シテ此ノ神ハ幽界ニ在テハ五魂ヲサシタル名ナルコトハ前章既ニ之ヲ云ヘリ。此ノ所ニシテハ天地衆星ヲ混同シタル物ノ気ト体トヲ併セテ称ヘ奉ル所ノ御名ナリ。

と説いて居る。実に雄大深遠な意味であって天地鎔造の相を具体的に明示したと云う外ない。本居翁以下の諸説皆悉く人間社会の事として立言するけれども、区々たる小天地をもその一小部分の因子として包含してのことゝなり、幽顕の理を明示したものと云うべきであろうと思う。

○修理固成。

講義にはこの語を三段に分けて修理、固、成とすべきことを主張している。宣長がツクリカタムとナスと二段したことは妥当でないと詳しく考証している。修理という漢字を使用した安麻呂の苦心を考えているのは如何にも学者として立派だと思う。

「ツクル」という語は修理二字の現すが如く物を始めてこしらえる意ではない。本居先生に従うと、はじめてつくる意にとられるが私はそうは思わない。支那の修理の義が既にそうである。…「このただよへる国をつくりかためなせ」とは、既に生じている国がまだ漂っているから、それを修理する意である。即ちもとより物がある。その上に人間の努力を加えるのが「ツクル」である。大国主神という御名は国つくりたもうという功績をたたえたのであるが、これも国土を修理されたのである。元来既にただよえる国と仰せられたのであるから、国は既に在るのである。たゞそれを修理するのである。修理しかためる。そのかためた結果が「なす」である。「なす」は出来上るのである。本居先生は固めと成すとを同義に見ていられるが、成すは最後の到着点である。このたゞよえる国は前にある。…国は稚いながらもあったのである。ただよいつつも国が

あったのである。古事記伝には、

未ダ国と云物はなき時なれども、出来て後の名を以て、其初をも如此国とは語り伝しなり。

（実は此時はたゞ潮のかつ〳〵凝なむとして、たゞよへるのみぞ）

と云っているが、つくりかためなせ、即ちつくるという以上天然の原質は存在したであろう。砂がなければコップをつくる事は出来ぬ。砂をつくれとは云われない。日本では国土の原質は神の力で既に存在していた。それを修理したのである。西洋でいう創世紀と精神がちがう。どこまでも原料に人工を加えることをツクルという。米をつくるとか豆をつくるとかいう場合もそうで天然の原質があってのことである。人間の力を加えてあるものにする。…国になるべきものが既に存在した。造化三神の時既に天地があった。国は地面の上に人間の生活を営むことである。生活を営むに至らぬときはたゞよえるのである。同時にこの国に土地だけの意、天地の地の意でない。どこまでも人間の生活を営む土地である。本居先生は天地と国と同じと考えられるが、私はそうは考えない。

と力を入れて説いている。国常立神からはこの国土のことゝして神世七代で国土が出来上った。そこでこの土の上に人間の生活する国を生むという博士の考え方は筋が通って聞える。「奨俗」のすじを巨細に亘って証明した説と云うべきで、俗を納得させる上に至れるものであろうと思う。併し神理の面から云えばまだ飛躍が感じられる。そこで本田先生の神理解を見ると、この修理固成については産巣日の意義を述べた際に、

産霊トハ身為霊《ムスヒ》ナリ。即チツクリカタメナセノ天詔ト同義ニシテ云々

と述べているのは、高神二産霊神の活らきがそのまゝ天神諸命として岐美両神の活らきに連続していることを示して居り、岐美両神の活らきは人間から云って当面のこととして太陽系の固成をさせる、そこにはまだ人祖が生まれる以前のこととして見ていると思う。山田博士は国とは人の営みの存在してはじめて云う意味と強調して居られる、これは国という漢字から来ているので、日本語のクニと漢字の国と全く同一であるかどうか。後世中国の文化を取入れた頃には混和したとしても、元々は考え方が異っていたのではないかと疑われる。本田先生は、

本居平田ノ説ニ、此ノ時未ダ国ト云フ名ナキ時ナレドモ、出来テ後ノ名ヲ以テ其ノ始ヲカク国トハ語リ伝ヘシナリト。今按ズルニ、クニトハ大海原ヨリ出タル所ノ大陸ヲサシテ云フ名ト心得シト覚エタリ。然レバ其ノ大陸島嶼ヲクニト名付タル言義ヲ釈セザレバ更ニ其ノ説ク処ノ説分明ナラズ。天ツ神ハ此ノ一地球ヲサシテクニト詔《ノタマ》ヒシモノニシテ、海陸ヲワケテ名付ケ給ヒシモノニ非ルコトハ、クニハ奇根《クネ》ニテ神ノ造ラシ、現物ノ大原ナレバナリ。

と述べられている。地球をさしてクニと云ったことは、勿論一地球のみならず太陽系の凡ての恒星遊星を指しているのであるが、我国の教は太陽地球月の三つに主として述べた伝えであるとは已に指摘されていることを再考したいと思う。猶めずらしく本田先生は本居翁のことを言及して、

本居翁ハ開闢已来ノ先生ナルニ是ニ至リテハ大事ノ上ノ大事ナルクニノ意義ヲ右様ニ説カレタルハ疎漏ト云フベシ。然リト雖モ此ノ翁ハ古事記ヲ見ルコト実ニ後世ニ企テ及ブ所ニ非ズ。其歌

ニ「アヤシキハコレノアメツチウヘナウヘナカミ世ハコトニアヤシクアリケン」と詠マレタルニテ、国ノ奇根《クネ》ナルコトハ知得ラレタルサマナリ。如斯シモ造化ノ奇根ト知リツ、其ノ名義ニ至リテハ突然トカヤウノ疎漏ヲ申出ラレタリ。平田翁ハ其説ク所悉ク本居ノ糠粕ナレバ今更深ク弁論スルニ及バズ。

と述べて、本居翁の研究に対して深く敬意を表していられることは山田博士と並んで興味深いことである。そして山田博士は翁の「上古の人は神なり」という点を一層現実化して解明しようとし、本田先生は「コトニアヤシキカミヨ」の神理を解明しようとした点が実に対比される点である。

○賜天瓊矛而言依賜也

天瓊矛について講義には記伝の説を引いて大体肯定している。即ち瓊は玉の事で沼矛は玉鉾と云う如く玉以て飾れる矛なるべし。天の意味は国のものと分って云ったであろうが後には美称となったと云う。博士は宣長のその意味の外に神聖視し尊ぶ意であろうと云っている。ただ宣長は此の矛を賜った意味を

さて今国を作り固めよとして、此の矛を賜へること如何なる所以とも知べからず、穴畏、後の世の心もておしはかり言な為そ。

と言って居るが解釈する以上は何とか考え奉るべきであるとして、古史伝の

篤胤今按ふに、師は此矛を賜へること如何なる所以とも知べからずと云はれたれど、此は二柱

の産巣日ノ大神の、産霊の御徳を二柱神に霊幸ひまして、国土を生み作り成さしめ給はむ其ノ御璽として賜ひけむことは云も更にて、

といっていることを賛成している。併しその先に云っていることは賛成出来ないと云っている。そして之に似たことを求めると、景行天皇が倭建命の東夷征伐の際に比々羅木の八尋矛を賜ったことを挙げている。

本田先生は神理解に、

天瓊矛ハ地霊凝《ナヒコ》ナリ。乃チ太陽ノミナラズ漂ヘル衆星マデヲ修リ固メテ一大地界トシ給フ御力ナリ。…修理固成トハ此ノ八力ヲ以テ只管ニ凝固力ヲノミ用キ玉ヒシト思フベカラズ。

と述べて、幽顕に出入することを示唆し、岐美二神以前の八神即ち八力がこの修理固成に重大な活らきを為していることを述べている。そして篤胤の説に対しては

然ルニ平田ガ古史伝ノ説ニハ、瓊矛《ヌホコ》は玉矛ト云フ如ク玉ヲ以テ飾レル矛ナルベシトアリ。造化大神、小児翫弄物ノ如キモノヲ用キ玉ハンヤ、心を飜シテ思フベシ。

又云フ「篤胤今思フニ師ハ此矛ヲ賜ヘルコト如何ナル故トモ知ルベカラズト云ハレタレド、此ハ二柱ノ造化ノ大神ノ産霊ノ御徳ヲ伊邪那岐伊邪那美二柱ノ神ニ霊幸マシテ、国土ヲ産成サシメ玉ハム其ノ御璽ト賜ヒケンコト云フモ更ナリ」トアリ。無用ノ弁ト云フベキナリ。修理固成の神勅アルトキハ、修成ノ神力ヲ授ケ玉ヒシコト云フモ更ナルモノ也。

と喝破している。篤胤の続いて「此の瓊矛の状はいかなる物ぞと云はむに」といかにも見た様に述べ

ているのは先生の云う如く井蛙の見で、流石の山田博士もこれには困られたらしく、「併しその先言っていることは賛成出来ない」とのみ云って挙げていない。

言依については先生は何も申して居られぬが、已に修理固成が天神諸の神意を暗黙の中に承けて実現される以上は、顕の叙述について彼是云う要を認めないのであろうと思われる。併し人の世の叙述と見る博士は色々考証して、言依は言依で言は借字で事柄の意、そのことを御委任遊ばされた意であろうと云っているのは正しいと思う。唯こゝに博士の附言として、

こゝで一しきりになっている。上述の如くこゝの処は大切で、天神諸命以が最も大切である。その次にはこゝの言依賜である。これが神国の発祥すべき初まりである。この二神にことよさし給いしことが展開してどんどん進み我国の今日の姿となった。小さく云えば二神のことであるが大きく云えば日本全体のことである。仏教で云う所の総別の二様に別けて考えることも出来る。総じて云えば日本国の古今永遠の活動原理としてであり、別して云えば二神に神別を下されたのである。これが日本国の根本をなすのである。

と注目すべき説を為している。博士の見方から云えば伊邪那岐伊邪那美二柱の命からは已に人の世に入っているのであるが、であるから「小さく云えば二神のこと」などと云うのであるが、本田先生はまだ〳〵人間の世に入って居られぬとして神界のこととして説かれているので、まだ太陽地球月球の発成直前の大宇宙の相としている。岐美両神の御活動は小さい処か実に広大無辺天神そのものの活動ということになる。こゝに大いなる差があることを確認される。そして記述は大宇宙にあまねき神業

を狭めて太陽系に、殊に狭めて地球上に於ける点のみに限って進められてゆく。地球上に限っても地球のみと考えてはならない。地球以外の大宇宙に同じ様に神業が進められていることを思わねばならない。この神業は至大無外至小無内に行き亘って、而も現在も猶続いていることを思わねばならないと思う。日本国の初まりは試みに思えば天孫降臨に置くべきであろうが、而して人祖の初まりは今少し遡ると見るべきであろう。但し試みに云うのみである。

(6) 故れ二柱の神、天浮橋に立たして、其の沼矛を指し下して画きたまへば、塩こをろこをろに画き鳴して、引き上げたまふ時に、其の矛の末より垂落る塩、累積りて嶋と成る。是れ淤能碁呂嶋なり。

○立天浮橋而

先ず講義には宣長の記伝の説明を引いて、

天と地との間を、神たちの昇降り通ひ賜ふ路にかかる橋なり。空に懸れる故に浮橋とは云ふならむ。天忍穂耳命、番能邇々芸命などの、天降り坐むとせし時も天浮橋に立しこと下に見えたり。さてこの橋のこと後人の例の漢書心の、なま賢き説どもは云々

と云って丹後の天橋立の伝説をあげているのは賛成出来ない。天橋立は今の言葉で云えば梯子で固定

していう筈のもので、それがいつか倒れたという伝えであるから浮橋という名にあてはまらない。と云っている。又篤胤の古史伝の、

天之浮橋は、神の天より降り給ふ時に、大虚空に浮べて乗りたまふ物なる故に、浮橋といひ、また如此乗て往来することは、水を乗る船と等しきものなる故に、天磐船とも云なり。

を引用してこれをも否定して、船であって橋ではない。船は物を載せるもの、橋は渡るもの形は同じでも同じいと断言出来ない。言葉の上の詮議はともかく実際いかなるものであったかは不明である。西洋人は之を虹であるという。けれども矢張り不明という外ない。と結んでいる。宣長篤胤の説を否定しても、両神を人間神として考えている態度は等しいのであるから、天と地と往来する浮橋をどんなに想像を逞しくしても結局は雲を摑む様なもので、博士が矢張り不明という外はないと云ったのは態度として正しい。篤胤の様に強弁して要らざる多言をつらねることはない。本田先生は、

天浮橋ハ天浮走ナリ。天浮走トハ吾大地球ヲサシタル也。然ルヲ神理ヲ設ケテ後世凡庸ノ人ニモ悟リ得ヤスキ様ニ斯クハ漢字ニ書キ玉ヒシモノト見エタリ。此ノ二柱神ハ固ヨリ幽天ニオハシマシテ変化自在ノ御事ナルニ、斯ノ如ク人為ノ橋テウモノ、類シタルモノニ乗ラシテ虚空ヲ上下シ玉フコトアラムヤ。此ノ如キ沼矛ト云フ器ヲ頼ミニセザレバ空中ヲ飛行自在シ玉フコト能ハズトセバ、此ノ広大無辺ノ大陽系中ノ列星ヲ造リ玉フコトヲ得給ハンヤ。心ヲ平ラカニシテ思フベシ。

と述べて居られる。之は実に驚くべき卓説であると思う。即ち浮橋はウキハシリであって、大陽系中

の虚空を公転しつつある地球と指摘され、それがまだ現在の様に修理固成されていない状態であったけれども、地球の未成熟な姿であったことを明らかにされたのである。これは実に気の遠くなる様な時間の劫初のことである。人間などの存在以前の無限に近い劫初のことである。神々を人間神として考えて行こうとするのは已に問題外という外ない。設神理以奨俗、そのあわれなる俗見にすぎない。

山田博士もさすがに尊敬する篤胤ながらその強弁は除外して触れられないが、この強弁に圧伏せられた神道家たちがたゞ師説として之を信じたるが故に、道は蒙昧の中に埋もれ、時代の進歩に置き去られて、古事記否定乃至無視されるに至ったので、仮に彼等の立場に立って難古事記を著わしてその不合理を追求され、その眠りを醒そうとされたことは明記して居られる。

○指下其沼矛以画者

講義には文字について考証しているが省く。記伝に、

画ノ字は書紀一書にも画滄海とも又画成磤馭盧島ともありて似たることながら猶此の字の意にあらねば借り字なり。中略口決に以矛探海也と解たるよく当れり。此は彼の空中に漂へる物（潮に泥の和れる一沌《ムラ》の物なり）を固める為に矛以て攪探り賜ふなり。

とあるのに異論はないと云っている。宣長翁がここまで云って居ながら猶人間神的立場を捨て得なかったことは実に惜しい感じがする。この解釈では天地鎔造の時の伝えであった人間発生以前と心付かなかったことは不思議という外ない。

○塩許袁呂許袁呂邇画鳴

講義には塩は海水のこととし、鳴は成の意味でなくナスと訓んでも音を表わす鳴の意であると記伝を是正して詳しく考証している。この辺は博学者として敬意を以て承ってよいと思う。許袁呂許袁呂邇については記伝に、

彼ノ矛以テ迦伎賜ふに、随ひて、潮の漸々に凝ゆく状なり。即ち許袁呂と凝と言も通へり。そは下巻朝倉ノ宮ノ段に、大御盞に落葉の浮るを、三重の釆女が歌に、美豆多麻宇伎爾宇岐志阿夫良　淤知那豆佐比　美那許袁呂許袁呂爾云々とあるに同じ。

と述べている。この朝倉宮（雄略）の故事について博士は一流の名説を述べているが割愛しよう。とにかく許袁呂許袁呂爾という形容は非常に古い伝えであるというのでそれは認容される。

○垂落之塩。累積成嶋。

講義には垂落を「シタヾリオツルシホ」と訓むべき点「之」を読まないこと、累積を「カサナリツモリテ」と訓むべき点などを詳論して記伝の「シタダルシホツモリテ」と訓むことを訂正している。これは博士の分野であってその通りに従っていゝと思う。

○是淤能碁呂嶋　コレオノゴロシマナリ。オノゴロシマの名の意味について記伝に、

私記に、自凝之島也（オノヅカラコルシマナリ）猶如言自凝也とあり。彼ノ許袁呂許袁呂にか

き成し賜へる潮の滴りの積りて成れる故の名なり。自と云所以は、他の島国は皆二柱神の生成賜へるに、此島のみは然らず。自然に成れゝばなり。故れ下に唯意能碁呂島者、非所生とあり。

とあるのを引いて、山田博士は意味は先ず斯ういうことであろう。神の名もそういう式の名が多い。オノゴロは島の成立の説明で、ひとりで出来た島であるというのである。と云っている。私はどうも疑義がある。

思うに国生みの伝説というものは岐美二柱神をどこまでも人間神として奨俗の意味で、つまり俗人に解り易くするために身近い人間の生活に作りかえて神理を暗示したものである。そこで人間が子を産むという経験を生かして述べる為には、人間生活の基盤となるべき大地がなければならない。それは人間から見れば既に自然として存在していたものである。それがオノゴロシマである。併しそれでは神と人間がつながらないし、神理が通らない。両神が人間神となる以前にこの島を作らねばならない。その神理を先ず修理固成の天神諸の命として述べる。そして大地が出来てから地上に人間神として設神理の活動即ち国生ということが述べられる。それは便宜に従って所謂方便として述べられたので、オノゴロシマも之から生まれる国島も斉しく両神の修理固成の働きであろうと思う。修理固成の一部が之から先の国産みであろうと思う。生むという言葉には深いつながりが両者即ち生むもの生まれるものとの間にある。それが人間としては一番子を生むということに実感がある。神と人と大地のつながりを一番端的な言葉で現せばこの生むという言葉になる。そのつながりは天神の詔による修理固成で、大きな眼から見ればこの限られた地球、その地球上の凡てのことは天神の一部分の修理固成であると云えようか。これから両神によって生まれるという地球上の国島も、その国島の上の凡ての営みも（礦植動物人間を含めて）皆修理固成の両神の活らきである。

本田先生は神理解に、

浮橋ハウキハシリノ略言トスルトキハ別ニ漢字ノ充当ナルモノナラン。玆ニテ既ニ大神ノ黙示ヲ受ケサセラレテ、那岐ノ命ハ地気トナリ、那美命ハ地体トナリ玉ヒシト知ルベシ。両神ヲ人間男女ノ神トシタル故ニ荒唐不稽ノ説盛ニ世ニ出ルニ至ル、慨歎スルニ堪ヘズ。現今ニテ之ヲ云ヘバ那岐命ハ雰囲気ニシテ那美命ハ地体ナルモノ也。然ルニ沼矛ヲサシ下シテ攪キ探リ玉フトアルハ八力ヲ以テ修理固成ノ業ヲナシ玉ヒシナリ。浮橋ノ上ヨリ男柱ノ如キ矛ヲモテ海底ヲ探リ玉フモノニ非ズ。初メ此ノ大地球ハ蒼海原トアリシ如ク一面ニ海水ノ囲ミタルモノニシテ一州一島モ非リシナリ。而シテ此ノ造化ノ地気ト地体ト造化ノ固成スルニ随ヒテ畢ニ大八州国ヲ始メ大島小嶼悉ク海水ヨリ上ニ現生セシナリ。乃チ那美ノ母神ノ産成玉フト云ヘル是ナリ。而シテ後学悟ラズ那岐那美ノ両神ヲ男女ノ神トスル故ニ、国ヲ産ミ島ヲ産ミ草木ヲ産ミ禽獣ヲ産ミ虫魚ヲ産玉フトスレドモ、其古典全面ノ儘ヲ云ヒツルノミニテ心中甚ダ穏カナラズ、半信半疑ノ五里霧中ニ徘徊シ居ル也。是即チ現象ヲ幽眼ニテ見知ルベキ訳ナルコトヲ知ラザルガ故也。豈悲シマザランヤ。其ノ地霊凝、地気ト地体トニ因テ出入交接シテ万物ハ生レ出シタル也。其ノ出入スル時ノ様ハ本文ニ塩許袁呂許袁呂邇画鳴シテトアル是也。塩許袁呂〳〵邇ト云フ時ハ穏カナルガ如ク聞ユレドモ、造化ノ源ニ溯リテ之ヲ考フルトキハ、其ノ激動スルサマ思ヒヤラル丶也。然シ眼ヲ回ラシテ観念スレバ、国州ヲ生ミ万物ヲ生ミ玉ヒシト云フ古伝ノ正シキコト云ハマクモ更ナリ、誰シノ人カ之ヲ非トスルコトヲ得ム。先哲ノ俗見ヲマヌカレザル所以ノモノハ、両神ノ御名儀ノ地気地体ノ御事ナルヲ弁ヘザリシガ故ナリ。

と明示されている。実に驚くべき達眼と云う外ない。又「引上時自其矛末垂落之塩累積成嶋」に就いても、

此文ニ固ヨリ伊邪那岐伊邪那美命ヲ人形トシテ神力ヲ沼矛トシ、地球ヲ浮橋トシテ神理ヲ設ケ玉ヒシ説ナル故ニ、其ノ矛ヲ引上ゲ玉フ余滴凝リテ島ト成リシト記シ伝ヘラレタリシ也。両神ヲ地気地体トシ沼矛ヲ地霊凝トシ、浮橋ヲ大地球トスルトキハ此ノ引上ゲ玉フト云ヘルハ乃チ八力ノ功験ナルコト云ハズシテ知ルベキモノ也。斯ノ如ク云ヒモテ行ケバ、八力ノ内ニテ彼ノ分剖力ノ作用ニ係ルモノ也。而シテ分剖力ノ作用トハ云フモノノ外七力モ之ガ従トナリテハタ、ラカザルヲ得ズ。此ノ八力一モ欠ケテハ造化ノ功ハ採リ難キモノナレバ也。此ノ本文ノ解、古人ノ私考ノミナレバ今採ラズ。

と述べている。八力は已に掲げた様に、宇比地邇神、須比智邇神。角杙神、活杙神。意富斗能地神、大斗乃弁神。意母陀琉神、阿夜訶志古泥神の八神に象徴されていることは已に説かれた。その神名の解釈については多少解し難い点もあったけれども、これは私の言魂に通じていない為であろうからそれとして、大凡その意義はよく解るのであり、先生の神霊観からして理の通った説であると首肯せられるのである。そして「是淤能碁呂島」については「オノゴロシマトハ自然凝島ノ義ナルコト先哲ノ

論ノ如シ」と先生は突放しているが、平静に見れば之はやゝ修理固成の進んだ、つまり海陸分剖した状態の時の地球自体であることがわかる。浮橋も地球、淤能碁呂嶋も地球である。然るにこの島をどこにあるかと蚤取眼で狭い日本の周りを査しまわるのは実に滑稽という他ない。而も中々真剣に古人は探し回ったので、篤胤に至っては例の強弁癖で途方ない附会説を立てるに至った。併し山田博士も篤胤の説は黙殺して触れず、その所在に就いては記伝に、

さて此ノ島の在所は高津ノ宮ノ段に、天皇の淡道島に大坐ましての大御歌に、阿波志摩、淤能碁呂志摩、阿遅摩佐能志摩母美由云々とあるに因《よ》れば淡島の並に聞えたり。私記に今見在淡路島西南角小島是也。云俗猶存其名也。と云ひ、口訣には在淡路西北隅小島ナリと云へり。西北西南いづれか実ならむ。

とあるのを引き、又新撰亀相記の説、釈日本紀引用の説等をあげて批判し結論は諸説があるというに止めている。学者としては尤な態度であろう。

本田先生はこゝで篤胤の附会の強弁を悪んで詳しく之を批判していられるが、それは文末に、

以上ノ諸説ヲ今爰ニ甚ク弁論攻撃スル所以ノモノハ、後世此書ヲ読ムモノハ吾ヲサシテ情ナキモノトヤ思ハンカシ。然リト雖モ此ノ鍈ト土トヲ同質トシタル説ハ造化ノ跡ヲ学習スルニ妨害トナルコト多ケレバ也。

と云って、宣長の玉勝間の名言を挙げて信念を述べ、

後世ノ人々予ガ説ヲ悉ク排斥シテ残ス処ナクンバ必ズ道ハ青天白日ノ如クナラム。而シテ御国

ノ大道ヲ学ブモノハ天帝直授ノ大道ヲ貴ミテ必ズ師説ヲ尊ブベカラズ。是即チ神ノ人心ヲ開クノ大本ナルモノナラム。

と記して居る。

(7) 其の嶋に天降り坐して、天之御柱を見立て、八尋殿を見立てたまひき。

訓については講義に従うべきであろうと思う。即ち「ソノシマニ、アモリマシテ、アメノミハシラヲミタテ、ヤヒロドノヲミタテタマヒキ。」となる。唯本田先生の考えからすれば天はアマであってアメではない様であるが、先生は別に触れていない。自明というべきであろうか。「天降坐而」について講義は記伝の天降（安母理）は阿麻泌理（天下り）の約《つづま》りたる古言なりというのに従うべきとし、次にこの記事の説明として、記伝に、

抑此二柱大神は、高天原に生坐る神には非れば、今初て天降坐にはあらず。初め天神の大命を承り賜ふとして参上り坐るが降りたまふなり。然るにその参上り坐しことを初に云はざるは、其事はさしも要なければ省きて語り伝へたるなるべし。書紀の伝には天神の大命を承りたまへることをさへに省きたるをや。

と重大な発言をしている。博士は初を省いたというのは穏かな考であろうと賛成しているのであるが、之は本田先生の考と対立している点である。即ち両神をどこまでも人間神としている立場であっ

て、だから「抑此二柱の大神は高天原に生坐る神には非れば」などと、独断言を云わねばならないので、古事記本文にはそんなことは書いて居ない。「次成神名」と宇比地邇神以下順次にあげてこの両神に及び、「上件自国之常立神以下、伊邪那美神以前。幷称神代七代。」とまで断ってある。宣長翁の解釈に随えば国常立神も高天原の神でなく地球上の人間になるので、地上の人間が天空の神と交通する、その時代が神代七代であるということになる。この考を押し進めて行くと高天原は人間の思考の世界で甚だ根拠が薄い存在ともなり、両神が島を産んだり万物を産むことは要するに人間の地上征服占拠の意味になり、その美化した伝説にすぎなくなる。要するに人間主義の見方で神も人間の都合によって作られた従属した観念にすぎなくなるであろうと思う。これは或る意味から云えば人間の崇高な信仰をさえも否定する事を将来する根拠となりかねない。宣長翁の考え方を認め且信奉した神道人が平気で神祇に奉仕し来ったということは実に不思議という外ない。或は学説は学説として漠然ながら自己の霊性に従って祀ったかとも思われる。「隠身」をミミヲカクシタマヒキと読んだ宣長翁は已に造化の三神をも人間神として考えて居ったであろうが、カクリミニマセリと訂正して読んだ山田博士が、宣長のこの考を穏やかな説として賛成しているのは、神世七代からは地上のこととして解して居るからであろうと思う。地上と天上とどこに一線を引くかは考え方に相違があると思うが、神と人との連繫をどう考えて行くかに重大な結果が生まれると思われる。神を太古の人間として考えて行くとき信仰の否定が生れるのではあるまいか。そして現代に於ける昏乱の禍根が神を見失った人間の上に必然的に将来せられたものではあるまいかと思う。

○見立天之御柱。見立八尋殿。

先ず「天之御柱」であるが、講義には記伝の、

天之御柱は即ち次に見えたる八尋殿の柱なり。和名抄に柱は和名波之良とあり、凡て殿を造ることを云とて、先づ柱を云は、底津石根に宮柱布刀斯理など、古の常なり。

を引いて「古事記でも万葉の歌でも必ず宮柱のことが初にあってそれから御殿が出来た様に記されている。昔の建築はそうであったであろうか。」と記し、猶記伝の大殿祭の祝詞に、天皇の御殿舎造り奉ることを云うにも云々と祝詞の文を引用して、

かく専柱《もはら》のことをとりわきて云り。且此処は、下に柱を行廻たまふ大礼を申す段なる故に、初に其を立賜ふことを、先ツ云ヒ置ケルなり。書紀一書に、化作八尋殿又化堅天柱とあるは、此柱を又別に立賜ふ如く聞ゆれど、さにはあらず、是も其始を先づ云置とて、猶たしかに又ノ字をさへ加賜へる物ならむ。さて天之と云は天なる殿舎の柱のさまに作り立テたまふ故に添て云こと、天沼矛の所に説るが如し。

と云っているのを引用して、

柱を先ず云うのは中央の柱、大黒柱を立ててそれを中心にして建築したのでそれを最も重いものとしたのであろう。この柱は昔の建築ならば大黒柱として残っている。天之御柱は大黒柱である。最も神聖なものである。柱がしっかりしなければ家もしっかりしない。その名残りが床柱に

まで伝わっているかと思う。…大嘗祭の悠紀殿、主基殿が昔の姿を考うべき大切な資料であると思う。

と述べている。地上の古《いにしえ》の建築について柱を重視したことは博士の云う通りであろうし、宣長の説もよいと思うが、その下の段は甚だ疑問が残る。宣長は書紀の一書の化作と化堅をしきりに気にしている様が見え、更に天之に関しては「天なる殿舎の柱のさまに作立たまふ故に添へて云こと」などと云っている。併し天なる殿舎など古事記には書いていないし、それは宣長の人間神的想像にすぎないと思う。問題は「見立」に鍵がある。

宣長は記伝に、

見は見送るなど云フ見にて、俗言にも児を見育つ先途を見届くなど云。これらの見はただ眼して見るのみを云にはあらず、其事を身に受けて、己が任として知り行ふを云へり。されば此も此ノ御柱を立て殿を造ることに御親ら与り所知看義なり。

と云っている。一通りは透るが大分苦しい云い方である。

篤胤は之に反対して、

見立とは天なる御柱に擬へて立給へる柱なる故に云り。俗言にも某を何と見立るなど常に云言なり。

と述べたが、博士は篤胤の説とすると天之御柱に見立てられる実体を要するのであるが、ここではそうでないらしい。…記伝の説の方が穏やかであろうと思う。といって居る。この点だけを公平に比べて見ると、篤胤の考えは先に宣長が、「天なる殿舎の柱のさまに作立たまふ故に」と云ったのを、もっとはっきり「天なる御柱に擬へて立て給へる柱なる故に」と云ったまでである。篤胤に見立てられる実体がないとすれば、宣長もないのである。

書紀の化作、化堅という言葉を用いていることは注意してよいと思う。本田先生は、

却テ説ク、ミタテハ化造トアリテ、是ガ即チ黙示ナル証ナリ。此ノ二柱ノ神、人身ニシテ八尋殿ノ真中ニ御柱立テ玉ハムニハ化作ト云フベキモノナラムヤ。現作ナルモノ也。…是ハ前ニモ述べタル如ク説神理ノ寓言ニシテ正ニ此ノ御事アル非ズ。

と述べていられる。かくして両者の言を比較すれば、宣長説は専ら二神を人間として見、古伝の通りに御柱も御殿も現実地上の人間の生活として見て行こうとし、本田先生は神理を人間に知らしめるために、現実地上の生活に擬えて説いているので、現実に執して古伝の神理を覚らないのは奨俗の趣旨に反するものであると云う。つまる所は神を正確に知っている者と、漠然と感じつつ人間本位に考えているものとの差ということになるであろう。

(8)是に、其の妹伊邪那美命に、汝が身は如何に成れると問ひたまへば、吾が身は成り成りて、成り合はざる処一処在りと答白したまひき。爾ち伊邪那岐命詔りたまひつらく、我が身は成り成りて、成り余れる処一処在り。故れ此の吾が身の成り余れる処を、汝が身の成り合はざる処に刺し塞ぎて、国土生み成さむと以為《おも》ふは

奈何《いか》にとのりたまへば、伊邪那美命、然善けむと答白したまひき。

講義には訓み方を「コ、ニソノイモイザナミノミコトニ、ナガミハイカニナレルトトヒタマヘバ、アガミハナリ〳〵テナリアハザルトコロヒトトコロアリトマヲシタマヒキ、イザナギノミコトノリタマヒツラク、アガミハナリ〳〵テナリアマレルトコロヒトトコロアリ。」と付して古事記伝に従っているが、言語学者として一応細部に渡って検討し考証している。それは訓《よみ》の確定には大切なことであるが、例えば「成々」に就ても宣長の

成成とは初め生そめしより、漸々に成りて成り畢れるを云なり。恋々而《て》、行々而《て》などの格なり。

といっているのを受けて、ゆきゆきて（伊勢）ありありて（源氏）などの例を引き、又古事記の天照大神の生れなされた記事に「吾者生々子而於生終得三貴子」の例を引き、次第々々に御身の整って行くことであると云っている如きである。又「不成合処一処在爾」の爾についても仔細に用例をあげて、念を押して抑へつける意が徹底すると云っている如きである。博士の該博な考証に従うべきであろうと思う。

然しながら「不成合処」について記伝に

不成合処とは欠て満《たら》はぬ如くなる処を詔へり。即ち御蕃登《みほと》なり。

とあるのを、これはそれでよろしいと賛成している。つまり男女の陰具と認めているのであって、こ

ゝに人間神的な見方が露呈している。従って次の章の、

〇故以此吾身成余処。刺塞汝身不成合処而。以為生成国土奈何。伊邪那美命答曰然善爾。

につづくのである。即ち男女交合のことを云うことになるのである。人間神として考えて行く以上はそうなるのであるが講義には後段に、

唯茲に言うべきことは、支那人西洋人若しくは日本人の中でも、古事記の初に斯ういうことがあるから、淫猥なことであると非難することについてであるが、私は此の意見には絶対に反対する。国生みの物語もこれがもとである。若しこのことが穢しいことであると考えるならば、そんな事の結果である人は、またけがらわしい事になる。一体同じ品物でも盗んで来たのは汚わしいが、戴いて来たものには恩恵が篭っている。この場所は人間の身体中最も神聖な処である。あらゆるものに悪なるものはない。正しい所におけばすべては善である。男女の道は大切である。その最も神聖視すべきことを示したので何も之を汚い言葉としてかくすことはない。所謂神前結婚は今日に始るが、昔より神様の前で真心を捧げて結婚式を挙げたのである。男女の交わりは決して穢しいものではない。斯様にこの道を神聖視しているのは、日本だけであって、これが非常に尊いことである。

と論じている。御尤な議論である。併し人間が人間の行為を神聖であると云うにはその根拠がなければ誇称にすぎない。博士の説は二神のことだからというのであろうか。その神というのも「太古の人は神なり」という観念が根本にあっては、一つの古習古伝説だからというに過ぎない。そこに教の根拠となるべきものがない。古事記のこの段を非常に喜んだ詩人があった。そして実に天衣無縫大胆率直で面白い。その記述に些かも汚れがなくて幼児の様な大らかな清い心が感じられる。古事記は嬉しい民族詩だと云っていた。これも御尤なことである。併し古事記の記述にはそうした文学的要素は大いにあるとは云え主要目的ではない。古事記は教えである。

山田博士は挙げて居らないが篤胤のこの段に対する精神が影響していると私《ひそ》かに思う。その附会の強弁は博士も賛成せられないのであろうが、その心には賛しているのではあるまいか。但し之は想像に過ぎないが。

二神はかくして多くの国島と神とを産むのであるが、神を産むことはとにかく国を産むということは人間神としては解釈がつかない。之は少年と雖も納得出来ないことであろう。人間神の神たる処であろうなどと云っても、神は太古の人なりという基礎観念である以上説明つかないのである。教である以上今日の少年にも質されゝば納得出来るものでなくてはならない。

本田先生はこの点に関して明快に説いている。

此ノ一章ハ天地万物ニ含蓄セシメ玉フ処ノ黙示ニシテ、悉皆其ノ霊ト体トニ此ノ理ヲ含有セザルナキ也。今爰ニ男女神ノ問答ニ託シテ書キ記サレタルハ又例ノ設神理ナリ。天上ノコトハ措イテ地上ヲ以テ云ハンニ、前々云フガ如ク地気ハ彼ノ所謂天地ノ雰囲気ナル故ニ成余レル也。地体ハ固ヨリ形体ニシテ其ノ空隙アル無数無算ナリ。是即チ成アハザル所ナリ。只一概ニ男女ノ陰具ト思フ可ラズ。

と述べて天地の神理を俗耳に入り易くするために例を人間の上に取ったにすぎないことを指摘している。天地万物に含蓄している神理であるから、尤論人間もその一例に洩れないことを認めている。陰具のみでなく人体そのものも悉く成余れると成不合との結合から成立していることをも指摘して、神理の天地宇宙に限なく行き亘っていることを述べたことは実に科学的であり卓見であると思う。この天地に充ち溢れた神理を教うる故に、その幾千億万分の一の人間もいささかもその理に洩れることがない。そしてこの背景があって初めて人間男女のいとなみも真の神聖感が生れ来るのであろうと思う。それなしには人間の行為を自ら神聖視するのは自惚れにすぎないと思う。神霊観の確立の有無がこゝに大いなる差異を来していると云わねばなるまい。

(9) 爾に、伊邪那岐命、然らば吾と汝と是の天之御柱を行き廻り逢ひて、美斗能麻具波比せなと詔りたまひき。如此云ひ期《ちぎ》りて、乃ち、汝は右より廻り逢へ、我は左より廻り逢はむと詔りたまひ、約り竟へて廻ります時に、

講義にはこの章の訓み方を記伝の「イザナギノミコト、シカラバアトナトコノアメノミハシラヲユ

キメグリアイテ、ミトノマグハイセムトノリタマヒキ。」というのが良いと従っている。

「行廻逢是天之御柱而」については記伝の、

先ヅ柱を行廻こと、上代の大礼と見えたり。此は其の男女遭合の始にして先ヅ此礼を行ひ賜ふことは甚々深きことわり有ことなるべし。されども其理は伝へ無ければ、凡人の如何とも測知べきにあらず。

と云っていることを挙げて、か様に一旦云って置き乍ら色々臆測を加えているが、その臆測は今日信用すべき価値を認めないと否定し、

按ずるに古代の婚姻の儀式に、必ずこのことがあったであろうと思う。柱を中心に夫婦が左右より廻った。それは一回か二回か三回か、又行き合う場所も定っていたであろう。そして逢うと互に言葉を取り交したであろう。如何なる理由でこの儀式が起ったか。今日その儀式が存しないから、その理由を推測し理屈を云うことは謹まねばならぬ。柱とか高い壇とかを夫婦が廻ることを以て新婚の儀式としたことは、或る民族の間にはあるのである。それらの精神を考うれば略々諒解せられると思う。

と述べている。宣長の追加した臆説は否定したが博士も宣長と同様に古代の大礼であったろうと認めている。そして今日この儀式が存しないからその理由を推測し理屈を云うことは謹まねばならぬと云いながら、或民族の儀式を挙げてその精神を考うれば略々諒解されるというのは少し矛盾している。ある民族の儀式からその精神を考えることが認められゝば、我古伝の儀式についてその精神を探求す

ることも当然であって、謹しむ必要はない。謹しむというのは大切に取扱う心態度であって、探求を否定してはならないと思う。宣長翁は古事記を非常に大切にして謹しむ態度であったことは、篤胤の様に強弁せず「甚々深きことわり有ることとなるべし、されど其の理は伝へなければ、凡人の如何とも測り知るべきにあらず。」と云っているのでもわかる。暗々裡に何かを感じていたのであろうが、思い至らなかったと思われる。

「天之御柱」については記伝の説を引用して、恐らくは本当であろうと思われると云っている。

さて然廻りける柱は、女男隠寝る部屋の中央の柱にぞ有けむ。其故は、後世まで神の御殿造り奉るに其中央に心御柱と云を建て、殊に斎ひかしづくは、上代よりの伝なるべく、又今人の屋にも、中央の柱を大黒柱と云て重くすめる、名こそ信《うけ》られね、神代より夫婦のかたらひ始めに廻る柱なる故に、重く崇へける。上代よりの伝はり事の、遺れるなるべければなり。かゝれば今二柱神の廻り賜も、彼の八尋殿の御柱どもの中にも、その中央に立てる御柱なりけむかし。

と云っている。古い伝えがないからわからないが、まあそういうことだろうというのである。宮殿の例の心御柱のことは流石に伊勢の学者だけに神宮の御造営のことも知って居たのであろうが、人間の住居としての想像はこの程度の臆測が穏当というものと思われる。併しそういう人間生活上のことは謂わば俗に神理を知らしめるための設けごとである。その蔭にかくれた教え、精神を探求しなければなるまいと思う。現在と違っているが昔はこういう儀式があったんだろうと云うのでは、風俗史の調査以上に出ない。そしてそれはどこまで行っても人間の生活である。「上古の人は神なり」の思想が根本になっている。之では神理の探求は出来ない。

「美斗能麻具波比」ミトノマグハヒ（此七字以音）講義には美斗について記伝にいろ〳〵説明しているが俄に賛成出来ないとしている。麻具波比については二説ある中で一つは賛成出来るとして、

さて記中に目合と云ることところどころにあり、是も右の意以て見るに麻具波比と訓むべきなり。

とあるのを引いて目合の三用例を引いて

この例に依って見るに、目合と婚姻とは全く同じとは云われない。目合と婚姻の手続準備と云えるであろう。目合は男女互に見て相許す意を明にするわざである。それを儀式にすれば結婚式である。後世の見合と結婚式までが目合である。その式の後で婚するのである。そうでなければ須勢理毘売の所の意は不明である。目合が相婚の前にあるからである。そこで「美斗能麻具波比」は今の語で云えば結婚式のことであろう。それは即ち男女一代の一番大きな儀式である。

と述べている。私は人間生活の上での事として大体その通りであろうと思う。併し人間生活の上で最も重大で誰でも直に感じ得る事象を以て神理を説いたものと思うので、人間生活それ自体が神理をあらわした一小部分であることを考えねばならないことを思う。人間以外の下等な動植物でもそれぞれの形体に従って神理を実行していることを考えねばならない。神理は区々たる人間生活を遥かに越えて存在している。それは大きく云えば宇宙の道とでも云う可きであろうと思う。

本田先生はこの章に述べて、

天ノ御柱トハ体ノ左遷ト霊ノ右旋ト相感合シテ物ヲ生ズル心ヲ云ヘルニテ、今現ニ人間屋宅ニ用キル処ノ柱ニアラズ。御柱ハミハシリ也。浮橋ノウキハシリト同物ナリ。大地球ノ総称ナリ。譬ヘバ神柱ナル者ナリ。幽眼之ヲ見ルトキハ造物主ノ万物ヲ造ラセ玉フ処ノ神柱ハ八力ニシテ、コノ八力ナクシテ造化シ玉フ能ハズ、然レバ神柱ハ八力ノ総名ナルコト知ルベシ。人ノミニ非ズ天地間ノ有情非情其ノ始ヲ生ズルヤ悉ク其ノ八力ノミハシラニ掛ラザルナシ。然シテ大地ノ運動スルモ活物ノ活行スルモ、草木類ノ栄枯スルモ皆此ノ神柱ノ八力ノ過不及ニ掛ルモノニシテ、人間交際ノトキノ如ク礼儀ヲ述べ玉フモノニ非ズ。然レバ次々論ジ来タル処ノ本章ハ設神理ニテ、之ヲ人ニ託シ之ヲ人ニ名付ケテ而シテ万物ノ生ズル道理ハ本章ノ趣ニ変ルコトナキヲ尽未際カケテ黙示シ玉ヒテ、今現人ニ設ケ成シテ之ヲ世ノ凡庸ニ諭シ玉フモノ也。誰カ之ヲ尊信セザラムヤ。此ノ神柱ヲ彼ノ築建玉ヒシ沼矛ノヤウニ木柱ノ類トノミ卒爾ニ見過スコト勿レ。如此シモ其ノ見識ノ卑劣ナルトキハ万物造化ノ起源ヲ見究ムルコト能ハズ、日々万巻ノ書ヲ読ムト雖モ徒ニ古事ノ真偽ヲ弁ゼズ。譬ヘテ云ヘバ紙魚ノ如キモノ也。コノ神力ノ神柱タルヤ之ヲ講明シ之ヲ研究スレバ恐ラクハ人間ニシテ造化ノ功ヲ成シ得ル事モ絶エテアラジトハ云ヒガタカラム。

と述べていられる。先生八十年以前、明治の初期にこの著あり、稽古照今、驚嘆の外ない。

○如此之期。乃詔汝者自右廻逢。我者自左廻逢。

講義にはこの章を訓んで、「カクチギリテ、スナハチナハミギヨリメグリアヘ、アハヒダリヨリメグリアハムトノリタマヒ」と記している。

その外「之」の字について、「右」のよみ方について記伝を批判しているが、博士の所説に従っていゝと思う。「右」は宣長翁はミギリと読んでそれが古いとしているが、それはヒダリから逆に影響せられたものらしく「ミギ」と読んだ古例の方が多いので之に従うべきだという。そういう考証である。さてこの左右旋については記伝に、

さてかく廻りの左右を定め賜ふは故あることなるべし。されど其の伝へはなければ、度り知るべきにあらず。然るを妄りに漢籍の陰陽と云ことを以て解くは、都て信《うけ》られぬことなり。又是を月日の廻り坐ことに取なすも強言なり。又書紀に同会一面とあるを、東北の方なるべしと、纂疏にあるも甚くうけられず。何方より廻りそめて、何方にて行逢賜ふといふこと伝へなければ、此れも知るべきことにあらず。

とあるが、然し之について古史伝は本居説をはじめに云って、

…と言はれたるは然ることながら、左右を定め賜ふことは思ふ由あり。其は下に、伊邪那岐命の御禊し給ふ処に、左の御手の手纒《たまき》に成れる三神を奥某神と云ひ、右の御手の手纒に成れる三神を辺某神とある。此を師説に、奥は海の奥、辺は海辺にて常にも対へ云なり。左を奥に当るは、岡部翁の説に、万葉九に、吾妹児者久志呂爾有奈武、左手乃吾奥手爾纒而去麻而乎とある此意なりと云れき。

と述べているのを引用して、この説に依ると左はオキで遠い方、右はヘで近い方となり、左は男の位で上、右は女の位で下ということになる。これはそういうことであろう。日本の官名でもそうである。といって賛成され、更に古事記の記事の中から例として伊邪那岐神の段の、

於左手者若雷居　於右手者土雷居
於左足者鳴雷居　於右足者伏雷居
於是洗左御目時所成神名　天照大御神
次洗右御目時所成神名　月読命

とある。この左右の差別も結局当時の思想の反映である。これを以て古代思想を知るべきである。と述べている。

左を右より尊しとしたことは博士の云う通りであろうと思うが、それだけで片づけてよいかどうか。私はむしろ宣長の「さてかく廻りの右左を定め賜ふは故あることとなるべし。されど其の伝へはなければ度り知るべきにあらず。」と云っている言葉に引かれる。篤胤や博士の引用した例は宣長もよく承知して居ない筈がない。それでいて簡単に左右の尊卑などを問題にしているのでなく、そこに神代の伝えの何か深い意味があるらしいと疑っているのであろうと思う。伝えがないから解らないと云っているのは、宣長の態度が純粋で、何かあると感じつつ附会の強弁をしなかったと感ぜられるのである。その点はやはり学者であったけれども、篤胤の様な行動派?の単純な考でなかった様である。篤胤を尊敬した山田博士は自然に彼を支持し弁護していた様である。本田先生は篤胤のこの発言を詳

しく取り上げて批判しているが、その始めに、

コレハ幽ノ霊二十五、顕ノ霊二十五ト互ニ左右旋シテ万物ヲ生ミ玉ヒシソノ始ナル故ニ、此処ニハカク記サセ玉ヒシモノ也。人間ノミノ事ニ非ズト知ルベシ。此ノ顕体生々ノ元理ナルユエニ、今ココニソノ神理ヲ尽スコトアタハズ。別ニ五十霊七十五ノ本教等講明スルノ時ヲ俟ツベシ。

と記している。五十霊七十五の本教と明示していることは非常に重大で、先生の神観を伺う為にはその講明を知らねばならぬのであるが、別に講明されたという文献が残っていない。僅かに五十音図の頭註にそれと思われるものが存しているのみである。或はこの図によって先生はその神霊観を直門の者たちにお話されたことがあったかと思われるが、それが伝わっていない。私は所蔵の五十音図と頭註を幾度も繰り返し勘考したけれども、唯今の処まだ解き得ないのである。之は或は鎮魂して自ずからある時期に至って覚えるものであろうか。唯先に引用した宣長の文中に「又是を月日の廻り坐すことに取なすも強言なり」といっている一句が注目される。宣長翁の漢字嫌いは有名であるが、従って日本の古伝でない限り大方排斥して、漢意を以てしては真の日本の精神はわからぬといっている。純粋を求めるこの心は解るのであるが天象地象に眼を蓋ってはならないので、宇宙天地創造に係る限り之を現実に徴して思わねばならないことであろう。

さて先生は篤胤の左右旋の記事に関しては、その説明は浅薄表面的で少しも神理を説いていない点を指摘して、

此ノ平田ノ起源説、吾輩ノ更ニ何ノ理ニ此ク云ヘリシカ弁ヘ難キモノ也。斯様ニ長々シク小児ノ桃太郎咄ノヤウナ説ヲアゲタテ、何ノ功用モナク何ノ利益モナク、今日天地ノ真象ヲ見習ヒ聞習フ役ニタ、ザルハ奇ト云フベシ。左右ニ回リテ造化ノ理ノアル処ヲ論ズルニ、左右上下ノ差別ニハ非ルベシ。

と叱っている。左右上下の差は現実に日本の古風であったとしても、それを云い立てゝも造化の理の解明には関係ないことである。それを述べ立てているが、人間の現象にすら合致しないので的外れの閑談にすぎない。

「此ノ真ノ天象地理ニ掛ケテ其ノ実理ヲ講究スベシ。」の一言には返す言葉もないであろう。天地宇宙は劫初から現代に至るまで続いて居る現実である。従ってこの天象地理に外れた伝えは価値がないと否定せられても致し方ない。其の真相に合致する伝えほど尊いのである。勿論現代の研究はまだ〳〵宇宙の神秘の一部分に解明のメスを入れたに過ぎなく、未知の分野が無限にあるのであるが、それにすら悖る様な教は已に価値がないし、人も信じないのは当然と云わねばならない。先生は当時斯界に於ける平田派の専横を慨いて、

偶々其ノ非説ナルヲ論ズル者アレバ、之ヲ異端トシ之ヲ暴論トシ、置キテ問ハザルニ至ル。吾道ノ衰フルコト此ノ蒙昧学ノ多キニ因レリ。豈悲シマザラムヤ。

と述べていられる。今日に於て果して如何。

⑽伊邪那美命先づ、あなにやし、えをとこを、と言《の》りたまひ、後に伊邪那岐命、あなにやし、えをとめを、と言りたまひき。

○伊邪那美命先言阿那邇夜志愛袁登古袁

講義は「イザナミノミコト、マヅアナニヤシエヲトコヲト、ノリタマヒキ。」という記伝の訓み方に従っている。問題は「阿那邇夜志愛袁登古袁」にあるので、「阿那邇夜志」について記伝の説明は誤りとは云われないが少し不徹底であるから、処々私見をはさんで説こうと述べて、

阿那の説明には別に異論はないが、そこから下に問題がある。記伝のやり方は「阿那」と「邇夜志」と二つに分けている。こゝはそうすべきか「阿那邇」と「夜志」と分くべきか二通りに考えられる。私は阿那邇夜志は一つの言葉であって分ける必要はないと思うが、若し説明の便宜上二つに分け後にそれを一つにするとすれば、阿那邇と夜志と二つに分くべきであると思う。

と述べて詳しく考証している。そして阿那邇に、

今一歩進んで考えるのに、先ずアナニという言葉をしっかり研究する要がある。このアナニの言葉の意味をはっきり論じたものは古来ない。…この記伝の意味は良くわからぬけれども、邇が喜哉、美哉、好哉に当る実質を持っている言葉と考えられたかと推察せられる。…次田潤氏の古事記新講に「阿那邇」は万葉集巻八の「国のはたてに咲きにける桜の花の匂はも安奈邇」のあなに

と同じで、ああほんにの意という考え方は従来のすべての説に比してすぐれている。この一句は「嗚呼ほんにまあ」という様な意味である。…「ニ」には別に美しという意はない。「アナニ」は主観のみで次の「エヲトコヲ」に行って、「あゝ立派な男だ」となる。

と結んでいる。詳しい引用考証は省いたので解り難いと思うがこう述べている。

之に対する本田先生の意見は非常に特異であって、人語として一応本居平田の説明は概略認めているが、元々この章は設神理であり、従って人語の中に霊界の元気があるのでそれを汲み取らねばならない。となしている。

阿那ハ霊地ノ義、邇夜志愛袁登古袁。此レハ例ノ設神理ニシテ人体ニ比喩シテノ玉ヒシモノ也。真ハ万活物心性ノ中ニ此ノ心ヲ天ツ神造化ノ始メ活動物ニ悉ク与ヘ置キ玉ヒシ故ニ、活動物ニシテ此ノ心ナキハ非ズ。豈人ノミ然ランヤ。此ノ二霊ハ万物ノ祖ナル所以ナリ。

この万活物に与えた心というのは愛心であるが、それがどの言葉に現れているかと下の愛袁登古袁の愛にもあるであろうが、先生は、阿那邇夜志の邇に対しても、

此ノ邇ハ和魂ノ義ニシテ、地気地体ノ合ヒ親睦スルヨリ万物ノ出産スル所以ノ理ヲ黙示セラレタルモノ也。

と述べ、本居平田の説は人語の解説以上ではないとして、

此等ノ説々始祖ノ出現アリシ後ノ言義ニシテ、第二義ノ言葉ナルモノ也。人類未ダ有ラザリシ時ノアナテウ言バハ実理に付イテノ玉ヒシモノニシテ、後世ノ如ク形容言葉ニアラザル也。故ニ

コノアナハアナテフ言葉ノ本義ニシテ、本居平田ノアナハ、アナテウ言葉ノ末義ナルモノ也。という重大な発言をしている。私はこの説に至って一つの壁に突き当った感じがしたのであった。表面的に見れば言葉というものは人祖以来のものであるから、そこまでは探究出来る。併しそれ以前は探究し様のないものではないか。之まで神道家輩の言説の不合理を指摘して来た先生がどうしてかゝる不合理を申すのかと当惑したのであるが、静かに思うに人祖以来遺された言葉によって以前に溯ることも決して不可能でないことに思い当ったのであった。率直に私の臆説を言えば契機はむしろ言葉の中にある。即ち言葉は音の組織であり、言葉に意味があるならばその元を為す発音の一つ一つに意味がなければならない。そしてその音の意義は溯れば人祖が天地に存在した神理に則《のっと》って発声したものであろうと思う。その体内に宿る霊魂が喉口を通して外と交通する時に、口腔其他を変えることによってその意志を自然に表したものではあるまいかという点であった。それに従えば発音そのものは天地自然（即ち神の世界）の則《のり》に従って、意味を持って生じたのであって、根本は神の則のまゝであり、神の則は自然に発音に現れ組織せられて言葉と成ったのではないか。言葉は発達して多岐に活用されるに至ったが、元義は神の世の原則にあるということに思い至った。神は隠身であり、その真幽の世界から顕世に現われ来った時も、神理は幽顕を一貫して存しているのであって、万物の中に特に恵まれて一霊四魂を賜り生れ出でた人間故に、神理に従い神理を感じて之を発音にも表現することを得たのではなかったかと思い到ったのである。若し然《さ》なりとせば音義に神理探究の緒《いとぐち》もあるのではあるまいか。

私はまだ音義の研究に入っていない。従って処々に記された本田先生の音義に就いては言及することは出来ないが、所蔵の図録に頼って改めて研究したいと念願している。斯様に考えると、人間の事に譬えて伝えられた神理を尋ねようとせず、専らそのまゝ人間の事として研究しようとする本居翁以下の態度とは全く対蹠的であると云わねばならない。之は或は神霊に感じ得る能力の差とも云い得るであろうか。又所謂学問と信仰との差とも云い得るであろう。本居翁の考え方と本田先生との間には道を探究する態度に大きな差があることが明白になったのではあるまいか。本居翁はついに神霊に接し得ずして終られたのであろうと思う。

(11) 各《の》言りたまひ竟《を》へて後に、其の妹に、女人《をみな》を言先《こと》だちて良《ふさ》はず、と告りたまひき。然れども、久美度《くみど》に興して、子水蛭子《みこ》を生みたまひき。此の子は葦船に入れて流し去りたまひき。次に淡嶋を生みたまひき。是も子の例《かず》には入らず。

○女人先言不良

講義には「ヲミナコトサキダチテヨカラズ」と訓んで多少古事記伝のよみ方を訂正し考証しているが、それでよいと思う。併し別にこの句の意味については触れていない。

本田先生はこの句の意義について、

此レモ亦地気ノ地体ニ後レテハ万事成リ出デ難キヲ示サセラレシモノ也。人間夫婦ノ間ヨリシテ、万物共ニ夫ハ唱ヘ婦ハ和スルヲ天理ノ常道トスル故ニ天地間此ノ理ニ違背スル能ハズ。然レバ此ノ章人身ノ事ノミト思フハ又例ノ疎漏ト云フベシ。

と述べている。人間のみならず天地間この理に違背する能わずといっているのは眼界の広い点であろう。更に、

然リト雖モ是ハ形体ノミノ事ニシテ、霊魂ニ至テハ又然ラズ。

と云って、古より聡明叡智の女性があって男夫に勝ったもの多いから軽蔑すべきでないが、只男夫に先立って諸事を取行うのを人事上の不祥とするのであると述べている。そして二神唱和は後世唱和の本であって歌ということの始めであると云う点に付いては、めずらしく平田篤胤の饒舌を認めていることは頬笑ましい。

○久美度邇興而（クミドニオコシテ）

講義には「久美度」について記伝の「夫婦隠り寝る処を云ふ」という解釈に結果に於ては異議はないが、久美は隠りとするのは不合理でむしろ「クムトコロ」の意味で「ムスブ」に似た意味がクムにあると見るべきであると云っている。又書紀の一書に「乃於奇御戸為起而生児」とある奇御戸は久美度にあてたと考えられるが、奇をクとよむことは無理でクシとよむべきだから、クシミドのシを省いたという例はないが一案として置く。むしろ奇のクシは寝所をたたえほめた言葉となり、ミドは寝所

の意味である。この両案はどちらも決定出来ないが要するに隠り寝る処という結果は変らないと述べている。

又「輿而」については記伝の説を取捨して、

　久美度に於て其事を始めて、御子を生坐すと云《いは》むが如し。

とあるあたりが当っている。何でも事のはじめてしいだす事が「オコス」であると述べている。これはどこまでも人間の上のことで、人間の生活も神理に外れることではないし、一番身近で判り易いのであるが、天地鎔造の神理をそこから拡大して汲み取らなければ、「設神理以奨俗」のことにならない。神と人間を混同して人間本位に俗化してしまうことになり、国島を産み万物を産むことにつながらない。人間が国島や万物を産むことは不合理であるから、之は国家を成立させ地上の万物を征服したと解釈する外になくなる。

本田先生は、

　クミトハ奇体門《クミト》ナリ。地体ノ空隙ノ処ヲ云フ。乃チアナ也。大地此ノ如クナレバ万物共ニ此ノ如シ。万物共ニ天地ノ道ニ法《ノッ》トリタルガ故也。大地ニヨリテ造化セラル、万物共ニ其ノ奇体門ニ地霊ノ出入交通スル所ヨリ出生ス。乃チ地霊ト地体ノ親密和シテ之ヲ行ヒ玉フ也。

と記し、本居説をあげて批判し、

　此ノ章天地万物ノ真理ノ黙示ニシテ寝所ノ義ニ非ルナレバ今ハ総テ採ラズ。譬ヘテ云ハンニ、虫其ノ他ノモノ、種ナシニシテ出生スルコトナシ。而シテ其ノ子孫ヲ産ムコト人間ニ変ラズ。人間独リ此ノ寝所ナクシテ子孫ヲ出生スルノ理ナシト云フコトヲ得ムヤ。其ノ偏見抱腹ニ堪ヘザルも也。

種ナクシテ諸虫魚ノ生ズルコト地霊地体ノ奇体門ノ相交合スルニヨルモノ也。嗚呼奇ナリ妙ナリ。日本書紀ニ奇御門ト記サレタリ。此ノ奇ノ字ヲ以テ書キ記サレシハ古義ヲ得テ書キ記サレタルガ如シ。

と述べている。人間も虫けらも同じ理でなくては神理ではない。寝所がなければ子孫を生めぬなどは平和な時代の人間の限られたことである。

○生子水蛭子（ミコヒルコヲウミタマヒキ）

講義には記伝の訓を承認して、本草和名に「水蛭ハ和名比留」とあるのを引用している。記伝にさて此の御子の生坐ること書紀の伝へは甚く異にして、月の神の生坐る次にありて遥に後なり。一書は此の記と同じ。又一書には、先淡路島、次に蛭児なり。

とあるのを引用し、敷田年治の古事記標注に、

甲斐国なる坂名井聡翁の説に、不具におはせずば大日子命ならましを、御妹日女命に大てふ語を譲り給へりと云へるも一説なり。

とある考え方はアストンの日本神道論に承け継がれ、ヒルゴはヒルコ即ち太陽の意であるとしているが、これはヒコ、ヒメと対称する例があるが、ヒルコ、ヒルメはない。ヒルコ、ヒルメはヒルが同じ

でコとメとがちがっているが、神名でメに対してはヲと用いている。又ヒコ、ヒメにルが入ったものと見るのは特殊な意味が出来ないので無意味であって、アストン、坂名井説は成立しない。結局は水蛭子は文字通りの神様であると思うと云って、ヒルゴの例は古典にも中古の文献にも他に例がないことを述べている。

アストン、坂名井説は講義に云う様に用語から考えて成立しないということになろうが、人間の子とせずに太陽と対比している点は立場を異にしていて注意してもよいと思う。さて蛭子の解では記伝に

さて彼の虫に似たるを如此云《かくいふ》に就て二つの意あるべし。其は手足なども無くて見る形の似たるを云ふが、又書紀に雖巳三歳脚猶不立とあるに依らば、手足などもあれど弱くて凡て萎々とあるが似たるを云にも有るべし。

とあるのを引いて、その第一説は蚯蚓の様で幾月目に流産したのか少し変に感ぜられる。それでは子の例に入らずとことわるまでもない。これは漢方医者が普通に云う「体軟」俗に骨無しの如き姿であろう。斯ういう一種の病的現象であって書紀に云ってある様なものであろうと述べている。本田先生の意見はあとでまとめて記すとして次に移ろう。

○此子者入葦船而流去。

古事記伝の「コノミコハアシブネニイレテナガシステツ」という訓み方を採用している。葦船に就

いて記伝に、

此の船を書紀の纂疏には以葦一葉為船也とあり、さも有りなむ。又葦を多く集めてからみ作り作りたるにてもあるべし。かの間無堅間之小船など思ひ合すべし。

とあるが、篤胤の古史伝には、

此説は仏書にさる説のあるに依て云れし事と見ゆれば採らず。

として従って居ないのに同感している。博士は宣長の「さもありなむ」を否定して、これは葦で編んだ船であろうと思うと述べ、更に記伝の、

さて此の御子を此如流去賜へるは、たゞ水蛭子なるゆゑに、悪まして棄てたまへるなり。

という文まで引いている。

○次生淡嶋。是亦不入子例。

講義は、「ツギニアハシマヲウミタマヒキ。コモミコノカズニハイラズ」と訓んでいる。淡嶋の意味について記伝に「親神の淡め悪み賜ひし故に淡嶋と名づけしなるべし」という説を否定して、古史伝の、

淡は淡薄して実なきを云ならむか。其は蛭子の萎々《ナエナエ》したる状など思ひ合すべし。

とある方が良かろうと賛成している。あわ〳〵してぐじゃぐじゃとして固まらぬ島である。水蛭子と淡島と二者一致しその意味が徹底していると思うと述べている。そしてこの島の所在について議論が

あるとして、新撰亀相記にある説をあげ、

先生水蛭（不入子例）次生淡島（今在阿波国以東海中、無有人居、不入子例）

とあるのが古い伝えであるが、飯田武卿の通釈には之を元とし、鈴木重胤の説を一証としていることを述べている。併し博士はこの島の処在の詮索などは余り重んじて居ない様である。この章の結びとして、

従来人はこれについてその意味を立ち入って考えない様であるが、上述の淡島の説明でわかる様に、女が先にものを言ったのがもとで、水蛭の様な不完全なものが生れ出たり、淡島が生れ出たりした。その上注意すべきは、水蛭子と淡島と並んでいることに意味がある。後では大八島国を先ず生んで、それから神々を生みなさるが、今の場合も、淡島という嶋と神（水蛭子）と何れも出来損いのものが並べられている。この淡島は淡め悪む意でなく、ぐじゃぐじゃの出来損いの意を有っている処に、意味が深いのである。今一つ注意すべきことは、先ず国が生れて次に人間が出て来るのが順序であるのに、こゝの場合はそれが逆になって、神が生れて島があとに出て来ることである。即ち不肖の神不肖の子が生れたが、その順序までも逆になっている。このことも淡島の解釈と共に人はあまり言わないようである。

と述べている。仲々面白い説で女人先言の災がこゝまで及んだという訳で物語としては首尾一貫しているのであるが、かゝる苛酷な結果を強調することは神理はともかく、現実に甚だ危ない感もあろうと思う。

難古事記の巻二（56）に、

女人乃《をみなごの》不良声乎《ふさはぬこゑを》伊邪那美乃《いざなみの》神乃《かみの》神祖曽《みおやぞ》初賜倍流《はじめたまへる》

偖テ彼ノ女先言ノ御事ガラヲ以テ論ズルトキハ伊邪那美命ノ御過誤ヨリ出タルコト、皇産霊神達ノ神判アルガ上ニ伊邪那岐命モ上天シ玉ハザル豫《マヘ》ニ詔玉ヒ、只今拙者等ガ拝聞スルニモ、後世四海万国ノ愚女悪婦ラガ先言スル甚《イト》モ由々シク妖々《マガマガ》シキ事ノ山開キナシ玉ヒタルハ伊邪那美命ニテ有ケリト、恨シク亦恐シクモ思ヒ渉《ワタ》ラルル事ニアレド、熟《ツバツ》ラニ其ノ実言実情ヲ得ト勘考スルト、然スガニ御祖命ホドアリテ今時ノ女子ノ先言スルトハ大違ヒ、阿那邇夜志愛袁登古袁ト宣ヒ、夫神ヲ賞称ヘテ他ニ悪情ハ坐サザリシニ、イカナレバ此ノ神ガ支障トナリテ御子ノ足ハ立チ玉ハザリシ。足ノ立タザルニモ両様アリテ、骨ノナイノカ神経ノ麻痺シタルノカ、イヅレニシテモ此ノ片輪者ノ生ルルト云フ者ハ、男女交精ノ過不及ヨリ其ノ原因トナルベキコト勿論ナルニ、夫婦ニ唱和ガ前後シタリトテ、其ノ声ガ毒トナリ足立タヌ児子ガ生レルト言フコトハ、後世ニ於テ決シテ無キ理ナレバ、是モ後世ニ於テ虚偽ノ説トシテ拙者ハ採用セザルナリ。云々

と人間的立場の見方を揶揄している。神理解に本田先生は、

此ノヒルコハ広凝也。人子ニ非ズ。乃チ我日本国ニ対シタル処ノ大州也。…ココニ別ケテ此ノ蛭子ヲ国島也ト云フコトハ我ガ始メテ云ヒ出シタリト思フ人モアランカ、然リト雖モ平田ノ説ニ、

蛭子ト云ヒ葦ナホタタズナド云ヘバ人体ノ如クニハアレド其ノ実ハ国土ナルベケレバ、後々ハ必ズ何処ニカ流レ付キテ悪シキ国トハ成レルニヤアラムカ。

ト云ヘリ。此ハ能ク考ヘ得タル説ニテ真ニ幽理ヲ能ク尽シタリ。此ノ如キ説ヲ考ヘ付ク程ノ智識ハアリナガラ、以上ノ説々ノ愚ナルハ如何ナル心ノ迷ニヤ惜シムベキコト也。

と記している。地球を修理固成するに当って先ず広凝（大陸）が出来た。併し神の意志には添わなかったので之を捨てられた。神の意に添う国は後で生れて来るのであるが、何故意に添わなかったかは後で問題になる点であろうと思う。平田篤胤の説を先生はその牽強附会と世を誤り道を損うたことを悪んで駁撃されたが、その佳言は大いに称賛したことは頗笑ましい。

サテ此ノアシ立タズトアルハ脚ノ義ニ非ズ乃チ葦ノ義ナリ。其ノ始メ彼ノ国ハ不毛ノ地ニテ葦ノ一本モ立タザリシ故ニ此クハ云ヘリ。ヒルコヲ人体トシ葦ヲ脚トシタル故ニ、其ノ子ヲ葦船ニ入レテ大海ニ流シ去リタルト云フ。此ハ訛伝ナリ。神聖豈小児ヲステ玉フノ理アラムヤ。

と記している。地球固成のはじめ先ず海中に大陸が出来たことを人事に譬えて説いたと見るべきであろうか。従って次の淡嶋に就ては、

淡島ハ今云フアメリカナルモノ也…此ノ全地球上ニ支那ヨウロッパノ大州ト相対シテ少女ノ眉引ノ如見做サルルハアメリカナラデハ外ニアルコトナシ。…而シテ其ノ生ミ玉ヒシコト明白ナルニ子ノ例ニシ玉ハズトアルハ如何ナル理由ナラムト謹ミテ考フルニ、天ノ十五星ニ準ゼラレテ、太陽以下ノ十五遊星ヲ造ラセ玉ヒ、コノ遊星ニ準ジテ吾大日本国ハ十五島ニ造ラセ玉ヒシ也。然レバ此ノ二大州ハ御心ニ協ハセラレザリシ原因アリト見エテ、御子ノ例ニシ玉ハズ今外国ト成リテ居ルナリ。

と極めて重大且大胆な発言をされている。太陽以下の十五遊星を造られ、之に象って我国の十五島を造られ、神理をこゝに遺したという見方は、やがて天孫降臨ということにつながるのであり、又宇宙普遍の神霊が特にこの国土に鎮まる伝えは、神理をこの国に選んで遺し伝えたことに係っている。こゝまで来れば一つの大きな信仰であるが、先生は之を古法による鎮魂帰神の業によって神示を得たと想像する外はない。先生は曽つて我国は如何なる災厄にも神理を存し国柄を失わざる理由あるものなりと洩らされた由を伝えているが、そこまでは我々は探究出来ない。これは最早学問などの境界を越えた事であろうと思う。併し今日の科学の進歩はむしろ神のしくみの深淵さに思い至る様になっているのではあるまいか。

⑿ 是に二柱の神議云りたまひつらく、今吾が生めりし子良《ふさ》はず。猶天神の御所に白すべしとのりたまひて即ち共に参上りて、天神の命を請ひたまひき。爾に天神の命以て、布斗麻邇に卜相《うらへ》て詔りたまひつらく、女を、言先だちしに因りて良《ふさ》はず。亦還り降りて改め言へとのりたまひき。故れ爾ち反り降りまして、更に其の天之御柱を先の如往き廻りたまひき。是に伊邪那岐命、先づ、あなにやし、えをとめを、と言りたまひ、後に妹伊邪那美命、あなにやし、えをとこを、と言りたまひき。

○於是二神議云。今吾所生之子不良。猶宣白天神之御所。

講義には「ココニフタハシラノカミハカリタマヒツラク、イマアガウメリシコヨカラズ、ナホアマツカミノミモトニマヲスベシトノリタマヒテ」と訓んで色々その考証をしているが、別に意義については記してない。唯次章の「即共参上請天神之命」の終りに記伝の、

抑万の事に、いささかも己が私を用ひずて、唯天神の命の随に行ひ賜ふことは道の大義なり。此二柱大神すら猶如此《かか》りけるものを、況て後の世の凡人として努めて己が私心もてさかしら莫為《なせ》そ。

とあるのを引いて、

これは古事記本文の説明としては用なき事かも知れないが、前述の如く、天神七代の次に天神諸命以テ二神ニ詔りしたまうた精神が古事記全部に通じているのである。伊邪那岐命、伊邪那美命といえどもその天神諸の命によって事をなされるのであるが、この場合不思議な結果を生じたゝめ、天神の御所に参上りてその命を請い給うのである。これは前の「天神諸ノ命以テ」と正に照応する。日本の国のことはすべて「天神諸命以」なさるべきである。吾々は伊邪那岐命、伊邪那美命の子孫であると確信する。恐れ多いが皇室に於かせられても左様である。あらゆることが「天神諸命以」の五字に包括されるのである。教育勅語の「皇祖皇宗の遺訓」というのもこゝより発する。

と信念を述べている。博士の考え方は二神を以て人間神であり祖先であるというのであって、その点は本田先生と根本的に異っているけれども「天神諸命以」ということを重視している態度は同感出来る。教育勅語などは現代の青少年は全然知らないことなので、僅か四半世紀の間の世相の変転は実に驚くほどであるが、政体や教育の変化などは国史を見ても幾多の前例があることで、明治維新以前の状態を冷静に考えれば判る筈である。むしろ維新の際の指導理念の弱体が一つの根源をなして今日の世代の昏乱を将来したとも考えられるであろう。

本田先生は次の様に述べている。

謹ミテ案ズルニ此ノ二大洲ノ不良ナルコトハ開闢以来現今ニ至ルマデノ形象何一ツトシテ皇国ノ如ク正シカラズ。然リト雖モ人工ノ末事ニ至リテハ猶我国ニ勝レルコトアリ。此ハ大事業ニ不良ニシテ小末事ニ良ナルモノ、禽獣ト雖モ亦然リ。如何ナル才能智識アリト雖モ鳥類ノ樹上ニ巣喰ヒ獣類ノ穴居スル人工ノ及バザルアリ。此ノ義ト同ジキナリ。後ノ人彼レガ末事ニ精妙ナルヲ以テ本事ニマデ此ノ如シト思フ勿レ。

偖天神之御所ニ白スベシトハ例ノ設神理也。此ハ固ヨリ其ノ不良ナル国体ナルコトハ御承知ノ上ニテステ玉ヒ、御子ノ例《カズ》ニシ玉ハザリシ訳ナレバ、強チ上天シテ帝心ヲ伺ヒ玉フニモ及バザル御事柄ナラム。然リト雖モ神ニ本霊末霊ノ違ヒアリテ末霊本霊ヲ知ルコト能ハザル固ヨリ天帝ノ道ナルベケレバ、其ノ御心ヲ問ハセ玉ヒシナラム。現今ト雖モ臣下ハ其ノ不良不善ヲ知リツヽモ必ズ之ヲ上官ニトヒ、必ズ之ヲ帝君ニ問ヒ而シテ之ヲ以テ万事ヲ総決スルガ道ナレバ、己レノ知ルト知ラザルトニハ関係セザル也。後世ヤヽモスレバ此ノ御法則ニ違背シテ、己レ知ルトシテ恣マヽニ之ヲ行ヒ之ヲ行フニ因リテ、遂ニ国ヲ亡シ身ヲ失フ因縁トナルモノ多シ。是即チ天命ヲ蔑如《ナイガシロニ》シ人道ヲ軽侮スルノ罪也。

と記している。先生が末事と云い本事と云ったことは何を指しているか。之を人間の歴史に鑑み現代に照して深く思えば自ずから了解せられると思う。先生が霊学を開拓して古法を復し以て惟神の道を明らかにしようとされたことを深く察すべきであろうと思う。山田博士の文と対比して益々感慨深い。然しながら先生は元より古書を渉猟する学者ではない。その本領は業の人であり術の人であって、然る故にこそ尊く而も該博な智識を兼ね備えた稀有の神人であった。元より人間たる以上思い誤りもなきを得ないであろうが、純粋に斯道研修に志す者にとって大いなる指標であると思われる。

○即共参上請天神之命

講義には「スナハチトモニマキノボリテ、アマツカミノミコトヲコヒタマヒシカバ」と訓んでいる。この訓み方について記伝のそれと異る点を精細に研究しているが省略しよう。記伝にある条と山田博士の前掲の一文はこの条にあるものである。本田先生は、

是即チ知ラザレバ之ヲ問ヒ、知レバ之ヲ教フルノ本義ナルモノ也。神ハ申スニ及バズ、人ハ申スニ及バズ、禽獣虫魚ソノ声ヲキヽ、ソノ形ヲ見ソノ数ヲ算シ、過去現在未来ヲ観察スルノト法ニシテ、問ヒ玉フ所ハ此ノ天理ノ極タル所ヲ問ヒ玉フ也。之モ亦人理ニ托シタル設神理也。ナギ、

ナミノ二柱ノ人形ニシテ此ノ如キコトアリト思フベカラズ。

と記している。即ち人理に托して述べた神理を理解すべしと云うのであって、人理は神理の一部分その反映であることを示唆している。

○爾天神之命以布斗麻爾卜相而詔之。

講義は最初の爾の文字を前文の終りにつけて訓んでいるが、本田先生は宣長に従って爾をココニとよんだ。山田博士はココニというのを省いているのである。こゝでは記伝に従って訓めば「ココニアマツカミノミコトモチテ、フトマニニウラナヒテ、ノリタマヒツラク。」となる。但し卜相而を記伝は「ウラヘテ」と読んでいるが、博士は之を否定して、ウラヘテはウラアハセテと云うことであると記伝に解しているが、それでは人間の私意を以て神の意志に合せることになるからこの訓み方はよくないといっている。これは正しいと思う。さてこの章の問題は重大で、先ず布斗麻爾について記伝には、

布斗麻爾は玉垣宮（垂仁）御段にも布斗麻邇々占相而と云々とあり、書紀に太古此云布斗麻爾。又天児屋命主神事之宗源者也。故俾以太占之卜事而奉仕焉。などあり、布斗は布刀詔戸布刀玉などの布刀にて、称辞なり。麻邇は如何なる意にか未だ思ひ得ず。そもそも布斗麻邇は上ツ代の一種の卜にて、諸卜の中に殊に重く主とせし卜と聞えたり。

と述べているが、講義には更に古史伝に引用した伴信友の説も引用して大方賛成しているが、

また麻邇を麻知とも言ひて、此も同言なり。邇と知と同韻の音なれば然云へるなるべし。

と云っていることには賛成出来ぬと云っている。即ち、

マチと云うのは亀卜鹿卜のマチカタのマチから出て来たのでマニと同語ではない。マチは焼いて割目がいろいろに生ずる。それを判断するのにマチカタに合せてする。フトマニの源を考えるのに、それはフトとマニの一緒になったものである。フトは本居先生の云われた様に太玉命、宮柱太敷立のフトであるが、今日の言葉で説明すればフトシという形容詞の語幹である。…昔のフトイには尊貴の意がある。今日ではその尊貴の部分がタフトシという言葉になって残っている。タは軽く力を添えるだけである。…フトマニのフトは尊厳の意のフトである。マニは無論信友の云うマニである。併し信友の説明は少し足りない。マニは占いごとをすると神の御心のまにまにあらわれるそのマニである。

と明快にのべ、つづいて

さて太古はどういう占いをしたか、本居先生は明言していられない。飯田氏の日本書紀通釈に、

また此時の太占は何様の御卜なりけん。伝なくして知るべきよしなし。それを釈紀、大問云。此卜亀卜歟。先師説云。此時卜者鹿卜也。亀卜者。皇孫天降之時。太詔戸命云々。出来也。など云るは押はかり言にて取るに足らず。

と云って居られる。この考え方は一応御もっともであるが、併しながら亀卜は朝廷の大祀であ

る。大嘗祭にも行われた。それを取るに足らずと云うは頑な考えである。亀卜は何時の頃か支那から伝えたのである。そのため固有の占い方はすたれてしまったのであろう。新撰亀相に見ても亀卜のことを書いている。奈良朝以後は亀卜のみかと思われる。併しそれ以前の占いの方法がわからないのではない。天照大神の石屋戸隠の段に

内抜天香山之真男鹿之肩抜而。取天香山之天波波迦而。令占合麻迦那波而。

とあるのは岐美二神より後であるが、石屋戸隠の事件は大事件であって、之が本で三種の神器も生じ来ったのである。恐らく最大事件であったと思われるが、その占いは最大事件に対して神意を問い給うのである。この記事は正に太占の事を云ったものであろう。それは明らかに鹿卜である。鹿の肩胛骨を用いたのである。一体獣の骨は細長いものであるが、一番広いのは肩骨である。その占いの方法については天石屋戸の処で述べよう。兎に角鹿卜なることは間違いないのである。釈日本紀に太古は鹿卜であるとし、亀卜は後のものと云ったのを飯田氏が取るに足らずと云われたのは穏かでない。

と云って居る。博士の鹿卜亀卜の説は筋が通っていると思うが、亀卜がいつの頃か支那から伝えたものという点は猶証明が必要で、支那に亀卜の古伝があるからというのであろうか。疑を存しておく外ない。大畑春国の亀卜伝雑記は参照したいと思う。

「卜相而」のウラについては古史伝引用の信友の「宇良は裏で表に見《あら》はれぬ心を云ふ言なり。」という説を肯定し、この宇良は神のミウラ…御心で、神の御心を問いまつり、神の御心のまにまに現れ

来る様に希い来るシワザがフトマニであろう。今日ウラナヒという。昔もウラナイという。古語ではないだろうか、と述べている。これに対する本田先生は

此ノフトは霊交也。マニハ真根也。根ハ似ナリ。霊気ノ左右旋乃チ感合妙交スル形ヲマネブ也。漢字ニ之ヲ書スルトキハ学（マナブ、マネブ）也。フトマニハ天帝ノ御仕業ニ協フヤ協ハザルヤト勘考シ玉フナリ。現霊ヲ以テ幽ノ霊ヲ問フコト也。ウラヘハ幽霊（ウラナヒ、ウラノヒ）也。

と述べている。フトが霊交であるというのは、博士のタフト＝尊厳の意味の原義であって、先生の音義解に従えば尊としというのは人間の言葉となってからの第二義的なものであるというのであろうと思う。マニのニを似る意味からマニを学ぶ意味に取り、神意に学ぶこととし、現霊を以て幽霊に問うこととしたのはその心を得ていると思う。博士の説は言語の解から真相に近づき、先生の説は卜法の現実の行事から悟入した結論の真相であろう。私は甚だ遠いと思われた両説が非常に近づいて来ているのを見る。併し先生は後世の言葉の説明は先人がくどく解いても、フトマニについて現実にいかなるものであるかを知る上に何の功験がないことを指摘して、

此等ノ説ヲ此ク長々ト云ヒ連ネタレドモフトマニニツイテ少シモ其ノ功験アルコトナシ。フトマニハ霊交真根ノ義ニ非レバ其ノ義ニ通ズルコト能ハズ。フトハ霊交ナルコト云フ迄モナケレドモ、人其ノ霊交ヲ見ルコト能ハズ＝サレバ其ノ霊魂ヲ活用シテ天地ノ真相ニ因テ之ヲ観ジ、万物ノ声音ニ因テ之ヲ察シ、之ヲ観ジ之ヲ算シ玉フノ精徴ナルニ及バズ。然リト雖モ吾始祖ヨリシテ

此ノ神卜法アリ。是ハ一朝一夕ノ尽ス所ニ非レバ又以テ別紙ニ記載セム。其他本居平田ノ説固ヨリ此ノ卜法ヲ知ラズシテ書採ラレシモノナレバ、実事ニ於テ採用スルニ足ラザルコト多シ。

と述べている。猶卜法に関して山田博士は太古は鹿卜法であったことを文献より指摘して居られるが、亀卜法に関しては一生をその研究に捧げた大畑春国の行蹟を「難古事記」に紹介している。即ちその一四八首に、

真《ま》男《を》鹿《しか》乃《の》肩《かた》乃《の》骨《はね》抜《ぬく》卜《うら》事《ごと》乎《を》今《いま》乃《の》世《よ》人《ひと》乃《の》知《しる》也《や》不《し》知《らず》也《や》

「召天児屋命布刀玉命而、内抜天香山之真男鹿之肩抜而、取天香山之天波々迦而、令占合麻迦那波而」トアリ。此ノ卜事ヨ、過去現在未来ヲ知ル為メニ神始玉ヒ、神武天皇ヨリ以来ノ歴世ノ歴史ニ記載セラレ、四国ノ卜部ト云フ其職掌ノ家々ヲ置カセラレ、大小事件ヲ勅問アリシニ、中世ヨリ世ハ刈菰ノ乱レニ行キツヽ、其レニ乗ジテ儒仏ノ道法蔓延《ハビコ》リツ、古ノ法式モ有トモ竟ニ絶テ無キガ如キ世トハナレリ。然レドモ日月未ダ地ニ墜チズ、対洲ノ卜部ヲ明治ノ初年神祇官ニ召上セラレ其ノ卜法ヲ伯殿検見シ玉ヘリ。

東満、真淵、宣長、篤胤等其ノ卜法ヲ未ダ見ザリシ故ニ、諸ノ著書ニ僅々記録セリト雖モ皆空論ニテ実用ニ適セズ。故ニ百的百中ノ効ヲ奏スルコト能ハズ。吾友大畑春国ナルモノ、此ノ卜ノ廃シタルコトヲ慣歎シ、一生涯ノ力ヲ尽シ草野ノ間ヲ奔走シテ、竟ニ六十余種ノ卜書ヲ集メ得タリ。其ノ死ニ臨ミテ予ニ其ノ書ヲ授ケテ卜法ヲ世ニ拡充セムコトヲ依頼ス。故ニ至急ノ旅行トイヘドモ此ノ書ヲ携帯シテ懇望ノ人々ニ授ケザルコトナシ。患フル処ハ唯其ノ人物ノ霊魂ノ好悪《ヨシアシ》而《ノ》

巳《ミ》。懇望スル人トイヘドモ其ノ心裏洞察セザレバ授ケザルナリ。是神機ヲ洩ラスノ恐レアレバナリ。春国ガ得識シタルハ形象之卜法ナリ。予此ノ書ヲ授カリシヨリ神慮ニ問ヒ私意ニ求メ発明シタルハ音義ノ卜法ナリ。形象法ハ顕ニ属シ、音声法ハ幽ニ属ス。後世コレヲ混同スルコト無カル可シ。乍然春国ガ編集シタル六十余部ノ書名ヲ一篇ニテモ知ル人アリヤ無シヤ聞カマホシ。日本人民タラムモノ疎略ニスルコト勿レ。

と記している。この神理解、難古事記の両文章から感ぜられる事は、本田先生の真骨頂は神法の体験者即ち行の人であって、文献を渉猟して日も足らざる学者ではないということである。所蔵の「幽顕大兆伝書」は或意味ではこの音声卜法の扣書、ある意味でのマチカタであろうと思われるが、私にはまだそこまで調べが至って居ない。之は業の修業が至らねば解き得ないであろうか。

○女先言而不良還降改言

講義には因を初頭につけて「ヲミナコトサキダチシニヨリテヨカラズ、マタカヘリクダリテアラタメイヘトノリタマヒキ。」と訓んでいる。そして「女先言不良」は前の「女人先言不良」と同じことを云っている。そして前は原因について云ったのであるが、こゝは結果の良くなかった方から云ったのである。而してこの言葉は天神のミコトである。と云うに止まっている。

筋から考えると前の場合は那岐の命の心中に萌した疑義であるが、結果が悪いから天神の命を伺ったということになるので、元より「設神理」の人事に托して教えた神理であるが、人は神理を霊魂中に含んでいる。それは平易に云えば良心であるが、その活動によってこれは不可ないことゝ気付いていられた。併し事を起して結果がよくなかった。そこで太占によって神理を伺って、先に気付いたことの誤なき神示を得て、正しく事を行うべき確心を得られたという事になる。先生の所謂省の良心である。之を現実に社会的事実に照すと、騎虎の勢などと云って省を忘れ暴走して破滅に至る事が多い。それは省は萌しても弱いからであろうと思う。省は神授の霊の活動であるが、それが暴走を制御出来ぬほど弱いというのは神を忘れたが故であって、忘れられたのは神に接し神示を受ける事が出来なくなった為である。若し正しく神に接し之が啓示を受ける法術を知って行えば誤りないことを示唆している章とも云い得るであろう。昏濁迷妄の世故にこそ神授の霊は暗黙の間に絶えず活らいて人々倚るべきものを求めているが、霊の開発する教かすかに、本霊を識り之に接する途絶えている故に、真勇を振い起すことも出来ないのであろうと思う。その神理を明らかにしその法術を振興してゆくこと急務中の急務であろうと思う。本田先生之を拓いたけれども伝えて完成を志す者寥々。徒らに埋れたことは実に残念と云う外ない。

先生はこの神理をこの章にも重ねて説いて、

此ハ大地ト雖モ必ズ地気地体《ナキナミ》ノ万古不易一定セル義ヲ黙示セラレシ也。首ヲ廻ラシテ人子ノ生産スルヲ見テモ知ルベシ。異形異様ノモノノ稀ニ生レルコトアリ。是ハ左右旋地気地体ノ霊交ノ過不及錯乱スルコトアル所以ノ理ノ尤モ見易キモノ也。地気地体ノ前後スル処ナキトキハ必ズ此ノ不具者ハ生ゼザルベシ。女ト雖モ同ジク人体ナリ。善言ナレバ男ニ先立ツトモ何ゾ不良ナラム。万事此クノ如シ。善悪共ニ混ジテ女ハ男ニ先言スベカラズト云フ時ハ、女子ハ人間ニシテ人間ニ非ザルニ似タリ。神ニシテ豈此ノ如キ理アラムヤ。細カニ之ヲ云ヘバ地体ニシテ地気ニ先立ツコト能ハザル此ノ理ヲノ玉ヒシ也。余義アルニ非ズ。而シテ男女夫婦ノ寝床ノ中ノアナニヤシノ一言前後シタリトテ、此ノ如キ大害ヲ醸生スルコトアラムヤ。心ヲ飜シテ能ク考フベキモノ也。

と述べている。猶次に篤胤の妄説をあげて排斥しているが、最早掲ぐる要も多くないと思うので省く。

(13) 如此《かくの》言りたまひ竟へて、御合ひまして、子《みこ》淡道之穂之狭別嶋を生みたまひき。次に伊予之二名嶋を生みたまひき。此の嶋は、身一つにして面四つ有り。面毎に名有り。故れ伊予国を愛比売と謂ひ、讃岐国を飯依比古と謂ひ、粟国を大宜都比売と謂ひ、土佐国を建依別と謂ふ。次に隠伎三子嶋を生みたまひき。亦の名は天之忍許呂別。次に筑紫嶋を生みたまひき。此の嶋も、身一つにして面四つ有り。故れ筑紫国を白日別と謂ひ、豊国を豊日別と謂ひ、肥国を建日向日豊久士比泥別と謂ひ、熊曽国を建日別と謂ふ。

次に伊伎嶋を生みたまひき。亦名は天比登都柱と謂ふ。次に津嶋を生みたまひき。亦名は天之狭手依比売と謂ふ。次に佐度嶋を生みたまひき。次に大倭豊秋津嶋を生みたまひき。亦名は天御虚空豊秋津根別と謂ふ。故れ此の八嶋ぞ先づ生みませる国なるに因りて、大八嶋国と謂ふ。

然て後に還り坐しし時に吉備児嶋を生みたまひき。亦名は建日方別と謂ふ。次に小豆島を生みたまひき。亦名は大野手比売と謂ふ。次に大島を生みたまひき。亦名は大多麻流別と謂ふ。次に女嶋を生みたまひき。亦名は天一根と謂ふ。次に知訶嶋を生みたまひき。亦名は天之忍男と謂ふ。次に両児嶋を生みたまひき。亦名は天両屋と謂ふ。

〔吉備児嶋より天両屋嶋まで幷せて六嶋〕

○如此言竟而御合生子淡道之穂之狭別島。

講義には「カクノリタマヒヲヘテ、ミアヒマシテ、ミコアハヂノホノサワケノシマヲウミタマヒキ。」と訓んでいる。こゝから我が国生みが初められているが、本田先生は「コレハ本文ノ如クナレバ今ハ云ハズ」といって触れて居られない。要するに我国の十四島を挙げているが、之は地球の修理固成の最後の段階であり神意によるものと判断して居られることは先にのべているによってもわかる。併し学者である山田博士はこの島々について詳しくその名称の解説に力を注いでいる。これは併

し従来の説を綜合取捨して結論を見出そうとしたもので、例えて云えば、

(1) 淡道之穂之狭別島。ホは已に初の意がある。サワケは最初の別で地方を別けて司った地方長官の意があって斯様に云ったのであろう。淡路島は最初の別ということになり、ホノサワケは又の名でなく説明であるかも知れぬ。

(2) 伊予之二名嶋。二名の意味は宣長は二並びで男女二並びの意味に取ったがまだ定説とすることは出来ないが、四国に分れて伊予（愛媛）讃岐（飯依比古）粟（大宜都比売）土左(建依別)に別れているが、総じて云えば伊予である。せまく云えば伊予郡で伊予神社もある。伊予は四国の中で最も肝要の地で政治文化の中心であったであろう。伊予を以て四国を総括すべき事情があったであろう。

(3) 隠伎之三子嶋。これは一つの親島（大島）と子島三つの形を云ったものである。この島は亦の名天之忍許呂別。大きい群れの固まった島の意であろう。昔は本州に閉じ篭らずこの島を足場にして四方に大発展した時代があるのである。

(4) 筑紫島。　この島は四つに分れていて、筑紫国、豊国、肥国、熊曽国という。そしてそれぞれ白日別、豊日別、建日向日豊久士泥別、建日別という亦の名がある。これも総名としては筑紫であるが、地形上又は政治上に四つに分けたので、後には更に分れてゆくのである。但し日向国がない。之について種々考証している。

(5) 伊伎島。今の壱岐の島。（亦名、天比登都柱）

(6) 津島。今の対島。(亦名、天之狭手依比売)

(7) 佐度島。この島に亦名がない。落ちたのであろう。

(8) 大倭豊秋津島。(亦名、天御虚空豊秋津根別)

これで大八島が出来上った。それから還られる時に、

(9) 吉備児島。(亦名、建日方別)

(10) 小豆島。(亦名、大野手比売)

(11) 大島。(亦名、大多麻流別)

(12) 女島。(亦名、天一根)

(13) 知訶島。(亦名、天忍男)

(14) 両児島。(亦名、天両屋)

之で十四島全部であるが、講義には、

いかにも支那に渡って行く航路の順に挙げられていて、瀬戸内海では児嶋小豆島、玄海灘では大島女島、それから知訶島両児島、玄海灘を出てそれから対島海峡を経て海外を指している。そうすると非常に深い意味になる。両児島は、日本人が海外に発展してゆく一番先端にある島である。当時の日本の国勢が伸展する方針は此の六つの島で物語っている。

これは邦人活動の行く先々の根拠地があげられているので、こゝに日本人の生きて行く血が脈々と動いていたものと思われる。

と結んでいる。私は古事記の書かれた奈良朝の当時の国勢を思い浮べて深い感慨を禁じ得なかった。若し現在古事記が書かれたとしたらどうなるであろうか。本州、四国、九州、淡路、壱岐、対島、佐渡、隠岐の八島は動かぬとしても、児島以下の小島の代りに当然北海道と沖縄が入り、その外どの島々が揚げられるであろうか。国の発展を指向する方を思い廻らしたりした。兎も角日本を形づくる列島がこの時両神によって生まれ、現在までつづいて国土となっていることは非常に現実的である。その現実の上に立って指導理念としての教が確立されていた。所謂本教（モトツヲシヘ）である。国生みの次に神生みが書き記されているが、これは幽の世界に属することであり、国生みは顕に属する事である。顕幽に出入するという語句は単に那岐の神が黄泉国に赴いて又この国に帰ったなどいうことのみでなく、この国生み神産みの章に大きく現わされている様に思えた。大いなる神理幽理の下に顕現された日本、逆に云えば顕界に於ける世界の存在は大いなる神理のもとにあるけれども、中にもその教えを伝えたのが日本であるとも云える。この教は日本に始祖から伝えられたけれども、教そのものは日本に限られるべきものではない。之は世界人類の共有すべき至宝と云うべきものである。例えば印度の一角に起った仏教が単にその国のみでなく、東亜の共有となった様に、又ユダヤの小国に発祥した耶蘇教が欧米亜に拡がって共有される様に、我国の本教が世界人類の共有となることが望ましい事ではないか。その故にこそこの教を伝えた日本民族が徒らに自尊排他的な小さな殻を脱して、もっと深く研究し大切に保持し、世界に向って顕現に努めねばならないのではあるまいかと切に思うのである。

(14)既に国を生み竟へて、更に神を生みましき。故れ生みませる神の名は、大事忍男神。次に石土毘古神。次に石巣比売神を生みまし、次に大戸日別神を生みまし、次に天之吹男神を生みまし、次に大屋毘古神を生みまし、次に風木津別之忍男神を生みまし、次に海神、名は大綿津見神を生みまし、次に水戸神、名は速秋津日子神、次に妹速秋津比売神を生みましき。

〔大事忍男神より秋津比売神まで、并せて十神〕

此の速秋津日子、速秋津比売二神、河海に因りて、持ち別けて生みませる神の名は、沫那芸神、次に沫那美神、次に頬那芸神、次に頬那美神、次に天之水分神、次に国之水分神、次に天之久比奢母智神、次に国之久比奢母智神。

〔沫那芸神より国之久比奢母智神まで、并せて八神〕

次に風の神、名は志那都比古神を生みまし、次に木の神、名は久久能智神を生みまし、次に山の神、名は大山津見神を生みまし、次に野の神、名は鹿屋野比売神を生みましき。亦名は野椎神と謂す。

〔志那都比古神より野椎神まで、并せて四神〕

此の大山津見神、野椎神二神、山野に因りて、持ち分けて生みませる神の名は、天之狭土神、次に国之狭土神、次に天之狭霧神、次に国之狭霧神、次に天之闇戸神、次に国之闇戸神、次に大戸惑子神、次に大戸惑女神。

〔天之狭土神より大戸惑女神まで、并せて八神〕

次に生みませる神の名は、鳥之石楠船神、亦名は天鳥船神と謂す。次に大宜都比売神を生みまし、次に火之夜芸速男神を生みましき。亦名は火之炫毘古神と謂し、亦名は火之迦具土神と謂す。此の子を生みますに因りて、美蕃登炙かえて病み臥せり。多具理に生りませる神の名は金山毘古神、次に金山毘売神、次に屎に成りませる神の名は波邇夜須毘古神、次に波邇夜須毘売神、次に尿に成りませる神の名は弥都波能売神、次に和久産巣日神。此の神の子を豊宇気毘売神と謂す。故れ伊邪那美神は、火の神を生みませるに因りて、遂に神避り坐しぬ。

〔天鳥船神より豊宇気毘売神まで、并せて八神〕

凡て伊邪那岐・伊邪那美二柱の神、共に生みませる嶋壱拾肆嶋、神参拾伍神。

〔是は伊邪那美神、未だ神避りまさざりし以前に生みませり。唯意能碁呂島のみは、生みませるならず。亦水蛭子と淡嶋とも、子の例に入らず。〕

○既生国竟更生神。故生神名大事忍男神。次石巣比売神云々風木

津別之忍男神。

講義には、

これからが神々を生みませる事に転ずる。国を生みました後に神を生みますことは、単に自然の順序のみではない。人がすむには先ず国土が必要である。その上に動物が住む。之はそうあるべき事実であるから、その意味に於て軽々しく論ずべきではない。前の蛭児が生れて後に淡島が出来たのは逆である。こゝは当然の順序で国土が生れてから神が生れている。これから下の「凡伊邪那岐伊邪那美二神共所生島壱拾肆島、神参拾五神」とある処までが、ここに云う「生神」の内容である。

と述べている。博士の神という意味は太古の人であることは申す迄もない。このことを心に置いておく必要がある。併し理論は通っている。ただその神々についての解釈を注目せねばならない。古事記には三十五神とあるが神名を挙げて行けば四十一神になる。先ず神名を掲げて博士の説明を附記しよう。

(1) 大事忍男神
(2) 石土毘古神・石巣比売神
(3) 大戸日別神
(4) 天之吹男神
(5) 大屋毘古神
(6) 風木津別忍男神
(7) 大綿津見神

(8) 速秋津日子神
速秋津比売神

(9) 沫那芸神

(10) 沫那美神

(11) 頬那芸神

(12) 頬那美神

(13) 天之水分神

(14) 国之水分神

(15) 天之久比奢母智神

(16) 国之久比奢母智神

(17) 志那津比古神

(18) 久久能智神

(19) 大山津見神

(20) 鹿屋野比売神（野椎神）

(21) 天之狭土神

(22) 国之狭土神

(23) 天之狭霧神

(24) 国之狭霧神

(25) 天之闇戸神

(26) 国之闇戸神

(27) 大戸惑子神
大戸惑女神

(28) 鳥之石楠船神（天鳥船）

(29) 大宜都比売神

(30) 火之夜芸速男神（火之迦具土神）

(31) 金山毘古神
金山毘売神

(32) 波邇夜須毘古神
波邇夜須毘女神

(33) 弥都波能売神

(34) 和久産巣日神　　　　(35) 豊宇気毘売神

この数え方は記伝やその外の説を参考にして博士の結論であるが、記の数に合せている。それはそれとして神名の解釈を見てゆこう。最初の一群は十神八組である。

(1) 大事忍男神。

記伝の考え方を排し、岡吉胤の徴古新論の意味も汲みつつ、

国生みの次に弥々神を生み給うという大事件の最初にお生れになったのが大事忍男神で、之から神を生み給うという大事件がいよいよ始まるという事を此の神に表している。…基礎のことを暗示している。序説序論という様な意味を含めている。

と述べている。日本の古伝では何事でも最初が一番慎まねばならぬということを教えているのである。と博士は力説しているが、それだけでは甚だ根拠が薄弱な感も禁じ得ない。平易に云えば「之から始まり」というだけのことではどうも可笑しい。且之では博士の云う人間神ではない。

(2) 石土毘古神。石巣比売神。

博士は、記伝や「徴古新論」や敷田年治の「古事記標注」を取捨して、

私の考を云えば国とは唯の土地ではない。人間の生活が営まれてはじめて国と云われるのであって、国というには土地の上にある草木鳥獣もその要素になる。之は大地の根なる石、即ち「下つ岩根に宮柱太敷き建て」の石根である。石根を守り給う神と申すので、今日でも家を建てる時には岩のある処まで掘り下げて建てる。混凝土も人工の石根である。故に人間の安住地たる家の安定して建つことを神格化して石土毘古神と申すのであろう。

石巣と石土との違う点は土と巣である。巣とは今の州の意味で砂のスであるから、建築に用いる土砂に関係ある神であろう。それを神化したものと思われる。

と述べている。

(3) 大戸日別神。

この神については記伝、標注、徴古新論、次田氏の説等を取捨弁別して、戸は処の意味とし、前に云った石土毘古、石巣比売は土地の安定を司る神、そして基礎が出来れば人がその上に住むことが出来るので順序から云えば、人の住む処即ち各人の安住の地を得る大地であろう。だからこの神の御名は大所霊の意味であろう。

と解いている。

(4)　天之吹男神。

この神についても記伝、新論を排して標注に賛して、

私の考では前後よりして人の住居に関係ある神であると思うから、「屋根を葺く」意味に解すべきものと思っている。

と述べている。次の、

(5)　大屋毘古神。

後に大国主神の条に木国の大屋毘古の神の処に遣わされたということを記している。同じ神又は同じ性質の神である事は間違ないであろう。…木に関係があり従って家に関係がある神であるか。私は文字通りに家の建築を大局的に掌り給う神と思うのである。以上の神々のお生れになった順序を見れば、

(1)　家の土台基礎をかためる

(2)　屋敷を定める

(3)　家の屋根を葺く

(4)　家がすっかり出来上る。

以上神々の住み給う家の建築するまでの順序を神格化したものと私は見ると述べている。

(6)　風木津別之忍男神。

こゝの意味は天皇に奉る贄を負担し奉る職分の神である。家には関係はない。すぐ後に水門の神などがあるので之は風の神とは別で、風に関する事を負担していられる長の神の意で、航海をする上に必要な今なら測候所長の様な気象の事を司る神であろうと思う。すると次の事が次第にわかって来る。

(7)　大綿津見神。

こゝの綿津見神は海一帯をしろしめす神であろうと思う。当時の日本は…つまり神世の日本人は活動の場所を海に求めていた。日本は太古に於ては一大海国であった。所が人間の一定の住居はやはり陸地に置かねばならぬ。さように陸地に住居を定めて後再び海洋に乗出すのには、天候風雨などの観測が必要である。そこで最初に現われなされた神が日和を司る風木津別神であると云うことは非常に意味が深い。そうして次に大海を支配なさる神が現われなさることゝなったものであろう。

⑻　速秋津日子神。速秋津比売神。（水門神）

水戸は水門である。湊であり港でもある。航海して出入する処である。講義には記伝を排し標注の説に賛し、且新論、書紀通釈の説をも取捨参照して、

秋は開くの意、速は水の流れの速い事である。大祓の「潮乃八百路乃八潮路」で恰も潮流のぶつかる処である。我国で事実にあてると、こゝの金華山の沖で黒潮と親潮とのぶつかる処である。私はそれで速秋津日神は潮の八百合に坐す神であろうと思う。唯海の神様ではなく潮流の神様である。昔の航海は潮流に乗ったものである。水の流れには川の流れと海の流れと二つある。そこで二柱お生れになったのである。それで帰する処此の二柱の神は航海の神である。従って風木津別神より一つの系統に属する神である。更に云えば、

⑴　大綿津見神は海すべてを総括する神
⑵　風木津別神は航海に必要な日和を司る神
⑶　速秋津日子、毘売神、海の潮流河の流を司る神

この様に述べている。博士のこの説は先人の説を綜合し取捨した結論であって非常に勝れていると思う。猶、

此処で今一つ述べて置き度いのは、記伝では此の十柱神が伊邪那岐命の禊の所の神が誤り入れるものと云ったが、平田先生になると更にひどく、古史伝にはこれらの神々をすべて除いてあるが、之は大変な誤りである。敷田年治が古事記標注で大いに憤慨しているのは尤な話で、此の意味で本居平田両先生は甚しく古典を乱していると云われても仕方がない。古典をはっきり旧の正しきに引戻そうとした敷田年治には満腔の感謝を表わさねばならぬ。と明言しているのは実に潔《いさぎよ》いと思う。

この十神について博士の結論はそのまゝ了承されるものがあって、人間生活の上の家居、食糧の主体を為した海産に係る神々である点は疑いない。たゞ問題は上古の人は神なりというその基本的な見方が少し外れているのを感じる。博士は神格化という言葉で表わしているけれども、神格化とはそこに神霊を認めたことになるので、人間以外の神聖なものを感じた上古の人々の心情を承認したことになると思う。逆に云うと神霊の世界の仕組の末端として人間生活の上に現れたものを認めたことになると考えられ、人間である岐美二神が之等の神々を生んだということは、岐美二神の人間という考えを否定することになるのではあるまいか。人間の物語に托して説明したに過ぎないので所謂設神理であり、本となった教は、もっと深い神々の仕組みにつながることを感じない訳には行かないのである。この点で博士のこの章の解釈は本田先生の説かれる処に、やゝに接近して来ていると考えられる。

本田先生はこの章には、

以上ノ神々ハ造化ノ事ガラニ付キテ更ニ其ノ職掌ノ何ニ坐シマスヤ其ノ義ヲ得ズ。故ニ先哲モ亦其ノ論更ニ定マラズ。

と云って、篤胤のこの神名削除の妄断を非難し、

コヽニ突然書キ載セラレシハ大地ニ付キテノ御事ナルベシ。以上ノ神々ノ何ノ神ニアタリアタラザルヤノ論ハ後ノ人ヨク定ムベシ。

と記して意見を述べて居ない。「大地ニ付キテノ御事ナルベジ」と云われたのは冷静な判断で、後人之を定むべしという点に山田博士の結論を思い合すのであるが、先生が自説を控えたのは実にめずらしいと思う。前文に続いて、

此ノ章ハ国生ミ竟ヘ玉ヒシ後出生アラレシ神々ナレバ、必ズ人ヲ生ミ玉フベキ順序ナリ。

と云って篤胤の説の中の佳きを採り、例の附会の説を排しているが、国生ミの後に人間（青人草）及生物の始祖を生まれたことを認めている。青人草の名の見えるのは記述としては後の黄泉平坂の章で初めて出るのであるが、その際の二神の問答からして已に人間の数多く地上に蕃殖していたこと及び人間が二神にとって大切な生みの子であることが、極めて自然に述べられているのであるから、この考え方は不思議でなく、中々解釈に難儀なこの十神も必ず地上人間生活に深い関係を持つことには気付いていて、猶確信を持って述べるまで控えたのであろうと思う。

私はこの十神の解釈は人間生活の上から説いた山田博士の結論に多く賛意を表し度いと思う。その単純な考え方が寧ろ我国上古の祖先の生活と信仰との結びつきが端的に表わされているのではあるま

いか。私は神理解に「以上ノ神々ノ何ノ神ニ当リ当ラザルヤノ論ハ後ノ人ヨリ定ムベシ。」と記したことを想起するのである。

神理解の筆はこの後の神名に触れず直ちに伊邪那美命の神避坐段に至っているのであるが、この残りの二十五神の解釈については山田博士が非常に尽力されて、講義はこゝで終っているので、その結論的な点のみを簡単に紹介したい。即ち、

国生み―大事忍男神―石土毘古神―石巣比売神―大戸日別神―天之吹男神―大屋毘古神―風木津別之忍男神（それらの神様の存在に依って人間の住居の安定が保証せられるのである。たゞ風木津別之忍男神は或は次の神様の方に連絡がつくかも知れぬ。）―大綿津見神―水戸神（二柱）―風ノ神―木ノ神―山ノ神―野ノ神（陸上に於て人生の生活を司る神）―火ノ神（人類学的に考えても人間が火の使用を知ったのは一大発見である。それより採鉱冶金に進むのである。）―金ノ神―土ノ神（耕土土器）―弥都波能売神（耕土に灌漑を司られる。それにより農業が出来る。）―和久産巣日神（生成発展して一日一日新に生れてゆくべき人生、そんな人間の活動を起さしめ給う神様である。若ければ弥々活動しなければならぬ。）

即ち大事忍男神より起った一大事業は、和久産巣日神に到達した。そういう事は此の記の上巻中でも或一つの結論に到達した処ではないかと思われる。人間は固より草や木が一日一日生成発展して行く姿は、産霊の神のお姿ではなかろうか。前に述べた様に産霊の神は古事記中にも三柱しか見えないのであるから、和久産巣日神は高御産巣日、神産巣日の神に対応している。而して

この二柱の産霊神は、宇宙の大霊であって、此処の産霊の神は人間界のむすびの神である。此の産霊神の御子様に食物を司る豊宇気毘売神があらせられるという事は、意味が深い。哲学的に云えば大事忍男神から後、今までの神は此の和久産巣日神に到達するまでの経過を、神格化した神であったと云える。

と述べている。博士が引用取捨した先人現人の説を一切省いて結論だけを抄出したのであるが、私は博士の所論に大凡従ってよいと考える。「唯哲学的に云って…神格化した神であったと云える。」という言葉の中に含まれる人間本位的な意味を取除いて、祖先が素直に神理を受入れ、それぞれに神霊を認識したことを表したと解釈してのことを付記したい。

○故伊邪那美神者因生火神遂神避坐也。

「カレイザナミノカミハ、ヒノカミヲウミマセルニヨリテ、ツヒニカンサリマシヌ」

講義には「神避坐也」に就いて也は漢文流につけたのであるが「神避」という文字を用いたのは注意すべきであるとして、

先ず古事記中神避とある処を調べてみるにそう多くはない。先ず此処が一つ、次の注の末神避以前云々と、少し後の故其所神避之伊邪那美神者葬出雲国伯伎国境比婆之山也。の三ヶ処に限られている。そこで書紀の中で此処に当る処を見ると、一書曰として、「伊弉冊尊生火霊時。為子所焦而神退矣。亦神避矣」と云って居られる。

さてこの神の終焉と見る処は紀中に他に二ヶ処ある。その一つは「終矣《カムサリマシヌ》」とあり、他は「化去ス」とある。これによって見れば兎に角書紀でも伊邪那美ノ神の神去りましゝ処は特別である。紀中この後神様のおなくなりになった処は皆「崩」とあって、カンアガリマシキとかカンサリマシキとか読んでいる。これは読み方がどうあっても文字は飽くまで崩である。…斯様に伊邪那美命の神去りの条だけ、記紀共にはっきりと字が使い分けてあると云う事は何か深い意味があるのであろう。恐らく他の神様の崩じ給う事と事実が違うのであろう。…抑々避とは如何なる意味の字であるかについて調べてみよう。玉編には「避ハ回避也」とある。後漢書の郅惲伝の中に「避地教授」とありて、その注に「避トハ隠遁也」とある。……

これは此の神だけ字が違う様に、神様がお亡くなりになったのではなくして、その所を退去せられたのであると考えなければならぬ。

と極めて重要な発言をしている。博士の結論では次に出て来る黄泉の段に二神の問答があるので、当然那美の命がこゝで崩ぜられたのでなくて、黄泉国に行かれた意味に素直に持ってゆく為の注意深く用いられた文字と云うのであろうと思う。那美命が崩御されたのではないと平田篤胤などは力説していて、博士の考証はその尊敬する先人の説を裏付けることになるのであるが、前掲の葬出雲国云々の葬をどの様に解されたかは言及していない。講義はその条に及ばぬ処で終っているのである。或は出版された「講義一」はこゝまでであるが、実際に塩釜神社に於ける講演はもっと先まで進んでいたであろうと想像され、若しその速記が今猶神社に残っているのであれば是非拝見したいものである。

併し博士とは異った意味でこの神の場合を神避と、他の神の場合と区別した文字を使ったことは注意してよいと思う。書紀に、神退、終矣、化去などと用いてある事も考慮を払ってもよい。本田先生の之までの説く処によれば、二神は人間神ではなく地霊地体で永久に存在し活らかれるという見方であるから、篤胤の様に人間神的に見ていて物語の前後の筋を合せる為の不崩説と違うのである。神避の一語は或は生みませる神々の分掌に任せてその奥に隠れられた意味にも受取られるのであるが、先生もまたこの点の言及はされていない。

「避」の語について後漢書の注の「避隠遁也」とあるのは、人間的に解釈すると文字通り隠居とか退隠の意味になって、もう世の表面には立たぬ活らきのない存在に取られるが、私は先ず神々の世界ではそうでなくて、御子神たちそれぞれに分掌せしめてもその分掌の中に活動なさっていられる。分掌の神々はその掌る職分以外は及ばないが親神は凡てを掌っていられる。云わば分掌の神々は親神の一部分の名であると見てよくて、之は御中主神以来ずうっとそうなっていると見てよいのではないかと思う。その相が真の人間界に於ける親子孫の関係であり、そこに無限の発展が存在するのではないか。それが裂延えであり発展であり栄えであり幸いであると思う。

講義には二神の生み給うた三十五柱の神名を掲げて、

こゝに問題がある。直接お産みにならなかった沫那芸神、沫那美神、豊宇気毘売神をどうして数の中に入れるかというに、これは一往不思議ではあるが、此の神を数えなければ三十五神にならぬから、どうしても此の神は数えた事になる。だから三十五神は二神の直接の御子神ばかりでなく、今で云う御孫神も入れてあるのである。つまりは親は、親の親でも親、子は子の子でも子であるからである。何代前の親とか子とか、そんな理屈っぽい詮索は日本人はしなかったのである。所謂仏教なら大乗的な考を持っていた。こゝは上代日本人のオヤコの観念を知る根拠となる。

と例の鋭い眼を注いでいる。一寸きくと甚だ上代日本人は単純で物臭な様に思われるが、それはものぐさでなく感性が鋭敏で真相を感得する能力があった意味であろう。真相というのは先に述べた神理のことであると思う。易しく云えば顕微鏡で見る細胞菌の分裂増加の様なもので、従って民族―氏族―家族制度で社会の秩序を保って来た考え方であり、それらを無視して個人を重視する見方を一歩も出ない現代の行き方と非常に違う様である。併し之は個人を軽視する意味では勿論なく、その根源を知り一層裂延える個々を大切視する意味である。

本田先生はこの意をも例の設神理として説いている。設は仮托の意味で、現実の人間社会のあり方に托して説く意味であるから、人間社会にはいくらも存在した事例であろう。それを代表的に那岐命の物語に托しての教えと思えばよい。

火ハモト大地球中ニ含有スル処ノモノ、空気中ニ含有スル処ノモノニシテ之ニヨッテ地霊ノ変動アルベキイハレナシ。地体一日モ火ナカルベカラズ、大気片時モ火ナカルベカラズ。而シテ此ノ章ニ至リテ神避玉ヒシト云ヘルモノ後章黄泉事件ヲ説キ出ス為ノ辞ナルベシ。心ヲ潜メテ考フベシ。

と述べている。そして

霊魂一隅ニ偏スレバ其ノ果ハ凶悪ニ陥リテ曲物ノ部類ト成ルコトヲ予メ諭シ玉フ黙示ナリ。…那岐ノ命ノ霊魂愛ノ一魂ニ偏シ玉フ也。愛シキワガナニモノ命ト云ヘル一言ヲ見テ察スベシ。

と記している。

山田孝雄博士の「古事記一」はこの段を以て終っている。この碩学の講義は黄泉国の段やその後の御禊による諸々の禍ッ神の発生や三貴子を生みますことに、どの様に展開してゆくのであろうか。それは続稿を見ることを得ないので知る由もない。併しながら国常立神以降をこの地上のことゝし国とは人間生活のある処に名付けられるとして爾後の神々を特に岐美二神の活らきを人間神として見て行った態度は変らないであろうと思う。太古の人は神なりという態度は鮮明である。この点からは国生竟て後、更に生まれた神々、大事忍男以下の解釈は人間生活上の基本的なものを神格化したものと為している。恐らくこの態度は変らないであろうと思う。私はこの神格化という言葉を重視している。それは神の認識を基礎としているからである。本田先生の設神理の説と対照して考えるとき非常に興味深いものが感ぜられる。そしてこの両者は神と人とを各々立場として立っている。先生は神理の上から古事記上巻を解こうとし、博士は人理を押して下から説こうとする。そして遂にその交った処にこの神格化の言葉が生れたことを思う。

本田先生のこの章以後は、之までも屡々述べた如く設神理として三貴子の出現まで及んでいる。奨俗のために人間社会に仮托して神理を述べたとする先生は「後章ニ至リテハ悉ク幽理ヲ以テ説カザレバ其ノ古義ヲ得ズ」と初頭に記されたが、蓋し岐美二神を人間神として解釈しては疑義百出拾収し得ない事を指摘したものであろうと思う。神格化の一語を以て悉く納得し得るとは思われない。若し然りとすれば、畢竟神とは人間の恣に創造し想像した所産にすぎなくなるであろう。人間はじめ万物は神の所産とする立場と、神も人間の所産とする立場の相違にまで追いつめられて行くことと思う。滔々乎として現代日本人の目指す処はそのいずれの立場であろうか。

神理解小註は山田博士の講義を対照に択んで来たので、その終了を以て一先ず筆を擱こうと思う。唯附言して置くことは此章以後の神理解は先生の「道之大原」「真道問対」と対照して戴き度いことである。又屡々先生は詳しくは「別書」に説くと記して省略されているが、その別書は伝わって居ない。詳述された別書なるものいずこかに存しているか或は書かれずに終られたかは知る由もない。唯その手控えかと思われるものがあるのみである。

道の友私記抄

古事記神理解を読んでいくと三つの注意すべき言葉につき当る。その一つは「出入幽顕」という語、次に「本教」という語と「設神理以奨俗」という三つである。共に古事記序文の中の文字であるが、序文といっても之は上奏文であるから非常に重大な意義があって、漢文で書かれた為に従来国学者方面では軽く見過されていた憾みがある。山田博士の古事記序文講義は従来なかった研究でこの重大性を詳しく論ぜられた点で画期的価値を有するものであるが、本田先生もこれに心付き熟読されたことは、右の三語に注目されたことによっても知られると思う。唯神理解の題名は文字通り神道の理(スジミチ)を解くものであるから、直に本文に入られたものであろう。そして逆に本文より要旨たる序文の意義を示唆証明されているとも見られるかと思う。

出入幽顕

㈠

講義には、

幽は荘子の天運篇に鬼神其の幽を守るとあって、陰微にして見えざる義であって神霊界をさすのである。顕は幽に対して明の意味を持つ。易の繫辞伝には顕道通じ神徳行はるとある。ここには幽と顕と相対しているが、斯様な用い方は荘子の庚桑楚にも見えるし、其の外支那の書に多い。それで幽は神霊界、顕は人間界ということであろう。幽顕に出入するという文字は漢文だが事実は全く日本の古伝である。

伊邪那岐命が夜見の国に入られ、又出でて帰られたことを指すので、たゞ幽界と顕界とを出入するというのでなく、之は幽界に入り又顕界に帰られた事を指したのである。

と述べている。博士の立場は岐美両神を人間神として取り扱っているのであるから、人間が果して神霊界に入り又顕界に帰って来るという事が可能であるか。それを古伝であるからというだけで受入れられるかどうか。この点に猶現代人に大きな疑問を投げかけ古事記不信の感を抱かせないかと思う。この疑問に対しては、博士は何ともこゝには記してない。

本田先生は岐美両神までを幽界即ち神世であると説いて居られる。そして神を命と記したのは顕界に現れて活動されたことを意味すると云って居られる。それは人間としてではなく、人間の眼に見ることの出来る現象としての意味である。それは気と体であって、日地月を産み衆星を産む気と体であり、それは元より極大極小にくまなく全宇宙に充ち〳〵たものであると説いている。我国の教は日地月に限ってこの両神の活動を伝えたのであって、他の衆星に言及しないが同様であることを示唆している。そして両神の活動は局限してこの地上に於ても永劫に渡って今も行われていることを教えている。

神霊界は悠遠壮厳、肉体を持つ人間はその正しき法と術とを以て啓示を賜わることは出来ても、肉体を倶って出入することは許されない。

（二）

本田先生は神理解巻二の巻頭に、天之御中主神より岐美両神までを、実に真幽界にして毫末も現物の混淆せざる故に之を神世と謂ふと述べ、

然りと雖も真幽界は凡人の視聴言動の及ばざる所なるが故に、久羅下那須一物を掲出して、幽事を現事に傚記《カウキ》したるもの也。是安麻呂卿が序文に出入幽顕とある是なり。

と明記している。岐美二神の御活動を人間神として描き出したのは幽事を顕事に傚記したのであって、凡人をして神理を会得せしめる為であることを示している。然るに表面的に二神を人間神とのみ解して行くならば、幽界即ち神霊界の解明は遂に不可能ではあるまいかと思う。

人間が霊魂を賜わり顕界に生を享けた以上は必ず現界に於ける使命が存する筈で、それは微小云うに足らぬものであってもその使命を達成せずに終ることは必ず何等か自ら招く罪穢に依るものであり、現界に人間の生を許し授けた神霊に対する罪に価し、その因由に連坐する凡てが罰めを受ける筈である。祓の神業はここに於て存するので現界の法律もその一小部分にすぎない。一小部分というのは現を以て現に対したことを云うのである。法網を免れて恥なき者の罰めはその霊に及び、副島伯の云う如く、永久に尽る期なく元素に帰する迄つづく。

祓は現前の行事としては祓戸の神を祈りて幣をふるう業であるが、形のみ存して実体なければ何の験しあるべき筈もない。幽斎を倶わねばならぬことは「道之大原」に先生は明示せられているけれど

も、幽斎の方法に至っては書中に伝えていない。その志を見抜き択んで伝えたものと云うべきであろう。併しながら志厚きものにはその資質の程々に伝えた節もあったと思われる。幽斎は基礎を鎮魂に置き帰神にして止むと云えようか。而して鎮魂は先ず精神の清浄と肉体の清潔を条件として、場所を択び法に従って修めて止まざれば次第に参入出来るのである。そこに些かの自負などあってはならない。神の前に何の自負などあり得ようか。そは穢にすぎない。かく修業して脱魂の境に入れば従って帰神の術を修めて入り、神感啓示を受くるに至るであろうと思う。「出入幽顕」の語の真義を覚り得るであろうか。鎮魂の業を怠りては祓も成り難く、施すもの確信なく、受くるもの又同様では致し方もなきことと思われる。

然し乍ら我国に神社の尊在し、祭りの形を存したことは実に忝いことであって、之によって道に入り道を確信する契機の亡びない事は誠に恵まれたことであった。

唯この契機を生かし真に人の霊止たる自覚に立ってその使命に邁進するには基として且は有終の業として鎮魂の修業に入らねばならない。その修業に自ら法あることを学ばねばならない。

道の大原に曰く「霊学は浄心を以て本と為す。故に皇神鎮魂を以て之が主と為す。今人蒙昧頑乎にして顧みず。法を外に求め術を異に尋ぬ。慣習常と為り汚穢日に加はる。あゝ悲しい哉。」

㈢

山田孝雄博士の序文講義には、「出入幽顕、日月彰於洗目、浮沈海水、神祇呈於滌身。」の四句が一単位をなし、四句混一して一の意味をなすので、この一章の意味は「幽界に入りまして後、顕界にかえり出でまし、それから海水に浮沈してみそぎし給うた時に多くの神様があらわれ出でまし、最後に目を洗いたもう時日の神、月の神のあらわれましたことを叙したものである。…さて上の乾坤初分からこゝまでは、わが古伝説の天地の開闢から天照大御神出現までの事を、要をとって叙べたものであって神国の神国たる所以、吾が国体の本源がこゝにあることを簡明に示したものである。」と述べている。

古事記本文の要約として博士の文は首肯せられるのであるが、幽顕に出入しての意味が之で解明したことにはならない。古伝をそのまゝ信用せよといっても、結論はそうなるにしてもその前に解説が必要であろうと思う。

本田先生は、神世七代までは真の幽界であると申して居られる。その最後の那岐那美両神の活動によって顕界があらわれる。顕界即ち我々の眼を以て認識し得る宇宙界が出現するのである。顕界というと直ぐ人間社会を思い勝ちであるが、人間の出現以前に非常に永い間の顕界固成の事業が二神の活動によって行われることを思わねばならない。それは実に超天文学的な気の遠くなる様な永い時間がかゝっていることを思わねばならない。そして人間の発生にとって最も大切な日地月及星辰の太陽系宇宙が確定するのである。そしてこの大地に群品が生れる。二神の活動が不断に行われているので、それは太陽大地月星の活動として現れて来ると思う。それが又天照大御神や素戔鳴尊の御活動となって現れるのであると考えねばならない。即ち幽の活動が本源であって、それによって顕の世界が現れる。人間の眼に見得る顕の世界も不断の幽の活動によって固成されて行っていると思わねばならないであろう。

山田博士は岐美両神を人間神―神たる人間として見る立場である。神たるという言葉は非常に微妙であるが、之は超人間的能力のある人間と想像するのであって、現代から見れば難解な問題と云わねばならない。

併し古事記の神代を、殊に岐美両神の活動を人間として見てゆくと不可解な点が多すぎる。私はこれはどうしても二重写しと考えねばならないと思う。即ち幽の世界の神理と、顕の世界の現実との二重写しであって、その両界を貫く普遍のものが道であると思う。

古事記の伝えは太陽系の成生から一足飛びに人間発生に及んでいるのであるが、それは大宇宙の神理が貫いて生きているから、その点を理解すれば成り立つ。人間それ自体も幽と顕から成ることを思えば、新しい解釈の出発点がわかり、幽斎によって幽界に出入することも可能であることを考えねばならない。現代の科学の進歩は、神授の奇魂の働きに外ならない。

設神理以奨俗

(一)

この句に就ては次の「敷英風以弘国」と六字二句の短対の句であるが、山田博士はその該博な考証をして、設はマウクとよみ易の中の「聖人設卦観象」の設に当り注に「施シ陳ル也」とある様に物の用意を整える意味と述べている。そして文選王融の曲水詩序に同じ語句のあることを挙げて、

設神理以景俗、敷文化以柔遠

とあり、李善の註に「神理猶神道也周易曰聖人以神道設教而天下服」とある聖人以下十一字をこの三字にあらわしていると思うと述べ、古事記序解に、

設は設為痒序学校以教之。或は聖人以神道設教など皆同じ義にて、その神理を顕はして教条学件を設け為すをいふ。この神理はまた独耦継序の本教を指すなり。

とある通りと賛成している。奨俗についてはは上の曲水詩序の景俗と似ているが多少差があって、奨は景よりつよく勧めて善をなさしめるので序解に、

奨は勧奨をいふ。俗は民俗なり。これ其教化を施すをいふ。上の典教既に絶えんとするに補ひたまふ文に回視すべし。

とある。その通りであると述べている。

私は全く同感であるが之等の文献を通して、聖人以神道設教について蛇足を述べると、神道というものは教以前に已に存在している。それを聖人が感得して民俗を導く為に教を設けた。教は便宜のものであり、神道は不易の根本であることを思う。従って教は時と処と対手によって枝葉に於て相違が出て来るのであるが、神道は不変である。古事記の書かれた時代の人にはその教でいゝが、いつの時代でも適当であるかと云うと必ずしもそうでない。そこで根本となっている神理神道が確把されなければ、時代に応じ人心に対して教を設けて行くことが出来なくなる。併し直接神道を解説した書は伝わっていない。設けられた教の古事記がある。設けるというのは人工を施したことである。その当時

の人工を施したまゝでは今日納得出来なくなったとすれば、この設けた文を元として根本の神道を探究し、何時の時代にも生きて行ける神道を摘出するより外に途はないと思う。奈良朝の人々は信じたからそのまゝ現代人に、当時設けた教を信ぜよといっても致し方がない。勿論その教も部分的には今日も通用するものもあるであろうけれど、全部そのまゝでは通用しない。併し神理神道は通用せねばならぬものであって、それなしでは人間の生活などあり得ない筈である。神道は一面から云えば大自然大宇宙に存在する道である。それを我国ではどう伝えたか。当時の設けた教の中から探究せねばならない。

私は神理をその当時の俗民のために設けて教えた人々には、日本に伝わった神理そのものはよく解って居たのだと思われるけれども、時代の流れの中に次第に失われて今日では晦瞑になったと思う。それを明らかにするのが神道にかゝわる者の責務と思う。古事記の文中から探究する外ない。本田先生は古事記の神名をよく注意して考うる様にと教示されている。そこに一つの契機が存在するのであると思う。

㈡

神理を俗（一般）人に理解せしめる為にはその程度に応じてせねばならない。小学生に高等数学を説いても理解がゆかぬのと等しい。俗人に理解せしめるには其の現実の人間生活に設けて説かねばならない。幸いなことに人間も他の動物も植物も山物（鉱物や土壌）も神理によって成り、神理によって存在し、神理を含有しているのであるから、非常に好都合である。本田先生は神理の存在は「至大無外、至小無内」と云い、「若レ無ニ処在一、若レ無レ不ニ所在一。」と説いて居られる。故に人間生活も神理を離れて存在し得るものでないが、この神則を蔑視し之を犯すに於て罰《きた》めを受け昏乱と不幸を将来することを教えている。人間生活の上に神理を設けて教うると雖も、神理を洞察する明なく始祖の業蹟を忘失し、人間生活そのまゝを至上とする俗念に堕したのが現実の世相である。

然しながら之は先ず神に接する方と術を失い、神理の探求を怠った累世指導者の罪過に依るものであって、遂に全く道埋れその探求を難くしたと見るべきであろう。古事記神理解の最も力を入れてこの設神理を究明する所以であると思う。人間本位の執念を暫らく離れて沈思すべきではあるまいか。而して至大無外は暫らく大宇宙（太陽系小宇宙に非ず）に思を馳せ、至小無内は原子電子の微に思を致し、そこに人間力を隔絶した神理を探求すべく、又顧みて現実人間及動植山界の存在の方則を探り念を凝らすべきであろうかと思う。

幽と云い顕と云うとも、幽界より見れば顕幽の差なく、顕とは唯人間の狭小なる五感を以て認めらるゝ幽界の一部にすぎないことを思わねばならない。故に人間世界も幽界の反映とも見らるべきであって、人間界の昏乱は又同時に幽界中の至近の階層の昏乱に基くものであろうか。譬えば大気の擾乱が地上のあらゆる存在に昏乱を将来する如きものであろうか。然しながら極まれば必ず神則の発動ある筈であると思う。唯末霊本霊を知ること能わざるが神則故に、之を問うに法と術とを以てする外はないであろう。

古来奨俗の神話より神理を探求し、之を現実の天文暦数或は物理科学に照し、或は言語音声に頼りて探求した学者も尠くなかった。一例を挙ぐれば、佐藤信淵の如き、大国隆正の如きも皆然りであるが、残念なことに神霊に接する法と術を得なかった処に根本的な欠陥があったことを惜しまれるのである。本田先生は英資を以て生涯を捧げて之を研究し、古典に基づき遂に古法式による鎮魂法帰神術を中興したのであった。先生は道の究明する後進のために、そこばくの著述を遺されたけれども、元より業の人であり所謂世俗学究の人ではなかった点が先生の真の姿であったと思う。副島種臣、長沢雄楯等高足よくこの義を識り、業を体得したけれども、他には傑出の者さして多からず。又世に聞ゆるもの寥々たりしことは、神慮に依らざれば学んで容易く到り得るものでなく、まして俗念を挟む者等の覗見し得ない至厳の高い境地であったことを意味している。

本教

(一)

古事記序文に「太素ハ杳冥ナレドモ因本教、而識孕土産島之時。」とあるのが本教の出典である。つまり岐美二神の国産みの段までのことを指したことは間違いないと思われる。この本教について山田博士は古事記序文講義に、

本教＝文字は世の中の根本になるべき教という意であるが、支那では孝行をいう。礼記の祭義を見るとそうである。呂氏春秋にも同じでつまり支那では本教といえば孝行のことである。しかし之ではここの所の解釈がつかぬ。これは文字は支那のものであるが、意味は日本の精神でなくて

はわからぬ。これを以て見ると屹度日本には昔から伝わった世の中の基となるべき教があったものである。之は吾国特有の教である。それを本教と安萬侶が書いたのである。本居、平田両先生は、これらを漢文で書いたものであるからと云って軽く見られたのは残念である。この本教の説明を、

(1) 古事記伝は神代の事を語り伝へた説をいふとある。が、

(2) 篤胤の古史徴開題記には、天つ神の詔にて世の始めの事を詔教へ伝へませるをいふと述べている。この方がすぐれている。

(3) 吉岡徳明の伝略には、所謂天つ神の諸々の大諄辞これなり。とあるがこれもわるくはない。

それでは今日何を本教と云うかというに、古事記三巻全部がそれであると私は答えよう。明治のはじめに平山省斎が本教真訣という書を書いたが、之は良く知っていたらしい。この神の教によって、天地開闢からわが国体の本源まで知るという様な教は支那にはないから、これは全く日本の本つ教である。

と述べている。以上が山田博士の本教に対する全文である。本教という文字の意味を中国のそれと比較して、文字は同じでも之は日本独自の意味内容であると云うのは卓見である。そして本教とは今日何を云うかと云えば古事記三巻全部であると主張しているのは、博士の心持も解るが、少し大ざっぱすぎると思う。まあかく云えば間違いないと云う感じがする。併し之は古事記が編まれた時代に溯って考えるべきであって、それ故にこそ先人が苦心して何が本教であるか、古事記の中のどの部分が本

教であるかを探し求めたのであろうと思う。

併し安麻呂は本文の中にこれこそ本教であると指摘して居ない。従って前掲三つの例などが生れて来る。いずれも曖昧模糊とした見方である。その他の幾十百の説も恐らくは之に類したものであろう。

博士は又明治のはじめ平山省斎が書いた本教真訣をあげて、之はよく知っていたらしいと述べている。併し本田親徳全集に掲げた「謹問平山大教正閣下」の一文は、本田先生が痛烈にその著本教真訣を批判したものであることは道友のよく知る処であろうと思う。さすれば本教とは如何。

㈡
本教とは「本つ教」即ち根本の教であることは山田博士の説く通りである。この教によって天地開闢から国体の本源まで知るというのもその通りであると思う。併し古事記のどの部分が本教の要めであるか。古事記全体そのまゝが本教と云うのはどうも大どかすぎるのである。博士をして云わしむれば、若しこれが本教だとして古事記の条章を挙げるものがあれば、それは一つの私見にすぎないし、若し又記以外に本教ありとして挙げるものも又私見取るに足らないとするであろうと思う。古事記序文の「因本教而識孕土産島之時」の一章は、博士の云う如く古事記其のものを指すとも思われ、又本教によって書かれた古事記ともとられる。即ち後者の考は元々古事記の以前に本教があった。それは古事記の如く設神理でなく、神理そのものを表した教であった。それによって設神理して書かれたのが古事記であるという事になる。本教は古事記の中に盛られているけれども、以前に巳に太古から日本民族に伝えられた本教があったという事になる。

この解釈も又成立し得るであろう。併し今やそれを現存する文献の中から指摘する事は殆ど至難に近いであろう。従って先ず古事記中よりその設神理の設の部分を解き放して、純粋に含有する神理を摘出し、之を本として古文献を照し求めねばならないと思う。

私かに思うに、本田先生の態度はこの後者に属していたのであろうと思う。その神理解の中から本教という文字を用いた部分を抄出すると、

(1) 天之御中主神の条に、此大神ハ天地万物ノ元素タル五十霊ヲ統括シ玉ヒ以下ノ神々ハ此大神ノ功用分別シタル者ナルガ、此大神ノ無為ニ坐マシテ未ダ其功用ノ分レザル時ヲ指シテ本教ニ之ヲ霊交《ヒト》ト云フ。

(2) 高御産巣日神、神御産巣日神の条に、本教ニ此時ヲ称シテ活（ハタ、フタ）ト云フ。御中主神ノ神徳ノ分レテ活動スルノ義ナリ。

(3) 阿斯訶備比古遅神、常立神、豊雲野神迄ノ三柱ノ時ヲ指シテ本教ニ之ヲ体《ミ》ト云フ。

(4) 角杙神以下阿夜訶志古泥神の章、本教ニ以上八神ノ時ヲ謂テ依《ヨ》トナス。

(5) 伊邪那岐神、伊邪那美神の章に、岐ハ気ニテ美ハ即体ナリ。但シ此処ハ五魂ヲ指シテ気《イツ》ト云ヒ、五十霊ヲ付シテ体ト云ヘルニテ霊魂ノ気ト体ナリ。本教ニ是時ヲ称シテ出ト云フ。

(6) 巻二の巻頭の文中に、「然レバ以後説ク所ノ説ハ本教ノ順序ヲ以テ造化ノ順序ヲ論弁スルモノト知ルベシ。是乃安麿卿ノ序文ニモ、「因本教而識孕土産島之時」トアル是也。是ノ本教ト皇国始祖

ノ立玉ヒシ言ハノ活用トヲ以テ其蘊奥ヲ求ムル所以也。」

以上巻一二から嘱目に従って抄したのであるが、霊交、活、体、依、出という国語の数詞の呼称はこの天地開闢の順序を教えた本教であると為している。そして後に出て来る「七十五の本教」という語と合せ考えると、先生は古典の中から本教とすべきもの七十五を摘出したということになる。

㈢

本田先生が七十五の本教と記したのは、古事記神理解巻三に

「乃汝者自右廻逢我者自左廻逢」

の章の処である。抄出すれば、

コレハ幽ノ霊二十五、顕ノ霊二十五ト互ニ左右旋シテ万物ヲ生ミ玉ヒシソノ始ナル故ニ、此処ニハカク記サセ玉ヒシモノ也。人間ノミノコトニ非ズトシルベシ。此ハ顕体生々ノ元理ナルユエニ今ココニソノ神理ヲ尽スコトアタハズ。別ニ五十霊七十五ノ本教等講明スルノトキヲマツベシ。

と述べて居る。従って先生は、本教は始祖以来伝え来ったものとして七十五を指摘して居られたのであろう。そして先に挙げた、霊交、活、体、依、出等の数詞もその七十五の中の一部分であると思われる。

残念なことには別に講明すると述べられたその記録が残って居ないので、如何とも致し方がないのであるが、先生が何時かの機会にそれをなされたと思われるのは、その下書きの断簡らしきものも少し残って居り、些かの手がかりにもなるかとも思われるが、その講義の内容は詳細には知る由もない

のは残念である。

思うに本教というものに対する考え方は山田博士の云う如く、今日では古事記から主として汲みとる外になく、その意味では古事記そのものが本教だということも云えようが、私は本教は古事記以前からの教であるから、それに基づいて作られた古事記は尤論今日では中心であるが、他の古典の中にも玉石混交の中から玉を拾い集める努力を致さねばならぬと考える。その鏡となるべきものは古事記を貫く神理であって、奨俗のため設けられた仮托そのものではない。こゝの点をはっきりして置かねばならないと思う。

又思うに、本つ教の探究は学問的な分野である。それによって得る処は日本人固有の指導理念の闡明と、世界史に於ける確信に続くものであろう。これは重大なことであるが、理論の探究は人間の業であるから万人をして従わしめることは出来得ないであろう。否むしろ現実に於て反論を呼ぶことも多い。人心を啓発し導くことが出来なければ理論研究は一つの高踏的な遊戯にすぎなくなる。研究者は大衆の中に孤立し確信を失うか、頑然として世に背向き独りを守る外はない。理論探究は道の為であるけれども、かくなれば道を外れて益する処なきに至るであろう。

大衆は生きものである。生々転移して止まない生命の流れの中に道は生き続けている。而も大衆は之を覚らない。大いなる道の流れにありつつ恣に流れに逆らい不幸を招き苦しむ。之は理論を以て救うことは出来ない。

現実に神意に接し神意を伺って之を示し、大衆の心を啓発する以外にない。これは宗教的分野である。然して神に接し神意を伺うことは法と術との分野である。これを巷間の巫覡と峻別し、高く純粋に行う為には古典の研究を倶わねばなるまいと思う。本田先生は祖父に著書を授けて、常に研修して巷の一祈禱師に堕する勿れとさとされた。

後記

本田親徳先生は元よりその本領とする処は業《わざ》の人であり、中古以来廃絶した鎮魂帰神の法術を中興せられた稀有の偉人であるが、晩年の門人鈴木広道に允可を許すに当り、法術のみを以て巷間一介の祈禱師に堕すること勿れと戒めて、その著述を挙げて之に与えたのであった。先生の著述は必ずしも多くないのは本領とする処が他にあった為である。併しながらその著述は益々従来の国学者神道家と見を異にして、古神道の核心を衝く所以のものあるは単に机上のものでなく、業によって得た所説たるに由るものであろう。

遺著の主なるもの、産土百首、霊魂百首、道の大原、真道問対、難古事記、古事記神理解等であるが、その中核をなすものは古事記神理解たるは申迄もない。而して神理解の中に先賢の所説を批判したる部分を省き、自説をのみ集録して遺したのが略記である。

祖父広道より伝えられた先生の遺著は、不肖その亡逸を恐れて先年「道の友会」を結び、斯道に志篤き諸友にタイプして頒ち来ったのであるが、三ヶ年の予定計画に組み入れ得なかった略記は別巻として刊行した。今年六月、山雅房主人川内敬五氏の好意によって本田親徳全集が刊行された際、略記は神理解と重複の故を以て省略した。已に古事記神理解を手にせられた諸友には必ずしも欠くべからざるものとは思わぬけれども、一面便宜の点もあり、元書になき補説等もあって参考となる書と考えられる。

重ねて云う。先生は業《わざ》の人である。但し俗間の低劣なるそれと異る所以の哲理は凝ってこの書にありと申すべきであろうか。机上に之を読み捨つるべき類のものではない。之を真に識るためには業の専修を俱わねばならぬと信じるものである。従前向後の学者果して之を如何に見るであろうか。併しながら先生の遺著は、その志向された処からすれば凡てこれ道の基礎であり、霊学の基本のものたるを否まれないであろうと思う。吾がともがら之を基盤として益々研賛修業を重ねたいものと考える。之即ち尊き先人の志に添う所以である。

昭和五十一年十二月十日

霊学の継承

霊学の継承

緒　言

本田親徳先生が明治の初年、霊学を樹立されましてから今日に至る迄、実に百年の継承が為されて居ます。そしてこの間、その門流に多くの勝れた道人が輩出いたして居りますが、その正統と目すべきは駿河清水市の長沢雄楯《かつたて》―稲葉大美津―佐藤隆（卿彦）であります。之は間違いなき事でありまして、約して申せば本田先生に道を樹てしめ長沢雄楯に伝えて基礎を確立し、その上に立って稲葉大美津を経て佐藤卿彦に至り幽斎を奉仕せしめたのは、全く神々の御約定によるものと申し得るのであります。かく申しますと甚だ独断的な言い分と思われ、そこには客観的な態度に欠くると批難もありましょうが、追々明らかになることと思われますので、読者はこの結論は暫く置いて問われず、共々に霊学継承の跡を辿っていたゞき度いと思います。（以下敬称を凡て省略す）

本田親徳門下数百人、長沢雄楯の下に来り学ぶ又千数百人、稲葉大美津は厳に志を見て人を選びたるも猶学ぶ者幾十名を算《かぞ》えたのでありますが、中より何らかの点にて後世に記して遺すべき人々の名を挙げて仮に道統系図を作れば、左の如きかと思われます。元より私案にすぎませぬ。

本田親徳
- 副島種臣
- 三輪武
- 長沢雄楯
  - 宮城島金作
  - 稲葉大美津
    - 若林耕七
    - 佐藤卿彦
    - 中村清源
    - 杉本敬一
    - 稲岡一男
  - 武栄太夫
  - （上田喜三郎）
  - （友清九吾）
  - （九鬼盛隆）
- 鈴木広道

昨昭和五十一年六月に山雅房より出版された「本田親徳全集」は、現存の遺著の殆ど大部分を集めたものでありますが、その巻末記に年譜を掲げましたので、大方の読者はその生涯をほゞ了解の事と思われます。未見の方は就いて御覧願うとして、その為人《ひととなり》について申添えたいと存じます。

先生は幼にして穎悟《えいご》、頭脳甚だ明晰で且俊敏勇気に富まれたことは万人の認める処であって、別に政治家又は軍人として世に知られた方でもないのですが、郷里薩摩の加世田あたりでは随分伝説的に語りつがれている由であります。即ち少《わか》くして藩校に学び、文武両道にはげみ、特に剣を善くしました。全集巻末記の年譜には次の様に記しています。

天保十年（一八三九）満十七才。皇史（日本紀）を読み帰神の神法廃絶したるを慨歎して志を立つ。（難古事記）藩を出でて武者修業して京に上る。水戸藩の会沢正志の英名を聞き東下して就きて学ぶ。約三年と云う。和漢の学をはじめ哲学科学の基礎知識この間に成るという。又この間平田篤胤の家にも出入せしとも云ぅ。

又天保十四年の条に、

京都藩邸にあり適々狐憑の少女に逢い憑霊現象を実見して霊学研究の志を堅むと伝ぅ。

と記しています。この年九月、平田篤胤が歿しているので、先生が江戸で平田家に出入したのは篤胤晩年のことであります。

この京都の事は伝説として語りつがれて居るけれども事実である点は高窪良誠談話〔註一〕によって信憑せられるのであります。先生は之を契機として一切世俗の名聞を断って霊学研究の苦難の道に就かれたのであって、この後十余年全くその消息は不明なのであります。その著「難古事記」に記す処に依ると「三十五才にして神懸に三十六法あることを覚悟《さと》る」とあって、その年は満年三十四才即ち安政三年（一八五六）に当るのであるから、天保十四年より十四年の歳月を経ています。そして「十八才皇史を拝読し此の神法の今時に廃絶したるを慨歎し」て志を立てた時より実に十八年に亘るものであって、会沢正志の門に於ける刻苦勉励も、その後「岩窟に求め草庵に尋ね」ての苦難の修業も凡てこの準備期間ということになるのでありましょう。そして「夫れより幽冥に正し現事に徴し、古事記日本紀の真奥を知り、古先達の説々悉く皆謬解たるを知り弁へたりき」となるのであります。全集所収の「古事記神理解」と「難古事記」は先人のこの謬解を正すために書かれたものであることを知るのであります。

〔註一〕　高窪良誠談話＝高窪良誠は大宮市東町に住み、氷川神社氏子総代にして、中大理工学部教授（全集巻末記に日大教授は誤りたり。夙に佐藤卿彦の門に学び幽斎に参じ多くの神教に接した。昭和四十五年歿。

この後先生は愈々修業を深められ、郷里鹿児島に帰られて帰神の術を磨かれて已に名声を得ていましたが、その証拠として明治三年（四十八才）三島通庸著の石峯神社創建の記事中に、嘱せられて神憑によって不明たりし古来の祭神を識る旨記しているので、当時已に帰神の正法を確立していたと信ぜられるのであります。先生の上京はその翌々五年かと推定せられますが、この年父主蔵死去され家督を相続いたして居ります。

前にも記しました通り同藩の誼ある西郷隆盛の紹介によって、外務卿副島種臣と親交を結んだのは明治六年の頃と考えられますが、この両傑が大西郷によって、後に斯道の師弟となる縁が結ばれたことは実に感慨深いことに思われます。この両者の間に交された「真道問対」は本田霊学の主要文献の一つとして重視せられて居ります。副島種臣はその後明治の元勲として天皇の御信任特に厚く、一等侍講として仕え奉り、又政府の要職を歴任して伯爵を賜わって居りますが、その後三十一年十二月佐々木哲太郎輯録にかゝる「蒼海語録」（別名蒼海窓問答）は伯の思想哲学の代表文献として重要なものであります。「真道問対」を隔たる十五年の後に成稿したもので、この両書の対比によって霊学継承の一面が明らかになると思われます。依って本篇の第一章に「本田親徳と副島種臣」を置き、第二章に「本田親徳と長沢雄楯」とし、添うるに主な同門に触れ、続いて長沢翁の事績とその門下とに就いて順次筆を進めたいと思います。

第一章　本田親徳と副島種臣

(イ)　副島種臣略歴

副島種臣は佐賀鍋島藩士、文政十一年九月九日藩校弘道館教諭枝吉忠左ェ門彰種の二子として生れた（本田親徳より九才後）。天保三年五才初めて学に就き、父南濠より四書及び百家の素読を授けられた。その経歴を瞥見すると、

○嘉永元年（二十一才）弘道館の内生寮首班となり、楠公を崇敬して義祭同盟を結ぶ。

○嘉永五年（二十五才）藩命によって京都に留学し皇学を研究、諸藩の志士と交り日本一君論を鼓吹する。

○安政二年（二十八才）重ねて京都に留学。

○安政五年（三十一才）兄経種（神陽）の意を承け勤王討幕運動に奔走した。神陽は識見高達藩学の長者として上下の信望を博し、殊に大義を説き大隈、大木、江藤等藩当代の俊秀は皆その門下に出でた。種臣帰藩後間もなく安政の大獄起る。

○安政六年（三十二才）副島氏を嗣ぐ。父枝吉南濠歿す。

○元治元年（三十七才）長崎に遊学、アメリカ宣教師フルベッキにつき英学を学び大いに識見を

高めた。慶応二年まで滞在した。
○慶応三年三月（四十才）幕府に大政奉還を説くために大隈重信と共に脱藩上京したが、五月送還されて謹慎を命ぜられる。
以上幕末まで志士として活躍して諸藩有志の間に重きを為していたことを知る事が出来る。そして彼が壮年国事に奔走していたこの間は、本田親徳は霊学研究に専念して帰神の正法を確立した頃であった。明治以后の副島略年譜を見ると、
○明治元年（四十一才）三月新政府に徴せられて参与となり、制度取調局判事に任ぜられ、五月東北征討に従軍、十月より東京在勤。
○明治二年（四十二才）七月参議に任ぜられ東北諸藩の処置につき、西郷と共に寛典論を唱えた。
○明治四年（四十四才）樺太境界を議するため遣露大使に任じ、函館にて露国領事と談判。十一月外務卿に任ぜられた。
○明治五年（四十五才）六月ペルー国船マリア・ルーズ号難破して横浜に寄港、船載の清国人苦力を解放し、故国に送還する為に鋭意尽瘁する。のち国際裁判に発展し、日本の勝訴となる。十月征韓論起る。
○明治六年（四十六才）二月特命全権大使として清国に差遣され、日清修好通商条約の批准を交換。清国皇帝に謁見する。十月参議兼外務省事務総裁となる。西郷、江藤、板垣等と征韓の議を唱え破れて同二十三日辞任、御用滞在を命ぜられる。

この明治六年は本田・副島両者の交りを結んだ年と推定せられる。その後副島は屢々政府に召されたが固辞して出でず、明治九年九月（四十九才）御用滞在を免ぜられ、霞ヶ関の自宅を売却して清国漫遊の途に上ったのである。

全集の年譜には清国漫遊は明治十年と記したが、出発は九年秋の事であったと訂正したい。帰国は十一年秋であるから満二ヶ年の在支であった。この間に十年二月盟友西郷隆盛の西南の役が起り、九月に城山に自刃している。彼の帰国は巳に凡ての終った後であった。この外遊に関して伝うる処に倚れば、九年春、本田親徳招ぜられて副島邸に赴き帰神を修した節、「明年早々西郷は衆に擁せられて兵を挙ぐるにつき未然に防ぐには種臣自ら赴いて説き東京に倶う外道なし。若し挙兵に至らば災必ず汝の身に及ぶ故難を国外に避くべし。」という神教があったという。種臣は神示を得しも自らは赴かず使を送りたるも事態切迫、収拾の道なきを知り、神慮を怖れ急に難を国外に避けたという。この後尊信して師弟の礼を以て道を問い鎮魂を修した事から見て、恐らくは事実であった事と思われる。但しその詳細は知る由もない。

帰朝後の副島は十二年四月一等侍講に任ぜられ、十三年辞意を表したが勅語を賜わり慰留せられる。十四年は勲一等に叙せられ、十七年は伯爵を授けられ、十九年は宮中顧問官に任ぜられた。二十一年枢密院顧問官。二十四年枢密院副議長。二十五年は内務大臣に任ぜられたが程なく辞して再び顧問官。かくして三十八年一月三十一日歿した。七十八才である。この様に国家の元勲として天皇の側近にあって輝かしい一生を終ったのであるが、その詩文と書は共に天下に著名であったけれども、その霊学に就いては知る者甚だ限られていたのは何より残念であったと思われる。副島が本格的に本田親徳に師事して道を問い、鎮魂の修業に入ったのは明治十一年清国より帰国した後であったと思われる。即ち十二月四月一等侍講に任じ屢々御下問に接するに及んで、鎮魂帰神の神法による必要を痛感して熱心に修業したことゝ思われる。それは「真道問対」が十六年十月成稿している点からも証明せられるであろう。十九年には相携えて大宮市の氷川神社に赴き、師の講義に列座し、深夜境内の神木に対って自己の鎮魂力をためしたと云い伝えられている。〔註二〕その頃已に悟りを得て居たと思われ、その地位と云い学殖と云い本田門下の高足として重きを為して居たと思う。恐らくは鎮魂力に勝れ、師伝の自感法にも達して神教を得るに至っていたのではあるまいか。

〔註二〕高窪良誠は両者同行を語ったが鎮魂力云々は否定していた。全集所載書簡三七八頁。

(ロ) 真道問対と蒼海窓問答

已に述べた通り「真道問対」は明治十六年十月の成稿であり「蒼海窓問答」は仝三十一年十二月の抄録でありますから、その間十五年の歳月があって、副島の年齢で云えば満五十五才と七十才ということになります。五十五才と云えば学問は和漢洋（殊に漢学）に亘って、識見も卓抜であり、一等侍講として天皇の信任特に厚かった時でありますが、唯日本固有の神霊学に於ては不明であったと思われます。副島がこの点について、本田親徳に師事してその教を受けたことは非常に意義深い事であって、本田霊学の思想は必ずや天皇に自然に上聞された事と思われるのであります。私は特にこの霊学が之を樹立した本田一個人のものでなく、彼が皇法〔註三〕（皇学）と尊び呼んでいたことを注目したいと考えます。これはその道に深く参じた者の知る処でありますが、千年に一人選ばれて出現するという霊能者を指導して真の皇学を樹立せしめるのは全く神意に依るものであることを申して置き度いと思います。

〔註三〕本田親徳全集三五九頁所載鈴木広道に対する伝授書に皇法とあり、長沢雄楯これを皇法或は皇学と呼んで居った。（佐藤卿彦談）

蒼海窓問答の内容は副島が七十才の思想的円熟期に当るのでありますが、至る処に本田霊学が祖述されている点は顕著であって、その一々に就いて述べることは到底不可能であるが、重なるもの若干に触れたいと思います。

「真道問対」の巻頭の第二及び第三章に左の問対があります。

問　斎（まつり）に幽と顕があるか。（副島）

対　有り。神武紀に曰《い》う顕斎（うつしいはひ）これなり。顕斎有れば則ち幽斎（かくりいはひ）有り。故に顕斎して幽斎せざるは非なり。幽斎して顕斎せざるも亦非なりと知るべし。（本田）

問　幽斎式は聞くことを得べきか。（副島）

対　幽斎は神殿有ること無く、奠幣有ること無く、祭文有ること無し。霊を以て

霊に対するのみ。（本田）

この二章が巻頭にあるのは非常に意味深いのであって、「霊を以て霊に対する」即ちわが霊を以て天地の神霊に対するという原則が示され、その霊学（まなび）の道が示唆されています。これによらなければ、天つ神国つ神に対接する道がないことを教えています。啻《ただ》に神々に接しその教を享け得ぬのみでなく、宇宙観神霊観の確立が出来ないことも事実でありまして、神霊の厳存を確認せずしては口に道を説くともそれは仮説想像にすぎないものであります。

本田霊学に於ては結論とも云うべき「道之大原」にも、幽斎については次の様に（第十五章）言及して居ります。

幽斎は霊を以て霊に対す。顕斎は形を以て形に対す。故に幽斎には神像宮社無くして真神を祈り、顕斎には神像宮殿ありて象神を祭る。

そのわが霊はいずこより来りいかなるものであるかについては第五章に、

人心也《や》は大精神の分派、故に生無く死無く之（大精神）の制御する所たり。

と教えて、人の精神、心は直接に大精神（天帝、上帝、天主、真神とも時によって呼称する）の分派故に、極めたる浄心を以て対すれば感応し得るのであって、それが幽斎の法であることを示唆してい

る。更に第六章に、

上帝は四魂一霊を以て心を造り、而して之を活物に賦す。地主三元八力を以て体を造り、而して之を万有に与ふ。故にその霊を守るものはその体、その体を守るものはその霊、他神有りて之を守るに非ざる也。是れ乃《すなわ》ち神府の命、永遠に易《かわ》らず。

と重大な発言を為しています。この中の四魂一霊、三元八力、更に上帝に対して地主の語が何を指すか、又活物と万有等が注目せられる語であるばかりでなく、「故に」以下の章句は一霊の尊厳の所以を指摘して俗信仰の根拠なき迷信たる事を排撃しているのは最も注目すべき点であります。

上帝（天帝）に就ては「蒼海窓問答」に、

問　天帝は古称あるか。

曰　天御中主《あまのみなかぬし》是れなり。神皇産霊《かむみむすび》、高皇産霊《たかみむすび》と曰ふは其の造化の心を指すなり。

（副島）

と記しています。又

問　天帝、賦錫《ふしやく》（授けること）する所の霊魂は、未だ知らず何《いずこ》よりして之を取るや。

曰　天帝自ら其の霊魂を分かちて之を賦錫するなり。夫れ分かちて其の本量を減ぜず。是れ霊魂の霊魂為《た》る所以なり。（副島）

と述べているのは、十五年以前の「真道問対」第六章及第七章に、

問　霊魂に増減有るか。（副島）

対　増さず減ぜず是れ真の霊魂なり。（本田）

問　人魂も亦然るか。（副島）

対　善を為せば則ち増し、悪を為せば則ち減ず。（本田）

とあって、霊魂は人魂に対して天帝の霊魂を指していることもわかり、この増減なしという思考に基くことが明かなのである。

天帝の古称を天御中主神と云い、高皇産霊神・神皇産霊神は御中主神の造化の心であると副島は申して居りますが、その思想は「古事記神理解」の師説を承けていることは著しいのであって、「蒼海

窓問答」に見える三元八力の説も皆然りであります。神理解には、

天之御中主神。天はアマなり。アは万物の原質たる五十霊（又五十元素とも云ふ）マは真にて凡て物の増減なきを云ふ。則ちアマは霊真の意にて五十元の至大無涯の大虚空に充満して増減なきを云ふなり。

高皇産巣日《たかみむすび》神、神御産巣日《かむみむすび》神。この二神は御中主神の用を云へるにて、高皇産霊は顕の廿五気をさし、神皇産霊は幽の廿五気をさせり。約して之を云ふときは則ち高は顕にして光なり。神は幽にして温なり。この光温二気は万物を造化生育するの根元にして大虚空中此の二気普《あま》ねからざるの地なし。

却説《さて》両産霊の大神は光温二気を分掌し玉ひて、宇宙に充付し顕幽の妙機を執り給ふこととなるが、独り我大陽系のみならず他の万有の世界をも総《すべ》て主宰し玉ふ神徳に坐せば、其の広大無辺なることは言辞の得て形容すべき所に非ずと知るべし。

と述べて、古先人の古事記を説く者が神理に暗くして、啻《ただ》に神人幽顕の別を錯乱している誤謬を批判しているのであるが、この宇宙観神霊観はそのまゝ蒼海窓問答に展開して行くのであります。

こゝに少し他《よそ》みちに入りますが、本田霊学の本論とも云うべき「古事記神理解」と「難古事記」は

久しく名のみ伝わって実物が発見せられず、流れを酌む者の大いなる歎きでありました。或は副島家に存して居るのではないかと申されて居りましたが、遺族の方は全く無いとのことでありました。併し之は自筆本が門人鈴木広道に与えられ、筆者の家に伝わって全集の中心として出版されたのであります。併し副島がこの二著を読了したことは確実であって、祖父広道の遺した言葉によりますと、「難古事記」を読んで副島は、師の説の通りであるけれども之を世に発表すると災を必ず招くことになる故、深く蔵して出さぬ様にと切に申したとの事であります。従ってこの両書を副島に示したことがわかります。当時平田学派が神社界を強力に支配していたのであるから、篤胤の謬説を烈しく批難した以上、師説に異を立てた鈴木重胤の如く刺客に襲われることも当然予想されたのでありましょう。

さて「古事記神理解」については前に已に申述べましたので重複をさけ度いと思いますから、主として「真道問対」について三元八力がどの様に記されているかを見ますと、第十一章〜十八章に

問　古人は霊を論じて力と体とに論及せざるなり。（副島）

対　一力一霊一体を以て論説を立つる者悉く偏見なり。（本田）

問　何をか全力と謂ふ。

対　動、静、凝、解、引、弛、分、合なり。

問　何をか全霊と謂ふ。

対　勇、親、愛、智なり。

問　何をか全体と謂ふ。

対　剛、柔、流なり。

問　八力に古称あるか。

対　動力を大戸地《おほとのち》と曰《い》ひ、静力を大戸辺《おほとのべ》と曰ひ、凝力を須比遅根《すひじね》と曰ひ、解力を宇比遅根《うひじね》と曰ひ、引力を活杙《いくぐひ》と曰ひ、弛力を角杙《つぬぐひ》と曰ひ、合力を面足《おもだる》と曰ひ、分力を惶根《かしこね》と曰ふ。

問　三体に古称有るか。

対　流体を葦芽彦遅《あしかびひこじ》と曰ひ、剛体を常立《とこたち》と曰ひ、柔体を豊雲野《とよくもぬ》と曰ふ。

問　四魂の名漢名の若《ごと》きは如何《いかに》。

対　古書に勇魂を荒魂《あらみたま》と曰ひ、親魂を和魂《にぎみたま》と曰ひ、愛魂を幸魂《さきみたま》と曰ひ、智魂を奇《くし》魂《みたま》と曰ふ。義訳なり。

と応答しています。之等は「神理解」に述べている通りでありますが、之に関して十五年後の「蒼海語録」には門人の問に対して、次の様に述べています。

問　神なる者は何ぞ。

日　天地精霊の気、之を神と謂ふなり。
問　何をか精霊の気と謂ふ。
日　四精神なり。
問　何をか四精神と謂ふ。
日　幸魂、和魂、奇魂、荒魂是れなり。
問　何をか幸、和、荒、奇と謂ふ。
日　幸魂は仁徳是れなり。和魂は礼徳是れなり。荒魂は義徳是れなり。奇魂は智徳是れなり。
問　四神の形象は如何。
日　元素は是れ神なり。故に能く神にして通ずるなり。若し定まれる形象有らば、真に能く大なるは小に入る能はず、又能く小なるは大に造《いた》る能はず。小に入り大に造り時に随ひて変じて化する有るなり。

こゝまで来ると「神理解」の影響がその根幹を為している事を知るでありましょう。更に「蒼海語録」には、

問　神とは何ぞ。

曰　元素是れなり。故に人死して後元素に帰するも亦神なり。元素に二種類有り。汝の肉体と汝の精神とは是れ資なり。

と申しています。更に

問　剛柔流の三体は、其の元素幾何《いくばく》ぞ。

曰　元素の数は五十、其の現体の用を為す者は二十五なり。而して天帝実に造化、不造化を合して之を為す。故に曰はく「天帝の呼吸する所は現体の呼吸する所に非ず」と。

問　魂は顆《か》を以て論ずるは何ぞ。

曰　四魂の元素は其の色相を説くのみ。其の実の元素は粒々顆々、其の数無辺無量無涯、幾億兆万有句なり。各自ら神と称し中と称す。同色相感じて同感を倣し、異色相合して同抱を為し、亦猶一神のごときなり。上代之を称して天之御中主神と為す。神徳人に及ぶは実に是れ人の中なり。夫れ天の大物を造るは神の合抱之を称す。小物を造るは其れ神の小分之を称す。神は自由自在なり。人は体有りて未だ自由なること能はず。是れ之莫《な》くんば栄養の原を憾《うら》む。身に妻あり。子有り。又君父有り。朋友交際の道有り。百年化して元素に帰す。未だ晩《おそ》からざるなり。

と云っているのは、「神理解」の説の祖述を見ることが出来ると思います。唯副島の学問の根幹を為しているのは漢学特に儒学でありますから、師説を承けて理解するに当っても、その傾向に従ったことは止むを得ない点でありましょう。

問　元素の神は如何。

曰　天御中主神・高皇産霊神・神皇産霊神・甘葦芽彦舅神・天常立神。此の五神は実に精神の元素たり。故に称して別《こと》天つ神となすなり。

問　五神の用は如何。

曰　国書に云ふ所の和魂・幸魂・奇魂・荒魂にして、其の一魂は未だ之を揚言する者を聞かず。但し和魂は礼なり、幸魂は仁なり、奇魂は智なり、荒魂は義なりと説く。若し一魂を語らば、則ち一魂は一中為《た》るなり。中の用たる大なり。蓋し中は猶道のごときなり。道を以てせんか、四魂の道は猶一魂のごときなり。是実に五元素の称号の興る所以なり。其れ実に四魂と為すも、亦未だ不可ならず。心臓の四竅の職は此れに之由る。

「蒼海語録」のこの章は「道之大原」の第十四章に、

荒魂は神勇。和魂は神親。奇魂は神智。幸魂は神愛。乃ち所謂霊魂にして直霊《なほび》なるもの之を主宰す。俗学識らず。荒和を以て心の体と為し、奇幸を以て心の用と為し、直霊の何物たるを知らず。豈悲しまざる可《べ》けむや。

とあるのに照応していることを知るでありましょう。

明治十五、六年頃本田霊学に已に原子を霊とし、その宇宙に充満し立錐の余地なく、故に霊魂の授受には迎接を労せぬことを道破した点は実に驚くべき卓見であると思われます。現代科学は原子時代と云うべきですが、科学そのものは形態の究理と応用の学で、霊学の上から見れば智魂（奇魂《くしみたま》）の活らきであって四魂の一部であり、使命観なくまして道には未だ遠いのであります。

道については「霊魂の書」に詳しく申しましたが、参考の為両書を対照して次に掲げましょう。

〔真道問対〕第四十五章以下

問　天―地―人は道を同じくするか。（副島）
対　道を同じくす。而して天道と曰ひ地道と曰ひ人道と曰ふ。各自形体の大小軽重あり。故に命名同じからざるなり。（本田）
問　神は道とともに悠久ならば道は神とともに悠久なり。是《ぜ》なるか。
対　道と神は二ならず。

〔蒼海窓問答〕には、
力《ちから》は道体の義なり。体力は第二義なり。夫れ道力有りて能く体力を発するなり。未だ体力有らずして能く道力を発するなり。是れ御中主神の道力有りて後に天地万物有るなり。
凡そ道と言ひて神と言はず、神と言ひて道と言はず。何となれば則ち神と道とは二ならざればなり。道と神とは一なり。
孔子の言は道を離れざれば、則ち孔子の言は神を離れざるなり。道なるものは須臾《しばらく》も離る可からざれば、則ち神なる者は須臾も離る可からざるなり。

師説を祖述するに当っても、副島は儒学を以て之を明らかにしようとした態度がわかるでありましょう。

さて両者の宇宙観・神霊観の継承についての挙例は限りありませんから、以下省略するとして、「神と人間」との関係について対照してこの稿を終りたいと思います。

(八) 神と人

「真道問対」の第三十八章に

問 大地球は死生無くして万物に死生有るは如何。(副島)

対 本体死生無くして末体に存亡有るなり。末体存亡ありて子承け孫継ぐ。猶存亡無きがごとし。故に身体髪膚重んぜざる可《べ》からず。神は自ら万物の始祖を造る。誰か各祖と形体同じからざる者ぞ。子承孫継の理を知れば則《すなは》ち我が体は父祖の遺体にして子孫は我の後身たるを知る。四海同胞、神人一系、身体髪膚の重んぜざる可《べ》からざる所以なり。唯体やは霊ありて用と為る。而《しか》して霊やは自己力徳の取る所にして父祖の譲る処に非ざるなり。(本田)

この一章は非常に示唆に富んでいます。体は父祖の遺体であるが、それは霊があってその用となるので、霊は自己の力徳の取る処で父祖の譲りではない。此処で「道之大原」の第六章に「上帝四魂一霊を以て心を造り之を活物に賦す」とあることを想起します。そうしますと上帝は自己の四魂一霊を活物たる人に賜うのでありますが、之を取るのは自らの力徳に由るのであって、その力徳はいつ造成され、又上帝の賜う霊を取るのは何時のことかという問題になります。

次に前章の続きに

夫れ身体髪膚を重んずるは万物の同じく然りとする処の本情なり。本情有りと雖も霊性有らず、霊性有らざるが故に道義を知らず、道義を知らざるが故に死して善く道を守るを知らず。万物の人に及ばざる所以《ゆえん》なり。

の章がありますが、万物（差し当って動物）には四魂（本情《もとのこころ》）は授けるが霊性（直霊）がない。霊を授かるのは之を取る力徳を具えた人間だけであるという事になります。この一霊は道即ち神を知る活《はた》力《らき》を持っている。そこで人間の始祖は特に神の意して造ったものという事になります。この尊貴なる霊を受け取るのは何時か、その点には触れて居ないのであります。然し副島の蒼海窓問答にはその点について次の章が残されています。

人生れて其の霊始めて顕はる。然れども、其の父母交感の時、既に魂・体・力の三者を備へ得たり。然らずんば其の生るるに及びて何の種子か能く突然に天地の霊を引かんや。唯其の胎内に在りては、其の魂母氏と接続するのみ。而して其れ実に母胎の之を包羅すること、猶天地の人を包羅するごときなり。（全集四五五頁）

と理路整然とのべて居ります。

更に「蒼海窓問答」には、

夫れ心臓の四竅は豈四魂の在る所ならずや。……試みに之を験さんか、人胎内に在りて其の機械の先づ成る者は心（臓）なり。脳之に次ぐ。諸体格又之に次ぐ。陰部は最後為《た》り。脳は体格の運営を司どる。而して心は精神を主《つかさ》どる。夫れ心病みて精神去らざるなり。脳患ひて精神先づ失ふ。是を以て死人の脳に侔《ひと》し。脳為《た》る哀れむ可きなり。且つ子又試みに心意の動きを検さんか、懼《おそ》るれば心悸きて後頭岑々たり。憂ふれば心凝結を作して肢体力無し。勇めば心動かずして全身緊張す。懣《もだ》ゆれば心塞がりて口吃々為《た》り。懼憂《くゆう》は愛に属し、勇懣《ゆうまん》は勇に属して脳は関はらざるなり。思恥の智に属して耳熱を相為し、謙下の礼に属して辞色和易するは、又心臓の作用なり。四魂の心臓に在るや明らかなり。

の注目すべき一章がある。胎内にあって心臓が先ず成ると云い、四魂の心臓にあるや明らかなりと云うのは、胎中已に四魂の成就を説いて居るので、之は先の一章と照応するものであり、副島の結論であると思われます。そして一霊に至っては、胎内の時は母体の霊に同じ故に、生れて始めて人として産土の神より一霊即ち直霊をいただく（自己力徳の取る処）ということになります。

然しながら「蒼海語録」の他の章（全集四九四頁）には、

①問　人の始めて生じ、霊魂幾点子を錫《たま》はるか。

曰　凡そ人の始めて生じ、先づ之に錫はるは愛一点子なり。而して初めて胎より出でて奇魂・勇魂・親魂各一点子を錫はるなり。

②問　然らば則ち終身是れにて止むか。

曰　長ずるに随ひて之に降すこと各同じからず。

③問　是《か》くの如くんば則ち造物者は不公平か。

曰　天（此の天は地球の天なり）の政を為すや、決して不公平なし。善なるもの独り能く賞を受くる者たるのみ。

(2)及び(3)に至って師説と全く等しいことを知ります。(1)の父母交感の時愛魂一つを賜わるという事も首肯されますが、この一魂にて充分に魂体力を成育して行けるのであって、成育して外界に堪え得るに至れば出産して、胎を離るゝ時他の三魂を賜うと説いて居ります。最初に大気を呼吸して天地の霊気を自己の力徳を以て取ると云う師説と合致いたします。唯右の問答の①に、人の生るゝ時に三魂を賜うて四魂初めて全しと云うことは副島の新説であり、②の長ずるに随って之に霊魂を降すこと各同じくないと云うのは、道之大原第十章及び真道問対第七の師説に基づいたことを知るのであります。

又右の蒼海語録の②については、一度授けられた霊魂は長ずるに従って活用して大精神に感応してゆくことを意味して居ると考えられ、「道之大原」の第十章はその様に受け留められているのでありますが、先学の是正を願いましょう。

第二章　本田親徳と長沢雄楯

本田門下の中で特に霊学の理論方面を伝えたのは副島種臣であるとは当時より已に同門の誰もが認めていたのであって、彼の社会的地位が他の者より隔絶していたからではないと思われます。従って私は先ず之を取上げたのでありますが、併し之は主として所謂皇法（皇学）の面であって、鎮魂法帰神術（法術《わざ》と称する）の面で第一人者であったと申すのではないのであります。勿論鎮魂法に於ては師に学んで相当達していたと考えられますが、やはり主とする処は皇学の面でなかったかと思うのであります。之に対して皇学の面でも到って居りましたが、特に法術《わざ》に於て悟りを開き、神祇の厳存を覚知して帰神術（特に他感法）に達したのは長沢雄楯でありまして、神慮を以て選ばれて本田霊学の後継者たらしめられたと思うのであります。そして長沢の継承を主流として見ますときに、同門に三輪武と鈴木広道があって、霊学の継承にそれぞれに役割を果していると考えられます。そこで長沢雄楯に入る前にこの両者について一応触れ度いと思います。

〔一〕 三輪武と鈴木廣道

本田親徳全集の巻末記に掲載した年譜には、静岡県岡部町三輪《みわ》の神神社に、淹留《えん》したのは前に明治十三年、後は明治十七年はじめに比定している。併し十三年は根拠は薄く、重要な後の場合は前年十月巳に静岡に来ていますが、十二月に来任した県令奈良原繁と逢いその奨めに応じて静岡に講筵を開いたことに由るのでありますが、奈良原県令は九ヶ月余りにて転任したので、充分に志を果し得なかったと思われますが、当時非常な権限を持つ県令が推した神道家として、県下の神職には影響を与えたと思われ、教えを請う者が続出したと考えられます。本田霊学の後継者としてこの章に掲げた長沢雄楯も十八年の春には入門致して居るので、三輪武が入門したのは十七年新春〔註一〕でなかったかと思われる。

〔註一〕 長沢雄楯が本田親徳に師事したのは二十七才と伝えられている。（佐藤卿彦述）満年とすれば明治十八年三月となり、数え年なれば前年となる。全集の年譜は数え年説をとり十七年とした。併し三輪淹留を約一年半とすれば十八年頃から清水市方面にも招かれて布教し、長沢入門の後清水に赴いた時は御穂神社稲葉宅などに逗留したとすることの方がよい様である。

この静岡県志多郡岡部町の三輪の里に鎮座する神神《みわ》社は由緒古く、遠く平安時代に大和国大神神社の分霊を奉じて三輪氏の祖先が東下し、この地に奉斎したので、現宮司家（三輪氏）は崇神天皇の御代神教により大神神社に奉仕せしめられた大田田根子の末裔と伝えている。三輪武は嘉永二年十二月二十八日の生れであって、大正元年十月十六日六十二才で逝去しているが、明治十七〜十八年頃は宮司で三十四、五才であったので、浅間神社の講筵に参じて本田親徳に深く傾倒し、招いて教を受けたと思われます。この淹留一年半の間三輪武は殆ど起居を共にして居たのですから、上達も目覚ましく法術《わざ》の允可を得たと伝えられています。〔註二〕三輪に淹留前後の事に関して佐藤卿彦著〔註三〕「鎮魂法帰神術の神法」の中に次の様に述べて居ります。

〔註二〕　神神社現宮司三輪和夫談。

〔註三〕　昭和三十九年五月十五日印刷仝十八日発行・非売品・著者佐藤卿彦・編輯発行者高窪良誠・発行所顕神本会

本田翁は神術御修業の為、諸国の各神社霊場等に足を止められたが、中々に気に入られる神懸りの出来る社等は尠なかった由である。静岡県志多郡岡部町の神神《みわ》社に於て、帰神を執行されし時、初めて真の帰神を得て、「今日は真に気持よき神懸りをなした」と仰せられて喜ばれたと云う。此の故に神《みわ》の大神を敬いその御神徳を慕いて三輪家に止まり、御修業と教導とに尽力された。この神神社の御祭神は大物主神を奉祀されている。

三輪家に御滞在は約一年半と推測されるが、当時翁の残されし揮毫書類は数多ありし由なるも、現今は殆ど散佚《いつ》して残存の品は少い。筆者の知る歌などの作は左の如きものである。

みわの山神の社《やしろ》のみ栄《さかへ》の時いたれりと知るや里の子

古《いにしへ》の真の道を憑坐《つき》せる神の御言に覚れ三輪の子

万世《よろづよ》も変らざらむは大美和の神の心と杉木なるらし

たまたまにわかれとなれは物いはぬ家にむきてもかなしかりけり

おのづから神の心のあらはれて三輪のうぶこは千代もへぬべし

大神《みわ》の栄子の御名は神ながら栄ゆる君かしるしなるらむ

三輪村の高草山は大神の宝の山ぞのぼりたて人

大物主神の御裔の大神の朝臣の家は万代もがも

東路の三輪山見れば雲谷《だに》も今日はかからずつきたてる見ゆ

猶、欅《けやき》の如き板額あり。横に大字で「真神」と書き、左横に小字にて「心神旡形而養在形是真神也」と揮毫されている。この額は現在も三輪家に掲げられてある。

三輪家の御住宅内に奉斎せる神床がある。中央に大物主神、右側(向って)に天照大御神を鎮祭し、左側に本田翁の御霊を祀られている。翁の神名は事玉彦命と申され、御生前修業なされる折とても肌身離さず大切に所持せられて居ったと云う拳大の「岩」一個が御霊代となっている。此の岩は中央がくぼんでいて、恰も掌《てのひら》の如き形であると謂われている。翁は遺言で「吾死すれば霊は此の石に来るべし。故に大切に祭るよう。」との仰せであったと聞き伝えられている。（以上余録九）

神神社宮司三輪和夫氏の書面に依ると御霊代となっているのは拳大の「岩笛」との事にて、「我魂はこゝに帰る」と云われて岩笛を置いて行かれたと伝聞している由であります。

猶又書面には「本田先生が神神社にて研究された年月は、明治十九年一月に私の父が生れ椙麿と名付けて下さったという事ですから、明治十八年から二十年にかけてではないかと思いますが詳細の年月日はわかりません」とあった。

本田翁は明治二十二年四月（九日）埼玉県川越の木村辰右衛門宅にて逝去なされた。翁の晩年の状況又は墓所等は現在全く不明である。その木村氏の曽孫は横浜市に居住して居られるも、大分年代も経て居ることとて現今では、恐らくはその状況等を尋ねても不明であろうと思われる。翁の死去の後「一年祭」を神神《みわ》社で三輪武氏が執行せられたが、其の時の祝詞文を本会が所持している。この祝詞は他になにびとも発表せし者はないので、恐らくは誰も知悉せぬものと思われるが、翁の年代履歴を調べる上に於て、大いに参考となる事とて左に記載する。

本田翁一年祭祝詞（仮名は平仮名に変えた）

掛巻《かけまく》も畏《かしこ》き吾が学《まなび》の親、本田親徳《ちかあつ》翁の霊《みたま》、御名は事玉彦命《ことたまひこのみこと》の御前に、学《まなび》の子三《み》輪武《わのたけし》、慎《つつし》み敬《いやま》ひ恐《かしこ》み恐みも白《まを》さく。師の命は明治二十二年四月、去年《こぞ》の今日、武蔵国川越駅、木村辰右衛門の家にて、俄に御病重りて、阿多良《あたら》此の世を去《さり》給ひ幽世《かくりよ》に罷座《まかりまし》ぬる事を朝夕に歎き悲しみ志多《した》ひ奉り、歎きの中に年月を経て早く壱年《ひととせ》に成れば、是《これ》の三輪の神室《かみむろ》の奥床《おくどこ》に、師の命の御親族《みうから》、学の子等寄《より》集《つど》ひて、斎部居並て、御祭奉仕事《つかひまつる》を懇切《ねもごろ》に聞取給ひ、奉る伊弥代《いやじろ》の幣《みてぐら》を、安幣《やすみてぐら》の足《たる》幣と平《たひらか》に安《やすらか》に聞食《きこしめせ》と恐み恐みも申《まを》す。

翁が御滞在中、研修や指導をなされたと云う建物が、神神社の参道から一の鳥居を潜ると直ぐ左手に在る。現今は朽ちていて物置の如くになっていてものさびしい。この家屋内で嘗ては御起居せられしと見聞するにつけ、何か一種の親しみと畏敬の念がわいて来る。神社の御境内は今でも樹木数多生い繁り、古きより高草山とも青垣山とも呼ばれ、実に鬱蒼たる老杉古松を渡って来る風声を聞き、その御社を拝すると、その神厳さには粛然襟を正しうし、更に深く頭を下げしめねば止まぬ霊感に打たれる。本田霊学に研修を志す人は一度はこの御社に参詣し、翁の足跡を尋ねると共に、更に身心を浄める要があるのではないか。（余録十六）

同書中には猶引用すべき箇所が多いのであるが、それは必要の都度に致しましょう。私も幾度となく神神社に参拝し、その都度社務所に伺い、現宮司及御家族にも御厄介かけましたので、これらの記事は凡て真実であることを確言することが出来ます。前掲の和歌等〔註五〕は大凡そ軸物に表具されているのをも拝見いたして居ります。〔註四〕之等の歌を読みますと三輪氏一家と親炙の状が伺われますし、一年祭の祝詞等からは、遺族として知可未亡人及薫子嬢〔註六〕（実名ミカ）も来会していることが凡そ判るのであります。祝詞文も虚飾語は少しもなく古体であって、全集所載の師の文例に近く名文であると考えられます。更にこの文末の章句にこめられた著者の深い感動は惻々として迫る思がいたします。この著はタイプ印刷の粗末な百余頁の小冊子ではありますが、今は殆ど入手し難い稀覯の書であり、本田霊学の正統を継承する著者の書として、今後益々重要視されるでありましょう。

扨三輪武が本田門の有力な高弟の一人であったことは、その一年祭を執行した事でも判りますが、更に伝うる処に依ると、川越よりの師の書信に接して急拠赴きその俄の逝去に会い得た唯一人ということであります〔註七〕。この事はまだ確認して居りませぬが、前掲の祝詞の文章よりすれば、木村辰右衛門宅に於ける急逝は単なる伝聞でなく、真実その場に居合わせた感銘が滲み出でて居るのを感得されます。併しその間の事情に関しては余り触れる必要も無きかとも思われます。猶、何故に秩父に隠栖したかについては不明でありますが、年譜には逝去の前年十二月二十日に後添のちかを入籍せしめて居ります。ちかは秩父郡般若村守屋九平の二女で、秩父が郷里でありますから、そこに何等かの関係があったかとも推量されるのであります。明治二十二年四月はちか三十八才ミカ十才、副島種臣六十一才、長沢雄楯三十一才、鈴木廣道三十九才、三輪武も三十九才でありました。

〔註四〕　三輪宮司書簡―巻頭に掲げた軸物の写真の歌

〔註五〕　三輪宮司書簡―五二・二・三―

三輪家に伝わる三輪灸の件については、本田先生が「世話になったお礼に三輪家の栄えを祈ってこれを伝える」という意味のことをおっしゃって、お教え下さったと聞いています。

〔註六〕 佐藤卿彦著「鎮魂法帰神術の神法」の余録⒂に神神社に於て令嬢薫子神主となり帰神を行ったことが記されている。

〔註七〕三輪宮司書簡―五二・二・三―

祖父「武」が本田先生の御臨終に会った事情については存じておりません。本田先生にお会いする為に武蔵国まで行ったということ位しかきいておりません。

鈴木廣道は嘉永三年三月七日山形県飽海郡上田村大字上野曽根字郷野目端五九番地に生れた。三輪武より三ヶ月後である。代々薬師神社の神主の家柄である。長じて国学を好み四方に友を求めて交を結んだが、適々会津高田の友、板内須賀美の紹介によって本田親徳の英名を慕い、書を裁して道を尋ね、遂に入門の許可を得たのは明治十五年二月であった。三十二才の事である。その年三月意を決して上京、内弟子として仕え親しく就いて学びました。廣道が師の家族（知可夫人と薫子）に特に親しかったのはこの為であって、当時下谷練兵町に仮寓があった様である。明治十六年は、本田霊学の主著とも云うべき「道之大原」「真道問対」の成った年であって、師に従って副島邸にも出入し、又屢々「真道問対」の事に使したので副島の見知る処となった。

鈴木は筆者の祖父でありますが、短躯精悍の気に溢れ、直情誠実で言行に表裏なく誠心を以て師事したので、師翁の深く愛する門下の一人となった。副島又之を愛したのは、彼が山形県庄内の産であるのみではなかった。蓋し副島と庄内藩との関係は、維新の際佐幕派として官軍に抗した酒井侯に対して、平定後長州の厳罰主義に反対し、西郷隆盛と共に寛典論を唱えたので、庄内藩士これを徳として爾来交わりが深く、山形県内に遺墨の多いのは之に依ると云われて居ります。随って庄内の人士と聞けば自ずから親近感もあったでありましょうが、或日師に供して副島邸に赴き、適々揮毫の座に会し、師の口添えによって全紙及半裁二枚を戴く好意に会ったのを見ても証明せられると思われる。その二幅は本田親徳全集に収録されて居ります。

廣道は又師の静岡出向の（十六年冬〜十八年）留守中を牛込宮比町に止宿して、皇典講究所に聴講生となり、十七年四月に若き講師木野戸勝隆に就いて古典を学んだが、殆ど年齢の差がなかった為、師友として生涯親交を結んでいた。情誼に厚い一面を物語っている。十八年七月一旦帰国して家事を裁したのですが、この間屢々文書を以て神懸について師の示教を仰いで居る。十九年にも師の帰京によって上京して法術《わざ》の研究をし帰国、更に二十年春上京して師の一家と共に静岡に赴き、浅間神社の麓山社に於ける幽斎に参列して帰郷、五月四日皇法・鎮魂・神懸の允可《いんか》を受け、六月帰国に際し自筆の著書を悉く授かったのであります。

祖父廣道が父重任に語った処によれば、その自筆本を授かるに当って、「汝に鎮魂・神懸の法術を授けたが、之のみを以てすれば一介の祈禱師に堕する恐れがある。故にこの書を繰返しよく読みて道を失ふ勿れ」と師より戒められたと云われます。又之より前に師の許しを得てその著書を書写することとなり、帰国の日迫る為に幾夜もいねず筆執りつゞけたので、そのひたぶるな精神力を賞せられて、「師の書きたるものを持つことはよき事」と申され、広道の書写したものを手元に留め置かれ、直筆本は悉く之に賜うたとも伝えられて居ります。その書写本はどうなりましたかわかりませんが、筆者の家に持参した直筆本は遠き北海道に大切に秘蔵されたが故に散佚もせず、又好事家の渉猟にも逢わず、残されて霊学継承者の手に入るに至ったのであります。三輪家、長沢家に伝わったものは断簡さえも殆ど渉猟せられて残るもの幾許という現状から思えば、廣道に授けられたことは或は神慮の然らしむる処かとも歎ぜられるのであります。そこには一徹と申してよい程に尊信して師霊を祀り、遺著を深く蔵して他見を拒み来った父祖二代の誠心が汲みとられるのであって、昨年はじめて全集の刊行を見たのも時世が至ったものであろうかと思考されます。但し唯一度だけこの貴重な文献が散佚に瀕したことがありました。之は明治四十四年二月に、祖父より之等直筆の書を預かって秘蔵していた父重任が大暴風雪のため家屋倒壊の災厄に逢い、家財書籍等悉く吹雪の中に飛散し埋没したことがあった事で、急報を得て当時函館にあった祖父は驚愕悲歎し、父また沈痛傷心したけれども如何とも術がなかったのですが、春来り雪の消ゆるに従って現れ出でた書が、隣人の好意によって拾得に従って届けられて、大凡を回収し得たのでありました。之も又寛厚にして隣人に親敬された父重任の人柄によるとは云えそこには並々ならぬ神慮を感じられるのでありまして、後年筆者が本田霊学のために微力を致し、又幽斎奉仕に関らせていたゞく縁の糸でもあったことを申して置き度いと思います。

三輪武と鈴木廣道の外に本田親徳全集に名の出ている門人には、古事記神理解を校訂した川口信之、産土神徳講義の筆記をした岩崎元巧等があり、夫々に調査も致してあり、全集巻末記にも記しましたが、二人の如く霊学の允可を得たと云う程でもありませんので、この章には他の諸国の多くの門下と共に割愛いたしたことを申添えて置きます。

〔二〕 長沢雄楯

本田霊学の継承者と云うべき長沢雄楯は安政五年八月八日清水市に生れた。長沢家は三河長沢の城主松平家の庶流で、近江守政重を初代とする家系の第十三代に当るので佐藤卿彦著「鎮魂法帰神術の神法」に左の如く記して居ります。

長沢家十三代の雄楯翁は、資性殊の外聡明にして、温厚な人柄であった。翁は十二才にして藩立学校に入り、始めは漢学を学び、後明治五年静岡の浅間神社内に中教院が設けらるゝに及び、これに入って専ら国学を修め皇学の研究にいそしまれた。明治七年よく十七才の若冠を以て、抜擢せられて同院和漢学の助教となり、又御穂神社の祠掌を申付けられた。之より雄楯翁は愈々敬神の信念一段と高まり、又御穂神社々司にして宮中御歌所寄人であった葉若清足氏に就きて、皇典の研究に渾身の努力を傾注せられた。

更に神霊学に就ては、前代未聞の大家たる本田親徳翁の門に入り、神典国史を根拠に、専ら神懸りの古法につき研鑽修業を積み、遂に神霊の厳存せる事を認証してその尊厳を体得せられたのである。かくして玆に解明せられた法則により、幽遠にして微妙なる様相などをも明確なる理論を以て解説せられ、集まる子弟をよく誘掖啓発し、また自ら実践指導され、よく人としての大道並びに徳性の涵養に努められた。

翁は県社御穂神社の社司を奉ずる傍ら、自己の主管する月見里《やまなし》神社（又の名御笠稲荷神社）が神懸りの司神たる天宇受売大神を奉斎せる我国最古の社であるので、これを総本部として、神霊学を基に、明治二十四年県の許可を得て御笠稲荷講社を設立されたのである。爾来翁は神霊学に精進没頭されること五十余年、その間昭和五年には県下神職としては唯一人、今上陛下に拝謁被仰付けられるの光栄に浴された。又翁は御穂神社を初めとして、清水市とその近郊にある三十数社を統轄してそれらの興隆に力を致されたので、旧態を一変して今日の隆盛を迎うるに至ったのである。

昭和十五年十月十日、翁の容態急変の報に、筆者は取るものも取り敢えず直ちに枕頭に馳せつけた。山田医師の万全を尽せる手当の反応もなく、御家族門人等の憂愁の裡に、安らかな永遠の眠りにつかれ神上りされた。時正に午后二時五十六分。享年八十三歳。御年に不足なしとは云え、傑出せる神霊学者を亡いたるは、洵に惜しき極みであった。翁こそは其の先師本田親徳翁と並び、斯界の双璧であると申しても過言ではあるまい。（下略）

右の文章によって大凡そ尽された感があるが、左に家系家族を掲げ以下本田長沢・両傑の出会い、その著書及び主な門人について等筆を進めましょう。

長沢家の家系

長沢新左ェ門（実父）　長沢隼人（継父）
長沢豊子（十二代）
　├─長沢雄楯（十三代）
　　寛子　又はかん
　　　├─子なし
　　　├─吹田政吉（養子十四代）又の名国武
　　　　サダ（養女）
　　　　　├─吹田花野
　　　　　　└─勉（十五代）

長沢雄楯安政五年八月八日駿河国安倍郡不二見村下清水に生る。

幼名大太郎、実父は奥州棚倉藩士国中新左ェ門が婿に入り大太郎二才の時死亡したるに依り、駿府藩士大山浅次郎弟隼人が入籍し継父となる。（隼人は良く剣を使い漢籍に通じ、明治元年東海道先峰総督橋本実梁に従ひ維新駿州赤心隊に従軍して上野の戦に出陣した。）

妻寛子は昭和十二・三年頃まで健在であった。

昭和十五年十月十日午后二時五十三分帰幽す。二十一日従六位に叙せられ、午后一時武栄太夫斎主となり神葬祭執行す。

養子政吉は雄楯の門人であり養子に入りしも長沢姓を名乗らず、長沢の親戚より娘（サダ）を娶り花野を生む。現月見里神社宮司である。

(イ) 不二見村三輪の茶屋

本田・長沢両傑の出会いは明治十八年春と比定せられる。〔註一〕場所は単に不二見村三輪の茶屋と伝えられている。併し不二見村というのは神神社《みわ》の所在地には無く安倍郡にあり、現在の月見里神社の鎮座地即ち長沢雄楯の居住地であるが、三輪の茶屋と云うのは志太郡岡部町三輪の里の街道筋にあったという事から全く昏乱したのであった。

併し私の得た調査に依れば、本田親徳の静岡に来ったのは明治十五年一月であり、その時静岡本通りに寄寓し諸方面に教を布いた。神神社に参拝して三輪武と逢ったのはこの年と思われる。併し決して一処に逗留したのではなく、東京にも戻り又駿河伊豆地方にも巡講している。そして十六年十二月に奈良原繁が県令として着任する。従って或日に同藩士であったと云う事で会ったらしく、奈良原はその学識に感じて静岡浅間神社に於て講筵を開くをすすめたと思われる。奈良原繁は幕末有名な生麦事件に英人を斬った奈良原喜左ヱ門の弟で、薩藩士の中でも聞えた蛮勇の士であったが、静岡県令の任期は短く翌年十七年九月末に転任して工部大書記官に補されている。従ってこの県令とはさして親交あった訳でもなく、静岡に於ける生活費等は殆ど三輪武が主として世話したと伝えられている。

当時静岡浅間神社には中教院があった関係上、静岡附近を始め焼津近辺に至る神主や社家の人々にも講義して居り、その関係にて三輪武が最初の門下となり、その招請によって静岡本通りの寓居を引払って三輪に逗留し、こゝから静岡浅間神社にも赴き霊学に志す者達に講義し、特に浅間三社中大歳御祖神社にて帰神術の指導もした。か様な訳であるから静岡逗留時代からその名声と独特の学理は長沢の知る処であったのであり、本田親徳が三輪より浅間神社に出講し、又招かれて清水の御穂神社等に赴いた際不二見村にて長沢雄楯と初会見したのである。（当時御穂神社社司は未だ御歌所寄人葉若清足であったか否かは未調）その場所は月見里《やまなし》神社から約五百米程の処にある美濃輪稲荷神社（長沢の所轄）の茶屋であったと推定される。美濃輪の茶屋は初午等には多くの茶店が出てにぎわったが、平常でも赤毛氈を敷いた一見茶店風の店があり、美濃輪の茶屋と呼ばれていた。俗称ミヤの茶屋と云われたので、三輪と混同したものと思われる。この地方では後に本田門下の双璧として三輪武と長沢雄楯とが称されたので、且は三保清水方面に出張の際は御穂、月見里両神社にて長沢はじめ神職を指導し、又懇意であった白髭神社の稲葉家にもよく逗留したと伝えられている。即ちこの美濃輪の茶屋に於て初会見した時に長沢は二十七才。和漢洋にわたって学殖も深く且は神職として当然平田学派の神学も研究して、相当の自信を持って居たと思われますので、質疑応答は深刻を極めたものでありましょうが、伝うる処は皆この時長沢は遂に論破することが出来ず、深く尊信畏敬して直ちに入門を乞い師礼を取ったと申します。実に潔く清々しい事であります。

〔註一〕全集の巻末年譜には明治十七年春（長沢数え年二十七才）として居るが、満才を以て当てるのが適当であると思われる。

猶この事に関して前記の佐藤卿彦著の第一編第一章中に言及して居りますので、多少記述に重複するを顧みず殆ど全文を掲げ度い。

本田親徳翁略歴

霊学中興の祖とまで云われたる本田親徳翁は、文政六年(五)鹿児島藩加世田の典医の子として生れられ、通称九郎と云い、幼時より漢学と剣道を修業せられた。天性俊敏気魄に富まれ、十九才(満十七歳)にして大志を抱き郷関を出でらるるや、当時天下に令名高き水戸の碩学、会沢正志の門に入られ、学ばるること数年(三年)、其の後専ら皇漢の書を研鑽し、其の古典を深く考究するに従い、深遠玄妙の境地に思を致され、必ずや宇宙は霊的作用によるに違いなしと推断された。たまたま京都に在府(天保十四)されたる時、霊が幼児に〔註二〕憑依して人語を語るのを見ていたく感動され、深く悟る処があられた。爾後名誉も地位も弊履の如く擲って、此等の霊的作用の研究に従事さるること四十年。其の間深山幽谷に入り、或は全国の名ある神社霊地に参篭して神霊に感合するの道を求められた。其の間の御苦労は言語に絶するものが有ったに違いないが、遂に中世(中古)より途絶せるままの我国古来の帰神術を体得され、神伝により幽冥に正神界、邪神界等の別ある事、神界に其の階級、亦憑依せる霊に種類及上中下の品位ある事、それらを判別する重要な「審神者《さにわ》の法」及びなお邪霊を縛ばる処の「霊縛法」の法則等をも明かにして、「秘書」を作成せられ、こゝに神霊学の根底を確立せられたのである。

〔註二〕一説に霊が少女に憑依して自由に和歌を詠むと伝う。

明治十六年十二月、元鹿児島藩士奈良原繁氏、静岡県知事となるや、同藩の誼《よしみ》もあり、育英の為に勧められて静岡に移り学莚〔註三〕を開かれた。或る一夕、天女の羽衣で有名な三保の松原に鎮まり座す、御穂神社の神職であられた長沢雄楯翁（二十七才）が、不二見村〔註四〕三輪の茶屋にて本田翁と会見され、西欧の学術及び皇漢古典の難問につき、攻究激論さるゝもついに論破することが出来ず、深くその卓見博識に畏敬して、即時に門下生となられた。後本田翁は清水の長沢宅又は御穂神社、なお又稲葉大美都先生の厳父（当時清水入江町）の処に身を寄せられ、只管修業と指導に専念せられた。

と記している。年次や些細な点に異説もあるけれども、堂々として信じ得る文章であって、特に傍点（筆者）の章句等はこの霊学を体得した著者にして初めて断定出来るものと信じられる。因に次の一文に注目せられます。

長沢翁は本田翁を評して曰く。「親しくその行う処を見るに、神霊を人に憑依せしむる事の自在なることのみならず、〔註五〕又克く無形神懸りの自感に熟したる事と、審神者として〔註六〕疑わしき憑霊を訊問するの精密にして厳粛なる毫も遺漏なく、邪霊を責罰するに霊縛するの速かなる等、他人の追及する能わざるものなりし。この霊妙なる神懸りの効用は神霊の厳存を実証し、古今哲学の疑を解決し、神典歴史の解釈の誤謬を訂正せし等、其の学術を裨補《ひほ》し世道人心に寄与する処少なからざりしも、神懸りは秘して容易に人に教えず。博聞宏記にして玄妙の理に通ずるに非ざれば其の蘊奥を窺う能わざるとの故を以て、之を知る者稀なり。門人中克く之に熱心し、積年研精せしは伯爵副島種臣なりしも今や則ち〔註七〕亡し。故を以て神懸りを説明せし書冊にして完備せるものは未だ嘗て是を見ず」と。

〔註三〕この時は妻子を倶い赴いたと思われる。内弟子たりし鈴木広道が出でて下宿し翌春皇典講究所に通う。

〔註四〕不二見村は安倍郡にあり今の清水市美《ミ》濃輪《ヤ》の稲荷神社の茶屋の訛伝と思われる。（前述）

〔註五〕帰神術の一つ、自感法のこと。

〔註六〕帰神術の一つ、他感法の主役。

〔註七〕副島種臣の逝去は明治三十八年一月三十一日である。従ってこの評言はその後の年に当る。

この一文は長沢雄楯著「惟神」（後述）中のものを引用したのであるが、本田親徳の神人たることを証すると共に、衣鉢を嗣ぐ達人の面目を想見せしめるものがあります。

(ロ) 帰神術

長沢雄楯の右に挙げた師に対する評言に関係して、本田霊学に伝えた帰神術について触れ度いと思います。已に全集所収の「帰神」三七二～三七六頁に明載してありますから、読者は就いて御覧願い度いと思いますが、その冒頭の文を掲げますと、

帰神

帰神ノ法ヲ幽斎ノ法トイフ。神界ニ感合スルノ道ハ至尊至貴、濫ニ語ル可キ者ニ非ズ。吾朝古典往々其実績ヲ載スト雖モ、中世祭祀ノ道衰ヘ其術ヲ失フ既ニ久シ。

神法ニ依リ其古ニ復ス。是即チ玄理ノ窮極、皇祖ノ以テ皇孫ニ伝ヘシ治国ノ大本ニシテ祭祀ノ蘊奥ナリ。蓋シ幽斎ノ法タル至厳至重、深ク戒慎シ其人ニ非レバ行フ可ラザル者アリ。濫ニ伝フ可ラザル意茲ニ存ス。然リト雖モ其精神万難ニ撓マズ、自ラ彊メテ止マザレバ竟ニ能ク其妙境ニ達スル事ヲ得ン。後ノ此伝ヲ受クル者厥レ之ヲ諒セヨ。幽冥ニ通ズルノ道唯其レ専修ニ在リ。茲ニ其法ヲ示ス。

と堂々と宣言して次に七章の自修の要を明示しています（七章は後出）。更に服膺すべき心得七条を掲げ、次に帰神の標目として、

無形

自感法　上中下三法
他感法　上中下三法
神感法　上中下三法

合九法

有形

自感法　上中下三法
他感法　上中下三法
神感法　上中下三法

合九法

有形・無形合拾八法。

と明示し、更に

帰神ニ重要ナルハ審神者トス。其人ニ非レバ即チ能ハザル者也。其注意周到ニシテ胆力アリ、学識アリテ理非ヲ明ニスルニ速カナルヲ要ス。

と指摘して審神者の覚悟と心得を八項目掲げている。（八項目は後出）之等は皆先の長沢の評言に裏付けられるものがあります。この有形無形について長沢雄楯著「惟神」〔註一〕には、

無形神懸ハ憑霊現象ノ形ニ現レズ甚シキニ至リテハ自己モ之ヲ知ラザルコトアリ。一ニ幽ノ神懸ト云フ。有形神懸ハ普ク行フ者ニシテ形式アリ、憑霊現象ノ外形ニ現レテ一見憑霊ト知ラルル者ヲ謂フ。一ニ顕ノ神懸ト云フ。

右標目中ニ自感法トアルハ自己ノ力ニテ之ヲ得タルヲ云ヒ、他感法トハ師ニ就キ修業シテ得タルヲ云ヒ、神感法ハ偶然ニ神界ノ意志ヨリ憑依シテ託宣スルヲ云フ。神懸ニハ以上三種類アル者トス。

と説明いたして居ります。

〔註一〕 長沢雄楯著「惟神」は昭和元年、大審院の依嘱により鑑定書を起草せし際、広く諸書を抜萃蒐集し

て研究の用に供したものの中、一部分を記して後学の為に示したもの、タイプ刷六七頁、月見里神社附属講社顕神本会発行。

この様な本田霊学の根拠となったのは、記紀に所載する処でありますが、数ヶ所の中最も鮮明なのは、仲哀天皇並に神功皇后の巻であります。即ち「古事記」には、

故《か》れ天皇《すめらみこと》、筑紫訶志比宮《つくしのかしひのみや》に坐《ま》して、熊曽国《くまそのくに》を撃《ことむ》けたまはむとせし時に、天皇、御琴を控《ひ》かして、建内宿祢大臣《たけしうちのすくねのおほおみ》、沙庭《さには》に居て、神の命《みこと》を請《こ》ひまつりき。是《ここ》に大《おほ》后《きさき》、帰神して言教《ことをし》へ覚《さと》したまひつらくは、西の方に国有り。金銀《こがねしろがね》を本《はじ》めて、目の炎耀《かがや》く種々《くさぐさ》の宝珍《たから》其の国に多在《さはな》るを、吾今其の国を帰《よ》せ賜《たま》はむ。と詔りたまひき。爾《ここ》に天皇答へ白《まを》したまはく。高き地《ところ》に登りて西の方《かた》を見れば国土《くに》は見えず、唯大海《おほうみ》のみこそ有れとまをして、詐為《いつはりせ》す神と謂《おも》ほして、御琴を押し退《そ》けて、控きたまはず、黙坐《もだいま》しぬ。爾《か》れ其の神大《いた》く忿《いか》らして、凡《おほかた》、茲《こ》の天下《あめのした》は汝《みまし》の知《しら》すべき国に非ず。汝は一道《ひとみち》に向ひませ、と詔りたまひき。是に建内宿祢大臣白しけらく、恐《かしこ》し、我が天皇《おほきみ》、猶其の大御琴《おほみこと》あそばせとまをしき。爾《か》れ稍《やや》其の御琴を取り依《よ》せて、なまなまに控《ひ》き坐《ま》しけるに、幾久《いくだ》もあらずて御琴の音聞えずなりぬ。即《か》れ火を挙《あ》げて見まつれば、即《はや》く崩《かむあが》りましにき。

られます。即ち、

と重大な記事があります。日本書紀も大同小異の記述がありますが、この記事からは次の諸点が挙げ

㈠この帰神の神術は天皇が自ら行われたこと。従って幽斎は皇室に伝えられたものである。

㈡国家重大時に於て神教を得るために行われた。

㈢幽斎奉仕は天皇といえども身命をかけて行う至厳至尊の祭事であった。

㈣幽斎は古は琴師、神主、審神者（沙庭）三者構成であった。

㈤国家重大時に神教を下す神は、史上にかくれもなき正神界の最も尊き神である。

㈥公式の幽斎は深夜に灯を消して行われたこと。


この中㈤は右の文にはないのであるが、天皇崩后の幽斎に於て神名を伺った際に神教を賜わった記事に依るのであります。この㈣の三者構成が本田霊学に於ては如何になっているかと申しますと、琴師を審神者が兼ねられる事になり二者構成となり、琴の代りに石笛《いわぶえ》を吹奏することになって居ります。之に関して佐藤郷彦著「鎮魂法帰神術の神法」には、

古法式は、三員構成にて執行せられた事は既に述べたが、本田親徳翁によって此の古法は改められたのである。それは三員の内琴師の一員を省かれたのである。なお琴を弾く代りに、石笛《いわぶえ》を使用することになされた。何故に石笛を用いられたかこの点は不明であるが、恐らく神示によられしことと推察する。古代は石笛を楽器として使用された事も有ろうとも思われるが、ともかく、石笛使用ということ、翁によって発見せられたと申しても過言でない。

本田翁法式は、審神者《さにわ》が琴師をも兼ねて行う事である。それは審神者が「石笛を吹き、神主の心身を浄める。而して審神者の身体へ神界から神霊の御降臨を御願する。御降りになられたなれば、その神霊を神主に〝転霊〟する。」この様な法式に改められたのである。以後この法式は、長沢雄楯翁を通じて我々門生に伝承されているのである。斯の如く、本田翁教示の帰神神法は、神主の役柄も大切ではあるが、審神者は琴師を兼ねての役柄である為に、殊更に重要な役目と申さねばならない。

　この三員又は二員で執行する帰神（神懸り）は他感法と云っている。帰神には自感法、他感法、神感法の三法があるが、順次解説詳述して行くことにする。

と述べて居ります。幽斎の法（帰神の法）は古代の三員から二員に変えられましたが、それは形式上のことで精神と内容は少しも変っていない。それは前掲本田親徳の「神界ニ感合スルノ道ハ至尊至貴、濫ニ語ル可キ者ニ非ズ。吾朝古典往々其実績ヲ載スト雖モ、中世祭祀ノ道衰ヘ其術ヲ失フ既ニ久シ。神法ニ依リ其古ニ復ス。是即チ玄理ノ窮極、皇祖ノ以テ皇孫ニ伝ヘシ治国ノ大本ニシテ祭祀ノ蘊奥ナリ。」の一章に明らかでありましょう。而も後段の部はこの神法が記紀に実績を掲載している重大な皇室の伝承であったことに言及している点を深く思わねばならぬと存じます。即ち「中世祭祀ノ道衰ヘ其術ヲ失フ既ニ久シ」の原因は奈辺にあるかは亦一考の要がありますが、本田親徳の古に復したこの幽斎の法は、皇孫命の行うべき神法であって、之は皇室にお返し申上げねばならぬ意が籠められていることも汲みとられ、又「蓋シ幽斎ノ法タル至厳至重、深ク戒慎シ其人ニ非レバ行フ可ラザル者ナリ。濫ニ伝フ可ラザル意茲《ここ》ニ存ス。」としながらも、折角復古した神法の未だ皇家の御用に立てない中に再び廃絶に帰せむことを恐れて、「然リト雖モ其精神万難ニ撓マズ、自《みづか》ラ彊《つと》メテ止マザレバ竟ニ能ク其妙境ニ達スル事ヲ得ン」と後進を励まし、衣鉢を嗣ぎ志を実現する者を将来に期しているのであります。果して霊学百年の継承によって、それが実現するでありましょうかは玄《ふか》く神界の御経綸に属する事であって、微賤の思議の外と申さねばならないと思います。

さて前掲古事記の仲哀天皇の巻から考えらるゝ点は、この幽斎は国家の安危に係る重大事に際しての公式のものであることであります。併し天皇自ら行わせられた公式のものがあれば、又必ず天下国家の大事とまでゆかぬ私の幽斎もあり得べきと思われますし、又その法術《わざ》をみがくための稽古の幽斎もある事と考えられます。「私の幽斎」と申しましても決して低劣なものなどではなく、道の探究解明の為に神教を伺う等のこともあり得ますので、公に対してこそ私とは申せ、決して個人的な私ではなく普通幽斎、又は単に幽斎と申して、公式幽斎と区別する要もある様に考えます。世間によくある個人的な利益のためにする霊媒と厳に区別する要があるのであって、そうした場合には大方低級な俗霊であるが、之を見別《わ》けて処置するのも審神者の重き役目とされて居ります。

更に深く考えますと、古事記記載の公の幽斎と雖も之は顕世の者が神界に伺う形でありますが、更に神界の必要によって幽斎を命ぜらるゝ場合があり得ないであろうかという点であります。それは神感法の場合に何か神界の御都合によって憑依する場合も、又無形神感法として本人の意識しない中に霊感として閃き悟らしめる場合もあり得ますので、他感法の場合も同様に命ぜられて幽斎を行うこともあり得ると思うのであります。併しこれらについては本題でありませんから触れないことに致し度いと思います。

〔三〕 三著書、及門人

長沢雄楯は神術に秀でその方面に於て本田霊学の正統と認められていますが、又非常に博覧強記であった。併しながら著述をのこすことをせず後進の育成には講義の外法術の指導を主としたので、僅かに門人の武栄太夫の編んだ「神憑百首」のみが残さるゝ筈であった。然るに計らずも大本教事件が起って霊学に関係する問題につき、大審院より鑑定書作成の依嘱があって、之がためその蘊蓄を傾けて取りかゝり、調査及草案を成し更に訂正清書を合すれば百五十日を費して、昭和二年三月十日大審院に捧呈したのであります。之は実に大部なものであるが現在最高裁判所に所蔵されていると思われます。残念乍らその草稿は残されて居ないのであるが、その一少部分を記したのが先に註記した「惟神」であります。更に今一書は「大本教事件ニ対スル意見」という書であります。之は大本教事件の第二審に先立って弁護人側の三弁護人が清水市に訪ね来って、三日間に亘り講話を承った時の第一、二日分の速記録であって、それは昭和十五年九月十五・六日でありました。この記録は八十三歳の時でありますから、逝去の十月十日を溯る僅か二十四日前のことであります。従ってこの書は実に最后の遺著とも申すべきでありますが、実に理路整然としてその博学多識には驚嘆せられる百三十頁に亘る著述であります。

以上の三書が遺された著述でありますが、順次之について記し度いと思います。

(イ)〔神憑百首〕と武栄太夫

この書を編んだ武栄太夫は相州《さがみ》（神奈川県）雨降山麓の大山神社の社司であるが　昭和九年春出版に当ってこの書の緒言《はしがき》に左の如く述べている。

> 此神憑り百首は長沢先生に就き霊術修業中昭和元年より昭和四年迄の間の記録にて、同門の諸氏の望まるゝ方ありしにより謄写に代へて出版せしものなり。一般の高覧に供せんとするものにあらず。
>
> 此書を手にせらるゝもの、或は囈語を妄録せる反古帳とせらるるあらんも些の遺憾なし。又此中に幽契冥機ありと尊信せらるゝも亦不可なし。古歌に曰く、
>
> みる人のこゝろこゝろにまかせ置きて高嶺にすめる秋の夜の月
>
> 出版するにあたり順序を改め及び或る部に註釈をせんかと長沢先生に伺ひしに、さる如き事は一切せずただ「ありのまゝ」をよしとすとの御意見なりしにより其儘になしたり。此順序不同の中にも亦何かの或る物ありや否や。

この書は右の緒言と序文、本文及追録を合せて僅々十八頁の小冊子に過ぎないのであるが、長沢楯の序文は理路整然、堂々として実に信念の溢れたものであるので、左に掲げ度いと思う。

序

我国体の万国に優絶せるは世界無比なる万世一系の皇室の統治し給ふに因ることは世人これを知れども、其統治し賜ふ所以は神典を研究するに非ざればこれを知ること能はず。而して其神典たるや久遠なる地質時代幾億年に渉るものなれば容易く之を講明し得るものにあらず。先哲のこれを釈明せる者多くは唯訓義のみ。訓義を研究する素より必要の事なりと雖も、訓義のみにては其蘊奥を解釈し得るものにあらず。

今や世界百科の学術大に進み其奥妙に至らむとす。是時に当りて唯訓義のみにては世人の信服すべき者にあらず。宜しく其実証によりて之を説明せざる可らず。謹んで我古典を案ずるに、宇宙万有の今日の現象をなせし者の原因を極むれば、悉く霊力体の三大原の然らしめし所にして、其理を推究する時は幽妙の域に到達するにあらざれば能はず。其妙境に至るには宜しく先づ神霊厳在の事実を確認せざる可らず。幽界の事情を知得するには神憑りを修得するにあらざれば能はず。神憑りを修得し神界の実在を了得し、始めて神界の妙旨を知り、宇宙万有の今の現象をなせし所以を知り、是に於てか上代に最高の哲理・法教、道徳、自然に其間に存し、神随《かむなが》ら言挙せぬ国にて無比の治をなせし所以も知り得べきなり。

然るに今の神典を解釈せる者を見るに神霊の実在を知らず。深くその理を極めず、漫然我神典を以て人智蒙昧なりし時諸国に行はれし神話と同一視し、甚しきに至りてはホトケ話の類となす者あり。其浅薄鹵莽憫笑するに勝《た》へたり。此の如くにして神典の玄妙を極め得る者ならむや。否反りて神霊の尊厳を冒瀆する者と謂はざる可らず。滔々たる天下の風潮夫れ斯の如し、豈惟神の大道と国体の尊厳との真髄を説き得る者ならむや。道の振はざるもの此の徒の跋扈せるに依るものと謂はざる可らず。嗚呼慨歎の至りにあらずや。

武栄太夫氏は深くこゝに省る所あり、大正十一年十二月予が門に入り専心神憑りを修業し、略其業に通ず。爾来同氏を神主となし、予審神者となり神霊の憑依を請ひ、其都度神歌を示され、予之を筆記したるに既に百首に達し一冊子となし、これを神憑百首といふ。其主旨幽玄微妙なれども、幽界と顕界とは事情の異なる者あり。幽冥の事情に通ずるの士にあらざれば了解し能はざる者もあらむ。然れども深く其主旨を含味し研究する時は、神界の一端を窺ふに足る者あり、霊学研究の士にありては最も必読の書なり。之を依拠とし更に深奥に進まば、竟に神典の玄妙を窺ひ、宇宙成立の原理を知り、惟神の道徳の優絶せる所以を明にし、国体の尊厳も是に於てか始めて明にすることを得べきなり。修身斉家治国平天下の大本は宜しく玆に求めざる可らず。読者幸に諒せよ、謹みて序す。

昭和八年一月

長沢雄楯

右の序文は神典に対する世の学者の研究の不足を指摘し、今日の思想の昏乱はむしろ学者の罪と断じて、神典の解義は実証によるべしと述べ、宇宙の現象は悉く霊力体の三大原に原因する処と師説を提唱して、その理を推究するには先ず神霊厳在の事実を確認し、神憑の術を修得して始めて神典の妙旨を知り、宇宙万有の今の現象を為した所以を知るべきであると主張して居ります。先賢学者多くこの神憑の法を以て神霊厳在の事実の確認なかった為に、浅薄な訓義に終って世人をして神典の価値をおとしめ、神霊の尊厳を冒瀆するに至ったと浩歎しているのであります。この点は実に学者の弱点を衝いて完膚なき本田霊学の祖述であり、又長沢自身の体得した主張であった点で、師の衣鉢を嗣ぐ者の正統性を明徴にした一文とも申せましょう。

序に明記している様に、この百首は人の作ったものでなく、神憑《かむがか》りの中に神霊の示された歌である処に非常に重大さがある。緒書《はしがき》にもある通り順序を立てたものではないが、読みゆけば自然に一つの体系がある様に思われる。抄出して見ましょう。（頭註は筆者）

先ず神憑の神術について、学ぶ者の不撓の精神と態度を教え、その目的を明らかに示されて、

(1) 神術《かむわざ》は難《かた》しとも難しいやつとめいや励まずていかで成し得む

(2) かたしとてゆめたゆみなく勉めなばつひに至らむ道の奥がに

(3) 霊術《かむわざ》を修めむ人は日々つもるこころのちり(塵)をまづ払へかし

(4) 神術を習ひ得てこそ後の世の魂の行くへも知り得べきなれ

(5) 神術をあだにな修《をさ》めそ世をも人もすくひ(救)導くこれのかむわざ

(6) 霊術を修め得ずては国典《くにぶみ》のことのまことは知り得ざりけり

またその年の御警告を賜わって昭和三年には（七首の中）

(16) その前徴《きざし》など思はざる今の世は安《やす》きに馴《な》るる時にあらなく

(17) 心せよ国内《くぬち》のみかは海の外浪風あらきこともあれれば

(21) 起り来る不祥事《ふさはぬこと》のかずかずも神のきためと人は知らずや

と詠み賜わり、神と人とについては

(23) 神の道知らぬ人よりうたてきは神知りがほ《(顔)》の人にてありけり

(25) 世の中の善事《よごと》まがごと大方は正しき邪《あ》しき神のみこころ

(11) 人皆の直き曲れる善き悪しきつばらに神は知《しろ》しめすなり

(27) あしき業《わざ》思ひもなせそ秘め置ける心の底も神は知るなり

と世の学者指導者を痛烈に批判し、正神界邪神界の存在を明示し、人心の秘事《ひめごと》は尽く神の照覧のもとにある点を指摘しています。又神の普《(世界)》辺性を教えて、

(8) 天地《あめつち》の理《ことはり》を知れ天地は神ながらなる神の御教

(9) 天つ日の日影うららに物皆を生《おほ》し育《ひ》たすは道の大本《おほもと》

と道神不二をさとされ、

(30) 皆人の祈るこゝろにすき間あらばそのひまにつけ禍津《まがつ》憑《よ》り来ね

(31) 政事《まつりごと》みな皇神《すめかみ》の御心を受けて行ふ世となりなばや

(32) いやが上に君が代祈れ大御民《みたみ》かみは常盤に守りませども

(33) 仰げたゞうつしき国民《みたみ》あふげただあが日の御子は唯人にまさず

と国民の信念の置きどころを教示され、更に我国と外国とについては、

(35) 国にみな国魂はあれどいやちこ《(灼然)》に幸へますはこの大御国
(36) 内外の差別《けじめ》こそあれ異国《とつくに》も神の御稜威《みいづ》にいかでもるべき
(37) 神国といふよしを知れ外国《とつくに》も神の御稜威にもるるやはある
(38) 神代より常世《とこよ》の浪の重波《しきなみ》の寄せくる国ぞすめら御国は

と神界は我国のみのものでなく、全世界のものであるが、国魂の神を厚く祀り道立ちてその幸を受ける国故に神国であり、常世の浪の重《しき》寄する国が皇国であると示唆に富んだ表現をして居られる。そして我国風を、

(39) 神を斎《いつ》き君に仕ふる誠心《まめ》これ皇国《すめぐに》の御国風《くにぶり》なり
(40) 国民は我が国風をならへただ外国《とつくに》ぶりはとまれかくまれ
(41) 真赫《まかがや》き伊照《いで》りとほらす天津日《あまつひ》にたぐへて思へ神のみすがた

とさとして居ります。さてこの神憑の修業の心構えについては、

(44) そが魂の高きいやしきほどほどにその程々に神かゝります
(45) おのが魂の尊さを知れ己が魂は産霊《むすび》の神の分け御霊ぞも
(47) 赤き清きまことこゝろぞ霊界《かくりよ》の神と交はるものと知れかし
(52) 雑々《くさぐさ》の心の内に起り来るあらぬ思念《おもひ》をまづ払へかし
(53) 外辺より我が身の上に犯し来む千々の感覚《さとり》に心乱すな
(56) 神術を修め得ずては霊幸《たまちは》ふ神の真実《まさね》を知るよしもあらず

(58) かゝります御霊《みたま》にいかであるべしや月日のわかち道の隔《へだた》り

と丁寧深切に教を垂れて居られます。即ち憑《よ》ります神は修業する者の心境の高卑によって差があるので、何よりも自らの霊は産霊の神の尊き分霊なることを思い、先ず心を浄《きよ》めて修業することを覚《さと》し、心の内外から起り来る雑念を払って所謂従来の学び得た思想、学問、智識等の悉くを捨て去って無より出発すべきことを示唆《しさ》され、この神術以外には神を識る由もあらずと断定されているのであります。思うにここまでの神歌を誦しまして、本田霊学の道統がいかに正しいかが判るのであって、それは神界が啓示を垂れ給って樹立されたものであることが心に沁む思が致すのであります。

さていよいよ神術の修業に入るとしては、

(59) 神術《かむわざ》の林の奥に入らむには審神者《さには》ぞ道のしるべなりける

(60) 術《すべ》もなきあらぬ沙庭《さには》の嚮導《しるべ》には横さま道を踏みや迷はむ

(62) 霊術《かむわざ》に審神者し無くば邪神《まがかみ》の神憑《よ》り来しを見分けかぬべし

と審神者の重大性を教示され、幽世の有様については、

(64) 政事《まつりごと》いと厳正《おごそか》に賞《ほ》め罰《きた》めいとも正しき幽界《かくりよ》はしも

(65) 幽界の何れの界《よ》にも高き卑《ひく》き許多《ここだ》の段《きだ》の階級《けじめ》ありけり

(66) 幽界の二つのわかち先づ知らなまさ《(正)》し神の界《よ》邪《まが》つ神の界

と教えられ、人魂の帰趨にふれては、

(67) 顕界《うつしよ》を去りにし人の魂は先づ知らすなり産土《うぶすな》の神

(68)　仰げ人朝な夕なに身に近く幸《さきは》へますは産土の神
(69)　顕世は大君ませり幽界を統《す》べ治《し》らするは杵築《きつき》大神
産土の神の恩頼《みたまのふゆ》の深く厚いこと、最高の統治は大国主大神の司り給うことを詠まれている。これらによっても本田親徳詠の産土百首の正しきことを知るのであります。
(70)　世の中のあらゆるものよことごとに霊《ひ》力体《ちからみ》の三つよりぞ成る
(71)　生《いき》あるはいはずともがな土も石も御魂たまはぬ物はあらじな
(72)　月星のめぐり違はぬ状《さま》見てもものの力をそれと知れかし
(73)　目に見えぬ音さへ香さへ味さへもみな物実《ものざね》のあらざるはなし
と霊力体の原理をのべ、本田霊学の動植山の三体も凡て造物主のみ魂を賜わったものであり、力徳を月星（地球も篭めて）の運動を見ても知るべしと云い、体（物実）は音、香、味の如きにさえ具わっていると教えて居られるのであります。この物実の詠は実に新しく現代科学の粋を已に昭和の初年に教示していることは驚かれるのであります。さて一霊四魂については、
(74)　天津御空星の位の定まりも神の直霊《なほび》によりてなりけり
(75)　春秋の時季《とき》を違へず行きかふも神の直日《なほび》によるとこそ知れ
と宇宙観より説き起して明示し、
(76)　物皆は四つの魂《みたま》たまはれど人にのみこそ直霊たまはれ
(77)　君親に仕ふる道をおのづから身に備ふるも直霊なりけり

と直霊は神授の分霊、故に道神不二、人に道の存するは直霊を賜わった為であることを明示されています。次に四魂については、

(80) 兄弟夫婦朋友《あにをととめをとともら》の睦み合ふも神の賜ひし和魂《にぎみたま》なれ

(81) 草も木もいや栄え行く春の日の長閑《のど》けき影はこれ和魂

(85) 君の御楯《みたて》国の守りと武夫《もののふ》のつくす心ぞ荒魂《あらみたま》なる

(87) 雪霜を凌ぎしのぐも草に木にみな荒魂あればなりけり

(90) いとほしと思ふ心ぞ皆人に授けたまひし幸魂《さきみたま》なる

(91) おのが子をはぐくみ育つ状を見よ幸魂あり鳥も獣《けもの》も

(95) 奇魂《くしみたま》いよよみがきて天地《あめつち》のことの真実《まこと》を知れや世の人

(96) 大風を未然《まだき》に知りて枝ひくく巣かくる鳥の奇魂あはれ

(98) 理《ことはり》りをつばらに知るは奇魂奇《く》しくちはへる神のたまもの

(99) 秘められし幽契《かみのちぎり》もかつがつに現はれもすれ世の進むなべ

と詠まれてその夫々《それぞれ》の活《はたら》きを明らかにし啓発されて居ります。そして最后に結びとして、

(100) 勉めよや埋《うも》れつつ来し霊術《かむわざ》の世に顕はれむ時は来にけり

と励まされて居るのであります。已に本田親徳詠霊魂百首を研究し来った我々は、その証明として尊い神詠を拝した悦びを斉《ひと》しく感ぜられることでありましょう。

以上神憑百首の大略を記しましたが、追録として長歌並反歌が二首あり、その外御警告外九首を記

してあります。長歌は五七の声調整い中々に立派でありまして、神詠か否かは不明でありますが一首を次に録します。

善きことに凶事《まがごと》い次ぎ　凶事に善《よ》ごといつぐと　現身の人は云へども　いたづらに伊次ぐべしやは　ゆかり(因由)なくいかで伊次がむ　よき事は神の御恵《みめぐみ》　凶事は禍津《まがつ》の御業《みわざ》　皇神《すめかみ》の幸《さきは》へますも　禍《まが》神《かみ》のまじこる(蠱)事も　己が身の所業《しわざ》には依《よ》れ　その人の業《わざ》の報ひぞ　つばらかに思ひ明らめ　まこと(誠心)もて神を敬ひ　朝な夕な正しき道を　踏めや世の人

（反　歌）

よき事も又凶事《まがごと》も各自《おのがじし》なす業《わざ》による報ひとは知れ

神憑百首の編者武栄太夫は、昭和十五年師の長沢雄楯逝去に際し斎主として神葬祭を執行して居ります。大正十一年十二月入門してからこの時巳に十八年を経過して居りまして、現職の神職でもあります高弟の代表として斎主をつとめたものと思います。

(ロ)　宮城島金作と稲葉大美津

さて長沢雄楯の門下に及びましたので、序《つい》でに最も古く教えを受けた高弟の宮城島金作について触れたいと思います。

佐藤卿彦著「鎮魂法帰神術の神法」の中に、

長沢翁の門下で傑出せる神主は宮城島金作氏である。氏は明治二十七年御穂神社々務所にて、翁を審神者として帰神を執行されたことがあった。其の折に御穂神社の御眷族《ひこがみ》八千彦命《やちひこの》が御懸りあって、日清戦争の状況に就いて予言あられた。その神誥たるや、実に微に入り細にわたり正確なりしことに、並び居る人々を驚嘆せしめたとの事である。之は翁にとって帰神予言中の最大なる収穫であったと言われている。翁は本田翁より伝授された帰神術の試験台として、宮城島氏を小児の頃より指導されて居たものであるとの事を関係者より聞いて居る。

と記している。私の持っている調査資料によると、住所は静岡県清水市三保であり、入門したのは明治二十四・五年頃、十五、六才であったと云われている。三保は御穂神社（御祭神大已貴命・三穂津姫命＝延喜式内小社祈年の国幣に預かる）の産子地域である。溯って考えると明治八、九年の出生であろうと思われる。小児の頃から産土神社に出入して、長沢に愛され教えをうけていたであろうけれども、正式に入門したのは二十四・五年の事ではあるまいか。それは本田親徳の逝去後に当り、「翁は本田師より伝授された帰神術の試験台として」神主の指導を受けたと考えてよろしいと思われる。猶筆者の以前からの想定によれば、長沢が審神者として神霊の厳在を確認したのはこの宮城島を神主として自らも修業を積んだ結果であって、本田の逝後に係ると思われるのであります。その点については前記引用の文は有力な手係りとも云えようか。

宮城島金作は非常に霊的に勝れていて、種々奇しびな事蹟や逸話が伝えられているのであるが、之は後に触れるとして、晩年は御穂教会を創立し盛大であったとの事である。仄聞するに子息(信雄氏)の語る処によると、「父は矢張り現在の様に学校教育を受けず、従って文学的思想的の穢汚《けがれ》がないので純粋に神界の高き神々と交感出来たのであると思う」との事であった。この信雄氏は国学院大学を卒業して教職にもつき、又御穂神社の宮司も奉職しましたが何かの事情でやめた由であります。

さて長沢門下で最も傑出していたのは稲葉大美津であります。前記の佐藤卿彦著には詳しく述べて略歴も掲げて居ります。

稲葉翁は名を大三、明治七年十月二十日静岡県清水市港町に生れらる。幼少より頭脳明晰にして、長ぜらるゝに従い科学に趣味を持ち、志を電気通信技術等に向けられ、東京郵便電信学校を卒業して職を郵政方面に得られたので、静岡横浜東京を始め、京城、奉天等内外地を転々として実に多彩なる足跡を印せられたのであった。遂に関東都督府勤務を最後に職を辞され、大正五年三月八日長沢雄楯翁の門に入られ、同年神職を拝命された。爾来霊学研修に専心して、卓絶せる神術を身に備えらるゝに及び、長沢門下中最も卓越せる審神者として偉大なる力を示された。長沢翁は晩年に及ばれると余り霊術の指導を為されなかった為め、翁の門下に入られても、なお稲葉翁の指導を受けられる人々が数多《あまた》有ったことを覚えている。この稲葉翁は何人《なにびと》にも教授すると云う様な事はせず、人物を選ばれて指導せられたので、其の門下には著名な人材が多かったが、惜むらくは長沢翁に先立つ事二年早く、昭和十三年三月十日に死去なされた。享年六十二才。天寿とは申せ猶翁に十年の命を与え得たなれば、長沢翁の後継者として、その卓絶俊異なる神術を以て、清水市に一大霊学道場を築き上げられたことであろう。これを思えば稲葉翁の早世は如何にも痛惜に堪えない。

と記して、深くその師を悼んで居ります。蓋しこの著者は稲葉門下の正統であって、道を得て後師の命によって長沢門にも遊んだのであります。略譜に依りますと外地に奉務して居った間は陸軍省に属し日露の役に従ったので、三十九年には戦役の功によって勲七等青色桐葉章を授けられ、金百八十円を賜わって居ります。関東都督府通信技手として奉天、安東、奉天と勤務、大正二年六月には正八位に叙せられ退官いたして居ります。三十九才の壮年でありました。日露の役に従って特に電信電話の方面に関ったのでありますから、自《おのず》から機密にも触れたでありましょうし、その人物完成の上で常人の踏み得ない道を歩んだことは想見するに難くないのであって、その科学的な冷静な批判力は大きな特質を霊学の上にも齎《もたら》したと考えられます。宮城島・稲葉両者は年齢も近く極く親しい友人で、美保神社の社務所（師長沢社司）に起居を共にして修業して居ったとのことであります。大正五年神職を拝命したのは清水市入江町の白髭神社社司であるが、この神社は武内宿祢命を主神として奉斎して居るので、冥契の深きを感じるのであります。この両高足に関する逸話等は後に記しましょう。

(ハ)「惟神」と上田喜三郎

さて長沢雄楯著書の第二は「惟神」であります。この著については概略已に註記いたしましたので重複を避けますが、大審院よりの依嘱し来った問題を掲げると次の九項に亘って居ります。

(イ) 古来神懸又ハ帰神ト称スル憑霊現象存在シタル実例アリヤ。

(ロ) 右憑霊現象ハ心理学上又ハ神霊学上肯定スベキモノトセバ其理由如何。

(ハ) 憑霊現象タル動作ハ自意識タル本人ノ認識決意ニ基クモノナリヤ又ハ其ノ身体ニ憑ル他意識ノ発動ナリヤ。

(ニ) 憑霊現象ハ憑依セル他意識ノ発動ナリトセバ本人又ハ第三者ノ意志ニ因ラズシテ霊魂（又ハ神霊）ノ自発的作用ニ出ヅルモノト認ムベキヤ。
本人又ハ第三者ノ意志ニ因リ（祈禱其他ノ方法ヲ以テ）自由ニ憑霊現象ヲ顕出セシメ若クハ既ニ顕出セル憑霊現象ヲ制止シ又ハ変更セシメ得ベキヤ。

若シ然リトセバ本人又ハ第三者ハ故意ニ憑霊現象ヲ顕出セシメテ不法ノ言動ヲ為シ得ベキヤ。

(ホ) 一旦憑霊現象ニ罹リタル者ハ常ニ其ノ状態ヲ存続スルモノナリヤ又ハ一時停止シ屢次之ヲ反覆スルモノナリヤ。

(ヘ) 所謂憑霊現象持続発展ノ極本心神ト融合混一シテ通常ノ精神状態ヲ成スコトアリヤ。

(ト) 霊魂（又ハ神霊）ニ正邪善悪ノ種別アリヤ。若シアリトセバ正善ノ霊（又ハ神霊）ト邪悪ノ霊魂（又ハ神霊）トガ同一人ニ対シ同時又ハ別時ニ各憑霊現象ヲ顕出シ若クハ一方ガ他方ヲ排斥シテ単独ノ憑霊現象ヲ顕出スルコトアリヤ。

(チ) 被告人ハ憑霊現象ノ発作スル場合ニ於テ一種ノ凝塊ガ臍下丹田ヨリ咽喉ヘ昂上スル如ク感ジ本意ニ反スル言動ヲ為サシムルコトアリヤ、若シアリトスレバ右ハ如何ナル生理上又ハ精神上ノ作用ニ因ルモノナリヤ。

(リ)　本件犯罪事実ノ内容タル雑誌ノ記事ヲ作成シ且掲載セルハ被告人ノ憑霊的動作トシテ是認シ得ベキヤ。

鑑定又ハ必要ニ応ジ被告人ヲ検診シ一件記録及証拠物ヲ閲覧シ得ベシ。

本書はタイプ刷六十七頁の冊子であるが、一頁は27字詰13行であるから、本書の組方（一頁45字17行）に当つれば0.41弱であり27頁ほどのものである。従って著者が云う如く大審院に捧呈した鑑定書に比すれば僅かに一少部分に過ぎないものであるが、その分量の概ねの配分が(イ)24頁、(ロ)24頁、(ハ)4行、(ニ)5頁、(ホ)1頁、(ヘ)11行、(ト)3頁、(チ)1頁、(リ)3頁であって、(イ)と(ロ)が重点を為していることが解る。

(イ)古来神懸又ハ帰神ト称スル憑霊現象存在シタル実例アリヤ。に対しては、存在したる実例を挙ぐれば左の如しとして、古事記日本書紀の六例を引き、

以上ノ皇典ニ因リ謹テ上世ノ制度ヲ察スルニ、肇国ノ始メ皇祖ノ神勅ヲ以テ神祇ヲ祭祀スルヲ以テ最高ノ大典ト定メ賜ヒ、爾来列聖遵奉シ賜ヒ醇々トシテ祀典ヲ以テ政事ノ大本ト為シ賜ヘル者ハ、後世ノ祭式ノ如ク礼式トシテ之ヲ行フノミニ止マル者トハ均シカラズシテ、親シク幽冥ニ通ジ神霊ノ厳存ニ接シ之ヲ祭祀シ、苟モ国家ニ大事アル時ハ天皇大御身ヅカラ神懸ヲ行ハセ賜ヒ神慮ヲ伺ヒ以テ之ヲ決定シ賜ヒシ事ハ、崇神天皇ノ朝ノ神懸、仲哀天皇ノ朝ノ神懸、神功皇后ノ朝ノ神懸等ハ其事蹟ノ一班ヲ窺フニ足ルノミナラズ、当時幽冥ニ感合スル霊術ノ厳存セシヲ証スベシ。降テ六国史以下近古ノ諸書ニ神懸ノ事ノ見エタルハ頗ル多シト雖モ枚挙ニ遑アラザレバ玆

ニ略ス。

と記している。次で例を中国の書に取り、論語述而篇、礼記祭統篇、仝郊特牲篇、国語定本第十八、楚語下、等を引用し、

以上ハ支那ノ周ノ世ニハ幽冥ニ感交スルノ術ノ存セシヲ証ス。其修養ノ法タル亦至レリ尽セルヲ観ル可キナリ。

と述べて、国語定本第一の周語上、春秋左氏伝第二十一昭公七年の条を掲げて

支那ノ古典ニハ幽冥ニ関スルノ論ハ頗ル多シト雖モ信頼スルニ足ラザルノ説モ亦多シ。故ニ稍《ヤヤ》正確ト思惟スル者ノ二三ヲ挙グルノミ。吾国上世ノ神懸ニハ及バズト雖モ幽冥ニ感交スルノ霊術ノ存セシノ一班ヲ見ルニ足ルナリ。吾国上世ニ天皇大御身自ラ斎戒シ、皇祖ノ遺制ニ随ヒテ行ヒ賜ヒシ神懸ト、ギリシヤ時代ニ行ハレシ降神術トハ、方法ノ精緻《セイチ》ト尊厳トハ素ヨリ軒輊《ケンチ》アリテ同日ニ論ズ可キ者ニアラズト雖モ、苟モ国家重大ノ事件ハ神慮ヲ窺ヒ而シテ決シタルハ、吾国ノ上世ト髣髴《ホウフツ》セル者アリ。因テ玆ニヘロドトス数次ヲ挙グ。

として、ヘロドトス・エウテルビの巻より「神誥ノ淵源」「エウテルビ」「ポリムニアー国難ノ神話」「ウラニア」の諸巻を引用して、

此ノ如ク例証ヲ列挙スル時ハ頗ル夥多ニシテ容易ク尽ス能ハズ。故ニ概要ヲ挙ゲテ自余ヲ略セリ。案ズルニ上古ノ伝説ハ我ニ有リテ彼ニ無キアリ、我ニ無クシテ彼ニ有ルアリ、亦我彼共通セル者モ頗ル多シ。古伝中ニハ首肯スル能ハザル者多キニ似タリト雖モ、嘗テ世人ノ荒唐無稽ノ談

ト為セシ者モ、幽冥ノ研究ト最新ノ学術トヨリ之ヲ観レバ幽妙ノ真理ヲ含有スルモノ亦鮮《スク》ナカラズ。故ニ博ク研究スルヲ可トス。今唯以上ノ例証ニヨリ古来神懸ノ存在セシヲ確言ス。

と力強く断定している。当然のことながら例証を我国古典のみならず、漢籍、ギリシャ神話にまで拡げて掲げたことは、その博覧強記を些かながら示したものと云えるでありましょう。次に(ロ)に関しては、

(ロ) 古憑霊現象ハ心理学上又ハ神霊学上肯定スベキモノトセバ其理由如何。

本問題ヲ解決センニハ須《スベカラ》ク憑霊現象ノ変遷ノ概要ヲ述ベザル可ラズ。

として先ず古今の歴史中我古典に載するものと、その以后の推移を示し、実例を掲げて近世の神憑と称するものの低劣にして論ずるに足らざるを述べ、之を純正なる古の域に復したのは独り師の本田親徳にある旨を記してその法術の概要を説いている。この章節は重要と思われるので、成る可く之迄と重複をさけながら大凡を記すことゝする。

之レヲ古今ノ歴史ニ徴スルニ日本書紀ニ載スル所、上世ノ神懸ハ方法ノ精密ナルト其式ノ厳正ナリシト、憑依ノ神霊ノ高カリシ事ト神語ノ確実ナリシハ事実ナリシナリ。降テ儒教ノ渡来仏教ノ東漸以来思想ニ一大変遷ヲ来シ、爾来皇祖ノ遺制タル神祇ヲ祭祀スルノ道ハ日ニ増シ月ニ加リテ衰替シ、遂ニ幽冥ニ感合ノ術ヲ失ヒタルハ、宮廷ニテ神懸ヲ行ヒ賜ヒタルノ事蹟ノ史ニ見エザルヲ以テ知ラル。然レドモ国家ニ事変アルカ天災地変アル時ニ神霊ノ予ジメ告ゲ賜フ為メニ、求メズシテ神懸ノ夥多アリシ事ハ史書ニ伝フル如クナルモ自己ノ意志ヨリ神霊ニ感合スルノ術ハ殆

ド廃絶シ、偶ニ之レ有スルハ概《オホム》ネ低級ノ霊ノ憑依ニシテ神懸ト称スルニ足ラザル者ノ如シ。世々伝フル御嶽講信者行フ神憑、法華信者ノ行フ神降等ノ類頗ル多シト雖モ、積年之ヲ経験スルニ多クハ低級ノ霊ノ憑依ニシテ神憑ト称スルニ足ル者ニアラズ。然ルニ世人誤テ之ヲ神ト敬ヒ仏ト信ジ自ラ其非ヲ知ラズ。自ラ誤リ延《ヒイ》テ人ヲ惑ハス者頗ル多シ。此等ノ徒ハ幾百年ヲ経過スルモ毫モ進歩ノ跡アルヲ見ズ。

彼輩ノ神憑ニ多ク憑ル神仏ハ国底立神又ハ大巳貴《オホナムチ》神不動明王等ヲ多トス。茲ニ国底立神ト名乗リ憑レル物ニ、何故ニ国底立神ト云フ歟、速《スミヤ》カニ其意義ヲ解釈セヨト訊問スルニ、大声疾呼シテ我ハ天地開闢国底立尊デアルト答フ。然ラバ天トハ何ゾ地トハ何ト問ヒ進デ天地開闢ノ状況ヲ精密ニ問ヒ、進デハ天体ヲ説明セシメ地球ヲ解釈セシメ、恒星遊星ノ今日ノ状態ニ至リシ理由ヲ訊問スルニ、未ダ克《ヨ》ク答弁シ得シ者ヲ見ズ。多クハ二三ノ質問ニテ答辞ニ窮シ自白シテ其罪ヲ陳謝スルカニ出ヅル者トス。蓋シ憑霊ハ低級ナル者程誇大ノ名称ヲ名乗リ来ル者ナルコトハ屢ノ経験セル所ナリ。以上ノ方法ニテ訊問スル時ハ神ニアラズ仏ニアラズシテ最モ低級ナル霊ノ憑依ナル事明瞭トナル者多シ。嘗テ世人が神憑ト信仰セシ者ハ概ネ以上ノ類ナリ。

此ノ如キ者ハ神懸ト称ス可キ者ニアラズ。亦タ学術上価値アルヲ認ムル能ハズ。仰《ソモソモ》吾国ニテ学術的ニ幽冥ノ研究セシハ平田篤胤トシ、其説ハ古今妖魅考、仙境異聞ヲ首《ハジ》メ其他ノ著書ニ散見シ之ヲ霊学ノ嚆矢《ハジメ》トス。爾来志ヲ継ギ興起セシ者アルモ未ダ幽冥ニ感合スルノ術ヲ得ルニ至ラズ。

鹿児島藩士本田親徳通称九郎ハ幼ニシテ漢学ヲ修メ、壮ニシテ水戸ニ遊ビ会沢正志ニ随ヒ皇漢ノ学ヲ修ムル数年、積学ノ素ヲ以テ深ク日本書紀ヲ研覈《ケンカク》シ其所伝ヲ根拠トシ研精殆ド四十年ニシテ、自由ニ神霊ニ感交スルノ術ト、幽冥ニ正神界邪神界アル事、其階級憑依セル霊ノ種類等差ヲ判別スル審神者ノ法則ヲ発見シ、霊学ノ根抵茲ニ定マル。其ノ法則ノ概要ヲ説明スルニ先立チテ平素ノ研究ノ学則ヲ挙示ス。


　神ノ黙示ハ乃チ吾俯仰観察スル宇宙ノ霊力体ノ三大ヲ以テス。

天地ノ真象ヲ観察シテ真神ノ体ヲ思考スベシ。

万有ノ運化ノ毫差ナキヲ以テ真神ノ力ヲ思考スベシ。

活物ノ心性ヲ覚悟シテ真神ノ霊魂ヲ思考スベシ。

　以上ノ活経典アリ、真神ノ真神タル故由ヲ知ル。何ゾ人為ト書巻ヲ学習スルヲ用《モチヒ》ンヤ。唯不変不易タル直鑑実理アルノミ。

又同人著の「道之大原」には、

　「人心やは大精神の分派。故に生無く死無く之が制御する所たり。而して今時大陽大地大陰及び人魂を以て各位の守神と為す。悉く神府を無《な》みするの説、信従す可からず。」

右二項ノ主旨ヲ悟リ、小精神即チ吾霊魂ハ大精神即チ宇宙主宰ノ大霊ノ一分派タルヲ了得シ、吾霊魂ヲ以テ大精神ニ感合スルヲ求ムルノ術ヲ修ス。是ニ於テ憑霊作用ノ現象起ル者ナリ。而シテ其ノ帰神ノ標目ハ左ノ如シ。

とて既に紹介した正神界に対する無形と有形に亘って自感法他感法神感法に各々上中下三法あり、合せて十八法ある事を示し、邪神界に対しても同じく十八法、正邪合せて三十六法あり、「巫或ハ法華僧ノ行フハ此ノ等外下等ナリ」と断じ、「三十六法之ヲ分テ三六二法トナス」と記している。そして、

憑霊ニ正邪アルハ一ニ自己ノ精神ノ正邪ニ因ル者ナレバ以上ノ箴言ヲ常ニ拳《ケン》々服膺《フクヨウ》シテ実行ヲ怠ル可カラザル者トセリ。之ヲ神懸ノ主要トス。而シテ審神者ノ覚悟ノ大要ヲ示セルハ左ノ如シ。

と次の八章を紹介している。之等は全集の所収であるが左に掲ぐ。

一　過去現在未来ヲ伺フベシ
二　実神ナルヤ偽神ナルヤ弁ゼズバアルベカラズ
三　神ノ上中下ノ品位ヲ知ラズバアルベカラズ
四　神ノ功業ヲ知ラズバアルベカラズ
五　荒魂和魂幸魂奇魂ヲ知ラズバアルベカラズ
六　天神地祇ノ分別無カルベカラズ
七　神ニ三等アルヲ知ラズバアルベカラズ
八　神ニ公憑私憑アルヲ知ラズバアルベカラズ

合　八　種

次に「本田親徳ノ門人ニ示ス所ノ概要ハ以上ナリ。」とし「又親シク其ノ行フ所ヲ見ルニ云々」と

先に「鎮魂法帰神術の神法」より抄出した師に対する評言を掲げている。

さて大審院よりの(ロ)の問題の「憑霊現象が心理学上又は神霊学上肯定すべきものとせば其理由如何」という点に就いて、先ず心理学との関係は、心理学の定義として最も妥当と認めらるゝラットの「意識ノ状態其物ノ叙述並ニ説明ナリ」を最もよしとする米国のウイリヤム・ゼームス博士の左の言を引き、その結論を支持している。

心理学ノ研究スベキモノハ唯種々ナル意識、状態是ノミ。霊魂存在ノ如キハ形而上学又ハ神学ニ於テ論スベキモノ、心理学ト霊学トハ研究範囲ヲ同ジフセズ。全々定義ヲ異ニスルヲ以テ、心理学ヲ以テ霊学ヲ肯定スベキ者ニアラズト断定ス。

という引用し、又欧米の神霊学については、十九世紀の半ばにアメリカに起った交霊術に端を発し、碩学者の研究相つぎ遂によく心霊哲学を成し、世界学界の新権威たるに至ったこと、その降霊術及び或種の宗教的信仰に対しては、科学的研究がまだ充分でないので之を研究し立証しようという仏国のカミイユ、フラマリヲンの言を引いて、我国の霊学が科学的考察に於て彼に及ばぬものあるを是認したこと、英国のデゼルチスの「心霊哲学」は、現今交霊術の提供する幾多の事実が最も進歩した科学の結論と一致したことを示し、「特ニ形ガ今日ノ物質観ヤ、エーテル観ト符節ヲ合スル者ナルコトヲ明ニシタ。」と云うアルファレッド・アール・ワルレスの言に注目した。ワルレスはデゼルチスの心霊哲学に対して、

本書ノ著者ハ先ヅ此等ノ事実ヤ結論ヲ起点トシテ甚ダ明快ニ一種ノ宇宙観ヲ発展シ来リ、又形

体及魂及霊ノ三一的人生観ヲ開拓シ来タ。而シテ主張スラク、吾人ハ斯ノ如クニシテ向上スレバ遂ニ自然法教ニ進ミ達スルモノデアルト。此ノ自然法トイフ宗教ハ十分ニ会得セラルレバ箇人ニ取ッテモ社会ニ取ッテモ倶ニ行動ノ規矩トナリ、往々政治上及社会上ニ於ケル最大問題ノ解ニ資スルデアローー。

という評言を掲げている。長沢はこの欧米の動向に対して、

右ハ前段心霊哲学ノ勃興シ、学説ニ偉大ナル発達ヲ為シタルヲ述べ、後段ハ其ノ結果ヲ推論シタルハ不抜ノ確言ト謂フベシ。最近百年間ニ心霊学ノ勃興ト自然科学ノ発達ノ影響トシテ、世界ノ思想ニ一大変遷ヲナスベキハ必然来ラザル可カラザル結果ナリ。

と述べている。そして続いて本田霊学との対比が行われるのである。

而シテ前項ニ挙ゲシ本田親徳ノ学術ハ学則ハ、其ノ克ク此大勢ヲ観破シ将来ヲ達観シタル者ト謂フベク、彼ノ陳腐ナル学説ヲ株守シ旧套ヲ脱スル能ハズシテ世界最新ノ学説ニ対応セント欲スルノ徒トハ同日ニシテ語ル可キ者ニアラズ。

と先ず我国神道界の学説を批判し（難古事記参照）デゼルチスとの比較論究に入る。この項は非常に力を注いだものであるから次に掲げることにする。（便宜上引用の部分と分つ為に長沢の評言は平仮名とする。）

英国デゼルチス曰ク、之ヲ要スルニ大智者（造化）ノ霊眼中ニ於テハ何物モ余リニ大ナルハ無ク、何物モ余リニ小ナルハ無ク、大小皆是レ造化ノ意志タル永遠無窮ノ理法ガ眼前ニ表現サレテ

ヲルノデアル。

倦然ラバ此等ノ現象ハ果シテ何デアロウカ、是ハ研究ノ為メ仮ニ二大集団ニ分タレルノデアル。即チ有形的ナルト無形的ナル者トノ二種ニ大別サレルガ、前者ハ物体ガ何等直接ナル原因モ認メラレズニ独手ニ動イタリ鳴タリスル類ヲ総括シタノデアリ、後者ハ真ニ心霊的ナル者デ心ヨリ心ニ伝ハル種類ヲ網羅シタ者デアル。但シ実際ニ於テハ此等二種ハ概シ混合シテヲル。例ヘバ卓子ガ踊リ而シテ応答ガ綴リ出サレル如クデアル。更ニ一歩ヲ進メテ分析スレバ、今一ツノ問題ニ進ミ入ルデアロウ。即チ是レハ其使命ヲ送リ遣ハス霊物ノ権能及ビ其特性ニ関スル問題デアル。

○右は本田親徳の神人感合し神懸の起因を、霊を以て霊に対すと解せしに同じ。

デゼルチス曰ク、スピリットハ造化主宰神（天帝）ノ権能ガ三千世界ニ遍満シ、宇宙ヲ総テ絶大ノ愛徳ヲ垂レタマウヲ観ルコトガ出来ル。此ノ大愛能ハ即チ日月星辰ヲ動カス者デ、極微ノ虫類モ尽ク其ノ愛ニ浴スルノデアル。幽界ニアルスピリットハ是亦忙シイ者デアル。善霊ハ下界ノ善人ヲ助クルニ忙シク、悪霊ハ下界ニ悪事ヲ進捗スベク忙シイノデアル。

○右は帰神標目に正神界（善神界）と邪神界（悪神界）との二界あることを標示したると一致す。

デゼルチス曰ク、此ノ見解ハ左ノ結論ヲ含ムト謂ハネバナラヌ。即チ目的ヲ以テ之ヲ論ズレバ、物質ハ秩序ト美トヲ発顕セシ為ニ存在スルモノデアル。此ノ秩序ト美トハ即チ精神ノ領分デアル。コノ見解ハ又物質界ト心霊界トノ間ニ親密ノ相応アルコトヲ含ムト謂ハネバナラズ、前者ハ畢竟後者ノ表現デアル。然レバスピリットガ吾人ニ告ゲテ、霊界ハ人間界ト同一ノ模楷《ボカイ》ニテ形ヅクラレテアリ、一ツノ法則ガ此等両界ヲ貫通シテアルト説イタノハ毫モ驚クヲ要セヌノデアル。其意ニ云ク、スピリット（霊）ガ魂ニ於ケルハ、魂ガ体軀ニ於ケル如クデ、生命ト気力《エネルギー》ヲ上層ヨリ齎シ来ル者デアル。而シテ人間ノ精神ハ又スピリットニ属スル道義ヲ表示スベク存在スルモノトスル。是故ニ各箇ノ存在界（霊界ト人間界）ハ自然ニ是レ亦上層界ノ反射デアル。而シテ力ノ起因スル限点及ビ模様ヲ指示スルコトハ不可能デアルガ故ニ、左ノ結論ハ到底避クベカラザル者デアル。

即チスピリットガ説ク哲学ハ甚ダ論理ニ合ッタ者デアル。霊界ニ於ケル無窮ノ進歩ハ、彼此相倚リ相出入スル幾多ノ存在界ヲ必要トスル者デ、宇宙ニハ霊界人界等層々次々相畳ナリ相倚リツツ存在スルト謂ハネバナラヌ。而シテ此等幾多ノ界或ハ世界ハ皆一切ノ大本源タル霊父ヨリシテ其生命ヲ抽出シ来ル者デアル。

意《オモ》フニ心霊的事実即チ交霊的現象ハ、離体脱殻シタスピリット（即チ霊魂）ガ霊知ヲ有シ妙力ヲ具シテキルトイフ客観的確証デアル。而シテ又左ノ推測ノ虚ナラザルヲ示スノデアル。即チ此自然的物界（人間界）ハ只是レ原因結果（因果）ノ甚ダ長イ一連鎖内ニ於ケル唯一箇ノ連鎖デアル。而シテ其ノ発展シ来ッタ母タル他ノ世界（霊界）ガアルコトヲ必然ニ含示スルノデアル。該霊界ガ吾人ノ目ニ見エザルハ、只吾人ノ現在ノ能力ニ相関シテアラヌカラデアル。而シテ此ノ霊界ハ更ニ又其ノ上ニ他ノ一霊界ヲ戴ダキ、斯ノ如クシテ層一層ト上ヘ達シ、遂ニ所謂劫河沙数ニシテ計数力ガ及バヌ者トナルデアラウ事、空談ノ如キニ似タレドモ事理ノ当然ニシテ疑ガフ可ラザル者デアル。吾人ハ今ハ理論ニ於テ此事ヲ信ジ、未来霊眼ヲ以テ之ヲ望見セネバナラヌ。

○　右は本田親徳が帰神標目に正邪合せて三拾六法とし、之を分ちて三百六拾二法と為せしは、自己の実験を謂ひしに過ぎず。之を推及する時はデゼルチスの説となる。霊魂に尊卑の階級あるを謂ひしは殆んど一致せるものとす。亦吾国にて皇祖皇宗の遺訓と遺制とに拠り、天津神国津神八百万神と祭るは高級の霊にして、古今之を奉祀せる神社に往々霊的現象ありしは此の理に因るものにして、霊界の研究には最も注目を要すべき点なり。デゼルチスの説は克く肯綮《コウケイ》を得たるものとす。

デゼルチス曰ク。予輩ハ前章ニ於テ霊媒ト霊教トハ亦其間ニ多少ノ関係ヲ有スルモノナル由ヲ説イタガ、今此等ノ件々領会スルニモ多少ノ其都度従事シタ霊媒ノ人ト為リヲ参酌セネバナラヌ。否啻ニ霊媒ノミナラズ其ノ周囲ニ環坐セル交霊家輩ノ性質モ亦一考セネバナラヌ。霊媒ハ譬ヘバ鏡ノ如キ者デアル。歪ンデヲレバ外物ガ歪ンデ映ル。青ケレバ外物ガ青ク映リ赤ケレバ赤ク映ル。スピリットノ使命或ハ託言ガ多少色彩ヲ是ニ得ルハ自然ノ勢デアル。善霊ハ下界ノ善人ヲ助クルニ忙ガシク、悪霊ハ下界ノ悪事ヲ進捗スベク忙シイノデアル。聖書中ニ於テ基督ガ悪鬼ノ存在談ヲ否定セズ、却ッテ宛然《エンゼン》之ヲ信ズル者ノ如ク悪鬼ヲ逐攘ッタノヲ見テ、「ラショナリスト」等ハ嘗テ其ノ攻撃ヲ逞シウシタルガ、上ノ章中ニモ論及シタ如ク、アメルストノ霊怪談中ニモ見エタ通リ、悪スピリットノ存在ハ道理上認メネバナラヌノミナラズ、亦スピリット自身モ屢々語ッテヲル。勿論霊怪ト一口ニ称スル者ノ中ニハ種々ノ性質ノ者ガアッテ往々忠義ノ鬼モアルベク、義憤ノ鬼モアルベク、怨恨ノ鬼モアルベク、真ニ悪鬼ト称スベキ者ハ割合ニ鮮《スクナ》イカモ知レヌ。化物屋敷ハ斯ノ如クニシテ起ルモノデ、短カキハ数日、長キハ数十年ニ渉リ、甚ダシキニ至ッテハ数百年ニ渉ルモノモアル。斯ク上霊ト中霊ト下霊トハ、ダンテ神劇中ノ㈠天国㈡煉獄㈢地獄ニ偶然ニモ相当スルモノデアル。悪鬼ハ勿論此ノ下霊ニ属スルモノデアルガ、斯ル悪鬼ノ例ハ人間ノ中ニ夥ダシク存在スル者デ、強盗、殺人、強姦、詐偽等ヲ逞シウシツツアル徒ハ、取モナホサズ此世カラノ悪鬼デ、地獄ノ支配ヲ受クベキ者デアル。斯ル徒ノ亡魂ハ死後ニ於テ同気相求ムル如キ徒ヲ人間界ニ求メ、之ヲ隠ニ唆カシテ種々ノ悪事醜行ヲ逞シウセシメ、而シテ其ノ快楽ノ余瀝ヲ啜ルノデアル。之ニ反シテ上霊ハ隠ニ善行ヲ助ケ進メツツアル。而シテ人生ノ進歩ニ楽ヲ取ルトイフ。畢竟スピリットガ人生ニ興味ヲ持ッテヰルカラ事此ニ出ルノデアル。

○ 右の二項は本田親徳の吾霊魂正しければ則ち正神に感合し、邪なれば即ち邪神に通ず。吾霊魂の正邪と賢愚とは直ちに幽冥に応ず。豈慎まざるべけむ哉と謂はれしと克く其主旨は一致せる者とす。

この様に長沢は英国の心霊学者の説と対比したが、更に進んで吾が霊学と欧米の交霊術又は降神術とを比較検討したその所論は堂々として揺がぬ信念を自らの実験の上から述べたものであって珠玉の文字と云えよう。次に掲げる。

吾国の霊学と欧米の心霊学と比較するに、心霊学者中に説に異同ありと雖も吾説と能くその主旨の一致せるは前掲の如し。更に進めて其長短得失を論ずれば、則ち彼に長ぜるは憑霊現象を科学的に研究し、其所説の具体的なるにあり。之我の及ばざる所なり。

然りと雖も神主即ち媒霊者を一定の修業により自在に養成し得るにあり。彼にありては媒霊者は特殊の人格を自然に具備する者となすも、我にありては修業により概ね成し得る者と為す。亦神霊の憑依に無形に三種類あるを標示せる等は我の長とする所なり。

又更に一歩を進めて、現今の欧米に行はるゝ交霊術の実績と、希臘時代に行はれし降神術との事蹟をヘロドトスに見えたる者に対照するに、希臘時代の降神術は能く国の興亡、戦争の勝敗、人事の栄枯盛衰等の神誥は、多く予言に適中したる者の多きはその示す処にして、以上を対照せしの結果は希臘時代の降神術は現今の交霊術に優りたる如く、亦希臘時代の降神術を以て吾国上世天皇の親ら行はせ給ひし神懸に比較する時は、大に軒輊なかるべからず。彼の時代の神誥は予言の的中せしもの頗る多しと雖も、其の短を挙ぐれば即ちクリヲの巻に、クロエソスが神託を誤り解し自ら滅亡を招きし者の如き、エラトの巻にスパルタの王位継承の争をデルフオイの神裁に断ぜんとせし時、コボン権勢に倚り巫女ペリアルラを動かし神宣を詐らしめしの責は、職として降神術の欠陥に因るものと謂はざるべからず。

吾国上世の神懸は其の式の厳粛斎整なる、その組織は左の三員より成る。即ち弾琴者至誠以て神霊に感合し降臨を願ふ者、神主即ち神霊の憑依する者今謂ふ媒霊者、審神者は憑依なるや否やを査定し、神名の告げあるに至りて真神なるや偽神なるやを鑑定し、亦其の問題に対する託宣の信用すべきや否やを審査して即ち之を判定する者にして、此の如く厳粛と精密に之を行へば、神誥の疑義に渉り亦誤解に陥る等はあるべき者にあらず。

神霊の憑依するや坐したるまゝ尤も端正に昇登し、其身体容貌言語等端斎整正、平素と大に異なる者に一見憑依たるを知る者にして、神憑の偽り欺瞞せんと欲するものあるも、神懸の実際を一見したる者は之に欺かるべき者にあらず。又精神病と憑依との差は能く両者を対照する時は敢て弁別の難き者にあらず。唯審神者たるには神典学を首《はじめ》とし、内外の歴史地理より天体地質物理化学、宗教哲学文学等百科の学に通ぜざれば、真神と偽神との弁別は為し得る者にあらず。高等の神位にあるの霊は学術に関するの答弁は概ね為し得る者なり。然れども此の如きは極めて稀なる者なりと、審神者は宏才博識の士にあらざれば能はざるは玆に存せり。

以上述べたる如く吾国の神懸は、神主弾琴者審神者の三者を具備して之を行ふ者にして、其厳粛にして完全せるは他に類例を見ざる者ならむ。此れ吾国神懸の彼れに長ぜる者なりとす。

輓近欧米に行へる交霊術と上古希臘に行はれし降神術との比較するに、交霊術の降神術に及ばざる観あるは大に故なきにあらず。交霊の法たる直に宇宙統御の大霊に感合を求むるも豈得べき者にあらず。蓋し幽冥は各部の分掌に成る者にして、主宰の大霊の悉く親ら行はせ賜ふ者にあらず。各部主宰の神をして之を分掌せしめ、亦分掌の神は部属の神をして其事務を掌らしむ。其の神界の階級は確言するを得ずと雖も亦頗る夥多なる者ならむ。其の人に憑依する者は各部分掌の神と其眷属の神霊なり。而して常に祭祀する神霊か、又は其眷属に感合する者多し。正神界に仕ゆる高等の眷属は、天下の治乱興廃戦争の勝敗等を克く予知し得る者多し。希臘時代は天神地祇を祭祀したれば、即ち其神霊若くは其眷属に感合せし者ならむ。国家興亡等の神誥の適中せし者の多きは此原因ならざるべからず。

近世の交霊術は人の死後の霊魂に感交するを目的とする者にして、希臘時代の如く吾国上世天皇親ら神懸を行はせ給ひ、国家の大事は即ち神慮に因り決せさせ給ひし大御世は更にも云はず。儒仏の東漸して国民の思想変更し、皇祖の遺訓〔註一〕にして列聖遺制たりし神祇を祭祀する道衰へ、竟に自ら求めて神界に感合する道を失ひ、他感法神懸の術跡を絶つと雖も、苟も国家に関する大事ある時は神感の神懸其他の方法にて神異を示し賜ひし事は、天保十四年七月橘守部、歴朝神異例七巻を著し、神異を六国史を始め普く諸書に散見せる歴史的事跡に徴証し、天照大神の霊異を首《はじめ》とし其他六項を挙げ、治乱興廃の神慮による事の原因と結果とを明にせり。肇国以来万世一系の天皇統治し給ひ、国に革命なきを以て古伝の完全に存せしと、神霊を祭祀せる神社の現在せるとは、幽冥界の研究には世界無比の好材料を有する国と謂はざるべからず。

惟ふに輓近数十年以来、東西に幽冥研究の学興り、殊に欧米にありては碩学の大家交霊の実証により之を帰納して、神霊と霊魂との存在の確認は竟に能く心霊哲学を成し、其説頗る巧妙にして最近哲学の権威なりと雖も、宇宙の玄妙より謂へば尚或は涓《けん》々たる大海の一滴ならんかも知る可からず。然れども幽遠微妙たる霊界の研究に曙光を得たる者と謂はざるべからず。

右調査の結果は憑霊現象は心理学とは定義を異にするを以て之を律すべきにあらず。

吾国に普通に行はるゝ神憑神依等の類は、神霊学上肯定すべき者にあらず。然りと雖も皇典に依拠し学術的に研究優越せる者に至っては肯定すべきものとす。理由は前述の如し。

〔註一〕日本書紀に伝うる神籬磐境の神詔を指す。

以上の様に、霊学に疎く帰神の神法などは皆目未知の裁判官諸氏の蒙を開く為に、丁寧に反復説明を致して居りますが、特に欧米近年の心霊哲学を詳説し来って比較論述したことは、兎角欧米崇拝癖の風潮に対して非常に効果があったと思われるので、文中にも申して居る様に儒仏の東漸のために思想の変更が齎され、(明治以後の外来思想にも又然り)神界に感合する道を失って顕斎のみ形式のみ存した現代の神社奉仕者にとっても、思新たな教示であったかとも思われるのであります。

さて大審院の質問の(ハ)〜(ト)に就ては大凡既述によって了解されると考えられるので省略して(チ)(リ)を取上げ度いと思いますが、その前に(ニ)の(3)について些か触れたいことがあります。

本人又ハ第三者ハ故意ニ憑霊現象ヲ顕出セシメテ不法ノ言動ヲ為シ得ベキヤ。

○　右は不法の言動をなさんとするの意志は既に害悪なれば正神部の霊に感合し得る者にあらず。邪霊此の凶悪の意志に乗じ不法の言動を為すは亦なきにあらず。然れども自在に為し得るは極めて稀なる者なり。往々憑依して退去を命ずるも服従せず、亦暴行を為す者。託言中神祇に不敬の語ある者。皇室の尊厳を害する者。国家の安寧秩序を乱る者。倫理道徳に背く者等ある時は、審神者は其不都合を詰責して懇諭するも其理に服せず、傲慢無礼を極むる者あり。此の如き者を放棄し置く時は風教を紊り社会に害毒を流し、其の弊の甚しきのみならず竟には媒霊者の頭脳を害し脳神経衰弱に至る者あり。

此の憑依現象は最も警戒すべきものなれば、其始に於て百方其道を尽し退散せしめざるべからず。然れども益々狂暴を極めて退去せざる者あり。此の時には止むを得ず霊縛法にて憑依せる霊を苦痛せしめて退去せしむる者にて、此の霊縛の術は毫も手を下さず有形の行為はなくして唯霊を以て霊に対するのみなれども、媒霊者は非常なる苦痛の状況を為すものなれども、憑依霊を苦しむるのみにて、媒霊者の身体には害なきなり。此の術を憑霊の習慣を為さざる内に施さば速かに退去する者なり。霊縛の法は本田親徳の法の外に之あるを聞かず。

此の如き時に世にある行者輩は木剣を以て霊媒者を殴打し其他諸種の残酷なる行為をなす者あるも、唯媒霊者の身体を害するのみにて、憑依の霊は苦痛を感ずる者にあらず。害有て益あるを見ざる者なり。霊縛の術に熟せずして憑霊行為をなすは往々危険ある者なれば大いに注意すべきなり。


と述べて居ります。この事は長沢がよく師伝を体得していたことを証するものとして注目すべき条であります。

さて大審院の質問の(チ)と(リ)ですが、それは是迄の質問と異って具体的に裁判の内容に這入っているのであります。即ち被告の陳述や犯罪事実の内容に入っているからでありますが、それに先立ち大本教事件の被告即ち出口王仁三郎について著者との関係を簡単に述べるのが順序と考えます。

出口王仁三郎が長沢雄楯の許を訪れたのは明治三十一年四月の末である。二十七才のことであった。まだ出口家と関係のない時で上田喜三郎と云っていた。彼はこの年の二月九日から一週間亀岡市曽我部町の穴太区にある高熊山に、ものに導かれて赴き行者修業を経て霊的の目覚めを体験したと云われている。「巨人出口王仁三郎」（出口京太郎著昭和43年1月15日講談社刊）によると、この断食修業を契機として彼は神がかりの状態となるので、後年の「霊界物語」第一巻には「丹波穴太の霊山高熊山に一週間の霊的修業をおえてより、天眼通、天耳通、自他心通、天言通、宿命通の大要を心得し……」と述べているのである。之は霊媒として極めて異常であったことを物語って居ると思うし、この修験者であり霊媒であったという事は、本田、長沢の下に初めより正しき指導をうけ、正神界の守護の下にあった人々と非常に異った存在である事を注意せねばならないと思う。

その彼を清水市に誘ったのは月見里神社に付属する稲荷講社総本部の役員で三矢喜右衛門であった。右の著によれば、

四月二十八日家を出て三矢氏の案内で静岡にむかった。彼は京都駅から新橋行きの列車に乗る。生れてはじめての汽車の旅だ。静岡で乗り換えて江尻駅に下車、十七・八町の道を歩いて夕方静岡県安倍郡不二見村の長沢翁のもとに到着した。

喜三郎は、この長沢翁から霊学の話や本田親徳師の来歴などをくわしく聞かされ、長沢の母豊子からは、本田師からさずかった「神伝秘書」一巻と、「道之大原」「真道問対」各一巻をもらった。ふしぎなことに豊子は、「本田先生の遺言に、これから十年ほど先になったら、丹波からコレコレの青年が訪ねてくるだろう。神の道は丹波から開ける、というのがある。あなたが師の

大志を継ぐ人に相違ない」といって大層喜んだのであった。

二度目に喜三郎が講社を訪れたとき、この豊子は本田師より預りの宝物を彼に与えている。鎮魂の玉と天然の石笛《いわぶえ》の神器である。……

とこの様に記している。然し筆者は之をこの儘信ずる事は出来ない。恐らく長沢門に於ける短い期間中に「道の大原」や「真道問対」を教科書として講義を受けたかとも思われるが、母豊子から「本田先生の遺言に云々」の言葉と共に「神伝秘書」以下を授けられ、又二度目の訪問に当って鎮魂の玉と石笛の神器を豊子が与えたと云うのは、母と雖も本田直門の当主を差置いての行為として首肯し難く、又本田霊学の伝統から考えても、允可もない新来の者に対してかゝる事はあり得ないし、如何にも軽々しい仕わざであって疑問を持たれ、自己に都合よき伝説を創作した匂いさえ感ぜられる。叙述の筆は続いて、

喜三郎は長沢翁のところで色々と得ること大であったが、この様な神伝秘物をさずかった事の外に、審神《さにわ》をうけたことも最も大きなよろこびであった。審神は翁がじきじきにこれを行ない、喜三郎は高等の神がかりと鑑定される。喜三郎にかかる神の名は、小松林命という。それは素戔嗚尊の分霊といわれている。その神様が喜三郎に霊的感応を与えて居られる。というのが審神の結果であった。喜三郎は師のもとを辞し、はり切って故郷に帰った。……

と記している。この文では喜三郎に懸る神は常に正神界の小松林命であるとしているが、そこに過ちがあるのであって、長沢審神者のもとで行なわれた帰神に当っては、本人の霊も清められ、邪霊は凡

て祓われるのであるから正神が懸られたのであって、それが常にという訳には行かないのである。人心は変転するものであるから、それに応じて邪霊の懸る場合も多いので、その点は初学と雖も知悉の事であろうと思う。

王仁三郎は後年、自叙歌集の中で静岡行の思い出を詠んでいる。

丹波より弟子きたれりと長沢師いとねんごろに迎へたまへり

幽斎のさまをうまらにつばらかに朝夕説かせ給へる師の君

師の君のごとき温厚篤実の人は今まで見あたらざりけり

その他、長沢翁に対する敬愛の歌が数多くみられる。

王仁三郎と親しかった多くの人々は、彼がこの長沢翁や前に師事した岡田惟平翁（国学の師）を心から尊敬し、生涯じつに真摯な態度で師弟の礼をとっていたことを、口をそろえていう。王仁三郎は後年名をなしてからも長沢翁との間には往き来があったが、車の乗り降りにも師の手をとり、ふろの湯かげんや献立、寝具にいたるまで気をくばり心を配るのであった。王仁三郎は和歌や書画その他の先生に対しても同様で、とにかく師に対しては終世礼をつくしたという。

と記している。この著者は王仁三郎の孫に当られる人であり、客観的に資料によって祖父の一生を書いているのであるが、その人となりや長沢雄楯に対してはほぼその通りと考えられる。筆者の得た資料によると明治三十一年四月の入門修業期間は約一ヶ月半ほどの間であり、再度清水市に赴いて指導をうけたのは明治三十四年であったと思われる。伝えられる処によると、三十四年に喜三郎が神主となり、長沢が審神者をしての幽斎には、石清水八幡宮の眷属小松林命が憑依されて、日露戦争の予言をしたとのことである。その後も往来は断続して続けられたことは右の引用文にある通りであるが、一つには出口の海外的な活動などには長沢にとって平田篤胤・佐藤信淵の学統的な夢が托されていた趣もあるかと思われるが、随って大本教事件によって門下から不敬罪の者を出した長沢の心痛は容易でなかったと考えられる。併しながら大審院より示された資料は、その雑誌に発表した文が不敬罪を構成すると云う内容であった。大審院の質問(チ)及(リ)に対して長沢は次の様に述べる。

(チ) 被告人ハ憑霊現象ノ発作スル場合ニ於テ、一種ノ凝塊ガ臍下丹田ヨリ咽喉ヘ昂上スル如ク感ジ、本意ニ反スル言動ヲ為サシムルコトアリヤ。若シアリトスレバ右ハ如何ナル生理上又ハ精神上ノ作用ニ因ルモノナリヤ。

○霊の憑依は大脳へ憑り、中脳及延髄より脳神経交感神経の作用にて全身に及ぶ者なれば、心臓に感じたるより此の観を起したる者と推測す。或は手の発動するより、手より憑ると思ふ者あれども非なり。大脳へ憑る故に強き時は自己の意識を失ふなり。憑霊の時は自己の意識にあらずして憑依の霊の意識なれば、自己の本意に反する言動をなすは当然なる者とす。本条は自己の霊魂と神霊と融合混一するにあらざるを証するに足る者なり。

(リ) 本件犯罪事実ノ内容タル雑誌ノ記事ヲ作成シ且掲載セルハ被告人ノ憑霊的動作トシテ是認シ得ベキヤ。

○神主と審神者とは絶対に兼ぬるを得ず。若しその一を欠く時は正確なる神懸たるを得ず。何人か審神者となり神懸を行ひ如何なる態度の調査を成したるか。親しく之に臨みたるに非ざれば憑霊的動作とは是認することを得ず。然れども嘗て約二十年前に有ては尊王の大義と国体の尊厳とは弁へ居りし者が、此の如き事を為すは、無形の神懸にして邪霊が直覚せしめしやは知るべからず。蓋し無形の神懸は瞬時にして自己の意識に復する者なれば、直に無形の神懸なりしや否や、直覚せしは事実なるや否を、有形の神懸を行ひ以て精密に質し而して後に信ずべきや否を定めざるべからず。若し邪霊が無形に憑依しての動作となさば、正神の守護を失ひたる者たらざる可からず。正神の守護を失ふには自己の意志と行為が正神の神慮に背きたる後ならざるべからず。

……事苟も皇室と国家とに関するのみならず、その結果亦本人の身上に係る重大事件なれば、若し瞬時の直覚がありたる者とするも軽卒に之を信用して発表すべき者にあらず。

宜しく最も厳粛に法式を確守して神懸を行ひ、憑依の神霊と託言とは精密なる調査を行ひ、先づ信頼するに足る真神なるや否やを定め、托言の真偽と可否とを審査し、以て信用するに足るや否やを決定せざる可からず。之を当然の順序とす。当時身親しくその席に臨み、之を履行し充分なる審査をなしたる者にあらざれば憑霊的動作なりと確言するを得ず。然れども事の玆に至りたる者は、謹厳に確守す可き神懸の法則を破りたるにより、邪霊其の虚に乗じて憑依して精神を錯乱せしめて玆に至らしめたる者と推定す。

と以上の様に記している。神術の権威を主張しつつ出口の雑誌に執筆した不敬罪に当る項を邪霊の憑依した為と弁じているのであります。平静にこの事件を観察すれば、出口が霊性に勝れた事は認めるけれども、やはり行者として霊媒として出発し又終始したので、長沢師に就いていた時は正しかったが、出口なおと縁組するに及んで又元の霊媒に堕して、本田霊学の上に一大汚点を残したので、長沢の霊学に於ては大変マイナスになったと歎く者もあります。

然し筆者はこの「惟神」の中に述べられた本田霊学の殊に霊術上の祖述を重視するのであって、この中に於ては実行された霊術《わざ》が詳しく説明されている故にここに引用したことを記しておきましょう。霊学継承の上から見れば上田喜三郎は要するに些かの縁を持った傍系の一人にすぎないのであります。世に名を為したか否かは人間社会のことであって、神界から見ればさしたる事でもないのでありましょう。神界の正しき使命は本田長沢の系列の基礎の上に、他に静かに承け嗣がれていたと思うのであります。それは稲葉大美津↓佐藤卿彦の系列に係わるのであります。稲葉大美津については先に一寸触れましたが、長沢雄楯著の「大本教事件に対する意見」に就いて述べねばなりません。之もまた霊学継承の上でどうしても取上げて言及せねばならぬ書であります。

㈡〔大本教事件に対する意見〕

この書の成立については已に述べてありますから省きまして、内容を概見して参りますと、「一、国体トハ」と題して、今日帝と皇との相違をよく判らぬ人が多いが、帝国と皇国とは非常な違いがあって是はよく知って置かねばならぬと述べ、次で国体の語について漢書をはじめ延喜式、水戸学派の国体論（会沢正志・藤田東湖）以下「明治元年氷川神社ヲ武蔵国ノ鎮守ト為ス詔」「明治三

年正月神灵《しんれい》鎮祭ノ詔」「仝年四月、惟神大道宣揚ノ詔」「教育ニ関スル勅語」等を挙げて明確に説いている。次に、

「一、明治迄ニ発達セシ国学」と題しては、

明治迄ニ行ハレ又ハ発達セシ学術ト云フモノハ左ノ如キモノデアリマス。即チ
○神典学　○国史学　○律令格式学　○歌学（萬葉集、廿一代集其ノ他ノ歌集ヲ研究セシモノ）
○物語日記学（物語日記類ヲ専ラ研究セシモノ）　○古実諸礼学　○軍学（或ハ武士道学ト云フ）
○音律学　○日本学　○系統学　○古醫学（大同類聚方医心法神遺方以上ヲ研究セシモノ）　○灵学

此ノ外ニ必要ノ学科ハアリマスガ、専門トシタモノハ以上ノ十二科デアリマス。斯ウ云フ風ニ日本ノ学術ト云フモノハ十二派ニ分レマス。ソレデ総テ此ノ神典学カラ後ノ十一派ノ学説ハ生ジマス。

と述べて、神典学に基礎たるべき書（十二部）神典学に関する必読の書を四十六種を挙げて居りますが、その中に本田親徳著「道之大原一冊」「難古事記二冊」「古事記神理解一冊」を含んで居ります。この中後の二つは冊数が巻数とちがっている処を見ると少し疑問もありますが、兎も角四十六種を掲げているのはその博学ぶりがわかります。それは神典学に止まらず、国史学（百十六種）、律令格式（二十種）、物語日記（二十三種）、歌学（二十一種）等挙げた書名を一見しただけでも驚かれるのであるが、

慶長以後ニ発達シマシタ十二学科ノ内ニ於テ、国家ニ直接ノ貢献ヲシタルモノハ何デアリマスカト云フニ、由来国家ノ盛衰ト興亡ハ学説ノ如何ニ原因スルモノガアリマス。西洋史ノ徴證ノ一例トシテ挙ゲマスニ、「ルソー」ヤ「モンテスキウ」ノ学説ハ仏国革命ノ原因デアリマシタ。

と述べて、重要な文献又は人物として左の人名を挙げている。

○林道春ノ神社考。○水戸光圀ノ大日本史ト礼儀類典ノ編集ハ敬神尊皇愛国ノ大義ヲ明カニシタモノ。○山崎闇斉ノ神道説。○谷重遠ノ神道ノ宣揚。○山鹿素行（中朝事実以下九十八部ノ著述アリ）。○荷田東麿。○加茂真淵。○本居宣長。○平田篤胤。○佐藤信淵。

コノ平田篤胤ノ教ガ出口王仁三郎ノ思想ノ根底ヲナスモノナノデアリマス。

と述べている。そして次には、

「一、私ト出口王仁三郎トノ関係」と題して速記させて居りますが、出口が長沢雄楯を訪ねて来た事情（已出）を次の様に語っています。

コチラニ参リマシテカラ神懸ノ修業ヲヤリマシタ。処ガ非常ニ神懸モ良イシ、学術モ能ク勉強シマシタ。宅ヘ来マス前ニモ一通リノ読書ハ出来タモノデアリマス。宅ニ来マシテカラハ主トシテ古事記トカ日本書紀ダトカ平田篤胤ノ著述物ヲズット勉強シマシタ。処ガ平田篤胤ノ学風トイフモノハ……漢学ノ力モ国学ノ力モ一番進ンデ居リマス。諸般ノ学術ニ広ク亘ル学術ヲ大変活用スル学風、ソシテ孔子マデノ儒教ハ日本ノ古道ト一致シテ居ルト云フノデアリマス。サウシテソノ研究ニ掛ツテ赤県太古《モロコシタイコ》伝《デン》ト云フ著述ガゴザイマス。日本ノ国ハ支那ヲ併合スルト云フ様ナ希望

ヲ抱ク、是ガ平田篤胤ノ学風。平田篤胤ノ著シマシタ灵能真柱ノ下ノ五ノ註ニ、

そもそも世には五月蠅なす学者どもの甚《いと》多くそれら悉外つ国々の妄説どもに惑ひ溺れて皇大御国のかばかり尊き謂を尋むとせず、たまたまもかかる説をききては驚き怪しむのみならずかぎりて云破らむとのみ心に進むめる。此はそもいかなる曲心ぞ。されば予かくいふとも信なふ人も今はをさをさ有るまじけれど、千歳の後世人の既くも文化の頃に先見して云ひ置けるよと思ひ合せ其の時なむ始めて驚きてむ。吾は其を冥府に待見ねかし。

ト斯ウ云ウ予言ガシテゴザイマス。

ソレカラ此ノ平田篤胤ノ門人ニ佐藤信淵ト云フ人（出羽国ノ出）ハ我国ヲ整ヘテ世界ニ及ボサウ、日本ノ国ヲ整備シテ行クコトハ此ノ垂統秘録ニ書イテアリ……ソノ上ハ混同秘策ト云フ本ニ書イテアル方法ニ依ツテ世界ヲ統治シテ行フ。

此ノ篤胤ト佐藤信淵ノ説ガ出口ノ考ノ源ニナツタノデアリマス。ソレデ宅ニ居テ―継続シテハ居マセヌガ、都合ノ良イ時ニ来タ、一年ニ三度カ四度位宅ニ来テ居リマシタガ殆ンド三年デゴザイマシタ。其ノコトハ近頃出口ノ刊行シタ歌ノ本ニ出テ居リマス。ソレカラ神様ノ御懸リニナルノハ良カッタ。私ノ千人バカリノ弟子ノ中デ宮城島金作ノ次ニ優レテ居リマシタ。神懸モ良シ、学問モヨク勉強シマスシ、平田篤胤ノ学説ヲ採リマシテ……日本ガ世界ヘ雄飛スルノ基礎ヲ作ラナケレバイカヌト云フ説ナゾヲ非常ニ信用シテ其ノ志ヲ抱イタモノデアリマス。

と述べて出口の思想の根底を明にし、その行動は皇室中心主義であったと弁護して居ります。そして

大本教の不敬事件は出口なをのお筆先と王仁三郎の灵界物語にあるとされているが、それが不敬と云えば仏教の各派の中にも類するものが多いといって、仏教の歴史上国風と合致せずに或は崇峻天皇を弑し奉った事件、道鏡が僧侶の身で天皇の位を得ようとした等の重大な事件を起した史実をあげ、又日蓮の書いた曼陀羅に天照大御神を小さく低い位置にかいている等の例をあげ、又本願寺の僧を葬ったのを廟などと云ふのも不敬であるし各派の祖録などをも述べて、若し出口を罰するものとすれば仏教各宗も皆罰しませぬと理が通らない。「第一審の公判で、判事の宣告の後に、出口だけのものと思うと誤りで仏教の各派とも之を侵して居る。若し今にして改めるならば仏教の各派は逃がすが、若し改めない時には直ちに検挙して此の通りの処分にするからさう心得る様にと附加があったとか中外日報に出て居ります」と述べているのは、大本教事件の検挙というものが非常に背後に複雑な事情があったことを暗示して居ります。この書には出口の検挙の直後京都府の考で長沢を挙げれば又必ず種が出ると云うので、京都府の警察と県の警察から警部が家宅捜査に出て来たが種も何もなかった。そこでどんな訳で検挙したかを聞くとお筆先と灵界物語で、「灵界物語には古典にない神名を使ったり、古典にある神に敬称を使はなかった」等々で、但し灵界物語だけは一冊も長沢の処に送らなかったと申しています。

大本教事件について述べることは本題でありませんから省略しますが、この書は之から叙述が転じて幕末維新以来の歴史論となり、維新政府を成立させた思想的指導理念は平田神道であったが、維新後は国学者は次第に洋学思想に押えられて衰え、神祇官から神祇省、更に神祇省が廃されて教部省となり（教導職を置いて布教したこと）、大教院とその独立、教導職も廃止し各宗派に管長を置いたこと、神道十三派が追々起ったのは明治十七年教部省が廃された頃からと、その混乱と腐敗の推移を明確に述べて、例えば出口直の信仰は金光教の熱心な信者であって、金光教で艮《こん》の金神などを信仰しているがそんな神は神典にも何もない。そういうものを政府で許可した理由が判らない。金光教から出たので、出口直の大本教が悪いとなればその本の金光教が先ず罰せられねばならぬ、それは認可した内閣が責任を負わねばならぬとのべて居ります。更に転じて洋学特に理科学の圧力に対して国学者が殆ど対抗出来なくて急激に衰えた事に触れて、

ソレカラ私ノ師匠ノ本田親徳ナンカハ、平田篤胤迄ノ学者ノ学説ノ足リナイ所、悪イ所ソレカラ理学ダノ科学ノ力、サウシテ此ノ神典ガ理科学ニ矛盾セヌト云フコトヲ、古事記日本書紀ナドノ矛盾セヌト云フコトヲ主張シマシテ、理科学ノ上カラチヤント改修シタモノデ、此ノ本田親徳ニハ古事記真理解ト云フヤウナ著述ガゴザイマシテ、サウ云フ類ノモノニ不都合ガゴザイマスト理科学ヲ以テ解《カイ》シマス。

と紹介している。そして政府が十四年皇典講究所を起して生徒を入れたのは、伊藤博文が憲法の調査にかかるにつれ、日本古典が必要になって之なしには日本の憲法を制定出来ない。国学が必要になったので松野操に命じて皇典講究所を拵えたので、その時学則の中に修身科というものを置いてその中に神典としては平田の古史成文が三冊入っている。神典というものが学課に入っていない。こういう事情であったと、今では信じられない様な事実を述べて次に挿話を語っています。

私ハ理学ノ力デ神典ノ難解《カイ》釈ナ所ハ解釈ガ出来ルモノト云フ考ヘヲ師匠ノ本田親徳カラ聞イテ居リマス。非常ニ他ノ人トハ異ツタ考ヘヲ持ツテ居ル、所ガ之ノ皇典講究所学則ニ平田篤胤ノ古史成文ハ修身科ニ置カレテアルト云フノデ非常ニ意外ニ感ジタ。ソレカラ二十バカリ年上ノ阿波ノ国ノ官幣大社阿波神社ノ大宮司ノ西川寿賀雄ト話合ツテ、彼ノ学則モ不都合ダ。神典ガ丸キリナクテ古史成文ガ三冊修身科ヘ入ツテ他ニハ何ンニモナイ。アレヂヤ国体ノ尊厳ダノト云フモノ、神道ノ趣旨トイフモノハ丸デ諒解ノ出来ルモノヂヤナイ、アレハ大変不都合ナモノデアルト云フノデ、松尾操ニ面会シマシテ議論シマシタ。所ガドウモ諸君ノ言フノガ御尤モデ、僕モ其ノ意見ハ同ジナンダガ、今日ノ日本ノ学術ヲ以テ出シテ行クト云フヤウナコトハ出来ナイ。……ドウカ諸君ハ能ク此ノ神典皇典ノ理学ノ科学ニ矛盾シタ所ヲ説明ヲ完全ニシテ呉レ、ソシテ一日モ早ク之ヲ学課ニ加ヘルコトニシタイカラ、諸君ハ其ノ向ヘ努力シテ呉レ。此ノ松尾操ノ説ヲ聴クト尤モナ訳ダカラ、私ハ師匠ノ本田親徳ノ理学ダノ科学ダノノ上カラ説イテ居ル説ヲ聴イテ居ルシ、神懸ノコトモ知ツテ居リマスケレドモ、其所デ説明シテ師匠ノ認可モ得ズ学課ニ加ヘテ行クト云フコトヲ強ヒルコトモ出来マセヌノデ、別レタノデアリマス。

と述べて居りますが、之は長沢が本田門に入ってから余り年を経ていない頃の回想と思われます。西川寿賀雄とは東京の神道事務局で、全国の有志会議を開いた時分の友人と述べて居りますが、当時已に全国的集会にも出でて交友も多かった事を知るのであります。本田霊学が当時その科学的な神典解釈に於ては已に指導的な内容を持ちながら、世に行われず久しく埋もれたのは、神社界神道界は平田学派が不抜の勢力を根強く張っていたからであって、気鋭な長沢と雖も之を押出すことは不可能であったと思われる。それは現在に於ても大同小異であって、先年難古事記を分冊発行した際に、神社界の指導的地位にあった友人が、どうも付いて行けない感じがすると申した言葉にも解るのであるが、戦后の思想に洗脳された人々は神典をお伽噺としか考えていないし、もっと深刻に衝いて来る筈で、こういうことになったのも国学者の不勉強の罪であり、古典に安坐をかいて自己満足している時代でもないでしようと云って笑ったことがあります。

さて「大本教事件に対する意見」を終るに当って、田中初夫博士が神道宗教（同名学会）第三十七号に掲載した「神霊の系譜」の一文によっても、大本教の神霊観は夾雑物を除いて本田霊学の二著から一歩も出ていないことは、彼が長沢の許にて神伝秘書、道之大原、真道問対の三書を得たとする出口京太郎の著述とやや合致するのであって、従って彼の門下たちも又出口の教を元として出発していることが解るのである。即ち、浅野和三郎（心霊協会）、谷口雅春（生長の家）、岡田茂吉（メシヤ教）、中野与之助（三五教）、岸一太（明道会）等はその流れと思われる。外に友清九吾（歓真）は長沢門に暫らく遊んだ後大本教創設の頃、出口を援けて浅野と共に大本神学樹立に最も力を致したが、大正八年頃には分れ去って格神会を組織し、昭和二年には神道天行居を創始した。友清は長沢門に遊んだ時期は永くなかったがジャーナリスト出身にて資料蒐集に長じ、本田霊学に着目しその研究のために本田門下を歴訪して遺著残簡を集めてあまさず、本田を先師などと呼んでいたが、彼の神霊観の源はここにある。右にあげた人々は大正・昭和期に於て活動し、戦後に於ても教を拡めている人々もある。更に長沢門に出でて大本教とは関係なしに寧ろ絶対反対の立場に立って大正時代に活躍したのは九鬼盛隆であって、本道宣布会を組織し、月刊「本道」を刊行した。九鬼盛隆には友清歓真が大本教を離るる前後に於て協力したことがあった。併しそれらに就て記すことは主題でないから省くことにする。

之を要するに、この著は出口に対する弁護よりも神道十三派をも含めて宗教なるものが必ずしも否むしろ国体に添わぬもの多きをのべている点にその意を汲み取るべきであって、大審院に提出した鑑定書の結論がどうであったかは、この書の巻末にある弁護人との問答によって知ることが出来る。

問　此ノ前ノ事件ノ時ノ鑑定書ニハ邪霊ガ付イテ居ルト云フ鑑定ニナッテ居リマスネ。

答　神憑ト云フモノハ方式ニ依ッテヤラナイト邪霊ガ懸ッテ来ル。神懸リノ方式ト云フモノハ一人デ行フベキモノヂヤナイ。「サニワ」ガシッカリシタ者デナイト邪霊ガカカル。是ハ西洋ノ方ノ実例ニ幾ラモゴザイマス。（長沢）

問　神懸リト云フモノハ方式ニ依ッテヤラナイト邪霊ガカカッテ来ルト、サウスルト何デスカネ、神サンニ是非懸ッテ戴キマスト云フコトヲオ願ヒシテノミ正神ガ懸ルベキモノデ、オ願ヒシナイ時、即チ勝手ニ懸カラレル時ニハ良イ神サンガ懸ラヌト云フコトニナルノデスカ。

答　神主、琴主、「サニワ」ノ三役揃ヘバ……。

問　サウスルトデスネ、ソレ以外ニオ願ヒシナイデモ懸カルコトガアルノデスカ。

答　アリマス。邪神……天下国家ノ大事変ノ時ハ正神。

問　サウスルト天下国家ノ大事件ノ時ニダケ正神ガ懸ルト云フト、其ノ正神ハ高級ノ神サンヂヤナイノデスカ。

答　高イ神サンデス。

問　低イ神サンデモ正神ガアル訳デスネ。

答　アリマス。低イ小サイ邪神モベタアリマス。

問　サウスルト、此ノ前ノ出口先生ノ邪霊ト云フコトガドウシテオ判リニナツタノデスカ。正神ガ或ハ懸ツテ居ルカモ知レナイ。

答　ドウモ、邪霊カ邪霊デナイカハ矢張リ「サニワ」ヲシナイト……併シ大低良イ神、理窟ヲ言フ人ニハ理窟ヲ云フノガ懸ツテ来ル。

問　其処デ出口先生ガ悪心ヲ持ツテ居ラヌトスレバ悪イ神サンハ懸ツテ来マイト思ヒマスガ、サウハ行カナイノデスカ。

答　其ノ時ノアレニ依ツテモ……。

問　其ノ都度々々違フノデスカ。

答　サウデス。

問　正善ノ人デモ、必ズシモ良イ神サン許リ懸ルト決ツタモノヂヤナイノデスネ。

答　左様、人間ノ魂ト云フモノハ変化ノアルモノデス。不変ナモノヂヤナイノデシテ。

問　魂ト云フモノハ自分ノ意思ニナルノデスカ。
答　左様、良イ意思ノ時モ不都合ナ意思ノ時モアル。
問　判リマシタ。有難ウゴザイマシタ。

とあります。正しい神憑は必ず正しき法式に依らねばならぬ点でも、古来世に多き修験者、霊媒者が或は危険に推移することが多いことを示唆して居り、正神に感交すべき帰神術に於ては参ずる者の非常に純粋に高い霊的境地を要求され、そのために苦難の修業を静かに積むのであって、そこにのみ本田霊学の真の継承が行われると信ずる。

之を要するに結論的に云えば、長沢門下一千余の中に、真に神主として傑出したのは宮城島金作、武栄太夫の二人であり、そして更に審神者としては稲葉大美津と佐藤卿彦が最も秀でたのであって、佐藤卿彦は稲葉門の高足であり、已に許されて後師の奨めに従って長沢のもとに入ったのである。それは巻頭の系譜に示してあるが、稲葉門に記した人々は大凡そ昭和十二年以後に学んだので、中に若林耕七については、「道ひらき」の荒深道斉が大正十三年六月、その審神者を乞い神憑式を行った旨が記されているので、他の人々も夫々に霊学を得たものと思われる。蓋し稲葉は教うるに人を選び苟もしなかったに由る様であって、この点は寛大で望んで来るものは何人もこばまず、道を得ると否とはその者の資性と専修によるとした長沢雄楯と対蹠的であったと思われる。

〔四〕 霊学伝記抄

この標目は適当なものとは思われないが、特に佐藤卿彦著「古法式鎮魂法・帰神術の神法」（既出）には第八編に余録として十六章が掲げられ、その中一二は已に掲載したのであるが、ここには以外の章の中から選んで記し度いと思う。但しこの余録についてはその始めに、

本編は鎮魂帰神に関して、長沢翁稲葉翁を始め諸先輩の残されし体験並びに挿話等に就き、見聞せし事柄を縷々綴ることとするが、時代的の前後、或は霊学上に於ても本文と重複せる処も有ると思われるが、順序を構わず記録に残せしもの、又記憶をたどりつつ記述して行く事にする。なお記憶に残せしものは既に三十年も経た今日では、その人物場所などの名称等は失念して居り、誤りありてはと思い符号的に記すか（〇〇〇・△△△の如く）又は省略することにする。此の点了解願いたく前以て申述べておく。

と記している。伝聞の挿話の中には自然同じものが他書にも掲載されていることがあろうと思われるが、その詮穿は無用の事であるから致さないことにし度い。

宮城島金作氏は偉れた神主で有った事は既に述べてあるが、これは稲葉翁の物語りの内の一つである。三保の社務所に於て帰神執行中の折、氏を神界に連れて行かれるとの憑霊の仰せで、忽

ち室内を飛び出して行かれた。後になってその時の状態を氏に尋ねた処、どの様に行ったのか其の間の事は全々不明で、ともかく到着した処、御同行と覚ゆる御眷属が、大巳貴命であるとの仰せで拝をなした。よく視ると命は臂を枕として横になられて居られた。其の大きな事は申し様もなく、偉大であり尊厳極りないお姿であられたとの事である。猶帰られる折に御眷属より「石」を御土産にと拝受したが、其の石たるや瑪瑙石の如くであり、それに透きとおっていて、顕界では到底見られぬ逸品であったと語られた。なお、その石は現今でも（昭和八年頃）氏の家にある筈だと申して居られた。（余録二）

稲葉翁の父君と本田翁とは非常に昵懇の間柄であったとの事である。本田翁は当時〔註一〕（明治十五年頃）御穂神社に居られない時はいつも清水市入江新富町〔註二〕の稲葉家の寓居に起居されて居られた。その頃は稲葉翁は子供（九才頃）であったが、本田翁と父君が霊学の事や其の他一般的な雑談をなされている時、いつも側で解らぬながらも両人の話を聞いている事が多かった。本田翁は「お前にも此の様な話が判るか」と笑いながら言われたことも覚えて居ると筆者に語られた事がある。

〔註一〕本田翁が三保地方へ行ったのは明治十八年頃と推定される。

〔註二〕清水市入江町白髭神社社家であったと推定される。後年（大正五年）稲葉大美津はこの神社の社司となり、長沢雄楯に入門している。猶本田翁の記事は稲葉十一才の頃の事と推定せられる。

右の様な或る一日、いつもの如く翁と父君と談話をなされて居られた処へ御穂神社より用件があり稲葉家を訪れた人があった。ところが翁と父君と何かと話合って居られるのを見て、アッ！と云って驚き翁の顔を眺めて居るので、父君が「何を驚くのか」と尋ねた処その人の曰くに、「いや今社務所に居られる本田先生の元に何人か来客があり、其の人々と種々談話されて居り、霊学上の話も出て、私も聞き度いのでしたが時間の都合上船（三保清水間の渡舟）へ乗らねばならぬので、こちらへ伺ったのですが、此所にも本田先生が居られたので、これはどういう訳かと驚いた次第ですが」と申すと、翁は「其れはワシの分身が向うで話をして居るのだよ」と云って笑って居られたとの事があったと。これも稲葉翁の物語である。（余録四）

宮城島氏には各階級（但上位）の神霊が憑依されたが、主として八千彦命、〔註一〕三保の大天狗の二柱が懸られる事が多かった由である。八千彦命は書道が巧みであられた。現在も御穂神社の正面に掲げるところの板額に「御穂神社」と雄渾な書体で揮毫され、なお「八千彦命懸りてしるす」と側らに書き添えられている。此の様な「額」は恐らく他の神社には例のない事と思われる。月《やま》見里《なし》神社の道場の広間に掲げてある板額「稲荷神社」の書は「八千々彦命かかりて書」とあるは八千彦命の父君の御揮毫と云われている。此の外に両神社の御名を書かれた大幟が二幅あり、現在月見里神社に保存されている。八千彦命は「鳥羽絵」も巧みで、種々面白い絵を書かれたとの事である。（余録五）

〔註一〕三保神社に仕うる高等眷属にて、天狗界の総取締の神。

稲葉翁は宮城島氏に懸られた右の二柱の御眷属につき、種々詳しく霊術の御指示を受け、「霊縛法」に就ても特殊な方法を大天狗様より授けられた。之の術は現在筆者に伝わっている。大天狗様は非常に磊落豪快な御方であられ、憑依される時も他の霊より強く体を切られた。他の憑霊（高位の正霊）は笑顔など絶対に致されぬが、此の方だけは懸られると豪快に大声を上げられ、「ワッハッハッハー」と笑われて懸ることがあったと稲葉翁が語られた。これはこの霊と翁が格別親しく終始接触されて居られたので、その親近感より特別な態度を御示しになられた事と思われる。なお大天狗様の懸られた時、霊縛の稽古に翁が取かかると「ヤレヤレ又縛られるのか」と申されたり、又「さあ今日は縛られぬ裡に早く帰る事にしよう」などと申され、らいらくに御笑いになって昇霊なされる事が有ったと、此れも稲葉翁談である。（余録六）

明治二十八年頃、宮城島氏に猿田彦大神が御懸りあり「御穂神社千年来の積りし穢れあり、今日はそれを祓ひ浄むべし」と仰せられ、社務所より拝殿に向って舞うが如く飛びゆき、何所よりか祓串を手にされて、神殿、社務所等を御修祓なされた。此の時神殿社務所を往復されるに宛《さなが》ら宙を馳せる如くで、その一足毎の歩幅は約九尺に一歩ずつであったという。猶その時の祓串は針葉樹の如くであり、一見松に似るも未だ見たことのない植物であり、その木は根つきのままで土が附いて居ったとの事である。なお又、その木につけてある紙垂《しで》の形は誰にても切る事能わざる程の寸法で、正確整然として居り、此の切り方は如何なる鋭利な刃物を以てしても、人間にては到底切れ難いほど巧みな裁断であったという。翌朝この祓串を羽衣の松の海岸へ納めた処、海中に投入れると直ちに消えるが如く見られなくなったので、同行の人々は其の神威の程に驚愕したと謂われている。（余録十）

長沢翁の審神者される時の態度は実に巍《ぎ》然たるものにて、人々をして思わず襟を正さしむるものが有った。筆者も傍らで拝見して居って其の厳粛さに自然に頭の下る思いがしたことが屢々であった。又、時には翁の眼が異様な光を発するのを見かける事もあった。憑依中に邪霊の懸った場合など、その霊に詰問される翁の声は、実に荘重そのものの感がした。しかし霊縛法を行われる事は滅多に見られなかった。霊縛を行なうと云う事は現界（人間界）の場合に法律によって罪人を捕縛することと同じ理由があるためである。それは憑依せる邪霊が何らかのことで罪と看做《みな》すべき行為行動をなしたる時、すなわち憑霊が懸っている処の本人の身体とかその生命に不安を及ぼすような場合か、又は本人並びにその周囲の家族なり関係者等が、此の為に非常に迷惑したり、苦しむ様な場合には断じて霊縛すべきものである。そして、その霊を取除き苦しみを救うのが審神者としての務めである。霊縛するとしても、その邪霊の行為等によって一応は詰責する事は勿論であるが、説諭しても猶改めない場合に於ては断乎として其の法を行うのである。此の法は元来その人に憑いている、懸っている霊を縛る事であって、その人の肉体を縛る事ではない。併しこの法を行うと、憑依者自体は苦痛な表情や顔色を示すが、肉体的には全々苦しみは伴わないものである。妖魅界の霊には相当な霊力を備えているものもある。強力な邪霊となると当方の霊縛を跳返して逆に当方を縛ろうとするが如きものがある。時によると、此の様な場面に遭遇する事もあるが、この様な場合は、即刻、正神界に霊縛方をお願い申上げ神界より御縛りして戴くのである。なお甚だしい邪悪な行為行動を示す霊は、神界より其の霊を抹消（抹殺）してしまわれる事もある。是等は人間界の死刑と同様な事柄とも思われる。（余録十三）

帰神は宇宙統御の大霊に感合する為の神法ではあるが、其を執行する場合に於て、特殊な例を除いては大霊（大神）が懸られる事は無いとのことを屢々述べてある。我々顕界から各種萬般に渉っての用件解決の御神誥を願うとしても、細事に就ては此の大霊が直接に御教示下さった例は未だ聞いて居らぬ。幽冥界に於ては総《あら》ゆる部門部所に、其の方面に精通せる神々が其の任務を分掌されて居る。この分掌の神は、それぞれ部属の神をして其の事務を掌らしめられて居られる。人に憑依なされる神は、此の部属の神とか、その御眷属の霊が多いものである。それ故、帰神執行の際に、例えば海辺の事を分掌されて居る霊が懸られたとき、この霊に山間の要件をお尋ねすると、「吾は知らぬ」と申され、更に「他の分掌（分担）の霊と替わる」と申され、直ちに体を切って御帰りになる。と瞬間に再度体を切って、其の部所に詳しい霊と入れ替わられ、他霊が御懸りになる事がある。此の如く、幽冥界に於ては、分掌部属なる組織が歴然として存在せる事は、神懸りを執行する上に於て、判然と認められる処である。なお、分掌の異なる霊が「吾は知らぬ」と仰せられても、必ずしも其の方面の知識が全く無いのではなくて、ただ詳細な事柄を存ぜられぬ為に、他の部属の霊と替わられるものである。斯の有様は、儼格整然たる神界の組織の一端を窺い知る事が出来るものではないかと惟《おも》う。（余録十四）

本田翁が岡部の神神《みわ》社に御逼留中の時の事である。当時の神職は三輪武氏であった。（現宮司三輪和夫氏の祖父）氏も翁の門下であり帰神術の指導を受けられていた。偶々その研修日に、当時著名な人物の某氏が見学に列席した。その時翁の令嬢薫子さん〔註一〕が神主となり帰神を行った処が、古典の書籍に現われて居る偉大なる大神が御懸りになられて、その御名を告げられた。並居る人達も同様であったが、特に列席の某氏は、特別な場合は兎も角として、普段の稽古に大神が御懸りになる訳は無いとして如何ようにも信じなかった。其処で実際に真神であるなれば何らかの実証を御示し願いたいと申し出たのである。すると憑神は―勿論神主の手を使われ―傍に置いてある火鉢の内より火箸をとると、それを火鉢の縁に当てられた。すると突然物凄い閃光と共に炎々たる火炎が立昇り、四辺を赫々と照り輝かしめる霊威を御示しになった。是の有様を見て参列の一同は余りの恐ろしさに身を震わせて平伏し、その疑心の不心得を詫びたという。なお其の火鉢の縁は桐製であったが、後より見るに全々焼け焦げた跡はなかったので、一同は一層その神

威の偉大さに驚愕したと云う事である。（稲葉翁談）（余録十五）

〔註一〕神神社に於て帰神の稽古に薫子が神主となったという本章の伝えは、明治十六年本田親徳が静岡に赴いたとき或はその後十七年妻子を俱った傍証となるものである。薫子は明治十二年三月十五日の出生であるから、十七年は数え年六才であり、この伝えが十八年春のことと仮定しても七才（満六才）のことである。この頃から神主をつとめたのであろう。

今一つ、これは余録でないが宮城島金作についての伝えであるが、稲葉大美津の語る処によると、共に御穂神社々務所に起居を共にして修業した頃の事であるが、宮城島が夜中寝て（眠って）居ながらに体を切るので稲葉は驚いて目を醒ます事があり、翌朝になってその状態を話して覚えて居るかと尋ねても、全く知らぬと答える事が多かったとのことで、横に寝ながら体を切るということは珍しいものであると語った由である。これについて著者（佐藤卿彦）は左の様に述べている。

此の状態は何か神界からの御用が有られて御懸りになったのではないかとも思われるが、何分本人が眠って居ったのでは審神者する事も出来ないし、憑霊を調べることも出来得ないのも当然と云えよう。筆者の考えるに、神界にて御用が無くて体を切る（御懸り）訳はなく、此の場合は或は氏の霊魂のみが神界に到りて何等かの御啓示が有ったものと察せられる。この故に自分は（肉体的に）知らずとも、霊的には何かの御示しが有られしものと惟うのである。

神感法とは、当方より求めぬのに神界の御用か御意志によって、修法中のみならず、処を選ばずに突然と憑依あられて御啓示御託宣下さるもので、其の状態になるのは周囲の人は勿論、本人さえも気付かぬ場合もあると云われている。右の宮城島氏の場合も然りであるが、実に神感法なるものは「幽の幽」である事を悟るべきである。

結論

本篇は最早結論すべき時に来った様に思われる。霊学の継承としては緒言に述べた様に、本田―副島・長沢から更に稲葉―佐藤について言及すべきではあるけれども、後者に関してはその活動が猶進行中であって、今後の展開が予測し難いことであり、今軽々に遽かに言及することは危険且困難を倶うことなので暫く之を擱き、霊学の基礎確立を成した前者についての研究にて終ることに致した次第である。而してその本流と傍流との交錯を正して行くことにも力を入れたのであるが、本田霊学の祖述継承と基礎確立は副島・長沢両者に於て実現したことを確認すべく次に要約せねばならない。

本田霊学は便宜に分って考うれば理論と法術となるのであるが、この両者は車の両輪の如きものであって截然《せつぜん》と分つべきものではない。流れを汲む者そのいずれに重きを置くかというに過ぎないのである。而して前者に著しき特色を持ったのは副島種臣であり、後者のそれは長沢雄楯であると云い得ると思う。

副島が理論展開に努力したことは師の生前に於て真道問答を以て之に質し、その後十五年の歳月を置いて蒼海窓問答(蒼海語録)を成したことに依っても、生涯研究を怠らなかった証左であり、併も決して単なる机上の追求にのみ終ったのでなく、師伝に依り鎮魂の法にはげみ修業怠らなかったことは明白である。然しながらその特色たる理論を追求してよく師の神霊観（宇宙観）を確把したことは右の遺著にも著しく、又師の著古事記神理解及び難古事記を閲読して之を正実と確認したことは、之を公表すれば社会的にはその影響する処身に災厄の及ばむことを憂い、切諌して公表を止めたことによっても知ることが出来る。蓋し右の両著は門下の者その内容は屢〻師の講演に聞くことを得たであろうけれども、著作としては之を閲読したるもの少く、所謂幻の書として名を伝えられ、長沢雄楯[註一]も或は之を手にせしこと無かりしかと想わるゝによっても、之を読了した副島がこの面に於て門下中特筆の人物であることがわかる。然しながら副島の理論の中心となった師承は何であったであろうか。私は之を道の探究であり、人間の使命観の自覚確認にあったと考える。道については「真道問対」に於て已に触れている。

(45) 問　天―地―人は道を同じくするか。（副島）

対　道を同じくす。而して天道と曰い地道と曰う。各自形体の大小軽重あり。故に命名は同じからざるなり。（本田）

(46) 問　道は四魂を以て之を制し得べきか。

対　道也《みちや》は勇も動かす能わず、智も測る能わず、愛も奪う能わず、親も掠《かす》む能わず。

(47) 問　何をか大道と謂う。
対　四魂道に合して之を統《すぶ》るを大道と曰う。
(49) 問　神は道と与《とも》に悠久ならば道は神と与に悠久なり。是《ぜ》なるか。
対　道と神は二ならず。与《ともに》の字は人の為めに言う。経ならず。悠久は短に対して言う。経ならず。
(50) 問　何を以てか道を証する。
対　凡そ道を証するには過去現在未来互に相証するを要す。道を証するは道を以て道を証す。
(51) 問　道とは何ぞ。
対　道は単一無雑なり。
(98) 問　道に公私有るか。
対　道に大小有りて事に公私あり。道は上天子より下庶人に至るまで同じくする所の名。道立ちて事行わる。

とある。之等の問対を心静かによみ行けばその中心をなすのは「道神不二」の一語につきるのであるが、従って神自らの表現その活らきが道であり、道が天地人を貫いて存するというのは、即ち神が天

地人を貫いて普遍に存在することを意味しているのである。これに就いて蒼海語録には、

〇凡そ道と言ひて神と言はず。神と言ひて道と言はず。何となれば則ち神と道とは二ならざればなり。

と記し、又次の各條がある。

〇此に人有り。吾が道を尽くすと謂はば則ち将に之に問はんとす。曰はく「天道か、地道か、抑も汝の道か、且つ夫れ汝の道も亦類有り、公道か、私道か、門より以外は公道にして、戸庭の事は私道なり。如何」と。

〇道と神とは一なり。孔子の言は道を離れざれば、則ち孔子の言は神を離れざるなり。道なる者は須臾《すゆ》（しばらく）も離る可からざれば、則ち神なる者は須臾も離る可からざるなり。

そこで天地人を貫く道とは神の活らきである故に、人道を行なうことはそのまま天道に貫通するものであって、そこに人の使命の自覚が将来されるのである。人は何の為に生存するか、道の大原や真

道問対に於いては、人を神子と云い、又神の意《こころ》して作れる者と云い、その直霊はよく道を知り死して之を守る点に他の禽獣と異ることを教えている。則ち地上に道を布く使命、先ず人類をその使命に自覚せしめ、之に秩序を与え、及ぼして動植山の世界に新しき秩序と開発共栄の実を挙げしめることである。即ち日本神話に伝うる漂える国を修理固成《つくりかためなす》という天つ神の切実な希《のぞ》みの下に使命をもって生みなされた人故に、神ながら道ながら私心《しれごころ》なく努めねばならないと云うにある。即ち惟神の精神に至る為に教を布く必要があるので、人の心は転変限りなく、ややもすれば体慾に制せられ一魂に偏して禍津に堕り易きもの故に、ねんごろに教えて不動の信念に到らしめる為には、鎮魂を基本としてよく神与の直霊を開顕せねばならぬと説いた師説を開陳するに当って、副島は儒の教に依って説いたのであるが、それは彼自身の学問の基礎を為したものであり、又当代倫理の根幹であったのである。但し儒教と雖も孔子の教以前に依ったものであった。

道に関しては本田親徳著霊魂百首の巻頭に特に「道」と題して十詠を掲げていることは已に著しいことであるが、他に「詠道」の長歌一首があって、神理と現実の在り方の結合を端的に且感動を以て表現している点が注意せられる。（全集三八八頁所収）

〔註一〕「大本教事件に対する意見」所収本田親徳著難古事記二冊、古事記神理解一冊、と冊数であらわしたのは不確かの感がある。難古事記は十巻、古事記神理解は三巻である。

詠道

親徳

道《ち》の本は天《あま》に在《ま》しけり 道の末《すゑ》も天に在しけり。其の本《もと》の在《いま》す真《み》中《なか》い 小《ちい》ささの涯《かぎり》知られじ。其末の在《あ》るらむ外い大きさの極《きはみ》もあらじ。此の如《かく》思《ごと》へば狭し 前の如聞けばた広し。奇霊《くしび》なる虚空《みそら》の真区《なか》に 常照《とこてり》の天日《あまつひ》の国 飛翔《とびかけ》る此《これ》の大地《おほつち》 月国や星の界々《くにぐに》。其《そ》の星の数さへ多《さは》に 造《つく》り成《な》し体立《みた》て給ひし 道《ち》の神巧妙《いさをたへ》に坐《ま》しけり 道《ち》の霊奇《みたまくす》し有《かり》けり。』奇《くす》しくも妙《たへ》なる中に 生《お》ひ立ちし民《たみ》の大君《おほきみ》。高光《たかひか》る日知《ひじ》りの皇子《みこ》の 八重雲を千別《ちわき》に千別《ちわ》き 高千穂《たかちほ》の久士布流《くじふる》峯《たけ》に 伊豆《いづ》しくも伴《ともの》男《を》率《ひき》ゐ 道々《ちぢ》の道《ち》の有《あり》のまにまに 天降《あまくだ》り区《まち》の区々《まちまち》 人民《みたから》を従服《あとも》ひ給《たま》ひ 日《ひ》の経《たて》や日《ひ》の緯《よこ》の国《くに》 平《たひら》けく知食《しろしめ》しけり 安穏《おだひ》しく在《あ》らせ坐《まし》けり。』皇世皇代《みよみよ》の真道々《みちち》の真法《みのり》 此《これ》や此《こ》の人の霊魂《たましひ》旦夕《あさよさ》に倚相《よそりあひ》立ち 行く道々《ちち》の正《まさ》しき真道々《まちち》 行く人の宜《よろし》敷き直道《おほち》 道なくして立つ国ぞなき。道《ち》を蔑《なみ》し生《い》ける人無し。然有《しかあ》れば神の真《み》世《よ》より 鉱《あらがね》の人の世までに 語り次《つ》ぎ言ひ次《つ》がひ次ぎ 次々《つぎつぎ》に現人《あらひと》の神 官長《つかさきみ》其の家の君 子《こ》孫等《まごら》と真《ま》信《う》け採《と》り持《も》ち 仕《つか》へ来る玉鉾《たまぼこ》の道々《ちち》。』此の道々の道々の奥《おく》道々 迅速《いちはや》く悟《さと》るは難《かた》し 輙《たはやす》く言ひも尽《つく》さじ 阿那《あな》やあな貴《たふ》とかりけり。言は

まくも愛《めで》たかりけり　幾萬年《いくよろづ》立ち日立ち　立ちぬとも面変りなし此《これ》の此《こ》の道々《ちち》

この長歌は大凡そ四段に分けて考える事が出来る。第一段は宇宙観神霊観をのべているので、大宇宙を神霊と見、その中局に坐して大宇宙そのものである主宰神を天之御中主神《あまのみなかぬしのかみ》と観じ、至大無外、至小無内、即ち中局の一点の極微その外辺の無限を浩歎し、この宇宙の中に太陽、地球、月、衆星を創造し化造した道の霊妙さを歎じている。この場合道は神の活らきの姿と思って読むべきでありましょう。無限の無形より有限の現形を生み出すことも神の活らきであり、従って有形無形を通じて神の道に外れては存在し得ないことを述べている。

第二段はこの神の道のまにまに特にそれぞれに使命を授かった人間の世に、中心として之を統べて使命遂行せしむべき大いなる神意を以て生れました日知りの皇子の降臨のことを述べ、それは全く道に従い道を顕現する為のものであることを詠じている。神ながらの道、神の道に従って自らも神の道ある生き方であり、まつろひとさきはひの道である。第三段はこの日知りの皇子の代々の皇孫はまたこの天《あま》つ神の活らきである道、道の中に充ち満つ天つ神の使命の随《まにま》に法を定め民の安穏平和を希い努められる。この天地を貫く道は国体の中にあり又個人の霊魂の中にあり、道を外れては人も生き得ず国も立たない。故に現人の神として道を顕現する大君、君を補佐する官人の長は特に子孫永久にこの道に従うべきことを述べ、第四段には然しながらこの道の奥義をたやすくさとることは至難故、心を深めて学ぶべきであり幾万年と雖も不変の大道であると結んでいる。

この長歌は道の雄大限りなく極大から極小に及んでいることを讃歎して、この道に依って使命に追進すべきを言外に含みつつ、道を蔑ろにし外れては生き得ないと断じたのは神譴《しんけん》の遁るゝ処なきをのべたのに外ならない。「道の大原」に、

神子善心を治むれば、大精神之れに霊魂を与え、神子良行を乱せば大精神之れが霊魄を奪う。其の与奪の速やかなること影の形に従うが如し。豈畏れざる可《べ》けんや大精神。

と述べているのは人間各個の事としてのみでなく、神子を民族とも地上人類と置き代えて思うとき、現実に道を蔑ろにし道に叛いた場合、冥罰を蒙り霊魄を奪われ滅亡に赴くに到ること必然たるを思わねばならない。心を平らにして我国体の現状また地上人類の現状を省察する時、果して如何の感慨を来すであろうか。

副島種臣の理論の面に於ける祖述に対して、法術の面に於ける継承者は長沢雄楯である事は既述の通りである。法術の方面を主としたことは、神伝秘書を得ている事によっても証せられるのであるが、元より単に法術のみならずその指導理論に於ても、「道の大原」や「真道問対」を受けて之によって研究したことは申す迄もない。「神伝秘書」は師承とは云えその条項によって断章的な師説を編輯したのは長沢自身とも云われている位であるから、その方面に到り深かったことが窺える。「神伝秘書」の厳粛荘重なる文章を読むにつけ、「難古事記」巻六に、

此ノ神懸ノコト本居平田ヲ始メ名ダタル先生達モ明ラメ得ラレザリシ故ニ、古事記伝、古史伝トモニ其ノ説々皆誤レリ。親徳拾八歳皇史ヲ拝読シ、此ノ神法ノ今時ニ廃絶シタルヲ慨歎シ、岩

窟ニ求メ草庵ニ尋ネ、終ニ三拾五歳ニシテ神懸三十六法アルコトヲ覚悟《サト》リ、夫レヨリ幽冥ニ正シ現事ニ徴シ、古事記日本紀ノ真奥ヲ知リ、古先達ノ説々悉ク皆謬解タルヲ知リ弁ヘタリキ。

と記された一文を想起するのである。即ちその志を立てた所以のものは、幕末の国事多難の時に当り、幕閣諸侯の方針一定せず、攘夷と叫び開国を説き、確固たる方策の樹立なきを慨し、古昔神憑により国家の重大事を質し国是を決定したことを皇典に読み、この神法の復古を志したのであって、帰神の法術こそ本田霊学の根幹であることを知るのである。神懸の法は自感法、他感法、神感法の三種類があるが、この中最も詳細をつくし得るのは他感法であることは、記紀所載の仲哀天皇の巻、神功皇后の巻に記された通りである。長沢雄楯師伝により刻苦精励鎮魂帰神の法術を自得し、神霊の厳在を確認し審神者の術を得たのであって、巷間の霊媒と遙かに選を異にしたのであるが、為政の廟堂に之を弁別する者なく捨てて省みず、霊学二代の継承はその本志を遂ぐる機なく終った。然しながらその法術は決して埋もれたのではなく稲葉大美津を経て佐藤卿彦に継承せられたのである。時勢の推移に併せて深き神慮の存する事と推し測られます。

思うに帰神の標目の自感法と他感法は人間の界より神界に対して質して教えを承けたい事があって之を行なうものであるが、神感法は然らず。神界より何等かの必要があって之を啓示するものであって、むしろ本人は之に気付かず、悟り又は自己の霊感として受取る場合多いものであるが、之は非常に注目してよい事に考えられる。元より神感と雖も之は本人の心境の正邪により却って邪神に感合することもあり得るであろうが、その点長沢は人間の心は変転極まりなきもの故に審神者する必要を述べているのである。兎も角も神界が必要あればその者の霊魂に作用して感交することあるは重大であって、又必要によっては命じて帰神の霊法を行なわしめ、之によって神界が活動せられる事も可能であることを想わせるのである。筆者窃かに思うに、本田・長沢二代の霊学はまさしく神界の指導の下に、千年に一人という選ばれた霊覚者によって樹立され、且正しきその継承者を得たのであるが、決して上古に復して朝廷に用いられるには至らなかった。

それのみか神社界に於てさえも之を正しく識別するの人物に乏しく、俗世の霊媒と等しく蔑視して学ぶ者すらなかったのであるが、之は或は時勢の推移に照らして、神界の大いなる経倫の一環であって、稲葉―佐藤の系列に於て之までと全く異る霊学の実践が下命せられているに非ざるかを思うのである。この事は副島の処にても述べたのであるが、「神子良行を乱せば」の章の神子を国民・又は我民族とし、或は更に人類に置き換えて思えば良行即ち道を乱せば、果して如何なる結果を来すであろうかを沈思黙考し、現実世界の動静、国民思想の傾向、一人一人の行動を照らして見れば殆ど色を失う感を覚えるのである。読者果して如何であろうか。

天つ社国つ社《やしろ》を斎《いわ》いてこそ豊葦原の国は安らかに治まるものぞとの明治天皇の聖諭が、今更に忝く思い出されるのである。今天つ社国つ社の祭りは単に顕祭のみを以て足れりとする現状であるけれども、幽斎を以てしなければ神明に感通し得ないことは、奉仕者自ら之を認識している筈である。幽斎の道頽《すた》れて千七百年、神界の御経倫は先ずこの天つ社国つ社に積り来った罪穢の祓いから始めらるゝのではあるまいか。と同時に来るべき神慮の発現については今之を言及することは慎まねばならぬと信ずる故、擱筆させて戴く。

巻末記

本書には、㈠産土の書、㈡霊魂の書、㈢古事記神理解小註、㈣霊学の継承の四篇を収めた。前三篇はいずれも旧稿を改め補訂したのであるが、第四篇のみは新に執筆したもので、本田親徳先生の霊学の継承を、副島種臣伯の理論の面の展開と、長沢雄楯翁の法術《わざ》の面の祖述及実践とを主として言及し、結びとして迂見を記したのであるが、この間に之まで確かめ得なかった先生の布教の足跡を辿って明らかにした点も多く、本田親徳全集の巻末記所載の略年譜に訂正追加する要が生じたので、先ず之を掲げたいと思う。

本田親徳先生略年譜（訂正加除の分のみ）

西紀	年号	年	満歳	略譜	参考事項
1822	文政	5	当	○一月十三日鹿児島県加世田市（旧川辺郡加世田郷武田村（五三番戸）に生る。士族本田主蔵（典医）の長男、九郎と名付く。	
1828		11	6		九・九　副島種臣生る。

西暦	年号	年	年齢	事項	関連事項
1839	天保	10	17	○皇史を読み帰神の神法廃絶したるを慨歎し志を立つ。（難古事記）藩を出でて武者修業して京に上る。水戸藩の会沢正志の英名を聞き東下して就きて学ぶ。約三年という。和漢の学をはじめ哲学科学の基礎知識この間に成るという。又この間平田篤胤の家に出入せしともいう。	
1843		14	21	京都藩邸にあり、適々狐憑の少女に逢い憑霊現象を実見して霊学研究の志を堅むと伝う。	九・十一　平田篤胤死去。
1846	弘化	3	24	一月二十六日仁孝天皇崩御（四十七才） 二月十三日孝明天皇践祚（十六才）	江戸大火、江川太郎左ヱ門伊豆七島を巡視、英仏艦琉球に来る。米艦二隻浦賀に来る。
1849	嘉永	2	27		十二・二十八　三輪武生る。
		3	28		三・七　鈴木広道生る。
		4	29		十一・二十　守屋ちか生る。
1856	安政	3	34	○神懸に三十六法あることを覚悟る。（難古事記）	
		4	35	この頃伯家塾頭高橋清七郎と交るか。	八月六人部宿祢是香「産須那社古伝抄」

		5	36		八・八　長沢雄楯生る。
1863	文久	3	41	○九月十三日　長男節生る。（この年頃郷里にあり）	
1866	慶応	2	44	○十二月二十五日孝明天皇崩御。（三十六才）	山陵奉行戸田忠至皇陵の沿革を調査し上陳す。
		3	45	○一月九日　明治天皇践祚。（十六才） ○この頃帰神の正法を確立したりと伝う。	
1870	明治	3	48	○三島通庸著石峯神社創建の記事中に幽斎によりて祭神を識るとあり。この頃郷里に在住。	
		5	50	（備中沼名前神社宮司となりしも幾何もなく辞すと伝う）―同社に記録なし。○父主蔵死亡につき家督相続す。	
		6	51	この年頃上京か。西郷隆盛の紹介によりて副島種臣と親交せしもこの年頃か。	十月征韓論破れて西郷隆盛、副島種臣ら下野す。
		9	54	○副島種臣邸にて帰神を修す。（種臣神告を得しも実行せず）九月種臣清国に遊ぶ。	
		10	55		二月　西郷隆盛兵を挙ぐ（西南の役）。九月　城山に自刃す。

		12	57	○三月十五日　長女ミカ生る。母ちか（二十八才）ミカは蓋し薫子の実名。 ○六月　土佐郡薗村尚実家にて「難古事記巻一」了。	
		13	58	この年頃より屢出でて三・遠・駿・甲・伊豆地方に遊説す。	
		15	60	一月　静岡、二月　伊豆（田方郡塚本村小川宗右ヱ門方）に滞在教を布く。	二月　鈴木広道入門す。（三十二才）三月上京。内弟子として学び屢々副島邸に使す。
1883		16	61	○三月「道の大原」成る。 ○九月十日　甲府より酒折宮を拝み磯部正親家嫡正佐の家に寓し「難古事記」第六巻を成す。 ○十月「真道問対」成る。十一月　静岡に赴き本通に寓す。 ○十二月　奈良原繁県令として着任、同藩士たりしにより面会その奨めにより浅間神社にて講筵を開く。	三輪武入門す。（三十三才）
		17	62	○静岡県岡部町三輪の神神社に滞留指導す。	鈴木広道皇典講究所の聴講生となる。
		18	63	○五月六日「産土百首」成る。三島大社にて古事記を講ず。五月「古事記神理解第一巻」門人川口信之校。六月「産土神徳講義」岩崎元巧記。 ○この年「霊魂百首」成るか。	春、長沢雄楯不二見村美濃輪の茶屋にて面悟入門す。（二十七才） 七月　鈴木広道帰国す。

		19	64	副島種臣と氷川神社に赴き八月末帰京し深川緑町三七二に寄留す。	
		20	65	○春浅間神社（静岡）にて幽斎を行う。宮司三浦弘夫立会（知可子・薫子）長沢雄楯質疑す。鈴木広道、三輪武、ら従う。 ○六月十五日「耶蘇教審判」を刊行す。	鈴木広道上京す。 五月四日　鈴木広道に允可書を授け、自筆の著書を凡て之に托す。
		21	66	○駿州岡部の神神社を去り秩父に隠栖す。 ○八月　秩父郡大宮郷一七五杉本和吉方寄寓。 ○十二月廿日　秩父郡般若村守屋新太郎叔母ちか入籍（九平二女）	ちか―廿九年五月六日　東京下谷衛士町にて死亡。（四十四才）
1889		22	67	○四月九日武州川越宿木村辰右ェ門宅にて急逝す（六十七才三ヶ月）。	（ちか三十八才　ミカ十才） 副島六十一才。三輪武三十九才。鈴木広道同。長沢雄楯三十一才。

全集の略年譜に添え書した文末の記事「唯或者は先生の急逝は云々」とあるのは、伝聞に過ぎないから削除していただき度い。三輪和夫氏の書簡にある如く、祖父武翁が遠く秩父に赴いたと伝えられているのみの由である。

次に本著の巻頭の写真版二種に就いてであるが、その㈠「産土神慰十七歌」は筐底から発見されたもので、実にめずらしい譜本であるので掲げる事にした。題の文字も中々達筆で一見本田先生の文字に似通うて居るが、持主玖羅巨とはいかなる人か明らかでない。

一　うふすな《産土》にうまれ《生》いて《出》つつうふすな《産土》にかへる《返》この《此》み《身》としらす《知ず》やもひと《人》

二　ゆきかへる《往還》あしふむ《足踏》ことに《毎》うふすな《産土》のかみ《神》のめくみ《恵》をおもへ《思》よ《世》のひと《人》

三　うふすな《産土》のかす《数》かきり《限》なき《無》みめくみ《恵》をいちにさむし《一二三四》もしらぬ《知》あわれさ《哀》

四　うふすな《産土》のかみ《神》いまさ《坐》さ《ざ》るところ《所》なしからす《鴉》なか《鳴》さ《ざ》るさと《里》はあるとも

五　あめ《雨》ふら《降》ぬくに《国》はあれと《ど》もうふすな《産土》のみたま《魂》のつゆ《露》のかから《掛》ぬはなし

六　うふすな《産土》のかみ《神》はわか《が》かみ《神》いま《今》のよ《世》とのち《後》のよ《世》まて《で》とわれはたのまむ《頼》

七　うふすな《産土》のかみ《神》いまさ《坐》す《ず》は《ば》わか《我》たま《魂》をかみ《神》のみかと《府》にたれ《誰》かおくらむ《送》

八　うふすな《産土》のわか《が》すめ《皇》かみ《神》はよろつ《万づ》よ《世》にたま《魂》み《身》まもらす《守》かみ《神》にこそあれ

九　おや《親》のおやこ《親子》のこ《子》のすへ《末》もうふすな《産土》のかみ《神》のめくみ《恵》はつくる《尽》ときなし

十　うふすな《産土》のいつ《厳》のとりゐ《鳥居》はたま《魂》とみ《身》のけかれ《穢》をはらふ《祓》かと《門》にこそあれ

十一　かくしこと《隠事》ひと《人》はしらす《知ず》もうふすな《産土》のかみ《神》はよくしる《知》つつしめ《慎》よひと《人》

十二　うふすな《産土》のすめ《皇》かみ《神》おき《措》てわか《が》たま《魂》のかへり《帰》つくへき《付べ》やそくま《八十隈》はなし

十三　たた《唯》たの《頼》めうふすな《産土》かみ《神》をたゝ《唯》たのめ《頼》たゝ《唯》いま《今》のよ《世》もたゝ《唯》さき《先》のよ《世》も

十四　み《身》をおさめ《修》いへ《家》をととの《斉》ふみち《道》こそはうふすな《産土》かみ《神》のみち《道》のもと《本》なれ

十五　まへのよ《前世》もこのよ《此世》ものちのよ《後世》のこと《事》もうぶすな《産土》かみ《神》そ《ぞ》つかさ《司》どります
十六　このさと《此里》にすつまり《鎮》まして《坐》あさ《朝》ゆふ《夕》なまもら《守》せたまへ《給》うぶすな《産土》のかみ《神》
十七　なにごと《何事》もしら《知》ぬこのみ《此身》をうれし《嬉》くもまもら《守》せたまへ《給》うぶすな《産土》のかみ《神》

十七首中十五首は産土百首の中にある歌であるが、末尾の二首だけは無いもので、十六の「すつまりまして」は「しづまり」でなければならないので、このなまりは東北地方に多いのであるから、存外この両首はその辺の人の添加かとも思う。譜付けをした人も知れぬが、神前に一同声を揃えて笛に合せて歌ったものであろうか。譜は皆同一なので最初の部分だけを掲げた。

○

その㈡の軸物の写真は神神社宮司三輪和夫氏から送っていただいたもので、氏の秘蔵の本田先生の直筆の大幅である。傍訓を付けると、

三わ山の神社乃《かみのやしろの》み栄乃《さかえの》時いたれりと知るや里の子　親佗
大物主神《おほものぬしかみ》の裔《みすえ》の大神《おほみわ》の朝臣《あそみ》の家は萬世《よろづよ》も賀母《がも》　親佗
大神《おほみわ》の幾三乃《きみの》姫子《ひめこ》よ女子乃《をみなごの》貞《ただ》しき道《みち》をふ三《踏み》つつもゆけ　親佗
大神《おほみわ》の杉丸《すぎまろ》の子よ早く立て早物《はやく》いへ早くおどれよ　親佗

となるが、このうち第四首杉丸の子というのは和夫氏の厳父相丸翁のことで、命名してその誕生を祝っての歌であると思う。

巻末記を終るに当って本書の刊行を為された山雅房の川内敬五氏の御厚志に深甚の謝意を表します。

昭和五十二年三月二十日

鈴木重道識

本田親徳研究

定価　四八〇〇円+税

昭和五十二年七月十五日　初版発行（山雅房）
平成十二年十月二十五日　新装版発行

著者　鈴木重道

発行　八幡書店
東京都品川区上大崎二―十三―三十五
ニューフジビル二階
電話　〇三（三四四二）八一二九
振替　〇〇一八〇―一―九五一七四